Das Buch

»Zehn Tage in einem Hotel mit Kinderbetreuung, rund um die Uhr«, brüllte der Mann gegen das Gebrüll des Kindes an. Seine Hand, die immer noch auf Nicks Schulter lag, hatte sich jetzt in seine Jacke gekrallt. »Ich werde nicht in der Küche stehen und kochen und ich werde nicht zum Spielplatz gehen, ich werde keine Windel wechseln, keine Lieder singen, niemanden füttern, ich werde einfach nur in der Sonne liegen und lesen, lesen, lesen. Und Bier trinken!«

Nick hätte sich sowohl ohne diese Information als auch ohne die Hand an seiner Jacke besser gefühlt. Er sah sich um, ob jemand zu dem Mann gehörte, als auch schon eine Frau mit einem Zwillingsbuggy aus der Metzgerei kam, in dem zwei kreischende Kinder saßen, die auch durch die halben Würstchen nicht beruhigt werden konnten, die sie im Laden geschenkt bekommen hatten. Der Blick des Mannes änderte sich, als ob er ein Gespenst gesehen hätte. Er näherte sich Nick, so dass der Kopf des Babys in seiner Trage Nicks Kinn berührte, und flüsterte eindringlich: »Wissen Sie eigentlich, wie oft ich mich in den letzten zweieinhalb Jahren im Klo eingeschlossen und geweint habe? Wissen Sie das eigentlich?«

Der Autor

Tankred Lerch wurde 1970 in Lübeck geboren, ist in Hamburg zur Schule gegangen, hat in Kiel Jura studiert und bei Radio Schleswig-Holstein volontiert. Seit 1997 lebt er in Köln, arbeitet als Autor und Producer fürs Fernsehen (u. a. »extra3«, »Stromberg«, »Krömer – Late Night Show«, »TV total«) und lehrt seit 2013 als freier Dozent Medientechnik und Dramaturgie an der FH St. Pölten. Mit Kurt Krömer bereiste er zwei Mal Afghanistan und schrieb mit ihm das Buch »Ein Ausflug nach wohin eigentlich keiner will – Zu Besuch in Afghanistan«, das 2013 zum Bestseller wurde. Im Juli 2019 erschien sein Romandebüt »Der Rüberbringer«, darauf folgten zahlreiche weitere Publikationen, zuletzt im Heyne Verlag: »Die Hochzeit meines besten Freundes (mit mir)«.

Lieferbare Titel

978-3-453-42713-6 – Die Hochzeit meines besten Freundes (mit mir)

Tankred Lerch

HOPE
ODER WENN PAPA
MAMA WIRD

Roman

WILHELM HEYNE VERLAG
MÜNCHEN

Penguin Random House Verlagsgruppe FSC® N001967

Originalausgabe 03/2025
Copyright © 2025 by Tankred Lerch
Copyright © 2025 dieser Ausgabe
by Wilhelm Heyne Verlag, München,
in der Penguin Random House Verlagsgruppe GmbH,
Neumarkter Str. 28, 81673 München
produktsicherheit@penguinrandomhouse.de
(Vorstehende Angaben sind zugleich
Pflichtinformationen nach GPSR)

Umschlaggestaltung: Das Illustrat, München, © Gino Faglioni
Satz: Satzwerk Huber, Germering
Druck und Bindung: GGP Media GmbH, Pößneck
Printed in Germany
ISBN: 978-3-453-44284-9

www.heyne.de

Dieses Buch widme ich »Emma S.G.C.«

PERSÖNLICHES VORWORT

Als Autor hat man die Aufgabe, seine Figuren möglichst in die Hölle zu schicken und sie dann wieder rauszuholen. Bei diesem Roman ist mir das deutlich schwerer gefallen als bei anderen Büchern oder Drehbüchern, weil viele der geschilderten Erfahrungen autobiografisch sind. Streng genommen war ich kein richtig alleinerziehender Vater. Die Mutter meiner Tochter und ich waren aber schon kein Liebespaar mehr, als ihr klar wurde, dass sie schwanger war. Auch wenn wir beide recht jung waren (oder vielleicht gerade deswegen), hatten wir – im Gegensatz zu unseren Eltern – kaum Bedenken, den Versuch zu wagen, ein Kind in einer unkonventionellen Familiensituation, in zwei Wohnungen, in zwei Leben großzuziehen. Die Mutter musste ausbildungsbedingt viel unterwegs sein und sich kinderunfreundlichen Arbeitszeiten beugen. Weil ich beruflich schon etwas solider war und einen ziemlich freundlichen Arbeitgeber hatte, der nichts dagegen hatte, wenn ich vormittags ein Kleinkind mit ins Büro brachte, fiel mir in den ersten zwei Jahren die Hauptbetreuung zu. Wenn ich mir Bilder aus der Säuglings- und Kleinkindzeit meiner Tochter anschaue, neige ich dazu zu glorifizieren und merke, wie ich die Momente der Überforderung verdrängt habe. Die Viertelstunden, die ich mich einfach mal kurz im Bad eingeschlossen habe, um alleine zu sein. Einfach mal in ein Handtuch zu schreien oder leise zu weinen. Um danach wieder rauszugehen und das Kind liebzuhaben wie sonst nichts auf der Welt. In den ersten zwei Jahren ihres Lebens hat sich für mich viel geändert. Eigentlich alles. Keine Partys, keine Clubs, keine Kneipen, kein Kino, keine Dates. Tinder gab es noch nicht. Wenn doch mal was ging, dann nur mit Babysitter. Die Großeltern konnte man nicht mal schnell einspannen, weil sie 500 km entfernt lebten. Dort, wo eigentlich auch mein Zuhause war. Ich habe meine Tochter überallhin mitgenommen, wo es ging. Und fast immer habe ich das sehr gerne getan und die Zeit genossen. Klar gab es Babysitter. Aber die kosten erstens Geld und: Will man sein kleines Kind jemandem anvertrauen, den man nicht wirklich gut kennt? Wenn ich nicht nette Kolleg:innen und Nachbar:innen gehabt hätte, von denen sich immer wieder mal jemand angeboten hat, auf das Kind aufzupassen, wäre ich nach Büroschluss schon ziemlich sozial verarmt. Und Netflix gab es auch noch nicht. Ich bin in dieser Zeit immer wieder darauf gestoßen, wie ungewöhnlich es für meine Mitmenschen gewesen ist, mich in einer Mutterrolle agieren zu sehen. Als ich begonnen habe, dieses Buch zu schreiben, habe ich gedacht, dass sich das längst geändert hätte. Doch egal, wo ich mich zu Recherchezwecken herumgetrieben habe, ob auf Spielplätzen, in Kitas oder Warteräumen von Arztpraxen – ich war fast überall von Müttern umgeben. Und wenn ich mich mit ihnen unterhalten habe, hatten alle vor der Geburt ihrer Kinder den Plan, dass beide Elternteile danach zu gleichen Teilen arbeiten gehen. Weil sich die Gesellschaft aber gedanklich schneller entwickelt hat, als Legislative und Verwaltungen mitgekommen sind, leben wir noch immer in einer Welt, in der ein Kitaplatz so schwer zu bekommen ist wie einst Bananen in der DDR. Eine Welt, in der Frauen viel öfter die Erziehungsaufgabe übernehmen, einfach weil die Männer mehr verdienen. Die Geschichte mit der Geburt können wir ihnen nicht abnehmen. Alles andere aber schon. Wir müssen nur dafür einstehen, dass Gerechtigkeit geschaffen wird. Wir müssen dafür einstehen, dass Frauen für gleichwertige Arbeit nicht schlechter bezahlt werden als Männer, dass die Gemeinschaft dafür sorgt, dass Arbeitgebern keine Nachteile daraus entstehen, wenn sie Frauen in gebärfähigem Alter einstellen, und wir müssen den Männern immer wieder erklären, dass Kindererziehung ihrer Männlichkeit keinen Abbruch tut. Denn das tut es nicht. Gar nicht. Ich schwöre! Und ich wünsche mir, dass meine Tochter es insofern einmal etwas leichter haben kann.

Prolog

Wenn sie ihm gegenübersitzt und ihn anschaut, hat Nick das Gefühl, sie kann in ihn hineinsehen, obwohl sie noch nicht einmal zweieinhalb Jahre alt ist. Sie sitzt dann kerzengerade in ihrem Hochstuhl und kneift ein Auge, es ist das linke, halb zu, scheint alles um sich herum zu vergessen und guckt in seine Seele. Was mag sie sehen? Kann sie seine Gedanken lesen? Hoffentlich nicht, sie soll nicht wissen, welche Ängste er hat und was er tut, damit diese nicht im Kampf gegen das Schöne in seinem Leben siegen. Und das Schöne ist sie.

Was sollte sie damit anfangen können, zu wissen, dass er gleichzeitig versucht, die Zeit mit ihr zu genießen, aber auch daran denkt, den Haustürschlüssel nicht zu vergessen, überlegt, wo das Auto steht, das Auto abzuschaffen, es doch nicht abzuschaffen, zwischendurch erschrickt, weil das Handy nicht in seiner Hosentasche ist und er nicht sehen kann, wie spät es ist, und er sie wieder zu spät bringen und von Esther in der Kita einen Anpfiff bekommen wird. Den dritten oder vierten in diesem Monat.

Die Küchenuhr ist schon seit einiger Zeit kaputt. Man kann es sehen, wenn man einen Blick auf sie wirft. Man kann es aber auch auf dem Zettel lesen, der neben der Kaffeemaschine langsam vergilbt. »Uhr kaputt«. Eine sinnlose Notiz, die dort seit fast drei Jahren liegt. »Uhr reparieren« oder »Uhr wegwerfen« wäre besser. Oder es einfach mal machen. Der Stundenzeiger hängt schlaff nach unten, als wäre er gerade einen Marathon gelaufen und jetzt völlig ausgelaugt, während der kleine Sekundenzeiger sein Tempo verschärft hat und die Minute in weniger als einer halben absolviert, so als würde er seinen großen Freund auffordern, sich nicht hängen zu lassen, nicht aufzugeben, doch noch eine Runde zu drehen.

Er verliert sich in Gedanken und taucht erst wieder daraus hervor, als Hope ihm vorsichtig auf den Arm tippt.

Wenn er sie anschaut, ist sein Blick voller Liebe. Sie ist das Schönste und Beste, was ihm in seinem Leben passiert ist. Er kann nicht genug davon bekommen, sie anzusehen. Ihr dunkelblondes Haar, zu zwei Zöpfen geflochten. Er hat die Zöpfe selbst gemacht und sie sehen fast wie richtige Zöpfe aus. Als er letztes Jahr, als ihre Haare lang genug waren, damit begonnen hatte, war es gut zu wissen, dass es Zöpfe sein sollten, denn sie erinnerten viel mehr an ausgefranste Stücke eines Springseils. Das Springseil!! Wo ist es eigentlich? Haben sie es wieder eingepackt, als es neulich urplötzlich anfing zu regnen? Oder liegt es immer noch auf dem Piratenspielplatz, dem Pirati? Oder auf dem Schiffi, dem anderen Spielplatz? Oder hat jemand es eingepackt und mitgenommen und ihm ein neues Zuhause gegeben? Einen Platz, wo das Seil es besser hat als bei ihm? Wo man es nicht einfach vergisst? Schon wieder werden seine Augen feucht, er nimmt schnell einen Schluck Kaffee und tut so, als würde er etwas auf dem Boden suchen.

Doch Hopes Blicken entgeht nichts.

Aus dem Schlafzimmer kommt leise Musik. Er hat ihr einen CD-Player gegeben, den sie selbst bedienen kann. Samt der CD »Die 12 schönsten Kinderlieder«. *Aramsam Aramsamsam* – bestimmt zum hundertachtzigsten Mal diese Woche. Und es ist erst Dienstag. Schön ist immer eine Frage der Definition.

Vor ihr auf dem Frühstückstisch befinden sich die beiden Märchenbrettchen, Hänsel und Gretel und Hans im Glück. Dünne Holzbretter mit Motiven aus Märchen, naiv gemalt, von Messern zerkratzt und von Jahren des Spülens und Abwischens lange nicht mehr so bunt, wie sie waren, als er so alt war wie sie. Er kann sich nicht daran erinnern, sie oft benutzt zu haben, aber Hope liebt die beiden Brettchen. Sie braucht beide. Auf Hänsel und Gretel liegt das Brot, das er ihr gemacht hat. Sie besteht darauf, dass er es jeden Tag genau so macht. Eine Scheibe Mehrkornbrot mit veganer Butter und Marmelade bestrichen, zerschnitten in 16 Teile. Omas »Erd-Bär-Mandelane«. Sie kann inzwischen fehlerfrei Marmelade aussprechen, aber beide sagen immer noch Mandelane. Die Mandelane ist eine Lüge. Sie ist zwar aus Erdbeeren hergestellt, aber nicht von Oma. Seine Mutter hat noch nie Marmelade für Hope eingekocht. Er kauft sie im Supermarkt, löst die Etiketten ab und klebt handbeschriebene drauf. Sie nennen diese Minibrotstücke Reiterchen, so wie in seiner Kindheit, er hat keine Ahnung warum. Weil sie einzeln in den Mund geritten kommen? Auf Hans im Glück schmiert sie sich ihr eigenes Brot. Sandwichtoast mit veganer Mortadella. Immer muss die Rinde abgeschnitten werden. Für Hans Albers. Bei den Reiterchen, die er für Hope anfertigt, herrscht ein hartes Reglement. Kein Stück Rinde, auch nicht kleinerfingernagelgroß, darf zu sehen sein. Die vegane Butter, eigentlich ist es Margarine, aber Hope mag das Wort Margarine nicht, muss bis zum Rand reichen und die Mandelane muss sie so bedecken, dass sie ganz leicht golden durchscheint, aber keine Fläche frei bleibt. Hat er das geschafft, isst sie genüsslich Stückchen für Stückchen und schmiert ihr Kindergartenfrühstück selbst. Bei ihrem eigenen Brot ist es völlig egal, ob die Margarine die komplette Fläche bedeckt oder ob etwas vegane Wurst übersteht. Sie schneidet die Kruste selbst ab und steckt sie, Stück für Stück, Hans Albers zu, der unter dem Tisch liegt und darauf wartet.

Hans Albers ist ein vierzehnjähriger Retriever-Opa. Er kaut die Rinde nicht. Er schluckt sie einfach. Er hat nicht mehr viele Zähne, er hat aber auch, als er noch mehr Zähne hatte, selten etwas gekaut, sondern meist gierig runtergeschlungen. Sie ernähren sich zwischen vegan und vegetarisch. Auch wegen Hans Albers. Er ist schließlich ein Tier und tierische Produkte sollen in ihrem Haushalt nicht gegessen werden. Hans Albers selbst bildet die Ausnahme, aber auch hier belügt Nick Hope. Er hat ihr gesagt, es sei vegetarisches Hundefutter. Es wird noch ein wenig dauern, bis sie lesen kann, er die Lüge nicht mehr aufrechterhalten kann und sie wissen wird, dass der Hund zerkochte Schlachtab-fälle frisst. Aber bis dahin wird Hans Albers vermutlich nicht mehr leben. Vierzehn Jahre sind für einen Retriever schon wie hundert Jahre für einen Menschen. Als Nick sechzehn war, hat sein Vater ihm den Hund geschenkt und ihn Hans Albers genannt, weil er blaue Augen und blonde Haare hat.

Obwohl draußen die Sonne scheint, trägt Hope ihren neuen Regenmantel. Ein weißer Gummimantel mit bunten Blumen drauf. Sie hat ihn sich selbst ausgesucht. Sie sucht sich all ihre Kleidungsstücke selbst aus. Sie trägt nie Hosen, sie kaufen nur Kleider. Sie mag keine Hosen, außer Strumpf-hosen, wenn es kalt ist. Sie ist noch keine drei Jahre alt, aber sie zieht sich alleine an. Er kontrolliert nur, ob alles richtig sitzt und der Jahreszeit angemessen ist.

»Hope, zeigst du mir, was für ein Kleid du angezogen hast?«

Sie schaut ihn ernst an.

»Leider nein.«

Sein Herz schmilzt. Er hört sich selbst. Er sagt nie ein-fach »Nein«. Er sagt immer »Leider nein«. Und erklärt ihr dann, warum er der Meinung ist, dass man etwas nicht ma-chen sollte.

»Warum leider nein?«

»Das geht nicht.«

»Warum geht das denn nicht?«

Sie überlegt angestrengt und er ist sehr gespannt auf ihre Antwort.

»Das können wir nicht machen.«

»Warum können wir das denn nicht machen?«

Nick selbst ist farbenblind und trägt deswegen meist einfache Kombinationen, hauptsächlich grün und blau. Grün und Blau schmücken die Sau, sagt Kevin immer, sein Chef aus der Bar, obwohl er selbst ausschließlich hellblaue Jeans und schwarze T-Shirts trägt. Hope dagegen ist ziemlich farb- und stilsicher. Warum also will sie nicht zeigen, was sie angezogen hat?

»Da ist nichts«, sagt sie.

»Wie, da ist nichts? Darf ich mal gucken?«

»Nein!«

Das kommt sehr bestimmt rüber. Dann verzieht sie ihr Gesicht.

»Hans Albers.«

»Was ist mit Hans Albers?«

Sie hält sich die Nase zu und kichert.

»Gepupst.«

Jetzt merkt er es auch. Hans Albers riecht nicht mehr gut. Besonders schlimm ist es, wenn er einen anatmet. Noch böser allerdings, wenn er einen fahren lässt. Manchmal kommen Arch oder Marianne in die Wohnung, halten die Luft an, rennen zum nächsten Fenster oder zur Balkontür, öffnen diese und atmen dann durch. Er selbst riecht es kaum noch. Hans Albers pupst eigentlich durchgehend, keine große Sache. Und jetzt liegt er da in aller Seelenruhe, der Hundeopa, bewegt sich nicht und es ist ihm völlig egal, was um ihn herum passiert.

»Lenkst du ab?«

Sie grinst.

»Ja.«

Er grinst zurück.

»Nicht schlecht. Aber mach mal bitte deinen Regenmantel auf.«

»Haust du mich sonst?«

Er erschrickt. Er hat sie noch nie gehauen. Niemals. Er wurde als Kind nicht geschlagen und er würde niemals ein Kind schlagen.

»Wie kommst du da drauf?«

»Ringo hat mich gehauen.«

»Warum hat Ringo dich gehauen?«

Nick bleibt äußerlich ruhig, innerlich brodelt es aber in ihm. Ringo ist ein anderes Kind aus dem Kindergarten, dem Yitzi, eigentlich Yitzhak-Rabin- Kindergarten.

Wieder Ringo! Er kann sich gut daran erinnern, dass es schon einmal Ärger wegen Ringo gegeben hat. Eigentlich nicht wegen Ringo. Mit Ringo. Wegen Hope. Und wenn man noch genauer sein wollte, dann war es seine Schuld gewesen. Nick hatte Hope einen Griff aus dem Aikido gezeigt, er hatte ihr erklärt, wie man einen durch den Arm verlaufenden Nerv auf einen Knochen schieben kann, damit jemand die Hand öffnet, der einem etwas weggenommen hat. Er hatte nicht damit gerechnet, dass Hope sich den Griff merken würde. Und schon gar nicht, dass sie ihr Wissen brühwarm an die anderen Kindergartenkinder weitergeben würde. Erst als Esther ihm dafür einen Anschiss verpasste, war ihm klar geworden, dass das, was er getan hatte, nicht gut war. Aber nun hat

Ringo Hope geschlagen? Vielleicht muss man Ringo mal zurückschlagen? Aber richtig, man schlägt ja nicht.

Ist er selbst wirklich nie geschlagen worden? Er kann sich an so wenig erinnern und selbst an das Wenige oft nur verschwommen. So wie an die Brettchen. Seine Mutter benutzte den Ausdruck »Hand ausrutschen«. Das bedeutet doch nichts anderes, als eine Ohrfeige zu bekommen?

»Was war denn mit Ringo?«, fragt er noch mal.

»Ringo wollte mein Kleid. Mein Feuerkleid.«

Das Feuerkleid ist rot und gelb, daher der Name. »Was wollte er mit dem Kleid?«

»Spielen.«

»Was habt ihr denn gespielt?«

»Feuer.«

Okay, das erklärt zumindest ein bisschen die Situation, beruhigt Nick aber nicht wirklich.

»Ihr spielt im Kindergarten Feuer?«

Sie nickt.

»Ja.«

Äußerst beunruhigend.

»Und wie geht Feuer?«

»Das Kleid ist Feuer.«

Er seufzt.

»Also kein echtes Feuer?«

Sie schaut ihn an, als hätte er etwas richtig Dummes gesagt.

»Mama, wir dürfen nicht Feuer.«

Natürlich nicht. Er versucht sich auf das, was sie sagt, einen Reim zu machen.

»Du sollst nicht immer Mama zu mir sagen.«

Sie lächelt. Sie weiß das. Er nimmt ihre kleine Hand.

»Und du möchtest nicht, dass Ringo dein Kleid als Feuer benutzt?«

Sie nickt. Endlich beginnt er zu verstehen.

»Und deswegen hast du das Feuerkleid heute nicht angezogen?«

Sie nickt wieder.

»Und welches hast du angezogen?«

»Keins.«

»Keins?«

»Nur den Mantel.«

»Nur den Mantel?«

»Es ist warm.«

Sie lächelt ihn an. Er kann ihre Logik gut nachvollziehen. Hope will den neuen Regenmantel tragen. Sie will nicht, dass ihre Kleider zum Spielen umfunktioniert werden. Und es ist wirklich warm. Wie erklärt man jetzt, dass man nicht einfach nackt unter dem Regenmantel in den Kindergarten gehen kann? Oder kann man doch? Und er ist einfach nur zu erwachsen für so etwas? Er beschließt, erst mal nichts zu sagen und das Thema in ein paar Minuten, wenn es losgeht, noch einmal anzusprechen. Hope kann sehr willensstark sein, wenn sie sich etwas in den Kopf gesetzt hat.

Von unten, von der Straße her, ertönt eine Hupe, laut und ausdauernd. Das ist das Nervige an der Stadt, die sonst so viele Vorteile hat. Der Lärm. Nick atmet auf, als das Gehupe aussetzt, und zuckt zusammen, als es sofort wieder losgeht.

Was für ein Idiot hat es da wieder eiliger als alle anderen.

Er läuft auf den Balkon, schaut runter und sieht Arch, der seinen Kopf aus dem Fenster seines weißen Toyota Corolla steckt und brüllt.

Arch, sein Mitbewohner, der eines Tages noch seinen Kopf vergessen würde, wäre der nicht festgewachsen. Er hat sich daran gewöhnt, die Küche sauber zu machen, nachdem Arch gekocht hat. Wenn der so gut aufräumen würde, wie er kocht, wäre das herrlich. Arch benutzt mehrere Aschenbecher gleichzeitig, die meist alle randvoll auf dem Balkon stehen, und Nick hat sich daran gewöhnt, sie zu leeren. Und er hat sich daran gewöhnt, dass Arch, der eigentlich mal als Untermieter eingezogen ist, weil Nick das Geld dringend braucht, seine Miete, wenn überhaupt, sehr, sehr verspätet zahlt. Arch ist grundverpeilt. Das kann man allein schon daran festmachen, dass er sein Geld als Überfahrer verdient, aber meistens zu stoned ist, um zu fahren.

»Marianne! Komm endlich!«, brüllt Arch.

Als er Nick entdeckt, winkt er ihm von unten aus dem geöffneten Fenster des Autos zu.

»Marianne soll endlich kommen. Wir haben es eilig!«

Das haben wir alle, denkt Nick und stolpert über die Blumenkästen, in denen Arch jetzt neuerdings, seit es legal ist, Hanfpflanzen anbaut. Ihm ist das ein Dorn im Auge, aber er hatte keine Lust auf einen Streit. Ihm ist einfach unwohl dabei, ein kleines Kind in einer Wohnung zu haben, in der Drogen angebaut werden. »Ich weiß nicht, ob dein Bier im

Kühlschrank nicht gefährlicher ist als meine Pflanzen?«, hat Arch argumentiert. »Oder läuft Hope oft durch den Park und frisst die Büsche, die dort stehen?«

Nein, hat Nick zugeben müssen, das macht sie natürlich nicht.

Arch hupt noch einmal und brüllt: »MARIANNEEEEE!«

Nick läuft über den Flur und sucht seine Sachen zusammen. Die Tür zum Bad steht offen. Er will sie schließen und sieht, dass der Klodeckel ebenfalls hochgeklappt ist. Er will ihn schließen und sieht, dass da jemand noch mehr vergessen hat, als nur den Deckel zuzuklappen.

»Hope, du musst ziehen!«

Aus der Küche erklingt ihre zarte, dennoch erboste Stimme: »Das war ich nicht.«

»Was warst du nicht?«

»Kacka!«

»Woher weißt du denn, dass ich Kacka meine?«

Er kommt sich ganz besonders schlau vor. Ein Detektiv, der versucht, eine Dreijährige, eine nicht mal ganz Dreijährige, der Lüge zu überführen.

»Das war schon!«, ruft Hope.

Okay, denkt Nick, dann war es Arch.

»Arch, mach deine Scheiße weg!«, murmelt Nick. Er erschrickt, denn ihm fällt ein, dass sie hier nicht Scheiße sagen, und hofft, dass Hope ihn nicht gehört hat. Eine Sekunde später ist es eh zu spät.

»Lass die Scheiße liegen!«, ertönt es aus Mariannes Zimmer. Marianne, seine andere Mitbewohnerin, die eigentlich auch nur zur Untermiete eingezogen ist, weil er in finanziellen Nöten ist.

»Die brauche ich noch!«

»Wozu um alles in der Welt braucht man eine ... K-Wurst?«

Nick kommt sich ganz besonders clever vor, weil er K-Wurst sagt.

»Die ist für den Arzt!«, brüllt Marianne.

»Die ganze?«, brüllt er zurück. »Was will er damit?«

»Natürlich nicht die ganze!«, ruft Marianne.

Dann öffnet sich ihre Tür und sie tritt heraus. Auf dem Kopf ein Yankees-Basecap und gekleidet in abgeschnittenen Turnhosen und einem T-Shirt, auf dem »BRD verrecke« steht. Völlig unangemessen für eine Frau Mitte sechzig. Noch unangemessener, als grundsätzlich bei geöffneter Tür auf der Toilette zu sitzen und als Begründung anzuführen, dass sie seit dem Knast keine geschlossenen Türen ertrage und erst recht nicht, wenn sie vom Klo aus nicht in andere Zellen gucken könne.

»Du weißt nie, wer da an der Ecke lauert«, erklärt sie immer.

»Ich musste noch was vorbereiten«, sagt Marianne. In ihrer Hand hält sie die Tupperdose, in die er sonst die Apfelschnitze verpackt, die er Hope in die Kita mitgibt, und einen gelben Eierlöffel. Damit bewaffnet geht sie ins Bad, hockt sich vor die Schüssel und beginnt zu fluchen.

»Das verdammte Ding ist knüppelhart und geht immer unter.«

Nick ist entsetzt.

»Sag mal Marianne, du kannst doch nicht die Dose und den Löffel …«

Sie fällt ihm ins Wort: »Der Arzt hat Arch so was mitgegeben, so eine durchsichtige Sache, aber das ist irgendwie weg, lag auf der Kommode.«

Nick erinnert sich, dass ihm da gestern etwas runtergefallen ist, das Hans Albers erst angebissen und dann geschluckt hat. Er hat sich keine weiteren Sorgen gemacht. Er weiß, dass Hans Albers alles verdauen kann, wahrscheinlich sogar ein Fahrrad.

»Aber die Dose und der Löffel …«, stammelt Nick.

»Mach dir nicht in die Hosen«, sagt Marianne, »ich mach das wieder sauber!«

Noch bevor Nick fragen kann, ob ihr Plan sei, das, was sie da gerade am Stück aus der Toilette fischt, dem Arzt einfach auf den Schreibtisch zu kippen, klingelt es und er ist abgelenkt. Er fragt sich sowieso, was Arch und Marianne da in den letzten Tagen immer konspirativ zu besprechen haben?

»Wir machen aus Scheiße Gold«, hat Arch gesagt und dabei Marianne verschwörerisch angeschaut.

»Genau«, hat Marianne geantwortet.

»Ich mach auf?«, fragt Hope.

Nick hat sie nicht kommen hören. Er hofft, dass sie nicht gesehen hat, was Marianne da treibt.

»Darf ich?«

Eigentlich darf sie das nicht. Weil Nick sie aber hier weghaben will und er sich sicher ist, dass es Arch ist, der geklingelt hat, um Marianne persönlich abzuholen, erlaubt er es und knöpft sich Marianne vor.

»Du glaubst doch nicht, dass ich die Dose und den Löffel noch mal verwende?«

»Warum nicht?«, regt sich Marianne auf, »im Knast hätten wir das jahrelang benutzt.«

»Hallo«, ruft eine Frauenstimme aus dem Flur.

»Mama ist auf Klo«, hört er Hope.

»Du sollst nicht Mama sagen«, brüllt Nick.

»Aha«, sagt eine ihm unbekannte Stimme an der Tür.

»Der macht Mariannes Kacka in meine Kita-Dose.«

»Aha.«

Eine Pause.

»Bist du denn Hope?«

»Ja! Und du?«

»Ich bin Anette Reimers vom Jugendamt. Wie schön dich kennenzulernen.«

Das Wort Jugendamt fährt in Nick wie der Blitz in eine Eiche. Anette Reimers vom Jugendamt? Was will Anette Reimers vom Jugendamt in seiner Wohnung? Was will das Jugendamt in seiner Wohnung?

Er lässt Marianne Marianne sein und setzt sich Richtung Wohnungstür in Bewegung. Da steht tatsächlich eine Frau, die er nicht kennt. Er hat sich immer vorgestellt, dass es alte Biester mit Haaren auf den Zähnen sind, die beim Jugendamt arbeiten. Die hier sieht aber ganz freundlich aus.

»Sind Sie Herr Nikolaus Przbilsky?«

Wer denn sonst?

Er will gerade antworten, als er noch eine zweite Person sieht. Eine Frau. Sie trägt einen Regenmantel, der fast so aussieht wie der von Hope. Lange braune Beine gucken unter dem Mantel heraus und Hope schaut völlig fasziniert auf die Frau.

Dann dreht die Frau sich um und er sieht ihr Gesicht.

Leo!

Leo? Was macht die denn hier? Seit zweieinhalb Jahren hat er sie nur auf Bildschirmen gesehen und auf einmal steht sie hier in seiner Wohnung? Mit einer Frau vom Jugendamt. Und sie trägt den gleichen Mantel wie seine Tochter. Die auch ihre Tochter ist.

Leo, mit der er seit einem Jahr nur über seine Anwältin kommuniziert.

Er steht da, als ob er sich in die Hosen gemacht hätte.

Leo, deren Anwältin ihm gedroht hat, ihm das Aufenthaltsbestimmungsrecht für Hope zu entziehen. Leo, von der er nicht gedacht hätte, dass sie so etwas machen würde, weil sie doch eigentlich keinerlei Interesse an ihrer Tochter hat.

Als Marianne Leo zur Seite stößt, die Tupperdose an ihr vorbeibalanciert, und dabei »Achtung, heiß und fettig!« ruft, wirkt Leo irritiert. Was ist hier los?

Und als ob sie Marianne danach gefragt hätte, zeigt die auf die Dose und sagt zu Leo: »Das muss in spätestens zwanzig Minuten verarbeitet werden. Weißt du, seit der JVA habe ich echt ein fettes Problem damit, ein richtiges Ei zu legen.«

Leo nickt nur, als wäre es die natürlichste Sache der Welt.

»Na, dann beeil dich am besten.«

Leo!

Und es ist, als ob etwas in ihm explodiert, denn Nick möchte sie gleichzeitig umarmen und ihr eine ballern.

Aber man schlägt nicht.

Stattdessen streckt er ihr perplex die Hand entgegen, als wären sie völlig Fremde, die kein gemeinsames Kind haben. Aber Leo nimmt sie nicht. Sie schaut ihn mit einem Blick an, den er noch nie an ihr gesehen hat. Sie ist wütend. Und er ahnt, dass er daran eine große Mitschuld trägt. Sonst wäre sie nicht am frühen Morgen mit der Frau vom Jugendamt aufgekreuzt, die gerade vom Balkon wieder in die Küche getreten ist.

»Ihre Hanfpflanzen sind umgekippt«, sagt sie und bleibt vor Hans Albers stehen. »Was stinkt denn hier so?«

Scheiße, scheiße, scheiße, denkt Nick. Die werden ihm doch nicht das Kind wegnehmen?

1

An dem Tag, als er Leo das erste Mal traf, hätte Nick jeden, der das Wort Pandemie sagte, am liebsten so richtig durchgeschüttelt. Er wusste, dass es seine Situation nicht besser machen würde, aber es hätte ihn zumindest für eine kurze Zeit abgelenkt, während er den Flur der Agentur langschlurfte, in die verglasten, geschmackvoll eingerichteten Büros der Angestellten schaute und einen Karton mit ausgedientem Werbematerial ins Archiv bringen sollte, von dem er keine Ahnung hatte, wo es sich befand – aber er wollte natürlich auch niemanden fragen.

Sally, eine Kollegin aus der Bar, mit der er eine unregelmäßige sexuelle Beziehung unterhielt, eine angehende Schauspielerin, die leider irgendwie mehr zu einer Ratgeberin als zur Gespielin avanciert war, hatte ihm diesen Job hier besorgt, den er jetzt schon einige Zeit machte, wobei er sich aber sicher war, dass kaum jemand wusste, wie er hieß. Sally, der seine Plan- und Ambitionslosigkeit immer ein Dorn im Auge war, hatte zu ihm gesagt, dass sie gerne in ihrem eigenen Leben gleichzeitig die Autorin, die Regisseurin, die Produzentin und die Hauptdarstellerin wäre. Er hatte zu ihr aufgeschaut, nicht nur, weil sie ein Stück größer war als er. Aber du, hatte sie gesagt, taugst eigentlich nicht mal zu meinem Fahrer, du hast keine Ahnung, wo du hinwillst und wo es langgeht. Er hatte das ungerecht gefunden, aber auch gewusst, dass es nicht ganz unzutreffend war.

Nick warf einen Blick in den Karton. Autogrammkarten. Er schaute genauer hin. Keine von Sally. Moderatoren? Schauspieler? Influencer? Er kannte sie alle nicht. Drei Männer, eine junge Frau. Leo the CEO. Die kannte er natürlich. Die kannte jeder. Leonie »Leo the CEO« Stanislawski war eine der Hosts der Internetshow *Founders*, in der erfolgreiche Unternehmer:innen Start-up-Gründer:innen finanzielle Starthilfe gewährten oder organisierten. Sie hatte Millionen Follower und war selbst die Hauptanteilseignerin und CEO des börsennotierten Unternehmens Happyland, das unter dem Slogan »Toys statt Boys« Sexartikel für Frauen verkaufte. Berühmt geworden war sie unter anderem, weil sie ihre Produkte in Videos selbst vorführte. Er schaute genauer hin. Nicht unattraktiv. Passte zu dem Laden. Hier waren alle attraktiv. Und jung. Und wahrscheinlich erfolgreich. Bis auf ihn. Er, der nicht wusste, was er wollte, der völlig ohne Plan war.

Die Jahre zwischen fünfundzwanzig und vierzig sind die produktivsten. Was du in der Zeit nicht schaffst, das schaffst du auch später nicht mehr. Der Satz stammte von seinem Vater und er hatte ihn immer wieder zu Nick gesagt.

Einmal bei einem Fußballspiel. Champions League, Viertelfinale, Rückspiel, um sie herum fünfzigtausend brüllende

Fußballfans, die letzten zehn Minuten liefen, das Ergebnis war noch offen und sein Vater hatte den Arm um seine Schultern gelegt und ihm diese Lebensweisheit mitgeteilt: »Junge, die Jahre zwischen fünfundzwanzig und vierzig sind die produktivsten!« Dass kurz danach das entscheidende Tor fiel, sie einer Bierdusche unterzogen wurden und er von wildfremden Menschen umarmt und geherzt wurde, daran erinnerte er sich auch noch. Aber nicht so sehr wie an den Satz seines Vaters, der gefallen war, als ob in einem Schwarz-Weiß-Bild urplötzlich ein Farbklecks auftaucht, der da überhaupt nicht hingehört. Sein Vater war Versicherungsmann, wie er immer sagte. Nicht Agent oder Verkäufer oder Inhaber einer Agentur. Versicherungsmann. Als ob es was Cooles wäre, wie Cowboy oder Geheimagent. In Trittau, einem Dorf kurz vor oder hinter Hamburg, je nachdem aus welcher Richtung man kam, kannte ihn jeder.

Jens Przybilsky – Versicherungen aller Art. Jeder, der bei seinem Vater eine fondsgebundene Lebens- und Rentenversicherung abschloss, zahlte die ersten Jahre nur für dessen Provision. Meine *Cash-Cow*, sagte sein Vater zu diesen Versicherungen. Die Leute im Dorf kannten den Jens, sie vertrauten ihm, sie kamen zu ihm, wenn sie ihr erstes Mofa versicherten, wenn sie Bausparverträge abschlossen, wenn sie heirateten, wenn sie ein Haus bauten, sie kamen immer wieder. In seinem Büro hatte er Akten über alle Klienten. Erst in Schubladen, später digital. Wenn Nick als Kind seinen Vater im Büro besuchte, was er nie gerne, sondern nur auf Geheiß seiner Mutter tat, saß sein Vater an seinem Schreibtisch, drehte sich auf seinem Drehstuhl zu ihm um, lächelte ihn an und sagte, anstatt »Bond, James Bond«, dass die Jahre zwischen fünfundzwanzig und vierzig die produktivsten wären.

Dann griff er in seine Schublade, zog eine Akte raus und hielt sie hoch.

»Das ist unser Haus.«

Er nahm eine andere Akte.

»Das ist dein Studium.«

Die nächste:

»Das ist dein Erbe.«

Und dann lächelte er wie einer, dem eigentlich nicht nach Lächeln zumute ist. So als ob er wüsste, dass er einen faulen Zahn hat, der bald raus muss. Zum Ende jedes Besuchs durfte Nick in das Glas mit den in Provinzial- oder Allianz-Knisterpapier eingepackten Bonbons greifen, die schmeckten, als ob einem eine Krähe eine Kirsche in den Mund geschissen hätte. Und jedes Mal, wenn er das Büro verließ, hatte er das Gefühl, selbst eine Versicherung abgeschlossen zu haben, die er eigentlich gar nicht wollte.

Er hatte es sich nicht leicht gemacht, vielleicht um es seinen Eltern nicht zu leicht zu machen? Er wäre ein sehr guter Grundschüler gewesen, wenn er sich für mehr interessiert hätte. Lernen fiel ihm nicht schwer, er wusste nur nicht, wofür. Drehstühle in ranzigen Büros? Akten? Bonbons in Knisterpapier? Auf dem Gymnasium konnte er in manchen Jahren mehrere Fünfer in Naturwissenschaften durch Einser in Sprachen und Geisteswissenschaften ausgleichen. Für Deutsch, Englisch, Geschichte und Religion brauchte er nicht

zu lernen. Er hatte das Gefühl, er wüsste in diesen Fächern alles von selbst. Mathe, Bio, Chemie und Physik hingegen inte-
ressierten ihn genauso wenig, wie er den Stoff begriff. Er war
ein Kind ohne viele Freunde. Er hatte keine Hobbys, außer
dass er gerne las. Er war oft mittendrin, aber nicht wirklich
dabei. Und als er sechzehn war, kam der Krebs, er verlor fast
ein ganzes Schuljahr und nicht nur das. In Folge der Krankheit, der Chemo, der Zeit im Krankenhaus verlor er das Interesse an fast allem. Wenn er nichts hatte, was ihm in seinem
Leben etwas wert war, war es vielleicht nicht so schlimm,
wenn man kein Leben mehr hätte?

Doch der Krebs ging, das Einzige, was er mitnahm, war
sein linker Hoden und die Hälfte seines rechten. Der Krebs
hatte ihm nur ein halbes Ei gelassen. Es würde seiner Man-
neskraft keinen Abbruch tun, hatte der Arzt gesagt, nur Kinder zeugen, das würde er nicht mehr können. Mit dem ver-
bliebenen halbierten Testikel und noch weniger Eifer setzte
er seine Schulkarriere fort, blieb sitzen und war deswegen
mit einundzwanzig Jahren mehr als zwei Jahre älter als die
anderen Abiturienten. Sein Vater riet ihm zu einem Studium
der Wirtschaftswissenschaften, seine Mutter, eine Lehrerin,
trug ihm an, doch – so wie sie – Deutsch, Englisch und Geschichte auf Lehramt zu studieren. Nick wollte nichts davon.
Er machte die Grundausbildung bei der Bundeswehr. Als er
diese geistig und körperlich überlebt hatte, war seine Lust
an der Armee jedoch erloschen. Es zog ihn in den Süden.
Nach einem Sommer in Spanien blieb er ein paar Jahre dort,
jobbte in Bars und Discotheken, lernte Menschen kennen,

lernte Menschen zu verlieren und lernte Spanisch. Über ein Jahr lang lebte er als Untermieter bei einer Großfamilie in Valencia. Die Wohnung war riesig, er hatte ein helles Zimmer für sich, die Miete war mehr als erschwinglich, dafür übernahm er kleinere Familiendienste, wie mit der Großmutter spazieren zu gehen oder eine Partie Schach zu spielen, die beiden kleinen Kinder in den Kindergarten zu bringen oder das kleinste mal zu füttern und sogar zu wickeln. Das ließ sich gut mit seinem Alltag vereinbaren. Zurück in Deutschland versuchte er es mit Wirtschaftswissenschaften, brach zugunsten von Deutsch, Englisch und Geschichte auf Lehramt ab und machte erst mal gar nichts, nur in Bars jobben. Außer der Sprache gab es jetzt aber einen weiteren Unterschied zu seiner Zeit in Spanien. Er war nicht mehr so alt wie seine Kunden, sondern deutlich älter. Und seine Eltern hatten sich inzwischen scheiden lassen und waren jeder für sich in ein eigenes Leben gezogen. Das Heim seiner Kindheit, sein Elternhaus, der letzte Rückzugsort, den er bis dahin gar nicht als solchen definiert hätte, war ihm damit genommen.

Die einzige wirkliche Konstante in Nicks Leben war Hans Albers, sein Hund, den er immer bei sich hatte, seit sein Vater ihm diesen geschenkt hatte. Und dann war er auf einmal fast dreißig und hatte in den ersten fünf Jahren der Zeit, in der man am produktivsten ist, nichts geschafft, und nun lief er hier über den Parkettboden der PR-Agentur, auf der Suche nach einem Archiv, das er verdammt noch mal nicht finden konnte, obwohl er längst wissen müsste, wo es sich befand.

Während er seinen Karton trug, sah er Sabine vom Empfang, die immer so tat, als sei sie die Geschäftsführerin, an einem Regal stehen. Mit der rechten Hand schob sie sich ihre FFP2-Maske so zurecht, dass sie besser Luft bekam, mit der linken zog sie sich ein Stück Rock aus der Arschfalte. Nick mochte Sabine nicht. Er hätte ihr am liebsten in die Kniekehlen getreten, damit sie umfiel. Natürlich tat er das nicht. Er stellte es sich nur so intensiv vor, dass es sich fast so anfühlte, als hätte er es getan.

»Na, Sabine«, murmelte er, während er an ihr vorbeiging.

»Nick«, sagte sie, »warum trägst du keine Maske? Wir haben hier FFP2-Pflicht!«

»Am Platz«, murmelte Nick.

»Da gehört sie aber nicht hin«, monierte Sabine.

»Leck mich und stirb«, murmelte Nick.

»Was sagst du?«

»Ich bin schon auf dem Weg, habe ich gesagt«, log Nick.

»Warte mal«, sagte Sabine.

Genervt blieb Nick stehen. Was wollte sie jetzt noch?

»Würdest du mir einen Gefallen tun?«

Eigentlich lieber nicht, denn Sabine einen Gefallen zu tun, bedeutete etwas für sie zu erledigen, das sie für unter ihrer Würde empfand. Aber er konnte sich auch nicht wirklich auf einen anderen Auftrag berufen, also nickte er.

»Kannst du einen Augenblick vorne auf Leo the CEO warten und sie dann in den kleinen Konferenzraum bringen?«

»Die Dildofrau?«

Sabine schaute ihn missmutig an.

»Sei doch nicht so despektierlich. Kannst du das machen?«

2

Nicht einmal eine Minute später stand er vor Leo und versuchte, so lässig wie möglich rüberzukommen.

»Hi, ich bin Nick.«

»Hi, ich bin Leo.«

»Ich weiß.«

»Cool.«

»Cool.«

Und dann wusste er auch schon nicht mehr, was er sagen sollte. Er musterte sie. Leo sah gut aus. Kurze Haare, Sonnenbrille auf den Kopf geschoben, dezent geschminkt, ein geblümtes Kleid, darüber eine dünne Bomberjacke und Stiefel, die bis zu den Knien reichten und farblich zur Jacke passten. Sie hatte ein freundliches Lächeln und ganz weiße Zähne. Als sie sich aus dem Sessel erhob, in dem sie auf ihn gewartet hatte, stellte Nick fest, dass sie mindestens genauso groß war wie er, in den Stiefeln wahrscheinlich sogar größer. So ungefähr wie Sally. War es so, dass Frauen inzwischen immer größer wurden? Oder war er einfach nur klein? Er musterte sie und schätzte sie auf Ende zwanzig, höchstens dreißig.

»Bist du alleine gekommen?«, fragte er.

Leo sah sich um. Da war niemand. Außer Sabine, die wieder hinter ihrem Empfangstresen Platz genommen hatte und so tat, als würde es der Wand helfen, wenn sie sie anstarrte.

»Nein«, sagte Leo, »wir sind zu zehnt, aber die anderen sind alle unsichtbar.«

Viel schlagfertiger, als er es sonst war, lächelte Nick sie an.

»Die können dann ja hier warten.«

Er schaute zu Sabine.

»Sabine, kannst du den anderen hier inzwischen einen Kaffee machen?«

Leo grinste, Sabine guckte nicht mal hoch.

»Masken auf!«, sagte sie nur.

Nick steckte eine Hand in die Gesäßtasche. Shit, er hat seine wohl verbummelt. Leo, die seine Geste beobachtet hatte, holte eine Handvoll zusammengeknüllter Masken aus ihrer Handtasche und reichte ihm eine.

»Hier. Kann sein, dass ich die schon mal benutzt habe. Okay?«

»Absolut«, sagte Nick und setzte die Maske auf. »Happyland« stand drauf. Und: »Was du dir selber kannst besorgen …«

Er atmete tief ein. Die Maske roch nach Parfum und Minzbonbon.

»Danke.«

»Gerne.«

»Soll ich mit dir eine Runde durch die Agentur machen?«

Ein dummes Angebot. Was sollte er ihr schon zeigen? Er, der nicht einmal wusste, wo das Archiv lag.

Leo lachte. »Auf keinen Fall.«

»Warst du schon mal hier?«

Eine dumme Frage. Die Agentur vertrat sie schließlich.

»Ja, die kümmern sich schon lange um meine Presseangelegenheiten und so Zeug.«

Froh, etwas zu tun haben, führte er sie zum Konferenzraum und genoss dabei die Blicke der anderen, die aus ihren Büros guckten, wie er mit Leo the CEO durch die Agentur bummelte, als wären sie alte Freunde.

Der kleine Konferenzraum hatte keine Fenster und bot lediglich Platz für einen Tisch und vier Stühle, die mit Sicherheit mehr gekostet hatten als ein Mittelklassewagen.

Sobald Nick das Licht angemacht hatte, riss Leo sich ihre Maske vom Gesicht.

»Was freue ich mich, wenn der Scheiß erst mal ganz vorbei ist«, stöhnte sie.

Nick nahm seine ebenfalls erleichtert ab.

»Ich auch.«

Dann wusste er nicht mehr, was er sagen sollte, und fragte, ob sie gerne Kaffee oder Tee hätte, sie lehnte aber beides ab und sie schwiegen.

Verstohlen sah er zu ihr rüber, wie sie sich mit den Fingern durch ihre Haare fuhr. Er wurde etwas nervös, weil ihm auffiel, dass er seit Beginn der Pandemie selten mit einer Frau in einem Raum gewesen war, die nicht eine seiner Nachbarinnen war, die sich in aller Schnelle mal etwas borgen wollte.

»Und?«, fragte er dann irgendwann, als ihm die Ruhe zu still wurde.

Sie lachte.

»Und was?«

»Und sonst so?«

Sie lachte wieder.

»Sonst so?«

Er war verunsichert. Lachte sie ihn aus?

»Na, was du sonst so machst?«

Sie überlegte kurz und seufzte dann.

»Gerade hatte ich ein schreckliches Interview.«

»Was bedeutet denn schrecklich?«

»Schrecklich bedeutet, dass ich das Interview gefühlt schon hundertmal gegeben habe. Keine einzige interessante Frage. Immer das Gleiche.«

Er nickte, als ob er sich damit auskennen würde.

»Das kenne ich.«

Sie schaute ihn an.

»Ja? Woher?«

»Aus Interviews. Die ich höre oder lese. Dann denke ich auch oft: was für eine dämliche Frage.«

Genau so dämlich wie der Stuss, den du hier erzählst, dachte er.

Sie schien das aber nicht so zu empfinden. Sie überlegte und sah ihn dann erwartungsvoll an.

»Was würdest du mich denn fragen?«

Er dachte nach.

»Vielleicht würde ich etwas Persönliches fragen?«

»Das ist immer gut.«

Sie zwinkerte ihm zu.

»Dann mach doch.«

Er überlegte. Meinte sie das ernst? Sollte er wirklich? Sie schien auf jeden Fall darauf zu warten.

»Weißt du«, sagte sie nach einer Zeit, »einer der Tricks bei so einer persönlichen Frage ist, das du sie mir auch stellen musst.«

Nick wusste aber überhaupt nicht, was er fragen sollte. Er war verunsichert, wollte aber nicht so wirken und tat deswegen so, als sei seine Faust ein Mikrofon, in das er hineinsprach, einen Reporter imitierend.

»Ich sitze hier mit Leo the CEO und viele von euch sind jetzt wahrscheinlich neidisch.«

Er schaute sie an. Sie schaute zurück.

»Das war keine Frage.«

»Was wäre denn eine gute Frage?«

Sie musterte ihn und lächelte spöttisch.

»Etwas Persönliches, hat mir vor Kurzem jemand gesagt.«

Er fing ihren Blick auf und wusste nicht genau, wie er mit der Situation umgehen sollte. »Gibt es denn irgendetwas Persönliches, was du gerne gefragt werden würdest?«

Sie überlegte. »Nee, es ist so, wie ich eben gesagt habe. Eigentlich bin ich schon alles gefragt worden, was man fragen kann, und die meisten Fragen waren einfach nur blöde, weil ich sie schon so oft beantwortet habe. Oft denke ich darüber nach zu lügen, damit es etwas spannender wird.«

Nick wäre gerne derjenige, der dieses Schema durchbrach, aber er hatte keine Ahnung wie. Er hatte das Gefühl, sie flirte mit ihm, fragte sich aber, warum sie das tun sollte? Sie war schließlich ein Promi, er war hier nur der Handlanger, den kaum einer mit Namen kannte.

»Soll ich stattdessen dich was fragen?«, sagte sie. »Das wäre mal was anderes.«

Die Idee gefiel Nick.

»Gut«, sagte Leo und lehnte sich zurück. »Stört es dich, wenn ich mich etwas ausziehe?«

Machte sie das absichtlich, um ihn ins Schwitzen zu bringen?

»Ist das die Frage?«, fragte Nick, schon wieder schlagfertiger als gewohnt.

Leo lachte, während sie ihre Jacke auszog. Ihr Kleid war ärmellos, ihre Arme gleichzeitig straff und zart, sie trainierte sicherlich. Ohne Jacke entfaltete sich ihr Parfum in dem kleinen Raum, als hätte man einen Strauß Blumen aus einer Cellophanhülle befreit. Er versuchte ihren Geruch einzuatmen, ohne dass sie es mitbekäme. Doch er hatte das Gefühl, sie wusste ganz genau, was sie da gerade mit ihm machte. Was blieb ihm also übrig, als sich so selbstsicher wie möglich zu geben und es ganz normal zu finden, dass er hier mit ihr saß und sie ihn fragte, ob es ihn stören würde, wenn sie sich entkleidete.

Dann stützte sie ihre Arme auf den Tisch, beugte sich vor und schaute ihm tief in die Augen.

»Nein, die Frage ist: Wie ist es denn, einer Frau in die Augen zu schauen, deren Vagina du schon als Wichsvorlage benutzt hast?«

Bäm! Treffer! Nick wäre jetzt für sein Leben gerne im Erdboden versunken. Gott sei Dank war es im Konferenzraum ziemlich dunkel und sie konnte nicht sehen, wie rot er gerade wurde. Unter seinen Achseln hatten sich Springbrunnen in Gang gesetzt.

»Wie …, was …, hä …«, stammelte er.

»Na komm«, sagte sie, »du kennst doch sicherlich die Videos für Toys statt Boys von Happyland? Oder willst du sagen, du hast dir noch nie eines angeschaut?«

Nick ahnte, das Leugnen hier gar nichts nützen würde.

»Doch …, schon …«, sagte er.

Natürlich kannte er die Videos. Jeder kannte die Videos. Leo erklärte darin, wie man die Sexspielzeuge, die Happyland vertrieb, hauptsächlich die Vibratoren Butterfly, Snake, Doublehead, Wonderwoman und Uncle Dick, richtig benutzte. Die Videos waren sexy, aber nicht schmutzig. Leo saß in ihnen auf einem Barhocker und demonstrierte die Anwendung. Sie war nicht nackt und zeigte auch nicht pornomäßig ihre Brüste oder stöhnte rum oder so etwas. Sie sah eher aus wie eine junge Professorin, die den Studierenden etwas erklärte. Sie trug ein ähnliches Kleid wie heute, keine Unterwäsche. Die Sitzfläche des Barhockers war ein Spiegel. Sie packte die Geräte aus, erklärte die Funktionen und zeigte, wie man sie am besten mit Gleitgel einschmierte und dann einführte.

»Schon«, stammelte Nick, »aber nur … äh … professionell.«

»Professionell?«, grinste Leo. »Hast du sie denn auch ausprobiert? Bist du eher der Wonderwoman- oder der Uncle-Dick-Typ?«

Nick wischte sich ein paar Schweißperlen von der Stirn.

»Äh, bist du das denn selbst in den Videos?«, fragte er.

Sie schaute ihm weiterhin fest in die Augen.

»Natürlich bin ich das selbst. Alles andere wäre falsch. Aber …«, bei diesem Aber erhob sie ihre Stimme, »… es ist und war nie das Ziel, etwas Pornografisches darzustellen. Die Idee dahinter ist, jungen Frauen und Mädchen das Gefühl zu nehmen, sie täten etwas Unnatürliches oder Verbotenes. Und mir ist absolut klar, dass es Männer gibt, die meine Videos zu anderen Zwecken nutzen.«

»Ich nicht!«, behauptete Nick.

Sie lächelte zuckersüß. »Nein, du hast es ja nur professionell angeschaut …«

Nick wusste nun gar nicht mehr, wie er mit der Situation umgehen sollte. Vor allem, weil dies hier, auch wenn es kein echtes Interview war, trotzdem ein Gespräch mit einer Frau war, die wusste, dass er wusste, wie ihre Vagina aussah, wenn sie sich einen Vibrator einführte. Und die sich damit ganz normal zu fühlen schien. So wie Sally, wenn sie Sätze sagte wie »Ich fick dich jetzt richtig durch« und er sich dann irgendwie komisch vorkam, weil das in Filmen meistens die Männer sagten.

Leo wurde jetzt etwas ernster.

»Du als in Deutschland geborener weißer Cis-Junge, machst dir keine Vorstellungen davon, wie verklemmt viele Mädchen aufwachsen. Du hast wahrscheinlich mit zwölf oder dreizehn deine ersten Pornos gesehen und dann schön Hose runter und *shake hands*.«

Nick schüttelte erst den Kopf, dann nickte er. Genau so war es.

»Bei den meisten Mädchen funktioniert das nicht so. Wir haben viel mehr Hemmungen und brauchen eigentlich viel mehr Support als ihr Jungs. Du fängst ja nicht mit dreizehn an, aus deinem Ding zu bluten. In dich will niemand etwas reinstecken und du kannst nicht schwanger werden. Du prahlst vor deinen Freunden mit deinen sexuellen Heldentaten und bist der Capo. Wenn du das als Mädchen tust, bist du keine Queen, sondern eine Nutte. Es gibt viele Unterschiede zwischen Jungs und Mädchen; Lust auf Sex zu haben, ist keiner. Aber wir haben nun mal nichts, was man einfach rausholen und schütteln und hinterher abwischen kann. Und viele von uns haben keine Mütter, die mit ihnen über Selbstbefriedigung sprechen.«

Nick unterbrach sie: »Ich habe mit meiner Mutter nie über Selbstbefriedigung gesprochen.«

Das kam so schnell und vehement, dass sie erst abwartete, ob noch etwas folgte. Und er fragte sich, was er sagen sollte.

»Ich habe nur ein Ei«, schob er dann hinterher.

Sätze, die man unbedingt sagen muss, wenn man mit einer attraktiven Frau über Sex redet, dachte Nick. »Darüber haben wir gesprochen.«

Leo schaute weder angewidert noch desinteressiert.

»Eigentlich ist es auch nur ein halbes«, gestand er.

»Das fehlt oder das noch da ist?«

»Das noch da ist.«

Mein Gott, er redete sich um Kopf und Kragen.

»Was ist passiert?«

»Lange Geschichte.«

»Aber du hast mit deiner Mutter darüber gesprochen, wie du dich mit einem halben Ei fühlst?«

»Mehr schlecht als recht, aber – ja.«

Wie sich das Gespräch entwickelte! Eben hatte es noch erotisch geknistert und urplötzlich erzählten sie sich Dinge, über die er mit niemandem geredet hatte, der nicht sein Urologe war oder mit der er nicht gerade geschlafen hatte.

Sie atmete tief ein und sagte dann:

»Ich habe nie eine Mutter gehabt. Waise. Kinderheim. Pflegeeltern. Kinderheim. Beschissener Kreislauf.«

Nick konnte nicht anders. Er nahm ihre Hand, drückte sie ganz kurz und ließ sie wieder los.

»Bist du immer so offen?«

»Nein«, antwortete Leo, »nur wenn ich merke, dass jemand echtes Interesse hat. Aber wenn ich merke, dass jemand nicht wirklich zuhört, dann höre ich auch schnell auf und sage meine Nullachtfünfzehn-Sätze und dann ist gut.«

Nick war froh, dass sie merkte, dass er wirklich zugehört hatte.

»Wir Frauen wollen genauso selbstbestimmt Sex haben wie Männer. Manchmal mit uns alleine, manchmal auch unter uns – wir machen da nur nicht so ein Geschiss drum.«

Sie piekte ihm auf die Brust.

»Und manchmal wollen wir eben auch Sex mit einem von euch.«

Ihm wurde heiß und kalt.

»Aber nur, wenn wir wollen! Verstehst du?«

Er nickte.

»Und wenn ihr nett seid.«

Er nickte noch einmal.

»Am besten ist, wenn ihr auch noch diskret seid.«

Auf der Ablage stand eine Flasche Wasser. Sie zeigte drauf.

»Ist die frisch?«

Nick sah, dass das Siegel verschlossen war, und reichte ihr die Flasche.

»Es ist heiß hier drinnen«, sagte sie, trank und zwinkerte ihm zu.

Nick beobachtete, wie ihr das Wasser durch die Kehle rann. Er war nicht unerfahren im Umgang mit Frauen. Er war absolut in der Lage, Frauen anzusprechen, sich zu unterhalten und auch bei über Apps arrangierten Dates hatte er sich gut geschlagen. Aber er hatte bislang keine Frau kennengelernt, die so offen mit ihm redete wie Leo. Sally zum Beispiel war ja auch offen. Sie hatte ihm ohne jede Hemmung erklärt, was sie mit ihm machen wollte, und das dann auch getan. Aber das hier war anders. Ihm wurde klar, dass er sich hier mit einer Frau in einem Raum befand, die er »im echten Leben« nie kennengelernt hätte. Er saß hier in einer vier Quadratmeter großen überhitzen Bude mit der unglaublich attraktiven Leo the CEO und redete über Sex.

Leo setzte die Flasche ab und eine Sekunde lang sah es so aus, als wolle sie ein Bäuerchen machen. Dann lachte sie ihn offen an.

»Du bist nett und diskret, oder?«

Nick hatte das Gefühl, dass all sein Blut von überall her, aus allen Organen und besonders aus dem Gehirn, in seine Lenden strömte.

»Hast du wegen dieser Scheißpandemie auch so wenig Sex gehabt, in den letzten Monaten?«

Er bejahte. Sie lachte.

»Außer mit dir selbst?«

Er nickte wieder.

»Ich bin so drastisch untervögelt«, sagte Leo.

Sie hüpfte von ihrem Hocker und ging einen Schritt auf ihn zu. Mit ihrer Nase an seiner blieb sie stehen.

»Kann man diese Besenkammer abschließen?«, hauchte sie.

Man konnte die Besenkammer nicht abschließen, aber es wäre besser gewesen, wenn man es gekonnt hätte. Denn so reagierte Sabine eine Viertelstunde später ziemlich lautstark, als sie die Tür zum Konferenzraum öffnete und Nicks Kopf zwischen Leos Beinen sah.

»Entschuldigung, aber kannst du bitte eine Maske aufsetzen«, lächelte Leo sie zuckersüß an und krallte sich dabei in Nicks Haaren fest, damit sie nicht vom Tisch rutschte.

3

Zweieinhalb Tage und drei Nächte später lag Nick auf dem Bett einer Suite in einem Luxushotel. Außer dem Schlafzimmer gab es noch ein sehr geschmackvoll eingerichtetes Wohnzimmer mit Kopien großer Künstler an den Wänden, einem antiken Schreibtisch, einer gemütlichen Sitzecke und einem echten Kamin, plus zwei Badezimmer, eins mit Wanne und eins mit Dusche, und eine eigene Dachterrasse. Besser hatte Nick noch nie gewohnt.

Auf einem Tisch vor dem Bett standen noch die Reste des Frühstücks. Er lag nackt und auf einen Arm gestützt auf der Seite und betrachtete die ebenfalls nackte, schlafende Leo. Ihre linke Körperhälfte zierte eine große bunte Tätowierung, eine Schlange, die einen Baum hochkroch. Nick rückte langsam immer näher, um besser sehen zu können, was die Schlange da genau machte. Ihr Kopf lag da, wo auf Leos Brust ein silbernes Medaillon baumelte. Während er es betrachtete, atmete er in Leos Rücken und sie wurde davon wach.

»Was machst du da?«, fragte sie.

»Ich schaue mir die Schlange an«, antwortete er.

»Bin ich eine Schlange?«, fragte sie schlaftrunken.

»Die auf deinem Rücken.«

»Ah. Und?«

»Warum hast du die?«

»Damit du was zum Anschauen hast, falls du dich langweilen solltest.«

»Und das Medaillon?«

Die Frage schien sie zu überrumpeln, sie brauchte etwas, bevor sie antwortete: »Da ist das drin, was an meinem Leben gut ist.«

Nick gab sich damit zufrieden, weil er merkte, dass sie nicht mehr dazu sagen wollte. Er ließ die letzten zweiundsiebzig Stunden Revue passieren.

Nachdem sie von Sabine gestört worden waren, fuhren sie im Taxi in Leos Hotel. Wäre das Taxi etwas größer gewesen, hätten sie bereits im Auto miteinander geschlafen. So hatten sie es gerade noch ins Hotel geschafft.

»Wollen wir über Verhütung reden?«, hatte Nick gestammelt, um Zeit zu schinden.

»Warum?«, hatte Leo gekeucht. »Du hast doch nur ein halbes Ei!«

Was für ein Gefühl, mit einem Menschen, der einen bis kurz vor der Ohnmacht erregt, gemeinsam lachen zu können, bevor man wieder übereinander herfällt.

Das war Freitagnachmittag gewesen.

Jetzt war Montag.

Und in dieser Zeit hatten sie das Bett kaum verlassen.

Leo setzte sich auf. Nick betrachtete sie. Und sofort wollte er wieder mit ihr schlafen. Sie sah das und grinste.

»Haben wir etwas ausgelassen?«

Er grinste zurück. »Ich glaube nicht.«

»Ich glaube auch nicht«, sagte sie. Dann griff sie nach einem halb leeren Glas Orangensaft und trank es aus.

Nick sah sich um. Das Bett musste dringend frisch bezogen werden. Auf dem Boden verstreut lagen alle möglichen Sex Toys aus Leos Kollektion.

Sie hatte seinen halben Hoden nicht als verstümmelt oder widerlich empfunden. Sie hatte ihn angefasst und genau betrachtet.

Leo gab ihm ein gutes Gefühl. Ein Gefühl der Sicherheit, das es ihm ermöglicht hatte, sich ihr nicht nur körperlich zu öffnen.

Im Alter von neun war seine Lieblingsfernsehserie *Wildes Wohnzimmer*. Tiere, die nicht in ein Haus gehörten, aber trotzdem in einem lebten, gemeinsam mit ihren Menschen. Immer am Donnerstag, wenn *Wildes Wohnzimmer* vorbei war, nahm seine Mutter ihn an die Hand und es ging zu Dr. Wilken. In Dr. Wilkens Wartezimmer roch es nach Medizin und altem Pups. In einer Ecke stand ein Skelett. »Bitte nicht anfassen« war auf einem Schild zu lesen, das um den Totenkopf gehängt war. Wie hypnotisiert betrachtete Nick jedes Mal den Knochenmenschen, bis seine Mutter und er aufgerufen wurden. Im Sprechzimmer von Dr. Wilken musste er seine Hosen runterziehen und der Arzt befummelte seine Hoden. Beziehungsweise seinen Hoden. Nick hatte nur einen. Der andere war irgendwo tief in ihm drin. Doch auch nach dem suchte der Arzt, indem er Nicks Unterleib abtastete, bis er ihn gefunden hatte. Die Rumfummelei war Nick gewöhnt. Schon als kleines Kind, wenn seine Mutter ihn in der Badewanne abtrocknete, machte sie sich auf die Suche nach seinem zweiten Hoden. Wenn der Arzt seine Untersuchung beendet hatte, gab es eine Spritze in den Arsch. Piek. Zack. Fertig. Wer nicht weint, darf sich eine Handvoll Gummibärchen aus einem Glas nehmen. Ein bisschen wie an Ostern. Der eine findet Eier, der andere bekommt Süßigkeiten. Nick hat nie geweint. Nicht bei Dr. Wilken. Erst als er im nächsten Jahr auf der ersten Klassenfahrt seines Lebens ausgelacht wurde, als er mit den anderen Kindern unter der Dusche stand. Er war der einzige Viertklässler mit kompletter Schambehaarung und einem ausgewachsenen Penis. Die anderen Kinder – und Nick ab dem Moment übrigens auch – fanden das so ungewöhnlich, dass sie die Klassenlehrerin riefen. Die besah sich Nicks bestes Stück, erschrak und begann zu weinen. Und Nick dann auch. Später begriff er, dass er an einem Hodenhochstand gelitten und deswegen Hormonspritzen bekommen hatte. Damit die anderen Kinder auch gleich Bescheid wussten, versammelte die Lehrerin die gesamte Klasse und redete über Hodenhochstand und dass das nichts Schlimmes sei und Nick eben deswegen so viele Haare habe wie ein Erwachsener und dass darum auch sein Penis so groß sei. Nick war bei dieser Versammlung ganz elend zumute. Es war, als ob ihm alle über den Pimmel direkt in seine Seele schauen würden, ohne dass er den Mund geöffnet oder die Hose runtergezogen hätte.

Im Laufe der nächsten Jahre hatten sich Penisgröße und Schamhaarbewuchs normalisiert. Aber seine Hoden schwollen an, als er mit der Pubertät endlich so ziemlich durch war. Die Stimme wurde tiefer und die Eier größer. Seine Mutter, die ihn inzwischen wahrscheinlich als zu alt empfand, um selbst Hand anzulegen, schleppte ihn zu einem Urologen. Der Urologe war beunruhigt. Er erklärte, dass Männer, die einer Hormonbehandlung unterzogen worden waren, ein viel höheres Hodenkrebsrisiko hatten. Allerdings sei Nick eigentlich zu jung dafür. Ein MRT und ein Onkologe stellten dann fest, dass er es doch nicht war. Es folgten Operation und Chemotherapie und vierhundertdreizehn Tage später hatte er kaum noch Haare, nur noch einen halben Hoden, galt aber als geheilt. Trotzdem musste er alle sechs Monate zur Kontrolle und er hatte das Gefühl, es höre nie wieder auf, dass ihm wildfremde Menschen auf die Genitalien starrten. Natürlich hat er auch Angst davor, dass der Krebs zurückkommen würde. Und bei jeder Untersuchung hatte er die noch größere Angst seiner Mutter gespürt. Sein Vater hat nie etwas zu seiner Krankheit gesagt, er konnte ihn weder trösten noch umarmen, aber er hat ihm den Hund geschenkt.

Der Krebs war nicht zurückgekommen und irgendwann waren es dann nicht mehr die eiskalten Finger von Ärzten, sondern warme Mädchenhände, die dort unten herumtasteten. Manche reagierten erschrocken, andere versuchten, sich nichts anmerken zu lassen. Doch anfassen wollte ihn keine wirklich. Sally hatte es auf den Punkt gebracht. Sie hatte Angst, den Krebs aus dem Stummelsack zu drücken. Und so gerne sie seinen Penis in den Mund nahm, an seinem halben Ei schielte sie immer vorbei oder schloss die Augen.

Leo hatte ihn geküsst, nachdem Nick ihr die Geschichte erzählt hatte, und sanft zugedrückt. »So hängen sie nicht bis zu den Knien, wenn du alt wirst«, hatte sie gelacht.

Und er hatte mitgelacht.

Jetzt stand sie da und er betrachtete sie. Die Natürlichkeit ihrer Nacktheit gab ihm das Gefühl, ebenfalls eine Rüstung abgelegt zu haben. Er wollte nicht, dass das hier zu Ende war.

»Ab heute sind wir wieder frei«, sagte sie in diesem Moment.

Nick, der darüber nachdachte, dass er eigentlich schon vor einer Stunde hätte in der Agentur aufschlagen müssen, war davon nicht überzeugt.

»Wie meinst du das?«, fragte er.

»Heute ist Schluss mit der Ausgangssperre. Wir können uns wieder normal bewegen.«

Leo streckte sich einmal richtig durch, es sah aus, als würde sie nach der Decke greifen, dann begann sie ihre Sachen einzusammeln und warf einen Blick auf ihr Handy.

»Um zwölf nehme ich den Zug nach Frankfurt, dann geht's weiter nach Los Angeles.«

Nick sah ihr beim Aufräumen zu. Er wollte hier nicht gerne weg. Er wollte nicht in die Agentur. Er wollte Sabine nicht in die Augen schauen. Am liebsten würde er mit Leo nach Los Angeles fliegen und dort weitermachen, wo sie vor gut einer Stunde aufgehört hatten. Doch ihm war, wenn er Leo anschaute, klar, dass hier und jetzt etwas enden würde.

Und es lag nicht in seiner Macht, dieses Ende abzuwenden.

Sie hatte ihr langes Wochenende zweimal unterbrochen, um bei Insta live zu gehen. Sie hatte ihr iPhone dazu so ausgerichtet, dass die Suite nicht protzig aussah. Ihre Aktion war Interaktion. Es hatte nichts mit den Videos zu tun, die er sonst von Influencern kannte. Es war eher wie eine Art Sprechstunde. Ihre Follower hatten Fragen, sie gab sich ehrlich Mühe, diese zu beantworten. Sie hatte eine unglaubliche Art, Augenhöhe herzustellen, die er so noch nicht erlebt hatte.

Leo suchte aus ihrem Koffer frische Klamotten und entschied sich für einen Jogginganzug. Während sie die Sachen aufs Bett warf, fing sie Nicks Blick auf.

»Alles okay?«

Er nickte, obwohl es nicht stimmte. Sie spürte die Lüge, kniete sich vor ihn hin und schaute ihm in die Augen.

»Hör mal. Glaub nicht, dass ich so etwas oft mache. Das war total gut mit dir.«

Das hörte Nick gerne.

»Aber ich bin überhaupt nicht der Typ, der auch nur im Ansatz eine Beziehung sucht. Ich mag mein Leben so wie es ist. Und so möchte ich es auch weiterleben. Und wenn ich jetzt gleich gehe, dann musst du mir versprechen, dass du die letzten Tage nicht im Nachhinein versaust und mir irgendeinen Scheiß schreibst oder so.«

Nick, der schon darüber nachgedacht hatte, was er schreiben könnte, nickte wieder nur.

»Das Leben ist wie ein Buch. Es besteht aus Kapiteln. Guten und schlechten. Und wir beide waren ein richtig gutes und jetzt beginnt ein neues.«

»Gibst du mir nicht deine Nummer?«, fragte er enttäuscht.

»Doch«, sagte sie, »natürlich gebe ich dir meine Nummer. Ich gebe sie dir nur nicht als jemandem, der mich unbedingt wieder flachlegen will, sondern als einem Freund, okay?«

Nick betrachtete Leo, während sie ihr Waschbeutelchen unter den Arm klemmte. Leo the CEO. Millionen Männer träumten von ihr und er hatte ein ganzes langes Wochenende mit ihr verbringen dürfen. Gab es etwas, worüber er sich beschweren könnte? Absolut nicht. Er hätte nur so weiter machen können. Aber er wusste auch ganz genau, dass er mehr von ihr bekommen hatte, als er sich jemals hätte erträumen können.

Leo stand wieder auf, dabei kam ihr anscheinend ein Gedanke und sie bückte sich. Sie hob einen ihrer Vibratoren auf und reichte ihn Nick.

»Uncle Dick«, lächelte sie, »den mochtest du doch …«

Dann grinste sie ihn an und verschwand in einem der Bäder.

»Ich gehe mal duschen.«

Da sitze ich jetzt, dachte Nick, mit einem Dildo in der Hand und sie ist duschen. Reiß dich zusammen und benimm dich wie ein Mann. Er erhob sich von der Bettkante, schaute sich um, suchte seine Sachen zusammen und zog sich an. Auf dem Schreibtisch lag ein Notizblock, daneben Zettel und Stift. Er nahm den Stift und schrieb seine Nummer auf einen

Zettel. Er überlegte kurz, ein Herz neben seinen Namen zu malen und verzichtete dann darauf. Während nebenan, im Bad, ein Wasserstrahl auf die Haut traf, die er in den letzten Tagen so oft liebkost hatte, schlüpfte er in seine Schuhe, legte den Zettel auf ihren Koffer und schlich sich aus der Suite. Wie hatte seine Mutter bei der Scheidung von seinem Vater gesagt? Lieber ein Ende mit Schrecken als ein Schrecken ohne Ende. Als die Tür zuschlug und ihm klar wurde, dass er jetzt nicht mal mehr zurückkönnte, wenn er wollte, begannen seine Füße etwas schneller zu gehen.

Vor dem Aufzug wartete er gemeinsam mit einem etwas älteren Pärchen. Dass die Frau Uncle Dick in seiner Hand ziemlich genau begutachtete, während der Mann lieber auf die defekte Leuchtanzeige starrte, die nicht verriet, wann der Aufzug endlich kommen würde, bemerkte er gar nicht.

»Leo the CEO«, murmelte er.

4

Konnte man überhaupt verlassen werden, wenn man gar nicht wirklich ein Paar gewesen war? Mindestens hundertmal hielt er sein Handy in der Hand und überlegte, ob er ihr einfach mal eine Nachricht schreiben sollte. Einfach mal ein »Na, wie geht's so?«.

Oder etwas anderes unverfänglich Dämliches.

Warum hatte sie ihm ihre Kontaktdaten geschickt, wenn sie keinen Kontakt wollte?

Seinen Job in der Agentur hatte Nick natürlich verloren und sich nicht um einen neuen gekümmert. Zweimal die Woche half er in der Bar aus, das war es.

Er hatte angefangen, *Founders* zu gucken, und fühlte sich jetzt gut beraten, hätte er Geld zum Anlegen, dann wüsste er wie.

Immer wenn Leo bei Insta live ging oder eine Story oder ein Reel postete, war er einer der Ersten, die es likten. Einmal kommentierte er sogar, cool, schrieb er und bekam dafür ein Herz. So wie alle anderen auch, die kommentiert hatten.

Nick horchte tief in sich hinein. War er verliebt? Vielleicht. War er verknallt? Ja, das war er sicher. Und wo sollte er jetzt damit hin? Sie hatte sich klar geäußert. Freunde gerne, eine Wiederholung: Nein! Wollte er sie als Freundin? Vielleicht. Er hatte sich noch nie so wenig unsicher gefühlt, wenn er Sex gehabt hatte, wie mit ihr. Leo war witzig, sie war natürlich, sie war so herrlich ungehemmt. Sie hatte nicht nur das ausgesprochen, was er gerne mit ihr machen wollte, sondern hatte es mit ihm gemacht. Es war ganz anders als Sex mit Sally. Da war es immer vor allem um ihre Befriedigung gegangen. Mit Leo war es so gewesen, als ob sie vierhändig auf einer gemeinsamen Klaviatur spielten und es war ein wunderbares Lied dabei entstanden. Aber er war ein Niemand und sie war berühmt.

Er war unterer Durchschnitt, sie war wahnsinnig sexy.

In der Bar kannten ihn vielleicht zehn Gäste, wahrscheinlich noch weniger, mit Namen. Sie hatte Millionen Follower. Sie war außerdem reich. Sie spielte einfach nicht in seiner Liga und das Einzige, was ihm blieb, war, sich an der Erinnerung zu erfreuen.

Nick hatte keine Freunde, er hatte nur Bekannte. Zu ehemaligen Mitschüler:innen hatte er genauso viel oder besser gesagt genauso wenig Kontakt wie auch schon in seiner Kindheit und Jugend. Die Leute, mit denen er in Spanien abhing, nannte er zu dieser Zeit seine Familie, aber eigentlich waren es Menschen auf der Suche nach etwas. Und sobald eine Person fand, was sie gesucht hatte, schied sie aus dem losen Verbund aus. Nick war ein Einzelgänger, schon immer gewesen. Er gratulierte immerhin allen, die er kannte, auf Facebook zum Geburtstag. Das war auch der einzige Grund, warum er Facebook nicht schon lange gelöscht hatte: der immer aktuelle Geburtstagskalender.

Seine Wohnung lag in einem netten Viertel nahe der Schanze. Wenn er ausgehen wollte, konnte er das jederzeit. Aber er wollte nicht wirklich.

Er saß gerne in der Küche.

Es gab keine Einbauschränke. Töpfe, Teller und Besteck befanden sich in einem alten, fast antiken Buffet. Dazu passend gab es einen Küchenschrank, mit Glastüren und samtenen Vorhängen. Hinter dem Schrank führte eine schmale Tür in eine kleine Speisekammer, in der seit Mai 2020 ein Kompanievorrat an Nudeln, Reis und Klopapier vor sich hin vegetierte.

Die Küche war sein Wohnzimmer und eignete sich allerdings auch ganz wunderbar als Wohnküche. Sie war groß und hell und nur von dort aus kam man auf den Balkon. Wenn man das Haus betrat, dann durch einen kleinen Vorbau, in dem die Nachbarn, die alle Kinder hatten, bequem Kinderwagen und E-Lastenräder parken konnten, zumindest solange, bis die Hausverwaltung mal wieder durchgriff – was zur Folge hatte, dass alles entfernt werden musste und spätestens eine Woche danach wieder genau dort stand, wo es sich auch vor dem »Anschiss« befunden hatte.

In Nicks Küche gab es einen Gasherd, der eigentlich in der Gastronomie verwendet wurde, einen kleinen Kaminofen und eine Sitzecke, bestehend aus zwei älteren Chesterfieldzweisitzern und einem Sessel. Zusätzlich stand in einer Ecke noch ein kleiner Holztisch, an dem Nick das Frühstück einzunehmen pflegte. Die Möbel hatte er geschenkt bekommen, der Herd war schon in der Wohnung, als Nick sie gekauft hatte.

Seine Eltern hatten sich, ziemlich genau an dem Tag, als er offiziell ausgezogen war, getrennt. Sie hatten wohl beschlossen, ein wenig von dem Leben nachzuholen, das sie bislang versäumt hatten. Ausgesprochen hatten sie es nicht, sie machten – wie sie es nannten – »reinen Tisch und klar Schiff«, verkauften das Haus, samt der Agentur seines Vaters, die im Erdgeschoss gewesen war, teilten Geld und ihre weiteren Besitztümer untereinander auf und zahlten Nick quasi vor ihrem Tod aus. Da die Eltern sparsam gelebt hatten, die Mutter als Studienrätin nicht schlecht verdiente und der Vater die Agentur zu einem guten Preis verkaufen konnte, hatte sich einiges an Besitz angehäuft und Nick hatte sich von seinem Anteil, obwohl offiziell Student, die Wohnung kaufen können. Gute Lage, drei Zimmer, Wohnküche, Balkon. Das befreite ihn von den Mietzahlungen, die andere junge Menschen an den Rand des Existenzminimums brachten, allerdings musste er zusätzlich zu den Nebenkosten noch zwei Jahre einen Kredit abbezahlen, der dann doch nötig war, um die Wohnung zu renovieren. Gut machbar, auch wenn er nur zweimal die Woche in der Bar arbeitete.

Als Nick wieder mal in der Küche saß und an Leo dachte, bekam er eine WhatsApp. Er schaute auf sein Handy und sein Herz rutschte ihm dabei sogar etwas tiefer als nur bis in den Bauch.

Leo hatte ihm geschrieben.

Was jetzt?

Warum schrieb sie ihm?

Sein Herz hüpfte jetzt aus dem Leistenbereich bis knapp unter den Hals.

Seine Hände zitterten wie die eines Alkoholikers vor dem Morgenbierchen. Sollte er die Nachricht einfach öffnen und lesen? Oder war es besser, noch fünf Minuten zu warten, sich einen Kaffee zu kochen und dann erst zu lesen? Oder so lange zu warten, bis es in einer halben Stunde 11:11 Uhr wäre? Seine Schnapsglückszahl. Wenn er die WhatsApp um 11:11 Uhr läse, dann würde bestimmt etwas Gutes darin stehen. So etwas wie »Ich sehne mich nach dir« oder »Ich will dich« oder »Lass uns für immer zusammen sein«. Oder er könnte sich schnell ein frisches Hemd anziehen. Sollte er es schaffen, mit weniger als fünf Schritten ins Schlafzimmer zu kommen und mit geschlossenen Augen sein Lieblingshemd aus dem Schrank zu fischen, dann stünde was Tolles in der Nachricht. Während er überlegte, hatte er die Nachricht schon lange angeklickt und las:

Binnxtwekinton. Ztggrd?

Was bedeutete das? War das was Gutes oder was Schlechtes? Binnxtwekinton? Was konnte das sein? Und Ztggrd? Stalingrad? Warum? Was meinte sie? Hatte sie ihm überhaupt etwas schicken wollen, oder handelte es sich um eine Taschen-WhatsApp? So etwas wie einen Taschenanruf, nur eben als

WhatsApp. Und gab es das überhaupt? Und was sollte er jetzt machen? Antworten? Nachfragen? Nichts? Schreiben? Anrufen? Während er überlegte, kam eine zweite Nachricht:

Sorry. Vertippt.

Okay, sie hatte sich vertippt. Sie hatte damit nur mal kurz ein paar Liter Testosteron, Serotonin und Adrenalin durch seinen Körper gejagt, indem sie sich einfach mal vertippt hatte. Kann passieren. Passiert jedem mal, sich einfach zu vertippen.

Gerade als sich die große Leere wie eine Eiskrake, die ihre Arme um seine Eingeweide schlang, in ihm ausbreitete, kam noch eine Nachricht.

Sollte heißen: Bin next week in town. Treffen?

Nick dachte noch darüber nach, dass er sich jetzt interessant machen müsste und nicht direkt antworten und auf keinen Fall direkt zusagen dürfte, während er schon

Ja, wo?

tippte.

5

Leo konnte es nicht glauben. Von einer Sekunde auf die andere hatte sich alles verändert. Was sollte der Scheiß? Sie hatte irgendetwas tun wollen. Bloß raus hier.

Sie hatte schon ihre Laufsachen angezogen, um aus ihrem Hamburger Hotel zu sprinten, dann machte sie auf dem Absatz kehrt und kotzte vorher noch schnell auf ihre Jogginghose und danach noch einmal in die Badewanne.

Hinterher stand sie im Slip vor dem Schlafzimmerspiegel ihres Hotelzimmers und betrachtete die Bruchstelle im Glas, die sie selbst verursacht hatte, weil sie ihr Handy dagegen geworfen hatte.

Sie versuchte, sich ruhig zu atmen.

Eine halbe Minute ein.

Eine Minute aus.

Es funktionierte nicht.

Auch der zweite scheißverschissene Dreckstest war positiv. Warum? Sie verhütete und der Einzige, mit dem sie in den letzten Monaten geschlafen hatte, war offiziell zeugungsunfähig. War sie die beknackte Reinkarnation der Jungfrau Maria? Wohl kaum.

Leo betrachtete sich. Auf einer Skala von null bis zehn konnte sie sich normalerweise bei einem Wert zwischen sieben und acht leiden. Sie wusste, dass sie ein hübsches Gesicht hatte, sie mochte ihren Körper, sie hatte schöne Brüste, vielleicht etwas zu schwer, ihre Hüfte war etwas zu breit und die Oberschenkel empfand sie als ein klein wenig zu dick. Nur ihre Waden fand sie wirklich hässlich. Sie sahen oben und unten aus wie Gurke und in der Mitte wie Birne und sie waren der Grund, warum Leo gerne lange Kleider oder hohe Stiefel oder einfach Jogginghosen trug.

Nach dem zweiten Test und nachdem Leo die Jogginghose gewechselt und die Kotze vom Schuh gewischt hatte, ging sie laufen. Zehn Kilometer, die letzten zwei im Sprint, diesmal machte es den Kopf wirklich frei. Zumindest etwas.

Woran die Strecke nichts änderte, das war das Testergebnis.

Noch außer Atem setzte Leo sich auf eine Mauer und schaute auf den nächtlichen Fluss. Die Lichter der Stadt blinkten wie der Pulsschlag eines Bluthochdruckpatienten. Links von ihr lagen ein paar der Ausflugsboote, auf denen Touristen die Stadt auf dem Wasserweg erkundeten. Lichterketten baumelten an der Reling, von einem der Boote erklang mit Technobeats unterlegte Schlagermusik. Bumm bumm bumm, das Boot, bumm bumm, mit den Fischern, bumm bumm bumm, von St. Juan, bamm bamm.

Weiter hinten endete die Stadt und statt an Kaimauern lief der Fluss dann an Wiesen entlang. Vor ihr, auf dem Wasser, schnatterten unablässig zwei Enten, als hätten sie etwas ganz, ganz Wichtiges miteinander zu bereden.

Was hat sie sich davon versprochen, sich mit Nick zu verabreden? Was ging es ihn an, dass sie schwanger war? Was sie daraus machen würde, war alleine ihre Sache. Warum hatte sie ihm geschrieben? Auch wenn er sich in den letzten Wochen an die Abmachung gehalten und sie nicht bedrängt hatte – die Frage blieb: Warum? Sie war erwachsen. Sie fällte tagtäglich ihre Entscheidungen. Sie brauchte niemanden um Rat zu fragen.

Sie wusste, wie ein Schwangerschaftsabbruch funktionierte. Beim ersten Mal, das war vor zwölf Jahren gewesen, war sie achtzehn, viel zu jung und nicht einmal sicher, wer der Erzeuger gewesen sein könnte. Es waren wilde Jahre. Zum Beratungsgespräch zu gehen war ihr nicht schwergefallen. Sie war sich schon vorher darüber im Klaren, zu was es führen würde. Sie war auf keinen Fall bereit für ein Kind. Aber sie hatte jemanden gehabt, der sie begleitete. Hatte sie Nick deswegen angemorst?

Damals hatte Leo die Abtreibung als eine Medizin betrachtet, die sie brauchte, um wieder gesund zu werden. Und sie hatte ihre Entscheidung nie bereut. Sie hatte in den letzten Jahren wirklich etwas erreicht, sie hatte etwas auf die Beine gestellt, was niemand dem Waisenkind, dem Mädchen aus dem Heim, dem Mädchen mit der beschissenen Kindheit zugetraut hätte.

Sie wollte keine Kinder. Sie wollte Leo the CEO sein. Sie wollte weiter bei *Founders* agieren, sie hatte Spaß daran, unterwegs zu sein und Geld zu verdienen, und sie mochte es, dass sie nicht nur ein Sprachrohr, sondern sogar ein Vorbild für viele junge Mädchen war.

Es ging ihr nicht darum, nicht noch ein Kind in »diese« Welt zu setzen. Den Satz hatte sie oft gehört. So sah sie die Welt nicht. Natürlich hatte sie manchmal Angst, aber grundsätzlich überwogen Neugier und Freude und Hoffnung. Menschen hatten Macken und Marotten, aber niemand war böse, um böse zu sein. Das gab es nur in dummen Filmen.

Leo wollte einfach unabhängig bleiben.

Happyland, Toys statt Boys, das war doch was. Sie hatte nicht ohne Grund mehr als eine Million Follower. Denen sie Selbstbewusstsein gab, denen sie half, ihre Hemmungen abzubauen, die Skepsis vor ihrem Körper zu verlieren, selbstbestimmt zu handeln.

Leo, die Freie, die Wilde.

Trotzdem wollte sie eine Sache von Nick wissen: Warum, verdammt noch mal, war sie schwanger?

Sie griff sich an den Hals und packte die Kette, an der das Medaillon hing. Sie streifte sie über ihren Hals, öffnete den Verschluss und schaute auf das vergilbte Bild eines gut aussehenden Mannes im Inneren.

6

Danny

Im Juni 1994 ist Danny Stanislawski eine in St. Georg ge-
achtete Persönlichkeit. Er ist erst mit Mitte dreißig Streetworker geworden. Vorher war er Polizist, Streife, Hamburg
St. Georg. Ende der Achtziger und Anfang der Neunziger
ein heißes Pflaster, Drogen, Prostitution, Gewalt. Danny war
immer fair.

Er hat grundsätzlich versucht, beide Seiten zu sehen, und
hat sich dementsprechend den Respekt der Straße und die
Achtung der anderen Cops gesichert. Je jünger seine »Klienten« waren, desto mehr wurde er Ansprechpartner in vielen
Angelegenheiten. Der Nachteil an der Geschichte: Danny war
ein Bulle. Und Bullen gegenüber öffnet man sich nie ganz,
auch wenn sie okay sind. Und Polizeihauptmeister Danny
Stanislawski war eben »auf der falschen Seite«. Bis ihm klar
wurde, dass er, wollte er wirklich etwas bewegen, nicht mehr
Bulle sein durfte. Sein Dienstherr wollte ihn ungern gehen
lassen. Ein St. Georg ohne Danny, seine 1,97 Meter und seine
130 Kilogramm Muskeln wollte er nicht gerne riskieren. Und
so schloss man einen Deal. Danny wurde Streetworker, be-

zog sein Gehalt aber vom Hamburger Innensenator. Seit Anfang des Jahres 1994 drehte er die gleichen Runden wie vorher, aber in Zivil. Ohne Waffe, aber mit mehr Befugnissen als normale Streetworker.

Am 17. Juni 1994 macht Danny seine Runde vom Hansaplatz über die Baumeisterstraße in Richtung Alsterbad. Es ist ein ruhiger Nachmittag, man bereitet sich auf den Abend vor. Um 21 Uhr würde Deutschland das Eröffnungsspiel der Fußballweltmeisterschaft in den USA gegen Bolivien bestreiten. Danny will es selbst gern sehen und deswegen hat er den Weg über die Lange Reihe gewählt, um – bevor er seine täglichen zwei Kilometer schwimmt – einen Platz am Tresen von Frau Möller klarzumachen.

Danny ist mit sich zufrieden. St. Georg entwickelt sich langsam. Er ist mit allen im Gespräch oder zumindest in Kontakt. Ihm ist völlig klar, dass er nicht die Kriminalität ausmerzen kann. Sein Job ist es dafür zu sorgen, dass nichts aus dem Ruder läuft, und eine Anlaufstelle zu sein für die, die aussteigen wollen. Und Danny ist stolz darauf, das Vertrauen vieler Jugendlicher zu genießen. Aber auch die rivalisierenden Gruppen, die das Drogengeschäft und die Prostitution kontrollieren, behandeln ihn mit Respekt. Zumindest insofern ihre Arbeit das zulässt. Einzig eine kroatische Familie, die Mornarić, die vor ein paar Monaten aus Zagreb nach Hamburg gekommen ist, macht ihm Sorgen. Vier Brüder, die sich an keine Regel halten, die versuchen, die »Märkte« an sich zu reißen und für die Gewalt völlig okay, nur ein Mittel zum Zweck ist.

Eine für alle unangenehme Ecke, eine umkämpfte Ecke, ist der Lohmühlenpark. Knorrestraße und Schmilinskystraße. In der einen wird Heroin vertickt, in der anderen ist der sogenannte Babystrich.

Als Danny aus der Kneipe Frau Möller kommt, biegt er rechts in die Schmilinskystraße ein und sieht sofort, dass einer der vier Brüder eine der gerade so eben volljährigen Prostituierten belästigt. Sandra. Danny kennt sie ein wenig. Wenn sie jetzt mit dem Heroin aufhören würde, hätte sie seiner Meinung nach noch eine Chance.

»Hey, Sandra«, ruft er, »alles okay?«

Der Mann, Danny identifiziert ihn als Tomislav Mornarić, sagt etwas zu ihr und Danny registriert, dass er Sandras Arm so heftig quetscht, dass er danach weiße Abdrücke auf ihrer Haut sehen kann.

»Verpiss dich«, ruft Tomi, »hier ist alles gut.«

»Sandra?«, fragt Danny noch einmal.

Sandra schaut ihn an und nickt fahrig. Alles gut.

Scheiße, denkt Danny. Die muss sich dringend den nächsten Schuss verdienen. Der Ex-Bulle in ihm will eingreifen, der Streetworker weiß, dass das nicht sein Job ist. Außer sie kommt zu ihm. Und das tut sie nicht. Danny sieht die beiden hinter der Baustelle, wo ein Basketballfeld entstehen soll, im Lohmühlenpark verschwinden. Die Mädchen hier haben keine Zimmer. Sie nehmen ihre Freier entweder mit in den Park oder haben ein Auto und die Nummer wird auf dem Rücksitz verrichtet. Er beschließt, etwas langsamer zum Schwimmbad zu schlendern. Nur so ein Gefühl. Am besten, er bleibt einen Augenblick stehen, raucht eine Zigarette und geht dann in Richtung Park. Er greift in die Innentasche seiner Lederjacke und – Scheiße. Er hat seine Kippen bei Frau Möller liegen lassen. Also geht er zurück und holt sie. Als er drei Minuten später wieder an der Ecke steht, hört er Schreie. Er lauscht. Aus dem Park. Es ist eine Frau, die schreit. Sandra. Danny wirft die Zigarette weg und setzt seine 130 Kilo in Bewegung. Nicht einmal dreißig Sekunden später erreicht er den Park. Tomi Mornarić liegt auf Sandra, seine Hose hängt in den Kniekehlen, sein blanker Arsch bewegt sich auf und ab. Mit einer Hand hält er ihr den Mund zu, mit der anderen schlägt er ihr ins Gesicht. Danny sprintet auf die beiden zu und sieht dann, dass Sandra auf einmal ein Messer in der Hand hat und beginnt, auf Tomi einzustechen.

Noch mal. Und noch mal. Und immer wieder.

Als er die beiden erreicht, greift er nach ihrem Arm und hält ihn fest.

Erst dann hört sie auf.

Danny macht sich danach schwere Vorwürfe.

Er hätte auf sein Bauchgefühl hören und die beschissenen Kippen einfach in der Kneipe liegen lassen sollen. Er gibt zu Protokoll, dass er gesehen hat, dass Tomi das Messer gezogen hat und die Ermittlungen gegen Sandra werden eingestellt.

In den Monaten danach dreht er seine Runden so, dass er oft an »ihrer« Ecke vorbeikommt. Sie macht keine Anstalten, vom Heroin wegzukommen. Auch nicht, als sie weiß, dass sie schwanger ist. Danny schafft es zumindest, sie zu einem Methadonprogramm zu überreden, doch es ist ihr nicht ernst damit. Sie hat immer wieder Rückfälle. Im März des folgenden Jahres findet er sie mit einer Überdosis im Park. Er ruft einen Rettungswagen und fährt mit ins Krankenhaus. Sandra bringt eine Tochter zur Welt, stirbt aber während der Geburt. Später sagt man, dass ein Kaiserschnitt sie hätte retten können.

Das Mädchen wird zur Adoption freigegeben und Danny, der beim Jugendamt einen sehr guten Ruf hat, übernimmt, während das Baby einen Heroinentzug macht, vorläufig die Vormundschaft und darf sich um das kleine Mädchen kümmern.

Kurze Zeit später findet man seine Leiche im Lohmühlenpark. Neben ihm ein Kinderwagen mit einem schreienden Baby.

An seiner Jacke klebt ein Zettel.

LÜGNER steht auf dem Zettel. Auf Deutsch und Kroatisch.

Leo schloss das Medaillon wieder, umklammerte es ganz fest und murmelte: »Danny, hilf mir!«

7

Eine Woche später fühlte Nick sich wie ein Schneemann, den man mit kochendem Wasser übergossen hatte. Nichts mit Sex. Nichts mit Liebe. Leo war schwanger. Sie war von ihm schwanger? Wie sollte das denn gehen? Er galt doch ganz offiziell als zeugungsunfähig.

Sie saßen im Wartebereich einer gynäkologischen Praxis. Wieder mal ein Wartezimmer. Er schaute Leo an, die ihre Sonnenbrille aufgesetzt hatte und stur geradeaus sah, als wäre er nicht da.

Nick stellte sich vor, wer hier wohl schon alles darauf gewartet hatte, dass ein Kind nicht zur Welt kam. Er war für Abtreibungen. Er war sich ganz sicher, dass jede Frau über ihren Körper bestimmen sollte und durfte und dass sich da niemand einzumischen hatte. Es fühlte sich nur etwas anders an, wenn man selbst der Vater eines dieser Zellhaufen war, die irgendwann mal ein Kind würden. Es roch hier nach Krankenhaus, aber nicht nach Pups, wie bei Dr. Wilken. Trotzdem fühlte er sich so wie damals. Als ob man nicht ihr, sondern ihm gleich die Hosen ausziehen würde. Er wusste, dass das nicht angebracht war, aber er konnte nicht anders, als sich so zu fühlen. Er schloss die Augen, damit sie nicht sah, dass er zu weinen begonnen hatte.

Doch sie sah es. Sie beugte sich zu ihm.

»Ich will keine Kinder haben, aber ich kann dir versprechen, dass es nicht deinetwegen ist. Es ist allein meine Sache. Sollte ich welche haben wollen, dann würdest du in die nähere Auswahl kommen.«

Er guckte sie verunsichert an und sie schüttelte den Kopf.

»Nein, es kommt niemand anders in Frage.«

Im Rahmen seines Beunruhigtseins beruhigte ihn das doch irgendwie.

»Aber«, fragte sie, »wie konnte das überhaupt passieren?«

Er hatte keine Ahnung. Er hatte sich völlig darauf verlassen, was der Urologe damals gesagt hatte, und das nie in Frage gestellt.

Ganz automatisch griff Nick nach ihrer Hand und sie ließ es nicht nur geschehen, sondern drückte seine ebenfalls.

»Ich hätte gerne ein Kind«, sagte er.

»Natürlich«, antwortete sie.

»Ich würde vorher nicht wissen wollen, ob Junge oder Mädchen.«

»Du wärest eher ein Mädchentyp.«

Er dachte darüber nach. Wahrscheinlich ja.

»Ich wäre kein schlechter Vater.«

»Ich wäre eine schlechte Mutter.«

»Das weißt du nicht.«

»Ich habe zu viel mit mir selbst zu tun.«

»Kann man ändern.«

»Will man nicht.«

Dann schwiegen die beiden.

»Außerdem: Schlechtes Erbgut!«

Er betrachtete sie und fand gar nicht, dass sie nach schlechtem Erbgut aussah.

»Frau Stanislawski?«

Eine Arzthelferin hatte sich irgendwie lautlos an die beiden herangepirscht.

»Ja.«

»Sie können rein.«

Leo stand auf und sah Nick an.

»Was ist?«

»Was soll sein?«, fragte er.

»Soll ich dich tragen?«

Er hatte dann während des Gesprächs zwischen Leo und der Ärztin kein Wort gesagt. Nicht einmal, als die Ärztin ihn bat, bitte den Raum zu verlassen, weil sie Leo untersuchen wollte. Leo sah ihn an, erkannte, dass er gerade nicht wirklich zurechnungsfähig war, und meinte lapidar: »Scheiß drauf, er kennt da unten eh alles.«

Die Ärztin, die sich als gute Bekannte einer Freundin von Leo entpuppte, musste lachen und Leo unterzog sich erst einem Ultraschall und setzte sich dann auf den Stuhl.

Wie in Trance saß Nick die Zeit, die die Untersuchung dauerte, ab und ging dann nach Hause.

Er war sich sicher, dass es für Leo eine beschissene Situation war. Sie wollte nicht schwanger sein. Sie hatte die

Pille genommen und darauf vertraut, dass die Pille zu mehr als 99,99 Prozent sicher war, aber für das letzte Tausendstel hatte sie sich auf seine Aussage verlassen. Eine Aussage, die er ja nach bestem Wissen und Gewissen getätigt hatte. Und nun hatte sich die Diagnose seines Arztes nicht bewahrheitet. Unter den Platzpatronen war zumindest eine scharfe gewesen.

Sie hatte mit der Ärztin einen Abbruchtermin in sieben Tagen vereinbart. Abbruchtermin, was für ein Wort.

Passend, wenn man ein Haus abreißt.

Als sie gemeinsam die Klinik verließen, war sein Blick auf eine Gruppe Menschen gefallen, die gegen Abtreibungen protestierten. Eine ältere Frau hatte ihm einen Schlüsselanhänger in Form eines Embryos gegeben, den er zunächst perplex einsteckte. Die Frau redete auf ihn ein, bedrängte ihn. Sie wurde nicht handgreiflich, trotzdem fragte er sich, ob sie eine Waffe in ihrem Leinenbeutel, auf den ein Christenfisch gedruckt war, aufbewahrte.

Er erkundigte sich bei Leo, ob er mit zu dem Abbruchtermin kommen solle, aber sie antwortete, dass das eher eine Angelegenheit sei, wo sie lieber ohne männliche Begleitung hingehen würde. Er hätte ja bereits das Seine zu diesem Anlass beigesteuert.

Auf dem Weg nach Hause fragte er sich allerdings schon, warum sie ihn überhaupt zu dem Arzttermin mitgenommen hatte?

8

Nick hatte sich bislang nicht wirklich mit seiner Zeugungs-unfähigkeit befasst. Warum auch? Er hatte in seinem Leben bislang keine Frau kennengelernt, mit der er sich hätte vorstellen können, eine Familie zu gründen.

Jetzt, da Leo von ihm schwanger war, änderte sich seine Einstellung. War es wirklich nur der eine Schuss, oder war die gesamte Diagnose falsch gewesen? Er ging zum Arzt, ließ sich erneut untersuchen und wusste ein paar Tage später von dem wirklich verblüfften Mediziner: der eine Schuss.

Und auf einmal manifestierte sich in ihm der Wunsch, dieses Kind zu haben. Warum denn eigentlich nicht? Wie würde ein Kind von ihm wohl aussehen?

Er hatte das Gefühl, er müsse seine Eltern anrufen, tat es aber nicht. Ihn überkam eine Art Sehnsucht, Kinderfotos von sich anzuschauen. Nick wusste, dass sich die alten Familienfotos wahrscheinlich in den Kartons befanden, die seine Eltern in einem Container geparkt hatten. Dort, wo fünfundzwanzig Jahre Ehe eingelagert worden waren, um sie nicht gleich ganz wegzuwerfen. Nicht weil man noch einmal etwas davon brauchen würde, sondern nur, um nicht zu radikal zu sein.

Er durchsuchte Schränke und Schubladen und fand schließlich den Schlüsselcode zu dem Container, kramte in seiner Erinnerung, wo die Halle war, in der das Ding stand, fuhr hin, stöberte in den Kartons und stieß tatsächlich auf ein paar Umschläge mit Fotos, die er gleich ansah. Entweder hatte er viel gelacht oder seine Eltern hatten beim Fotografieren immer auf den richtigen Moment gewartet. Oder hatten sie ihn gezwungen zu lachen? Auf manchen Bildern wirkte es fast so. Würde er ein Kind zum Lachen zwingen, wenn er eines hätte? Niemals. Einen Tag und eine Nacht hatte er die Bilder auf dem Küchentisch ausgebreitet, dann weggepackt.

Sie machten ihn sentimental.

Er wollte sich nicht an das Gefühl erinnern, verloren im Kindergarten herumzustehen. Er wollte vergessen, wie sein Vater vergessen hatte, ihn vom Kinderturnen abzuholen, weil er gerade an einem Abschluss mit Provision arbeitete. Nick hatte stundenlang alleine in der Kälte gestanden und es lange geschafft, nicht zu weinen. Er wollte sich nicht daran erinnern, wie er im Fußballtrikot, an seinen Geburtstagen, zu Weihnachten oder bei seiner Konfirmation aussah. Sein Kind würde all das ja sowieso nicht erleben. Es würde ja nie existieren. Und er konnte nichts dagegen machen. Sollte er intervenieren? Sollte er etwas sagen, so was wie: Hey, lass uns doch das Kind bekommen? Aber es wäre falsch, Leo anzurufen und ihr ein noch schlechteres Gefühl zu geben.

Die beiden waren ein wunderbarer Three-Nights-Stand gewesen.

Sie waren einander sympathisch. Sie waren aber kein Paar. Sie würden nicht zusammenleben. Oder sogar heiraten und einem Kind ein Zuhause geben.

Und was sollte er alleine mit einem Kind?

Viele Paare, die Kinder hatten, lebten nicht unbedingt zusammen. Aber sie hatten es einmal gewollt, sie hatten es versucht und nun fanden sie Wege, sich gemeinsam zu kümmern. Diese Wege waren nicht immer einfach, aber irgendwie schien es doch immer zu gehen, auch wenn mal deftige Worte fielen, wie bei seinen in Trennung lebenden Nachbarn.

Hatten seine Eltern sich je geliebt? Warum war er ein Einzelkind geblieben?

Nein, er rief Leo nicht an. Aber sie ihn. Zweimal sogar. Sie hatten miteinander geredet. Er bedrängte sie nicht und sie sprachen über alles Mögliche. Wie Freunde.

Die Anrufe blieben jedoch aus, nachdem er ihr zwei Babyfotos von sich geschickt hatte. Dafür könnte er sich immer wieder ohrfeigen. Warum hatte er das getan?

Mit den meisten Dingen war es doch so, dass man sie gerade deswegen unbedingt haben wollte, weil man sie nicht haben konnte. Seit ein paar Tagen hatte sich für Nick alles verändert. Er könnte Vater werden.

Seine Mutter hätte gesagt, es sei die biologische Uhr, die tickte. Eines ihrer Hauptargumente für ihre eigene Schwangerschaft.

Was muss ein Mann in seinem Leben machen? Ein Haus bauen, einen Baum pflanzen, ein Kind zeugen.

Nick hatte zwar kein Haus gebaut, aber immerhin eine Wohnung gekauft. Er hatte einen Mini-Apfelbaum auf seinen Balkon gepflanzt.

Da wäre noch Platz für ein Kind in seinem Leben.

Wenn er an seine Nachbarn dachte, wie sie ihre kleinen Kinder stillten, trugen oder an der Hand hielten, wie sie sie den strahlenden Großeltern anvertrauten, wie die kleinen, noch halb kahlen Köpfe liebevoll gebürstet wurden, dann wurde ihm flau.

Er würde auch gern ein Lastenrad kaufen und damit den Hausflur komplett blockieren. Auf einmal erinnerte er sich daran, wie sein Vater mit ihm Fußball gespielt hatte und seine Mutter auf den Spielplatz gegangen war, und er vermischte dabei Szenen aus Filmen, die er gesehen hatte, mit den echten aus seiner Kindheit.

Dann war die Woche vergangen und am Tag des geplanten Schwangerschaftsabbruchs lief Nick mit Hans Albers durch die Straßen, kaufte sich an einem Kiosk eine Flasche Wodka und ließ sich auf einer Bank am Piratenspielplatz nieder. Auf den Spielplatz durften eigentlich keine Hunde, aber seine Traurigkeit, die Flasche und vielleicht auch Hans Albers Größe hatten die anwesenden Mütter darauf verzichten lassen, ihn wegzuschicken. Er hielt die Flasche wie ein Baby im Arm, öffnete sie aber nicht.

Er versuchte, die Gedanken zurückzuhalten, die in seinem Kopf herumrannten wie wilde Stiere gegen einen Elektrozaun.

Das kannst du doch nicht einfach alleine entscheiden!

Heirate mich!

Ich habe einen Apfelbaum auf dem Balkon meiner Wohnung!

Sieh es als ein Zeichen!

Es gibt keinen Grund, das Kind nicht zu bekommen!

Das ist nicht fair!

Ich wäre ein guter Vater!

Mörderin.

Mach es nicht!

Er wollte diese Gedanken nicht denken, aber er konnte nichts dagegen tun. Dann klingelte sein Telefon. Er ließ es in der Jacke klingeln. Er wollte mit niemandem sprechen. Nach dem Ton einer hinterlassenen Voicemail ging es wieder los. Als Nick es endlich aus seiner Tasche zog, schauten viele Mütter erleichtert, dass endlich Ruhe einkehren würde. Das, was man auf einem Kinderspielplatz als Ruhe bezeichnen würde. Er schaute auf das Display.

Leo.

Warum rief sie an? Um ihm zu sagen, dass die Sache erledigt war?

Das wollte er überhaupt nicht hören. Trotzdem nahm er den Anruf an. Und schwieg. Sie auch. Er hörte ihren Atem. Dann, endlich, auch ihre Stimme: »Wo bist du?«

»Weg!«

»Weit weg?«

»Warum?«

»Darum!«

Was ging es sie an, wie weit er weg war. Von Zuhause war er nicht weit weg, von sich selbst fühlte er sich eine Million Meilen entfernt.

»Ich stehe vor deiner Tür.«

»Warum?«

»Kannst du kommen?«

Nick wollte und wollte nicht. Er ließ sich Zeit, so als ob er eine Runde mit Hans Albers gehen würde und nicht zu der Frau, die gerade sein Kind abgetrieben hatte.

Leo stand vor seiner Haustür, er nahm sie mit in die Wohnung, wo er sie mit seinem Schweigen bestrafen wollte.

»Ich war gerade gar nicht in deiner Gegend«, sagte sie.

»Ist gut«, antwortete er, »ich war auch gar nicht zu Hause.«

Dann sahen sie sich wieder an.

»Weißt du«, sagte sie, »wir starten mit *Founders* Ende März nächsten Jahres einen Relaunch. So lange ist Pause. Bis Ende des Jahres kann ich meine Podcasts und Shows weitermachen und für Ende Januar habe ich meine COO bei Happyland angefragt, ob sie ein paar Wochen ohne mich auskommt.«

Nick verstand nicht, warum sie ihm das erzählte.

»Glaubst du, dass du allein mit einem Kind klarkommen wirst?«

Was? Was für eine Frage. Natürlich würde er das. Er nickte heftig.

»Ich will kein Kind, ich will keine Familie, ich will mein Leben!«, sagte sie.

Ja, das wusste er ja bereits.

»Aber ich verstehe dich. Manchmal hat man nur eine Chance und die muss man nutzen.«

Nick riss die Augen auf.

»Du bist die Mutter. Du kümmerst dich um alles. Ich habe nichts damit zu tun! Du fängst nicht an zu nerven. Du gehst mir nicht auf den Sack! Du bekommst ein Kind und ich bringe es nur zur Welt. Kannst du damit leben?«

Hatte sie das wirklich gesagt? Hatte sie das WIRKLICH gerade gesagt?

»Kommst du damit klar?«

Er wollte ihren Kopf nehmen und sie küssen. Doch sie entzog sich ihm.

»Und so was schon gar nicht, okay?«

Okay. OKAY! O K A Y!!!!

Und so begann seine Schwangerschaft.

Und natürlich hielt er sich nicht an ihre Abmachung.

9

Man kann in seinem Leben viel vergessen oder verdrängen, man kann vergessen, wer die erste Staffel *Germanys Next Topmodel* gewonnen hat, man kann vergessen, wer der erste Kanzleramtsminister im Kabinett Merkel gewesen ist, man kann die Reihenfolge der Mädchen oder Jungs, mit denen man geschlafen hat, durcheinanderbringen, aber der Moment, in dem man sein Kind zum ersten Mal sieht, der prägt sich genauestens, detailgetreu und für immer ein.

Als das Geräusch der sich öffnenden Aufzugtür erklang, zuckte Nick automatisch zusammen. Man hatte ihm gesagt, mit dem nächsten Aufzug käme sein Kind. Er hatte gefühlt den halben Tag auf diesem Designersofa gesessen, das zu einer ganzen Designergarnitur gehörte, in einer Ecke der Privatstation des Krankenhauses. Der Termin stand seit Wochen fest. Es war eine Geburt per Kaiserschnitt. Leo hatte das so gewollt.

Vor lauter Aufregung hatte er Nasenbluten bekommen und mangels eines Taschentuchs oder der Idee, sich ein Papierhandtuch aus der Toilette zu holen, hatte er eine Socke ausgezogen und sich diese an seine Nase gepresst, um die Blutung zu stillen.

Eine elegant gekleidete Dame entstieg dem Lift und warf erst einen Blick auf ihr iPad, dann auf ihn, dann auf seine Socke.

»Was ist denn hier passiert?«

»Nasenbluten.«

»Brauchen Sie etwas zum Kühlen?«

Ja, eigentlich schon. Aber Nick schüttelte den Kopf, was sehr dumm war, denn durch die ruckartige Bewegung schoss sofort wieder ein Schwall Blut aus seiner Nase.

Die Dame hörte auch gar nicht wirklich zu. Sie holte eine Packung Taschentücher aus einer Tasche, ging zum Automaten und zog eine Flasche kaltes Wasser.

Nick war erstaunt. Man musste gar kein Geld in den Automaten werfen? Er hatte schon seit einiger Zeit ziemlichen Durst, aber weder Münzen noch eine Karte dabeigehabt. Sie reichte ihm die Flasche, er hielt sie an seine Nase und sie musterte ihn dabei.

»Herr Przybilsky, herzlichen Glückwunsch!«

»Was ist es denn?«, fragt Nick aufgeregt. »Junge oder Mädchen?«

»Dazu kann ich noch nichts sagen. Meine Name ist Klaus. Dr. Sybille Klaus. Ich bin Justiziarin von Happyland und zugleich die Anwältin von Frau Leonie Stanislawski, ich hätte hier ein paar Dokumente und wir müssten ein paar Unterschriften leisten.«

Das ist so typisch Leo, dachte Nick, zuerst kommt das Business. Und was soll dieses *wir*? *Er* sollte unterschrieben, nicht *sie*.

Er ließ sich das iPad reichen, blutete direkt drauf und überflog dann ungefähr vierzig Seiten, ohne sie wirklich zu lesen.

»Und wenn ich das nicht unterschreibe?«, fragte er.

»Dann wird aus der vertraulichen Geburt eine anonyme Geburt und das Kind wird zur Adoption freigegeben.«

»Das können Sie nicht machen!«, rief Nick aufgebracht, doch die Frau sah in bloß ausdruckslos an.

»Das können wir«, sagte sie bestimmt. »Und das werden wir!«

»Warum?«

»Weil meine Mandantin es so will.«

»Und was ich will …?«, fragte Nick.

»Ist mir im Prinzip piepe.«

»Aber ich bin der Vater!«

»Erst wenn wir das hier unterschrieben haben.«

»Aber ich habe das Kind gezeugt!«

»Das sagen Sie«, sie scrollte auf ihrem iPad und deutete auf einen Absatz, »aber die Mutter würde in diesem Fall keinen Vater angeben.«

»Das kann sie gar nicht!«

»Doch, das kann sie!«

»Und wenn ich unterschreibe?«

»Dann geht gleich die Aufzugtür auf und Sie werden Ihr Kind im Arm halten.«

Nick sah sie von unten herauf schräg an, dann nahm er ihr das iPad ab, unterschrieb und wollte aufstehen.

»Nicht so schnell«, sagte sie.

Er reagierte ungeduldig: »Was denn noch?«

»Wir wollen bitte jede Seite paraphieren.«

Nick wollte das eigentlich nicht, machte es dann aber doch. Während er jede Seite einzeln abzeichnete, holte Dr. Klaus ihr Handy heraus und wählte eine Nummer.

»Okay«, sagte sie nur.

Als ob man einem SEK einen Befehl gab. Zugriff.

Gebannt sah Nick auf den Aufzug. Er schien aus dem vierten Stock zu kommen. Langsam stand er auf und bewegte sich auf die Aufzugtür zu. Die Fünf leuchtete auf. Es klickte, ein kurzes Zischen, noch ein Klicken. Dann öffnete sich die Tür. Vor ihm stand Shanya, die Hebamme, bei der er einen Geburtsvorbereitungskurs absolviert hatte.

»Was machst du denn hier?«, rief er erstaunt.

»Na ja«, sagte sie, »ich bin ja von Beruf Hebamme. Das bedeutet: Man bringt unter anderem die Babys zur Welt, deren Eltern man wochenlang darauf vorbereitet hat.«

Erst jetzt sah er das kleine Bündel, das Shanya auf dem Arm trug. Sie wollte es ihm reichen, aber die Anwältin stoppte die Aktion.

»Eine Sekunde.«

»Was denn jetzt noch?«, entfuhr es Nick.

»Ich will es nur einmal offiziell ausgesprochen haben«, sagte Frau Dr. Klaus. »Hiermit übergeben wir Ihnen Ihre Tochter Hope.«

»Hope?«, fragt Nick.

»Hope«, bestätigte sie. »Steht so auf Seite achtunddreißig. Den Namen hat die Mutter verfügt und er ist nicht änderbar.«

Doch Nick hörte schon gar nicht mehr zu. Er wollte sich das eingewickelte Baby greifen, traute sich dann aber nicht, Shanya das winzige Etwas aus der Hand zu nehmen. Vielleicht würde er es kaputt machen?

Langsam beugte er sich vor und warf einen Blick auf seine Tochter. Es war nicht viel zu erkennen. Aus den Tüchern, in die man sie gepackt hatte, schaute nur das Köpfchen heraus. Das Gesicht wirkte schmierig. Als hätte man ihren kleinen Kopf in Käsefondue getunkt. Aber ihre Augen waren geöffnet und er hatte das Gefühl, sie würde ihn mustern. Ah, du bist das, der mich jetzt die nächsten Jahre versorgen wird.

Er hatte von Eltern gehört, die beim Anblick ihrer neugeborenen Kinder hemmungslos zu schluchzen begannen. So ging es ihm nicht. Er hatte acht Monate auf diesen Moment gewartet, es war viel geschehen in dieser Zeit, wirklich viel. Er hatte sich auf das Baby vorbereitet. Und jetzt stand er da und fühlte – eigentlich gar nichts, außer einem leichten Schwindel.

Ein Tropfen Blut aus seiner Nase fiel auf ihre kleine Nase.

Mein Blut, dachte Nick.

Unser Blut. Ein Wunder. Wunderbar.

Und dann wurde er ohnmächtig und wenn Frau Dr. Klaus ihn nicht gepackt hätte, wäre er wie ein gefällter Baum der Länge nach auf den Boden gestürzt.

10

Die Situation, ein Baby geschenkt zu bekommen, war eine ungewöhnliche und ließ sich deswegen auch schlecht googeln. Was Nick in den Monaten vor Hopes »Ankunft« fand, waren Berichte wie »Das Geschenk des Lebens«, »Das Wunder der Geburt« oder Tipps, was man zur Geburt eines Babys schenken sollte. Das meiste, was er las, richtete sich an die werdenden Mütter, es waren allerdings auch ein paar Artikel über Väter dabei, die eine Elternzeit absolviert hatten. Er empfand das, was sie sagten, als übertrieben heroisch und gleichzeitig auch als weinerlich. Die meisten Journalisten schienen sowieso immer davon auszugehen, dass ihre Leserschaft »normale« Eltern waren. Paare, die sich gemeinsam dazu entschlossen hatten, ein Kind zu bekommen und sich informierten, was man jetzt tun müsste, damit alles in geordneten Bahnen laufen würde. Zum Beispiel sollte man sich möglichst schon vor der Geburt um einen Platz in einer Kita kümmern. Auch so etwas wie Elterngeld sollte man rechtzeitig beantragen. Und sich um eine angemessene Ausstattung kümmern, damit man das nicht nach der Geburt tun musste, denn dann würde man nicht mehr dazu kommen. Nick hatte kurz gelacht. Was machten sich die Menschen für einen sinnlosen Stress! Was sollte so ein kleiner Mensch schon großartig brauchen, außer Essen, Liebe und Windeln.

Trotzdem hatte er sich auf der Website eines Windelherstellers ein paar Stellen markiert, kopiert und ausgedruckt. Es ging um einen Plan, wie man pränatal mit einer Schwangerschaft umgehen sollte. Natürlich hatten die Macher es darauf abgesehen, dass er später ihre Windeln kaufen würde, aber das hatte er schnell durchschaut.

Genießen Sie ihre Schwangerschaft in den ersten Wochen für sich und verkünden Sie die gute Nachricht erst, wenn Sie die zwölfte Schwangerschaftswoche erreicht oder abgeschlossen haben, denn ab jetzt ist das Risiko einer Fehlgeburt nur noch sehr gering. Gute Neuigkeiten: Nach dem dritten Monat ist der Zeitpunkt gekommen, endlich allen voller Freude von der Schwangerschaft zu erzählen.

Nick hätte gerne jemanden gehabt, mit dem er sein Glück teilen konnte. Dem er ein »HURRA, ich werde Vater!«, hätte entgegenschreien können und der sich mit ihm gefreut hätte. Er hätte gerne seinen besten Freund angerufen. Doch er hatte ja keinen. Er hatte nicht mal einen zweitbesten. Also hatte er überlegt, Kevin anzurufen, den Besitzer der Bar, in der er arbeitete. Eine richtig dumme Idee. Trotzdem machte er es.

»Kevin, ich habe großartige Neuigkeiten.«

»Cool. Wo hast du Freitag die Kisten mit dem Aperol hingepackt?«

»Es wird sich bei mir einiges ändern.«

»Ach, du weißt es schon?«

Was wusste er?

»Kevin, es wird sich einiges verändern.«

»Ja, das meine ich ja.«

»Wie meinst du das, Kevin? Woher weißt du das?«

»Bist du blöd. Ich habe das doch selbst entschieden.«

Hä? Was hatte er?

»Wir stellen hier ein bisschen um. Freitag ist jetzt Ladies Night und wir haben nur noch weibliches Personal. Deine Schicht übernimmt jetzt Sally.«

Nick wollte seine Schicht nicht verlieren und fragte mit leicht protestierendem Unterton halbherzig nach:

»Ehrlich?«

Kevin hörte aber gar nicht richtig zu.

»Ja, cool oder?«

»Ja, cool.«

»Sag mal, warum hast du noch mal angerufen?«

Nick verspürte keine Lust mehr, seine Freude mit Kevin zu teilen.

»Ach, ich wollte nur sagen, dass die Kiste mit Aperol im Kühlkeller steht.«

»Cool. Danke. Bis die Tage. Tschüsstschüsstschüss.«

Danach hatte er überlegt, seine Eltern anzurufen und ihnen zu sagen, dass sie Großeltern werden würden. Das machte man normal ja wohl so. Aber seine Eltern waren eben nicht ganz normal. Sie hatten sich scheiden lassen. Sie hatten nach fünfundzwanzig Jahren Ehe die Reißleine gezogen und lebten jetzt andere Leben, getrennt voneinander. Seine Mutter hatte ihren Job als Lehrerin gekündigt, obwohl sie Beamtin gewesen war. Sie wohnte nun mit ihrem neuen Freund Mike, der ebenfalls Lehrer gewesen war und den sie als Referendar an ihrer Schule kennengelernt hatte, auf Mallorca. Die beiden hatten sich ein kleines Haus in einem der untouristischen Orte gekauft und er wollte gar nicht wissen, wie sie ihre Tage verbrachten. Sein Vater hingegen hatte keine neue Partnerin. Er reiste. Nick wusste nie, wo er sich gerade aufhielt, wenn er ihn mal anrief. Und wenn er das tat, was ziemlich selten vorkam, ging sein Vater auch nie an sein Handy, sondern rief irgendwann zurück.

Und was hätte er seinen Eltern sagen sollen?

»Hallo Papa!«

»*The person you called is temporary not available. Please try again later.*«

»Mama, ich werde Vater!«

»Riesig, aber warte – es ist ganz ungünstig. Ich werde nämlich gerade von Mike so richtig durchgevögelt, so wie dein Vater es nie mit mir gemacht hat, ich rufe später zurück, ja?«

Das hätte sie natürlich nicht gesagt. Sie hätte sich sicherlich ein paar Minuten Zeit genommen und ihm ein paar Fragen gestellt, so was wie:

»Und wer ist die Mutter?«

»Ach, die ist eine erfolgreiche Influencerin und Unternehmerin, die Dildos verkauft und sie auch vorführt. Du kennst sie und ihre Muschi bestimmt auch aus dem Internet und dem Fernsehen. Sie hat aber keine Lust auf mich, ich darf niemandem verraten, dass das Kind von ihr ist, und ich werde es ohne sie großziehen.«

»Ach Junge, das ist aber toll.«

Was hätte es also gebracht. Die Eltern entfielen. Und wahrscheinlich nicht nur als Empfänger der glücklichen Botschaft, sondern auch als Großeltern. Die eine lebte sich sexuell aus, der andere betrachtete Statuen und Denkmäler in der ganzen weiten Welt.

Was sollte er sagen? Sie hatten ihm immer genug zu essen gegeben, sie hatten ihn nie geschlagen, sie hatten ihm einen Hund gekauft, als er Hodenkrebs hatte, und ihre Ersparnisse mit ihm geteilt, als sie sich getrennt hatten. Die Frage, ob sie nur wegen ihm fünfundzwanzig Jahre zusammengeblieben waren, hatte er ihnen nicht gestellt, weil er sich sicher war, die Antwort nicht hören zu wollen.

»Ich bekomme ein BABY!«, wollte Nick schreien, aber es war niemand da, der es hören wollte.

Ein weiterer Tipp des Windelherstellers war:

Bereiten Sie sich langsam aber stetig auf die Ankunft ihres Kindes vor. Schaffen Sie Step by Step ein angemessenes Umfeld.

Er war mit Hans Albers durch die Straßen gestromert und hatte sich umgeschaut. Was waren das für Frauen, die mit Kinderwagen und Buggys durch die Gegend zogen? Er hatte vorher noch nie bemerkt, wie viele es eigentlich waren. Nun nahm er sie genauer unter die Lupe. Wirkten sie glücklich? War es Glück, zu dritt nebeneinander zu gehen und mit drei Babywagen die Straße zu versperren? War es Glück, eine halbe Stunde vor der Eisdiele zu stehen, während die Babys schrien? Sollte er auch einen roten Kopf bekommen und sich schämen, weil er aus Versehen über die falsche Person in der falschen WhatsApp-Gruppe gelästert hatte?

Beziehen Sie den Vater unbedingt mit in die Schwanger-schaft ein.

Das war schwierig.

Wenn er Väter mit Kindern sah, dann war die Wahr-scheinlichkeit hoch, dass gerade Wochenende war und sie ihre Kinder beim Joggen in Hightech-Buggys vor sich her-schoben. Manche Väter trugen ihre Babys in Tragetaschen, die sie wie Rucksäcke, aber falsch herum, vor die Brust ge-schnallt hatten, sodass Vater und Kind sich ständig in die Augen sehen konnten, als ob sie spielen würden: »Wer zuerst wegschaut hat verloren«.

Einen von ihnen hatte er angesprochen. Erst hatte er sich nicht getraut, weil der Mann so gedankenverloren vor der Metzgerei wartete, in die Hans Albers immer gehen wollte, aber nie durfte. Und was dann kam, war, als ob ein trocken-gelegter Brunnen auf einmal lossprudelte. Der Mann legte ihm eine Hand auf die Schulter, als ob sie beide sich seit Jahren kennen würden, und schrie ihm die frohe Botschaft förmlich entgegen:

»Morgen fliegen wir nach Lanzarote!«

Ein Satz, mit dem er nicht gerechnet hatte, denn Nick hatte eigentlich gefragt, wie alt das Kind war, das an der Brust des anderen hing und schrie wie ein Känguru, das sich in sei-nem Beutel verhakt hatte.

»Zehn Tage in einem Hotel mit Kinderbetreuung, rund um die Uhr«, brüllte der Mann gegen das Gebrüll des Kindes an.

Seine Hand, die immer noch auf seiner Schulter lag, hatte sich jetzt in Nicks Jacke gekrallt.

»Ich werde nicht in der Küche stehen und kochen und ich werde nicht zum Spielplatz gehen, ich werde keine Windel wechseln, keine Lieder singen, niemanden füttern, ich werde einfach nur in der Sonne liegen und lesen, lesen, lesen. Und Bier trinken!«

Nick hätte sich sowohl ohne diese Information als auch ohne die Hand an seiner Jacke besser gefühlt. Er sah sich um, ob jemand zu dem Mann gehörte, als auch schon eine Frau mit einem Zwillingsbuggy aus der Metzgerei kam, in dem zwei kreischende Kinder saßen, die auch durch die halben Würstchen nicht beruhigt werden konnten, die sie im Laden geschenkt bekommen hatten und die von Hans Albers eifersüchtig betrachtet wurden. Der Blick des Mannes änderte sich, als ob er ein Gespenst gesehen hätte. Er näherte sich Nick, sodass der Kopf des Babys in seiner Trage Nicks Kinn berührte, und flüsterte eindringlich:

»Wissen Sie eigentlich, wie oft ich mich in den letzten zweieinhalb Jahren im Klo eingeschlossen und geweint habe? Wissen Sie das eigentlich?«

Nick wusste es natürlich nicht. Er hatte den Mann ja heute zum ersten Mal gesehen.

Dann drehte der sich blitzschnell um, als wäre nichts Ungewöhnliches passiert, sein Gesichtsausdruck änderte sich von »wahnsinnig« zu »begeistert«, als er die Frau und die Zwillinge ansprach:

»Da seid ihr ja wieder«, überschlug sich seine Stimme, als hätte ihm jemand einen Lottogewinn überreicht. »Ja sagt mal, wollen wir denn auf den Pirati oder den Schiffi?«

»Ich werde VATER«, wollte Nick brüllen, »und ich werde nicht wie DER!«

Aber DER hatte immerhin eine Frau.

Denken Sie immer daran: Sie sind niemandem etwas schuldig. Entscheiden Sie selbst, ob Sie wissen möchten, ob es ein Junge oder ein Mädchen wird.

Negativ. Die Entscheidung hatte Leo für ihn gefällt und die wollte es nicht wissen. Kein Ultraschallbild, das er so gerne gehabt hätte.

Entscheiden Sie gemeinsam, welcher Name Ihnen gefällt.

Als er geboren wurde, waren beliebte Namen für Jungen: Jan, Philip, Lukas, Alexander, Tim oder Kevin. Mit Nikolaus war er ziemlich alleine. Für Mädchen waren angesagt: Anna, Julia, Laura, Lisa, Lena und Vanessa. Heute hießen die Kinder: Levi, Liam, Emil, Anton, Paul, Theo, Elias, Jakob & Samuel. Oder Lina, Emilia, Emma, Ella, Ida, Lea, Leonie und Mila.

Weil er aber nicht wusste, ob Junge oder Mädchen, entfiel auch dieser Punkt.

Bauen Sie dem kleinen Neuankömmling ein passendes Nest.

Da er keine Ahnung hatte, ob es ein Mädchen oder ein Junge werden würde, hatte er sein Schlafzimmer, weil es das hellste und schönste Zimmer der Wohnung war, erst leergeräumt und dann mit einer rot-weiß-blauen Tapete beklebt. Er hatte vorher noch nie tapeziert, dafür war das Ergebnis ansehnlich. Die Streifen klebten nicht ganz gerade, man sah die Absätze und an einer Stelle hatte er ein Stück Decke mittapeziert und die Reste dann mit einem stumpfen Teppichmesser abgeschnitten.

Keine glatte Eins, aber eine solide Drei.

»Ich werde VATER und habe TAPEZIERT!«

Nick war zu IKEA gefahren und hatte einen Kinderzimmerteppich gekauft, in den Straßen und Kreuzungen eingewebt waren. So könnte die Kleine oder der Kleine oder das Kleine darauf irgendwann Bobbycar fahren und würde sich nicht wehtun, wenn er, sie, es runterfiel. Das weitere Angebot an Waren, die man für Kinderzimmer erwerben konnte, hatte ihn derart erschlagen, dass er nichts mehr gekauft, sondern sich im Restaurant eine Portion vegetarische Köttbullar, die man jetzt wohl Schottböller nannte, genehmigt hatte. Im Restaurant befanden sich außer ihm nur junge Paare, mindestens jedes zweite davon bereits mit ein bis zwei schreienden Kleinkindern ausgestattet. Der Lärmpegel zwang ihn dazu, auf den Umsonst-Kaffee und das dazugehörige Stück Kuchen zu verzichten und lieber nach Hause zu fahren. Auf dem Weg hielt er an einem Gebrauchtmöbelladen und kaufte ein klappriges Gitterbettchen aus Holz und eine Kommode. Das Bett bearbeitete er mit Schmirgelpapier und strich es dann sonnengelb. Die Kommode hingegen bearbeitete er nur mit einer durchsichtigen Lasur, weil er im Internet gelesen hatte, dass man Eichenholz nicht streichen sollte, weil das zu schade sei, und aus einer Decke faltete er eine Wickelauflage.

»ICH werde VATER und habe ein KINDERZIMMER eingerichtet!«

Finden Sie Orte, die Sie nach der Geburt mit dem Kind aufsuchen können.

Ihm waren sofort die Spielplätze seines Viertels, die von den Nachbarn Pirati oder Schiffi genannt wurden, eingefallen und er begann sie auszukundschaften. Nach einer Zeit teilte er die Mütter auf den Spielplätzen ein, in hippe Mütter und Tuppermütter und hippe Tuppermütter. Aber nach welchen Kriterien man auf welchen Spielplatz ging, blieb ihm verschlossen. Er sah die gleichen Personen mal da, mal dort. Es war anscheinend nicht so, dass man sich einen Spielplatz aussuchte, wie einen Fußballverein, dessen Spiele man sich immer im gleichen Stadion ansah. Er hatte ein Gespräch zwischen zwei Frauen belauscht, ohne dass er die beiden gesehen hatte. Mindestens eine von ihnen war eine werdende Mutter. Sie schien auf alles vorbereitet. Ihr Kind würde im Februar zur Welt kommen, es würde ein Junge werden, sie würde ihn Hannes nennen und mindestens zwei Jahre stillen und er würde, wenn er mit einem Jahr sauber und trocken war, in eine Kita gehen, in der er schon angemeldet war. Nick war sehr interessiert, wie so ein Mensch aussehen könnte, der alles im Griff zu haben schien, aber als er um die Ecke schielte, war da niemand mehr.

Die meisten Mütter tauchten niemals alleine auf, sie kamen immer mindestens zu dritt und hatten oft Tupperdosen mit Dattel-Bananen-Bällchen und Apfelschnitzen dabei. Die Anreise erfolgte meist mit Designerbuggys oder auf E-Lastenrädern. Väter sah er nicht oft, tagsüber fast nie.

Auf dem Spielplatz Schiffi wurde er prompt angesprochen. Zwei Mal. Nicht von einer Mutter, sondern von zwei Damen vom Ordnungsamt. Hans Albers sei an die Leine zu nehmen. Beim zweiten Mal hatte er den Hund angeleint und die beiden wollten wissen, was er überhaupt hier machen würde. Ob er Kinder beobachte? Ob sie mal sein Handy sehen könnten? Das hatte ihn verstört. Seitdem betrachtete er vor allem Männer ebenfalls genauer und dachte darüber nach, was er tun würde, sollte er jemanden als verdächtig empfinden.

»ICH werde VATER und auf den SPIELPLATZ gehen!«

Kümmern Sie sich rechtzeitig darum, das für Sie passende Krankenhaus zur Entbindung zu finden.

Das würde Leo machen.

Besuchen Sie einen Geburtsvorbereitungskurs bei der Hebamme, von der Sie eine postnatale Betreuung wünschen.

Witzigerweise musste er sich um diesen Punkt gar nicht kümmern, denn eines Dezembernachmittags stand eine Hebamme einfach so vor seiner Tür.

Nick, der bereits einige schlechte Erfahrungen mit Zeugen Jehovas und Spendensammlern, die behaupteten, vom NABU zu sein, gemacht hatte, wollte sie zuerst nicht reinlassen, ging dann aber, als sie sich vorstellte, davon aus, dass eine der Nachbarinnen sie geschickt habe. Im ersten Moment dachte er sogar, er habe einen Mann vor sich, denn Shanya, wie sie sich namentlich vorstellte, war mindestens 1,85 m groß, hatte das Kreuz eines Quarterbacks, aber ein sehr feminines Gesicht und die schönsten dunklen Locken, die Nick je gesehen hatte. Sie hatten sich gemeinsam in die

Küche gesetzt, einen Kaffee getrunken und Shanya überredete ihn, einen Geburtsvorbereitungskurs bei ihr zu machen, denn dabei ginge es auch sehr viel um die Zeit nach der Geburt, wenn das Baby zu Hause einziehen würde. Nick hatte zugesagt und mitgemacht. Er war der einzige Mann und in der ersten Stunde fühlte er sich sehr einsam. Er hatte als einziger keinen dicken Bauch, er hatte weder Schwangerschaftsdiabetes noch Blähungen und gar keine Wassereinlagerungen in den Beinen. Doch als er nach der ersten Stunde nicht aufgegeben hatte, sondern wiedergekommen war, hatte man ihn akzeptiert. Und so verbrachte er zwei Doppelstunden mit Beckenbodengymnastik und auf dem riesengroßen Gummiball und in den folgenden lernte er dann, ein Kind zu wickeln und zu stillen. Das Wickeln hatte er schon in Spanien gelernt, Stillen würde er eher weniger brauchen.

»ICH werde VATER und kann WICKELN und STILLEN!«

Im Winter war Nick viel allein. Er hatte zwar in der Bar seine zweite Schicht wieder bekommen, die Ladies Night war nicht besonders gut gelaufen, aber im Gegensatz zu früher, wo er mit den Gästen einfach drauflos plauderte, wusste er oft nicht, worüber er reden sollte. Seine Interessen hatten sich verlagert. Die Bundesliga war ihm mehr oder weniger scheißegal, auf Konzerte zu gehen war ihm nicht mehr wichtig und er hatte, auf Shanyas Empfehlung hin, in der Mediathek eine Serie über Hebammen gesehen, die ihm ganz gut gefiel. Er ging, wenn es nicht zu heftig regnete, gerne spazieren und dachte dabei daran, dass es der letzte Winter in seinem Leben wäre, den er alleine verbrachte. Vor den Spielplätzen passte er immer auf, nicht aus Versehen sein Handy so zu halten, dass man denken könnte, er würde fotografieren.

Er durchstöberte die Drogerie- und Supermärkte und checkte, wo Windeln, Cremes und Babynahrung am günstigsten waren.

»ICH werde VATER und immer alles für das BESTE meines Kindes tun!«

Nutzen Sie die Zeit der Vorfreude auf Ihr Baby, denken Sie daran, sich Zeit für sich zu nehmen.

Zeit für sich hatte er mehr als ihm lieb war. Weihnachten versuchte er, seine Eltern anzurufen, aber irgendwie waren wohl beide zu beschäftigt, um mit ihm zu telefonieren. Allerdings beantworteten sie seine Anrufe per WhatsApp. Sein Vater mit einem Selfie aus Indien, seine Mutter mit einem GIF, ein Hundekopf mit Weihnachtsmannmütze. Er gab sich Mühe, sich an die Weihnachtstage seiner Kindheit zu erinnern, aber irgendwie war es, als ob sich alle Feste in einem Bild zusammenfanden. Er, kniend, Geschenke auspackend, vor dem immer gleich geschmückten Weihnachtsbaum, die Eltern auf dem immer gleichen Sofa, nebeneinander aber doch alleine, ihn betrachtend, während er versuchte, das Gefühl der wochenlangen Vorfreude nicht zu verlieren, aber schon wusste, dass das nicht möglich war. Nach Kartoffelsalat und Würstchen würde man einen Film schauen, dann zwei Tage hinter sich bringen und wieder in den Alltag starten. Kaum traurig, weil die Feiertage vorbei waren, sondern eher erleichtert, weil es endlich weiterging.

Nick hätte über Weihnachten gerne gearbeitet, aber Kevin hatte sich entschieden, die Bar über die Feiertage bis Silvester zu schließen.

»ICH werde VATER und der beste WEIHNACHTS-MANN!«

Denken Sie rechtzeitig daran, das Leben Ihres Kindes durch eine solide finanzielle Basis zu sichern. Stellen Sie Anträge auf Elternzeit und Kindergeld rechtzeitig!

Im Januar machte er, der es sonst auch gerne mal schaffte, wochenlang nicht auf seinen Kontostand zu achten, einen Kassensturz. Er hatte noch elftausend Euro auf seinem Konto. In der Bar verdiente er fünfhundertzwanzig Euro im Monat, Kevin hatte ihn als Minijobber angestellt. Ungefähr die gleiche Summe bekam er nochmal »Cash Kralle«, wie Kevin es nannte, und sie wurde mit dem Trinkgeld verrechnet. Den Job würde er aufgeben müssen, er konnte schließlich kein Baby mit in die Bar bringen. Eine Internetrecherche ergab, dass er als Minijobber die gleiche Summe als Elterngeld bekommen konnte. Damit würde er seine Lebenshaltungskosten einigermaßen zahlen können, wenn nur die Nebenkosten für das Haus nicht wären. Ihm wurde klar, dass er dringend einen Job brauchte.

Eigentlich einen Beruf, denn die Jahre zwischen fünfundzwanzig und vierzig waren doch die wichtigsten. Aber wie und was sollte er mit Kind arbeiten?

Er hatte sich eine Liste gemacht, auf der er seine Gedanken dazu festhielt, was für ein Vater er sein wollte. Wenn er alles umsetzte, was auf dieser Liste stand, würde er Vater des Jahres werden. Wahrscheinlich sogar Vater des Jahrzehnts, des Jahrhunderts oder des Jahrtausends.

»ICH werde VATER und ich werde alles BESSER machen!«

Im ersten Lebensjahr liegt die Betreuung ausschließlich in Ihren Händen. Sorgen Sie rechtzeitig für mögliche Playdates.

In Nicks Haus gab es einige Kinder. Eine auffallend aparte Mutter hieß Natalya, ihr gehörte das Lastenrad, auf dem *Natalya-Yoga* stand und sie war die Erste gewesen, die ihm freundlich zugenickt hatte, als er mit Hans Albers auf einem der Spielplätze erschienen war. Ihr Sohn, Nick schätzte ihn auf ungefähr zwei Jahre, hieß Juri. Juri war halb so groß wie Hans Albers und wurde immer noch gestillt. Nick hatte das Gefühl, er würde seine Mutter, die eher zierlich war, aussaugen wie ein fetter Egel einen kleinen Fisch. Den dazugehörigen Vater hatte er noch nie gesehen. Dann waren da Ben und Johanna aus dem zweiten Stock, zu ihnen gehörte die kleine Leah, eineinhalb Jahre alt. Paul und Romina aus dem Erdgeschoss mit ihrer Tochter Lea, ein paar Wochen jünger als Leah. Nick war erstaunt gewesen, dass beide Mädchen Lea(h) hießen. Es hatte wegen des Namens Streit gegeben, wie er erfuhr, und man hatte sich dann auf die unterschiedliche Schreibweise geeinigt. Die Leah mit h erkannte man gut daran, dass sie lange keine Haare gehabt hatte. Sie war dadurch die »Leah mit h ohne Haar« geworden. Um den Ratschlag des Windelherstellers zu befolgen, hatte Nick sich an einem Tag, als die gesamte Nachbarschaft auf dem Pirati versammelt war, zu ihnen gesellt und ihnen die frohe Botschaft überbracht, dass er bald offiziell dazugehören würde.

Die anderen Mütter freuten sich mit ihm und es hagelte direkt Ratschläge. Aber es tauchten auch Fragen auf, mit denen er nicht gerechnet hatte. Wo die Mutter denn entbinden würde und wo sie eigentlich sei, denn man hätte sie ja noch nie gesehen. War es vielleicht die attraktive Frau, die beim Sex immer so laut geschrien hatte? Als Romina das sagte, lachten alle und Nick hatte das Gefühl, das man darüber wohl nicht nur einmal gesprochen hatte. Aber Sallys letzter Besuch war vor der Pandemie gewesen und so lange sind nicht einmal Elefanten schwanger. Er wurde verlegen und unsicher. Und weil er über Fragen zur Mutter bislang nicht nachgedacht hatte, wusste er sie auch nicht sinnvoll zu beantworten. Leo hatte schließlich klare Anweisungen gegeben. Sie wollte als Mutter nicht benannt werden. Woher also jetzt eine Mutter zaubern, deren Existenz einigermaßen glaubwürdig war? Schnell gingen ihm verschiedene Optionen durch den Kopf und er hatte sich dann für eine wirklich dumme Geschichte entschieden:

Eine Halbschwester von ihm sei schwanger, hätte aber Krebs und müsse bald sterben. Ihr habe er versprochen, sich um das Kind zu kümmern. Die Augen der Nachbarinnen, aber auch die anderer Spielplatzmütter, füllten sich sofort mit Tränen und es kam zu weiteren Fragen, die zu weiteren dummen Lügen führten. Die Halbschwester würde in der Ukraine leben und ihr Mann sei gerade bei einem Bombenangriff auf Kiew gefallen. Und jetzt gäbe es niemandem außer ihm, der bereit sei, sich um das Kind zu kümmern. Ob man nicht Medikamente schicken könnte, die eine Chemotherapie ermöglichten, oder ob man nicht die Mutter in ein deutsches Krankenhaus holen könne?

Nein, dazu sei zu spät.

Auf die Frage, um was für einen Krebs es sich handeln würde, behauptete Nick, dass es sich um eine gefährliche Kombination aus Gehirn-, Bauchspeicheldrüsen- und Hautkrebs handle. Garantiert tödlich. Dadurch, dass er sich mit Krebs und Chemo noch ganz gut auskannte, konnte er ein paar der danach gestellten Fragen einigermaßen plausibel beantworten. Ein wenig komisch erschien es allerdings allen, dass er eine Spendenaktion für die sterbende werdende Mutter vehement ablehnte. Das Geld sei sehr, sehr, sehr schwer zu transferieren. Man fragte bei Natalya nach, die sich als Russin ja mit der Ukraine auskennen müsste, ob es da nicht Möglichkeiten gäbe? Natalya schaute Nick intensiv an und schüttelte dann den Kopf. Nein, das sei wohl wirklich sehr, sehr, sehr schwierig. Hinter dem Rücken der anderen warf sie ihm einen »Was-erzählst-du-da-nur-Blick« zu, sagte allerdings nichts weiter.

Zurück in seiner Wohnung schämte Nick sich für seine Geschichte. Warum war ihm nichts Besseres eingefallen? Er hätte genauso gut erzählen können, dass er ein Kind adoptieren wollte. Oder behaupten, die Mutter sei Sally. Oder irgendeine andere Frau, die woanders lebte. Auf der anderen Seite stellten ihm die Nachbarn jetzt immer wieder etwas vor die Tür. Blumen, Schokolade, Wein und so weiter und immer mit Karten versehen, auf denen nette Sprüche wie »Sei wie Nick« oder »Gott sieht alles« standen.

»ICH werde VATER und bin ein HELD!«

Genießen Sie die letzten ruhigen Tage vor der Geburt.

An einem sonnigen Spätwintertag hatten Kinder einen Hüpfkästchenparcours auf den Bürgersteig gemalt. Nick warf einen Stein in ein Kästchen und fiel fast hin, als er versuchte, auf einem Bein zu hüpfen, wobei er sich von den Eltern beobachtet fühlte. Er gehörte noch nicht dazu. Das würde bald vorbei sein, dann würden sie sehen, was er wirklich war: Ein ganz, ganz toller Vater! Erst zu Hause fiel ihm ein, dass es eventuell an seiner Geste gelegen haben könnte, die er sich nach dem Krebs angewöhnt hatte, sich immer wieder gedankenlos an seine Phantomhoden zu fassen und zu fühlen, ob sie wirklich weg waren.

Nick dachte oft an Leo, hielt sich aber an die Regel, sie nicht zu nerven. Das Schlimmste, was man ihm angetan hatte, war, dass man am Haus gegenüber, das gerade renoviert wurde, ein riesengroßes Werbeplakat für die nächste Staffel *Founders* über das Gerüst gezogen hatte. *Founders* hatte vier Hosts, aber man hatte ausgerechnet ein Plakat ausgesucht, auf dem Leo zu sehen war. Man hätte ebenso gut das Bild ihres Show-Kontrahenten Boris Ratzinger aufhängen können, mit dem sie sich oft heftige Wortgefechte lieferte. Der war zwar deutlich unattraktiver, hätte ihn aber auch weniger aufgeregt. So starrte er jedes Mal, wenn er aus dem Wohnzimmerfenster schaute oder das Haus verließ, auf ein überdimensional großes Bild der Mutter seines Kindes. Sie sah toll aus. Ein Lächeln, das alles versprach. Nur nicht ihm. Er begann sich Vorwürfe zu machen, was er wohl falsch gemacht hatte, und es gab niemanden, der ihm sagen konnte, dass er nichts falsch gemacht hatte. Es war, wie es war. Doch bei all den Gedanken an sie vergaß er auch nie, dass das, was sie für ihn tat, alles andere als selbstverständlich war. Sie war wegen ihm schwanger und würde das Baby für ihn zur Welt bringen.

Einmal pro Monat, immer wenn Leo bei ihrer Gynäkologin gewesen war, bekam er von ihr einen kurzen Bericht per WhatsApp, dass alles planmäßig liefe. Jedes Mal versuchte er danach sie anzurufen, aber sie schien nicht mit ihm reden zu wollen. Ihr Kontakt beschränkte sich auf Textnachrichten. Und dann kam per WhatsApp der Termin für den Kaiserschnitt. Nick hoffte auf ein Mädchen. Er verspürte keine Lust darauf, eine Replik von sich selbst zu haben, der er jeden Abend die kleinen Hoden befummeln musste.

ICH werde VATER und bin ganz ALLEIN!

ICH werde VATER und ich scheiß mir vor ANGST in die Hosen!

11

Er war nicht lange ohnmächtig gewesen. In den letzten sechsunddreißig Stunden vor der Geburt hatte er einfach vergessen zu essen, war unterzuckert und mit einem Snickers, das es ebenfalls umsonst in dem Automaten gab, wieder auf die Beine geholt worden.

So ein Neugeborenes war, auch wenn es per Kaiserschnitt geboren wurde, eine recht schmierige Angelegenheit. Das ganze Baby sah aus, als hätte man es mit einer Mischung aus Lebertran und Käsefondue eingerieben. Nick war ganz froh, dass die kleine Hope gut eingewickelt war, als Shanya ihm seine Tochter reichte.

Eine Tochter!!!

»Aber ich kann die doch jetzt nicht einfach auf den Arm nehmen? Was, wenn ihr kleines Köpfchen abknickt?«, war sein einziger Gedanke.

Er hat in Spanien Babys gehalten und in dem Vorbereitungskurs wickeln gelernt und geübt und Shanya versicherte allen Teilnehmern immer wieder, dass es ein Automatismus sei, das Baby richtig zu halten, quasi angeboren. Aber es waren Puppen, mit denen sie geübt hatten. Die waren immer ganz sauber und wurden nach jeder Übung komplett desinfiziert, damit das nächste Elternpaar sich keine Krankheit holen konnte. Und es war doch etwas völlig anderes, ob man ein fremdes Baby mal aushilfsweise wickelte, oder das eigene.

»Was ist das …«, begann er, aber Shanya antwortete schon: »Käseschmiere.«

Er sah sie fragend an. Sie lachte. »Das heißt wirklich so. Diese Schmiere schützt die zarte Babyhaut vor dem Fruchtwasser, dient als Wärmeschutz und erleichtert die Geburt.«

Vorsichtig schnüffelte Nick an Hope.

»Riecht nach … Baby.«

»Ach was?«, sagte Shanya. »Woher das wohl kommt?«

»Na, es hätte ja auch nach Bauch riechen können«, sagte Nick und merkte an ihrem Blick, dass es cleverere Dinge zu sagen gab.

»Willst du sie nicht begrüßen?«

Doch, das wollte er. Er war sich nur nicht sicher, was man zu so einer Gelegenheit am besten sagte. Das hatten sie im Geburtsvorbereitungskurs nicht geübt. Was sind gute erste Worte für eine neue Erdenbürgerin? »Hi? Hallo? Du auch hier? Wie geht's? Was machste so? Kommste jetzt öfter?«

Vorsichtig griff er in die Tücher, in die Hope gewickelt war, berührte ganz zart ihre winzig kleine Hand und schüttelte sie mit seinem Zeigefinger.

»Guten Tag. Herzlich Willkommen, kleine … Hope«. Er zögerte ein wenig, ihren Namen das erste Mal auszusprechen. »Hope«, sagte er vor sich hin, »Hope, Hope, Hope, Hope.«

»Ungewöhnlicher Name, oder?«

Shanya konnte dem nur zustimmen.

»Die Mutter hat sich bestimmt etwas dabei gedacht.«

»Hope, Hope, Hope …«, je öfter er den Namen aussprach, desto normaler begann er für ihn zu klingen.

»Komm, nimm sie«, sagte Shanya und hielt ihm das Baby hin.

Nick traute sich nicht.

»Und wenn ich sie kaputt mache?«

Shanya lachte. »Du wirst sie nicht kaputt machen.«

Wie in Zeitlupe griff Nick nach dem Bündel und nahm es der Hebamme, die mit dem Baby auf dem Arm noch größer wirkte, als sie sowieso schon war, ganz zart aus den Händen. Er betrachtete die Kleine lange und ganz genau. Die beiden schauten sich tief in die Augen. Ha, sie hatte zuerst geblinzelt, der kleine Loser.

»Wollen wir sie sauber machen und dann die Ärztin rufen, für den dritten APGAR? Beim ersten hat sie neun, beim zweiten zehn gehabt.«

»Was, Finger?«, fragte Nick entsetzt.

Shanya lachte wieder. »Nee, Punkte. APGAR steht für: Atmung, Puls, Grundtonus, was bedeutet: Muskelspannung und Bewegung, dann für Aussehen, also Hautfarbe, und Reflexe. Alle fünf Kriterien werden mit je maximal zwei Punkten bewertet.«

Nick schaute Shanya an. »Bekommt sie zwei Punkte für ihre Hautfarbe?«

»Ja!«

»Und wenn sie schwarz wäre?«

Shanya, die nicht nur groß und muskulös war, sondern auch dunkle Haut hatte, war irritiert.

»Ja, dann auch.«

Dann verstand sie.

»Es geht darum, ob das Baby eventuell eine Hepatitis hat. Eine leichte Gelbsucht. Das würde man zuerst an der Hautfarbe erkennen.«

Nick war zufrieden.

»Dann sind zehn Punkte gut?«

»Zehn Punkte sind super. Sozusagen das Bayern München des Säuglingschecks.«

Jetzt musste Nick lächeln. Er hatte vergessen, dass Shanya ein Riesenfußballfan war und – obwohl er das für falsch hielt – für den FC Bayern schwärmte.

»Komm, wir gehen auf die Entbindungsstation.«

Nick war irritiert.

»Da sind wir doch?«

Shanya schüttelte den Kopf. »Das hier ist Teil der Privatstation. Die eigentliche Station ist im ersten Stock. Und da habt ihr auch ein Zimmer.«

Nick schaute sie fragend an.

»Wir sind unten gerade recht voll. Deswegen bekommt ihr ein Zweibettzimmer.«

»Und … die Mutter?«

»Ich soll dir viel Glück wünschen.«

»Kommt sie nicht …?«

Shanya schüttelte nur den Kopf.

»Wenn es nach ihr ginge, wäre sie jetzt schon auf dem Weg nach Frankfurt. Aber nach einem Kaiserschnitt zu fliegen ist keine besonders gute Idee.«

Sie legte Nick eine Hand auf die Schulter.

»Eigentlich hätte ich dir das gar nicht sagen dürfen.«

»Hat sie ...«

»Nein«, erklärte Shanya bestimmt, »und ich musste ihrer Anwältin ein NDA unterschreiben, nicht mit dir über die Mutter zu reden.«

Nick warf einen Blick auf Hope.

»Hörst du? Nur wir beide.«

Shanya bugsierte ihn in Richtung Aufzug.

»Sie hat direkt nach der Geburt bei der Standesbeamtin angegeben, dass du der Vater bist.«

»Und sie die Mutter.«

»Nein.«

»Wie, nein?«

»Es war eine vertrauliche Geburt. Nur du bist als Vater verzeichnet.«

»Das geht?«

»Hatten wir noch nie, aber anscheinend – ja.«

»Aber ...«

»Nee, jetzt nix aber. Jetzt gehen wir auf Station.«

Nick schaute sich die anderen Babys im Säuglingszimmer der Entbindungsstation ziemlich genau an und wenn er die Wahl hätte, würde er sich sofort für Hope entscheiden. Sie war das einzige Kaiserschnittbaby, die anderen sahen alle extrem mitgenommen, matschig und irgendwie ramponiert aus. Man hatte ihm gesagt, dass Kaiserschnittbabys viel besser aussahen als Säuglinge, die durch den engen Geburtskanal auf die Welt kamen. Weniger zerknautscht. Weniger gestresst.

»Kein Wunder«, meinte Shanya, »so ein Geburtskanal ist nicht besonders weit.«

Auf dem Flur erkannte er eine Stimme wieder, konnte sie aber nicht sofort zuordnen. »Nein, bitte nicht in diese Tücher. Ich habe für den Hannes Antiallergiewindeln aus recyceltem Tencelstoff mitgebracht. Ja? Ist das gut, Hannes? Gefällt dir das, Hannes?«

Die Spielplatzmutter, die so *unbelievable organized* war. Aber als er um die Ecke schaute, um zu sehen, wie sie aussah, war sie schon wieder weg.

Auch den dritten Test hatte Hope mit zehn Punkten bestanden. Danach hielt Nick sie ganz vorsichtig unter körperwarmes Wasser und machte sie sauber, während Shanya die beiden beobachtete.

»Das machst du super.«

Nick blinzelte.

»Kannst du mir mal über die Augen wischen? Ich habe gerade keine Hand frei.«

Shanya lachte und wischte ihm mit ihrem weißen Ärmel über die Augen.

»Besser?«

»Ja. Danke.«

Nick sah sich um.

»Was suchst du?«

»Eine Windel.«

»Sie braucht jetzt noch keine Windel.«

»Warum nicht?«

»Sie muss erst etwas trinken.«

Nick erschrak. Daran hat er noch überhaupt nicht gedacht. Hope musste ja etwas trinken. Aber was nur? Shanya zeigte auf zwei kleine Fläschchen.

»Die wurden eben von oben angeliefert.«

»Was ist das?«, wollte Nick wissen.

»Muttermilch. Frisch abgepumpt.«

»Aha«, sagte Nick.

»Ein Vierteljahr bekommst du jeden Tag Milch für drei Mahlzeiten.«

»Woher?«

»Na, von der Mutter.«

»Aha«, sagte Nick wieder.

»Vielleicht kann ich sie sogar überreden, auf sechs Monate zu verlängern«, meinte Shanya.

»Wie will sie das machen?«, fragte Nick.

»Ist das dein Problem?«, wollte Shanya wissen.

»Eigentlich nicht«, überlegte Nick.

»Gut«, sagte Shanya. »Dann zieh mal dein T-Shirt aus.«

»Warum das denn?«

»Zum Füttern.«

»Zum Füttern? Macht man sich da nackig?«

»Ja!« Shanya lachte und freute sich über Nicks dümmlichen Gesichtsausdruck. »Nein, aber Hope soll deine Körperwärme spüren und sich an deinen Geruch gewöhnen.«

Die kassenpatientliche Entbindungsstation erinnerte weniger an ein Hotel als an ein ganz normales Krankenhaus. Sie bestand aus zwei langen Fluren und dort, wo die beiden aufeinandertrafen, lagen nebeneinander Arzt-, Schwestern- und Säuglingszimmer. In letzteres konnte man durch eine große Scheibe hineinsehen und die Neugeborenen beobachten. Viele Besucher machten davon Gebrauch. Wollte man einen Blick hineinwerfen, war das ein bisschen wie im Louvre vor der Mona Lisa. Man stellte sich in die dritte oder vierte Reihe und arbeitete sich dann langsam nach vorne. An der Scheibe redete man nicht viel. Die meisten sagten »Aaaah« oder »Uuuh« oder »Ooooh« und »Gott wie niedlich – ganz die Mama« oder »Gott wie niedlich – ganz der Papa.« Oft auch wie die Oma, der Opa oder Tante-irgendwas oder Onkel-keine-Ahnung-wer. Die meisten Babys lagen in Plastikschalen, die man mit einer hüfthohen Schiebevorrichtung aus Stahlimitat hin- und herschieben konnte. Es sah ein bisschen so aus, als ob Laboranten ihre chemischen Experimente spazieren fahren würden. In jeder dieser Schalen war eine kleine Matratze und jedes Baby hatte vom Krankenhaus eine Decke geschenkt bekommen. Viele der Schalen quollen über vor kleinen Kuscheltieren, die Omas, Opas, Tanten, Onkel, Freunde, Bekannte und andere Verwandte den Neuankömmlingen geschenkt hatten. Neben Hopes Kopf lag ein faustgroßer Kuschelhase, den Shanya dem Säugling Hannes gemopst hatte, bevor seine Mutter ihn auf ihrer Geburtsgeschenkeliste eintragen konnte. Ja, manche Leute führten Listen über Geschenke, die ihre Kinder zur Geburt erhielten.

Ansonsten hatte niemand Hope etwas zur Geburt geschenkt. Es war auch niemand gekommen, um Nick zu gratulieren. Wer auch? Er hatte kaum jemandem davon erzählt. Seine Eltern wussten von gar nichts und die, die was wussten, die Nachbarn, gingen ja davon aus, dass irgendwann ein Kind aus der Ukraine angeliefert werden würde, wenn die Mutter nach der Geburt dann gestorben wäre.

»Ist doch egal«, flüsterte er leise in Hopes Ohr, »wir beide haben jetzt uns. Ich bin für dich da.«

Hope schien die meiste Zeit zu schlafen. Hans Albers, den Nick für zwei Tage bei Natalya geparkt hatte, fraß zweimal am Tag circa eine Minute lang, ging zweimal dreißig Minuten vor die Tür, machte sein »Business« und die restlichen zweiundzwanzig Stunden und achtundfünfzig Minuten schlief er und verlor Fell. Nick wusste, dass man ein Baby nicht mit einem Retriever vergleichen konnte, aber Hope schlief schon viel.

Ludwig, der Säugling seiner Zimmernachbarin Karlotta und deren Mann Wolfgang, hingegen war meistens wach. Und brüllte. Nick, dem die beiden recht unsympathisch waren, hatte sich den Gedanken gestattet, dass der kleine Ludwig seine Eltern auch nicht leiden konnte und deswegen so viel weinte.

Hope war innerhalb von zwei Tagen schon fast einen halben Zentimeter gewachsen. Sie war schnell 50,5 Zentimeter lang und wog etwas mehr als fünf Pfund. Komisch, dass Babys nicht in Kilogramm sondern in Pfund gemessen wurden. So wie Hackfleisch. Nick schüttelte sich bei dem Gedanken.

Ungefähr alle vier Stunden zog er sein T-Shirt aus und gab Hope ein Fläschchen abgepumpter Muttermilch. Sie saugte anfangs gierig, wurde dann langsamer und schlief bei den letzten Schlucken ein. Was hatte sein Vater früher immer gesagt, wenn Nick sich nach dem Essen ausgestreckt hatte? Die besten Schweine schlafen direkt am Trog ein.

Gerne lag Nick mit Hope auf seinem Bett. Wenn das Baby getrunken und ein Bäuerchen gemacht hatte, schlief es ganz friedlich neben ihm. Shanya hatte ihm eine Bürste gegeben, deren Borsten so weich waren, dass er sie kaum spürte, wenn er sich damit über den Arm strich. Ganz vorsichtig bürstete er damit Hopes dünne, spärliche Haare. Er kämmte ihr einen Scheitel, mit dem sie aussah wie ein sehr kleiner Adolf Hitler ohne Schnurrbart und als er ihn wieder wegmachte, öffnete sie die Augen und schaute ihn an. Riesengroße Augen. Dann kämmte er alle Haare zur anderen Seite und musste lachen. Nun sah sie aus wie Gollum, nur in total niedlich. Was ist nur mit mir los?, dachte Nick. Erst vergleiche ich meine Tochter mit Hackfleisch, dann mit einem Hund, ich kämme ihr einen Hitlerscheitel und dann finde ich, sie sieht aus wie Gollum?

Auf der anderen Seite des Zimmers versuchte Karlotta immer wieder, Ludwig anzulegen und zu stillen. Sie stellte sich dabei sehr ungeschickt an. Es sah jedes Mal aus, als wolle sie ihn mit ihrem BH fesseln und dann in ihrem T-Shirt einschnüren. Dabei drehte sie sich zur Wand.

Nick wollte sie aufmuntern.

»Mich stört das nicht«, sagte er.

Karlotta funkelte ihn an.

»Aber mich«, entgegnete sie.

Nick hätte anbieten können, das Zimmer zu verlassen, aber er ahnte, dass das nichts bringen würde, denn pünktlich zur Fütterung rückte Wolfgang an, um zuzuschauen. Und in seinem Gefolge befanden sich nie weniger als mindestens ein halbes Dutzend Verwandte und Bekannte, die Tipps und Ratschläge gaben.

»Du musst den anders halten!«

»Versuch's mal so!«

»Bei mir hat es immer geklappt.«

»Nicht dass er verhungert?«

»Ich kann das gar nicht mitansehen.«

»Soll ich eine Schwester rufen?«

»Das ist bei Wassermännern ganz typisch.«

»Gib ihn mal her, ich zeige dir, wie das geht.«

Ludwig war bestimmt zehn Zentimeter größer als Hope und Nick schätzte ihn doppelt so schwer. Er schien also nicht zu verhungern. Oder nahm er vom Brüllen zu?

Karlotta tat ihm ein bisschen leid. Nicht nur, weil alle ihr beim Stillen zuguckten, als würden im Zoo die Robben gefüttert, sondern auch wegen Wolfgang. Nick hatte sich Zeit seines Lebens gefragt, wer um Himmels Willen diese hässlichen, kurzärmeligen weißen Hemden aus Kunststoff kaufte, an deren Giftstoffen sich die Hände der Kinder aus Bangladesch beim Zusammennähen sicherlich entzündeten. Diese Hemden, die immer an einer Kreisstange hingen und immer heruntergesetzt waren. Jetzt wusste er es: Wolfgang. Darunter trug er Unterhemden. Wären sie auch weiß, wäre es nicht ganz so schlimm. Sie hatten aber Motive. Hüte, Segelboote, Tiere – alles was man Kindern anziehen würde, wenn man sie hasste und wollte, dass sie gemobbt würden. Karlotta und Wolfgang waren beide Beamte und arbeiteten beim Finanzamt. Sie waren keine jungen Eltern mehr. Nick schätzte beide auf vorzeitig gealterte Enddreißiger. Wolfgangs erster Satz zu ihm war: »Wir haben schon mehr als zehntausend Euro in die Kinderausstattung investiert.« Und obwohl Nick, dessen Kontostand inzwischen weit unter dieser Summe war, nicht nachgefragt hatte, erklärte Wolfgang ihm genau, wie sich diese Investition zusammensetzte. Sie hatten sogar schon Sparkonten für ein späteres Studium angelegt. »Die Zinsen sind gerade super«, sagte Wolfgang, »da muss man zuschlagen.«

Nicks Frage, ob sie das Baby Hannes und dessen Mutter kennen würden, kam eher komisch rüber und wurde nicht beantwortet.

Aber Wolfgangs Aussagen brachten Nick zum Nachdenken. Er hatte für Hope bislang einen BabyBjörn, eine Wickelauflage, eine dazu passende Tasche, eine Packung Windeln für Neugeborene (bis 4 Kilogramm) und eine Flasche Olivenöl (sollte besser sein als Babyöl) erworben. Fünf Bodys, fünf Strampler, fünf Flaschen und fünf Schnuller hatte er gestern im Internet bestellt. Was brauchte man noch? Egal, er würde es mit Hope zusammen kaufen, wenn sie das Krankenhaus verließen. In drei Tagen. Solange hatte er herausgeschunden. Es gab keinen wirklichen Grund für diese drei Tage, aber Shanya hatte nicht interveniert. Immerhin war er ohnmächtig geworden und man könnte ihn und das Baby zur Beobachtung dabehalten. Sie kannte allerdings den wahren Grund und Nick war damit keine Ausnahme. Es war schlicht und ergreifend die Angst, jetzt ganz allein für den neuen kleinen Menschen da zu sein, ganz allein für alles verantwortlich. Und zu wissen, dass das kein Besuch war, sondern dass Hope bleiben würde. Wenn alles gut ging, mindestens für die nächsten achtzehn Jahre.

Nick beobachtete gerade heimlich, wie Karlotta sich mit dem brüllenden Ludwig plagte, als die Tür aufging und ihre Stillzuschauer sich mal wieder einfanden.

»Du musst seinen Kopf höher halten.«

»Du musst seinen Kopf tiefer halten.«

»Hat er denn endlich gekackt?«

»Was, der hat noch nicht gekackt?«

»Wenn er nicht kackt, ist was nicht in Ordnung.«

»Holger hat drei Mal am Tag gekackt. Wie sein Vater.«

»Sein Vater ist Steinbock und kein Wassermann.«

»Wenn du ihn nicht stillen kannst, bekommt er Allergien.«

»Du musst dir die Nippel mit Pferdesalbe einreiben.«

Nick lächelte. Hope kackte gut. Sie war bereits ihr ganzes Kindspech los und machte jetzt vergorene Milch in ihre kleinen Windeln. Nick war außerdem froh, dass er sich keine Nippel mit Pferdesalbe einreiben musste.

Er schloss die Augen und roch an Hope. Wie gut sie duftete. Er rückte näher an sie ran. Ihre klitzekleine Nase bewegte sich. Er rückte noch näher ran. Sie öffnete die Augen und schaute ihn an. Dann öffnete sie ihren kleinen Mund, machte eine ruckartige Bewegung, dockte an seiner Nase an und sog daran, als wäre es eine Mutterbrust. Nick musste erst kichern, dann lächeln und überlegte, ob er sich bei Karlotta später etwas Pferdesalbe für die Nase leihen könnte. Er betrachtete Hope genau. Shanya hatte gesagt, Neugeborene sähen zunächst dem Vater ähnlich, damit er sie annehme. Hope hatte aber eindeutig mehr von ihrer Mutter. Hatte die Natur das so gewollt? Weil er sie ja sowieso schon angenommen hatte, aber die Mutter eben nicht? Er blinzelte noch einmal und war kurz davor, neben Hope einzunicken, als er hörte, dass die Stillzeitzuschauer über ihn reden.

»Wolfgang, schaut der deiner Frau auf die Brüste?«

»Warum liegt hier überhaupt ein Mann?«

»Ist das ein Perverser?«

»Müssen wir nicht einem Arzt Bescheid sagen?«

»Wie soll Karlotta stillen können, wenn der sich gleich einen runterholt.«

Dann hörte er Wolfgang flüstern:

»Lasst den mal. Das ist ein ganz armes Schwein. Ich glaube, der hat sich eine Leihmutter gekauft.«

Noch vor ein paar Tagen wäre Nick böse und traurig geworden, nun warf er einfach einen Blick auf Hope und war glücklich.

Wolfgang, was ein Scheißname, was für eine Wurst.

12

Nick musste das Krankenhaus dann doch früher verlassen. Wegen Wolfgang, der Wurst. Die Situation hatte sich langsam hochgeschaukelt und war dann – wenn auch unbeabsichtigt – eskaliert.

Wenn er Hope wickelte, lag sie immer auf dem Rücken und schaute ihn an, als wüsste sie ganz genau, was er da machte, und würde beobachten, ob er es auch richtig machte. Sie weinte und schrie auffallend wenig. An ihrem zweiten Lebenstag hatte er sie ganz vorsichtig gekniffen, weil er dachte, sie könnte vielleicht gar nicht schreien, sie hätte vielleicht gar keine Stimmbänder. Wie sich dann herausstellte, hatte sie doch welche. Sogar so gute, dass das Klingeln in seinen Ohren erst eine Stunde später nachließ.

Beim Wickeln streichelte er sanft ihre klitzekleinen Finger. Hatte sie Hunger, fuchtelte sie erst ein wenig, dann begann sie zu zappeln, dann machte sie Geräusche und wenn dann das Fläschchen nicht parat war, wurde sie laut.

»Haben Sie keine Angst vor Allergien?«, hatte Wolfgang ihn unvermittelt in einem dieser Augenblicke gefragt.

»Mehr vor Aliens«, entfuhr es ihm.

Nick hatte aus dem belauschten Gespräch zwischen Hannes' Mutter und deren Freundin bereits erfahren, dass das Stillen gut gegen Allergien sein sollte. Er war sich nur nicht sicher, ob die Muttermilch oder die Mutterbrust der Verhinderer war. Shanya hatte ihn dann beruhigt, die Milch sei die richtige Antwort.

Während Wolfgang ihn jedes Mal kritisch beäugte, gab er Hope ihre Fläschchen. Den letzten Rest trank sie nie. Das erinnerte ihn an seine Mutter, die, wenn sie in Restaurants gegessen hatten, immer einen kleinen Schluck in ihren Weingläsern gelassen hatte. Nick, den es irgendwie beruhigte, wenn Hope auf seinem Schoß an seiner Brust lag, schlummerte oft kurz ein. Manchmal fiel dann die Flasche runter und Milch lief aus dem Nuckel auf seine Hose.

»Wo ist denn die Mutter?«, fragte Wolfgang ein anderes Mal kackdreist, obwohl er ja ganz sicher zu wissen glaubte, dass Nick sich eine Leihmutter gesucht hatte.

»Die muss arbeiten«, sagte Nick.

»Ach was? Was macht die denn?«

»Die geht auf den Strich. Da kann man sich nicht so lange freinehmen.«

Danach war dann für ein paar Minuten Ruhe.

»Ich habe mit der großen Schwester gesprochen«, kam Wolfgang beim nächsten Mal angeschissen.

»Das ist meine Hebamme.«

»Die hat gesagt, die Mutter geht nicht auf den Strich.«

»Ja dann …«, sagte Nick, »… dann habe ich wohl gelogen.«

»Warum sagen Sie so was?«

»Das ist eine Krankheit.«

»Was?«

»Lügen-Tourette!«

»Lügen-Tourette?«

»Ja, da flucht man nicht, sondern man lügt.«

»Aha.«

»Ja, so wie jetzt.«

Es hatte ein wenig gedauert, bis Wolfgang begriffen hatte und dann beleidigt abgezischt war und ihn mit Karlotta allein ließ, die auf ihrem Bett saß und Nick ansah wie einen zu dicken Dackel, der in einem Abflussrohr stecken geblieben war.

»Tut mir leid«, sagte er.

Sie nickte und versuchte sogar zu lächeln.

»Mir tut es auch leid. Er ist manchmal sehr indiskret.«

Nick zuckte mit den Achseln.

»Sind wir alle, oder? Zwangsweise …«

Er ließ seinen Blick durch den kleinen Raum gleiten. Wie groß mochte der sein? Zwölf Quadratmeter? Vierzehn? Und ein Drittel ging schon für die Betten drauf. Dann standen da noch die beiden Wickelkommoden. Eine hätte es auch getan, man musste ja nicht beide Babys zur gleichen Zeit wickeln. Zwei Schränke, die beiden Besucherstühle und die Liege- und Transportschalen nahmen weiteren Platz weg, sodass man wenig Boden hatte, den man betreten konnte.

»Sie haben wieder Nasenbluten«, sagte Karlotta und reichte ihm ein Taschentuch.

»Danke«, erwiderte Nick und wunderte sich darüber, dass sie in der Lage war, Empathie zu empfinden. Das hatte sie bislang gut verborgen.

»Jetzt geht er bestimmt in der Cafeteria ein Bier trinken«, meinte Karlotta. »Er geht gerne Bier trinken, wenn er beleidigt ist.«

Nick war erstaunt. Sie konnte ganz normal reden, wenn Wolfgang nicht da war.

»Das kenne ich«, lächelte er. »Haben Sie etwas dagegen, wenn ich Musik anmache?«

Karlotta schüttelte den Kopf.

Er überlegte, was zu seiner Stimmung passen könnte.

»Amy Winehouse?«

»Die kenne ich nicht. Aber gerne.«

Nick warf Karlotta einen verständnislosen Blick zu. Wie konnte man Amy Winehouse nicht kennen? Was hatte die Frau für eine Jugend gehabt? Er verband sein Handy mit dem kleinen Lautsprecher, den er von Shanya geliehen, aber bislang noch nicht benutzt hatte, und Amy Winehouse begann »Rehab« zu singen. Sein Blick fiel auf Ludwig. Bewegte der sich etwa zur Musik? Machten Säuglinge so etwas? Nein. Er machte das, was Hope auch machte, wenn sie Hunger hatte. Dieses Fuchteln.

»Der hat Hunger«, sagte Nick.

Alleine das Wort Hunger ließ Karlotta zusammenzucken.

»Vielleicht versuchen wir es einfach mal ohne Arena?«, meinte Nick.

»Ohne Arena?«

»Na, ohne die ganzen Zuschauer. Das muss einen doch nervös machen.«

Karlotta nickte vorsichtig und unsicher, als würde sie sich fragen, ob man Nick wirklich trauen konnte.

Nick hatte Karlottas Stillkissen genommen, eine U-förmige Wurst, die man sich um die Hüfte legte und auf die man dann das Baby platzieren konnte, und reichte sie ihr.

»Aber was ist mit Wolfgang?«, fragte sie ängstlich.

»Der stillt sich doch selbst. In der Cafeteria.«

Es sah fast so aus, als hätte sich ein Lächeln auf Karlottas Gesicht gestohlen.

»Sie werden bestimmt eine gute Mutter.«

Nick, der sich weniger als Mutter denn als Vater sah, merkte schnell, dass sie sich wirklich extrem unsicher fühlte, als sie an ihrem Still-BH herumzufummeln begann, der eigentlich ein ganz normaler BH war, den man aber aufklappen konnte.

»Soll ich mich umdrehen?«, fragte er.

»Nein«, antwortete Karlotta, »ich muss mich nur daran gewöhnen.«

»An mich brauchen Sie sich nicht wirklich zu gewöhnen, wir sind übermorgen hier raus.«

Übermorgen. Noch zwei Mal schlafen. Dann würde er mit Hope auf sich alleine gestellt sein. Keine Schwestern. Keine Shanya.

Karlotta lächelte nun wirklich.

»Würden Sie mir den Ludi reichen?«

Nick griff vorsichtig in Ludwigs Schale, nahm das Kind an Kopf und Popo und wollte es Karlotta geben. Er konnte allerdings nicht anders und drückte das dicke Baby kurz an sein Gesicht. Es roch gut. Dann schaute er Karlotta an.

»Es wäre sinnvoller, wenn Sie sich an die Wand lehnen und das Kissen etwas tiefer legen.«

Sie rutschte unbeholfen näher an die Wand und saß da, als hätte man sie hingeknetet. Kurzentschlossen setzte Nick sich neben sie, packte das Kissen und zeigte ihr, was er meinte. Sie verstand und machte es nach.

»Wieso wissen Sie als Mann so viel über das Stillen?«, wollte Karlotta wissen.

»Ach«, sagte Nick, »das ist die Evolution.«

»Die Evolution?«

»Ja«, sagte er, »wenn die Mutter ausfällt, dann übernimmt der Vater die Rolle. Das ist wie bei einem Finger.«

»Einem Finger?«

»Ja«, plapperte er drauflos, »wenn Sie sich den Zeigefinger abschneiden, übernimmt der Mittelfinger dessen Aufgabe.«

Als ihm klar wurde, dass er kurz davor war, das eben erst gewonnene Vertrauen durch seine einfältigen Vergleiche zu zerstören, schob er das Baby Ludwig rasch ein Stück hoch in Richtung Mutterbrust.

»Und jetzt legen Sie ihn einfach da drauf, sodass er an die äh ... Futterstelle kann, ohne sich anzustrengen.«

Geöffnet war die linke Futterstelle. Der Kopf von Ludwig lag aber auf der rechten Seite. Karlotta versuchte unbeholfen, ihn zu drehen.

»Soll ich helfen?«

Sie wollte eigentlich den Kopf schütteln, nickte dann aber. Mit zwei Griffen drehte Nick Ludwig auf die richtige Seite. Das Baby starrte auf die Brust seiner Mutter, machte aber keine Anstalten zu trinken. Karlotta stiegen schon wieder die Tränen in die Augen.

»Was bin ich nur für eine Mutter? Ich kann mein Kind nicht stillen. Was soll nur werden?«

»Warten Sie«, sagte Nick, »ich habe eine Idee.«

Er stand auf, ging zu Hopes Schale, lächelte sie an und nahm sie heraus. Dann holte er sein Stillkissen, nahm die Flasche mit dem kleinen Rest ihrer letzten Mahlzeit, zog sein T-Shirt aus und setzt sich zu Karlotta aufs Bett, ohne zu merken, dass er auf der Tube mit der Pferdesalbe Platz genommen hatte. Er hielt sich den Schnuller vor die Brust und führte Hopes Köpfchen ganz vorsichtig Richtung Nuckel. Und wie eine Schildkröte, die blitzschnell ihren Kopf unter dem Panzer rausschiebt, um etwas zu essen, dockte Hope an dem Nuckel der Flasche an. Und Ludwig, als hätte er zugeschaut, machte das gleiche an der Brust seiner Mutter.

Während Amy in »Back to Black« überging, begann Karlotta nun wirklich zu lächeln.

So saßen sie da.

Eine stillte ihr Baby, der andere tat nur so.

»Das ist schöne Musik«, sagte Karlotta.

»Ja, die mag ich auch sehr.«

»Wolfgang hört gerne Roy Orbison«, sagte Karlotta, »da muss er immer weinen.«

»Das kann ich gut verstehen«, antwortete Nick und versuchte dabei, seiner Stimme den Sarkasmus zu nehmen, was nicht schwer war, denn er wurde gerade wieder schläfrig. Und auch Karlotta gähnte.

Als Wolfgang eine Viertelstunde später mit der gesamten Verwandtschaft ins Zimmer kam, lagen Nick und Karlotta und die beiden Babys auf Karlottas Bett und schliefen. Eigentlich ein rührender Anblick, aber Wolfgang sah nur, dass beide halb nackt waren.

»Ich kann da jetzt auch nichts machen«, hatte Shanya etwas später entschuldigend gesagt. »Vielleicht hättest du da vorher drüber nachdenken sollen?«

Nick stand am Schrank und packte seine und Hopes Sachen.

»Das ist doch alles nur ein Missverständnis«, rechtfertigte er sich.

»Ich glaube dir das auch. Aber Wolfgang hat gesehen, was er gesehen hat. Die nackte Brust seiner Frau hat auf deinem nackten Bauch gelegen. Auf ihrem Bett, wo du nichts zu suchen hattest.«

»Ja, aber ...«

»Und er sagte, du hättest ein Gleitmittel in der Hand gehalten?«

Da war Nick laut geworden: »Das war Pferdesalbe. Für die NIPPEL. Von ihrer Tante!«

Er merkte selbst, dass das komisch rüberkam. Shanya konnte ein Lachen nicht unterdrücken.

»Aha. Für die Nippel der Tante?«

Nick schüttelte sich.

»Du weißt, was ich meine!«

Shanya nickte.

»Ich hoffe. Aber er hat mindestens zehn Zeugen dafür.«

Nick konnte sich gut an die Blicke dieser Zeugen erinnern.

»Ja, aber das war doch nur um zu helfen. Das war doch nur gut gemeint.«

»Das Gegenteil von gut ist ...«

»Ja, weiß ich«, unterbrach er sie. Dann setzte er sein bestes »Bitte-Bitte-Gesicht« auf. »Kann man gar nichts mehr machen?«

Shanya sah ihn ernst an.

»Vielleicht hättest du vorher nicht so einen Scheiß erzählen sollen, dass die Mutter des Kindes auf den Strich geht und du ein notorischer Lügner bist?«

Da hatte Nick auch schon drüber nachgedacht. Das war nicht sehr clever gewesen.

»Das war doch lustig gemeint.«

Shanya stemmte die Hände in die Hüften.

»Dann lach doch mal!«

Aber nach Lachen war ihm nicht zumute.

»Warum hat Karlotta denn nichts dazu gesagt?«

Er kannte die Antwort eigentlich schon: zu feige! Aber momentan versuchte er, nach jedem Strohhalm zu greifen.

Shanya seufzte.

»Du hast jetzt fast zwei Tage mit den beiden in einem Zimmer verbracht. Was würdest du über deren Beziehung sagen? Rechne nicht damit, dass sie noch für dich Partei ergreifen wird.«

Er nickte. Da hatte sie wohl Recht. Shanya erklärte weiter: »Dass du überhaupt hier sein durftest, war nicht selbstverständlich.«

Nick brauste auf: »Es ist nicht meine Schuld, dass der Laden hier überfüllt ist.«

»Nein, das ist es nicht. Es ist aber auch nicht vorgesehen, dass ein Mann auf dieser Station liegt. Eigentlich sind die Betten für die Mütter.«

Nick protestierte. »Ich bin ja auch irgendwie eine Mutter. Eine Vatermutter.«

Shanya seufzte.

»Und das ist ja auch der Grund, warum du hier sein durftest. Aber jetzt müssen Hope und du gehen. Die Stationsschwester hat nach dem Vorfall eine klare Entscheidung gefällt.«

Nick wusste, dass er verloren hatte. Er unterschrieb seine Papiere. Es war nicht viel, was er in seinen Koffer packen musste, damit war er längst fertig.

»Na gut«, sagte er, »dann ist es halt so.«

Er zog seine Jacke an und wandte sich Richtung Ausgang. »Danke für alles!«

Als er die Klinke heruntergedrückt hatte, hielt Shanya ihn fest.

»Hast du nicht etwas vergessen?«

Nick schaute auf seinen Koffer. Der war gepackt. Er hatte seine Jacke an. Schlüssel und Geldbeutel befanden sich in seiner Hose. Der Schrank war leer. Was sollte er vergessen haben?

Shanya zeigte auf Hope.

»Willst du sie nicht mitnehmen?«

Nachdem Nick Hope dann auch eingepackt und Shanya ihm noch ein paar Sachen aus dem Fundus des Krankenhauses, wo die vergessenen, verlorenen und nicht wieder abgeholten Dinge aufbewahrt wurden, mitgegeben hatte, verließ er die Klinik. Hope war jetzt Besitzerin eines ramponierten Maxi-Cosi-Sitzes, an dem der Griff geklebt war und die Schale aussah, als wäre sie schon mehrmals heruntergefallen. Aber Hope störte es nicht. Er hatte ihr Köpfchen in die dafür vorgesehenen Kissen gelegt und sie war sofort eingeschlafen. Außerdem hatte er noch ein Set bestehend aus sechs Fläschchen und Nuckeln bekommen, dazu so ein Ding, das aussah wie ein Wasserkocher, in dem man die Fläschchen warm machen konnte. Shanya hatte ihm versprochen, dass sie die Nachsorgetermine bei ihm immer so legen würde, dass er der Letzte des Tages war, so hätten sie mehr Zeit. Sie konnte deswegen aber nie genau sagen, wann sie kommen würde.

Während Nick draußen auf sein Uber wartete, beobachtete er, wie andere Säuglinge »abreisten«. Meist wurde diese Prozedur von vielköpfigen Familien begleitet. Omas, Opas, Freunde, Verwandte, die dabei zusahen, wie die Babys vorsichtig in Kombis oder SUVs verladen wurden, wobei man ihnen dann nachwinkte, als würden sie in einem Flieger sitzen, der sie für lange Zeit ans andere Ende der Welt bringen würde. Der Einzige, der allein vor dem Ausgang stand, war er. Obwohl – ganz allein war er ja auch nicht. Er hatte doch Hope, die aber schlief.

Nick dachte darüber nach, dass es das erste Mal für Hope war, dass sie die Welt da draußen sah. Es würde vieles geben, was sie in den nächsten Tagen zum ersten Mal in ihrem Leben machen würde.

Weil er keine Decke hatte, hatte er das Baby in einen Pullover gewickelt. Vorsichtig strich er über ihre Wange. Sie fühlte sich nicht kalt an. Der Pullover, sein Lieblingshoodie, schien zu reichen. Für Anfang März war es auch nicht besonders kalt. Nick selbst hatte seine Jacke nicht einmal zugemacht. Während er auf sein Uber wartete, schaute er auf die Liste, die er sich in den letzten Tagen im Handy angelegt und in die er eingetragen hatte, was er noch anschaffen musste:

Vier bis sechs Fläschchen aus Glas, drei bis vier Silikon- oder Latexsauger Größe eins, eine Flaschenbürste, ein Paket Pre-Nahrung, eine Thermoskanne für unterwegs, ein Beistellbett oder einen Babybalkon, eine gute Matratze, zwei Spannbettlaken, einen Schlafsack, eine Spieluhr, eine Wickelkommode oder einen Wickelaufsatz für die Waschmaschine, einen Heizstrahler, ein Babyphone, eine Schlafmöglichkeit im Wohnbereich (Wiege), je zwei Pakete Windeln in Größe eins und zwei, zwei Pakete Feuchttücher oder zehn Waschlappen und eine kleine Schüssel für warmes Wasser, einen einfachen geruchsdichten Windeleimer, eine abwaschbare Wickelauflage, ein Badethermometer, ein Badetuch mit

Kapuze, ein Fieberthermometer, eine Babynagelschere, eine Babybadewanne, eine Babyschale fürs Auto, ein Auto, einen Sonnenschutz für die Autoscheibe, eine Babytrage oder ein Tragetuch, einen Kinderwagen, einen Sonnenschutz für den Kinderwagen, eine leichte Decke, ein kuscheliges Lammfell und eine gute Wickeltasche. Das alles würde viel Geld kosten.

Er hatte gegoogelt, ob es so etwas gab wie »Säuglingsgrundausstattung komplett und günstig«, die man einfach bestellen konnte. Er hatte allerdings nichts gefunden. Eine klare Marktlücke.

Na, immerhin hatte er schon drei von gefühlt fünfzig wichtigen Dingen. Warum hatte er auf Shanya gehört? Warum hatte sie Sätze wie »Macht euch keinen großen Kopf, ihr braucht so gut wie nichts, das wird sich alles finden.« gesagt?

Sein Uber war immer noch nicht zu sehen. Stattdessen hatte sich ein Typ neben ihn gesetzt, der sich gerade einen Joint anzündete. Der Mann war sicherlich Mitte vierzig. Zu alt, um in der Öffentlichkeit zu kiffen.

»Hey«, sagte Nick erbost.

»Hi, Digga«, sagte der andere freundlich.

Nick zeigte auf den Maxi-Cosi mit Hope.

»Da ist ein Baby!«

Der Typ schaute auf Hope und nickte.

»Fetter shice, Digga! Glückwunsch.«

Nick, der nicht gerne Digga genannt werden wollte, verstand nicht, wie man so wenig peilen konnte.

»Ich bin nicht Digga! Und vielleicht rauchen Sie Ihren Joint woanders?«

Der Kollege schüttelte den Kopf.

»Das wäre falsch, Alter. Aber ich puste in die andere Richtung.«

»Was wäre denn daran falsch?«

Der Typ schaute ihn bierernst an.

»Ja, denkst du, du kannst das Babe hier immer und ewig vor allem beschützen?«

Nein, das dachte Nick nicht. Genaugenommen hatte er auch noch gar nicht viel über so grundsätzliche Fragen nachgedacht, denn Hope war ja erst drei Tage alt. Aber klar für ihn war, dass er sie vor dem Marihuanarauch beschützen wollte. Er betrachtete den Mann genauer. Er sah nicht verwahrlost aus. Kurze Haare, Sonnenbrille, Flanellhemd, Jeans, Turnschuhe.

»Mach sie aus!«, befahl er. »Oder geh woanders hin.«

Der Typ sah Nick nachdenklich an.

»Was'n los, Digga? Is hier ein neofaschistischer Autoritarismus ausgebrochen?«

Nick verstand nur Bahnhof.

»Hä? Was?«

Der Kollege schien einen Dachschaden zu haben. Zwar drückte er endlich seinen Joint aus, laberte Nick aber stattdessen voll.

»Im Autoritarismus wird zwischen einem schwachen Ich und einem starken Ich unterschieden. Danach ist bei dem schwachen Ich die Fähigkeit zur Selbstreflexion nur gering ausgeprägt. Es nimmt gesellschaftliche Verhältnisse projektiv wahr und neigt somit zu Vorurteilen.«

Nick wollte, dass er einfach ging, fragte aber trotzdem nach. »Was soll das heißen?«

»Dass du ein gesellschaftlich bedingtes Vorurteil gegen Gras hast, Digga, und dass du mich dazu zwingen möchtest, die Welt zu sehen wie du selbst!«

Nick wurde böse.

»Dein Gras ist mir scheißegal. Ich will nur nicht, dass meine Tochter im Rauch steht.«

Er stand auf und baute sich vor dem Mann auf.

»Warum setzt du dich nicht auf die Bank da hinten.«

»Das geht nicht.«

»Warum geht das nicht?«

»Ich soll hier einen abholen.«

»Aha!«

»Ich fahre Uber und warte hier auf meinen Kunden.«

Vielleicht sollte man doch wieder Taxis bestellen, dachte Nick, auch wenn die teurer sind.

»Warum wartest du nicht im Auto?«

Der Mann sah Nick an, als wäre er der Verrückte.

»Im Auto ist Rauchverbot.«

»Aber bekifft fahren ist okay?«

Der andere schüttelte den Kopf.

»Absolut nicht. Aber immer noch besser als besoffen, oder?«

Da der Typ keine Anstalten machte zu gehen, packte Nick Hopes Maxi-Cosi und ging selbst. Ein paar Meter weiter blieb er stehen und schaute auf sein Handy. Sein eigenes Uber hätte schon lange da sein sollen, das stand zumindest so in der

App. Genervt drückte Nick den Button, um den Fahrer anzu-
rufen. Er hielt sich sein Handy ans Ohr und wartete. Ein paar
Meter weiter begann es zu klingeln. Der Radetzky Marsch.
Dann meldete sich der Fahrer. »Jo, hier ist Arch!«

Nick schaute zu dem Typen hinüber, der sich seinen Joint
wieder angezündet hatte und jetzt in sein Handy sprach. Das
konnte doch nicht wahr sein. Das war sein Fahrer? Ganz sicher würde er mit dem nicht fahren.

Mit einer Hand nahm er seinen Koffer, mit der anderen
ergriff er Hope in ihrem Sitz. Es war nicht kalt, es war nicht
weit, er konnte das Geld für das Uber sparen. Wenn er an die
Liste dachte, die er in den nächsten Tagen abarbeiten musste,
zählte jeder Cent. Während er Richtung Straße ging, rief der
Fahrer ihm noch hinterher: »Chill mal mehr, Digga!«

Das war Nicks erste Begegnung mit Arch. Zu diesem Zeitpunkt wusste er noch nicht, dass sie beide sich schon bald
wiedertreffen würden.

13

Immer abends, wenn Hope langsam müde, der Tag einigermaßen bewältigt war und die letzte Mahlzeit des Tages im Flaschenwärmer auf eine angemessene Temperatur gebracht wurde, tanzten die beiden.

Nick startete eine Playlist, nahm Hope auf den Arm, hielt ihr Köpfchen, presste sie so nah wie möglich an sich und begann sich langsam im Takt der Musik mit ihr zu bewegen. Erst tanzten sie durch die Küche, dann über den Flur durch die gesamte Wohnung. Ins Schlafzimmer, durch ihr bislang unbewohntes Kinderzimmer, ins Wohnzimmer und dann wieder zurück. Nick hatte das Gefühl, dass Hope auf Basslines und Drums besonders reagierte. In ihrem zukünftigen Zimmer blieben sie oft vor den Bildern stehen und er ließ sie einen Blick auf die Personen erhaschen, die sie wahrscheinlich nie kennenlernen würde und die noch nicht einmal wussten, dass es sie überhaupt gab. Kurz bevor er sie müde geschaukelt hatte, nahmen sie auf dem Sofa im Wohnzimmer Platz. Er zog sein T-Shirt aus, legte das Baby auf das Stillkissen an seine Brust, fütterte es und nebenbei schauten sie *The Voice, Let's Dance* oder was sonst so an leicht konsumierbaren Shows lief, die keinerlei Denkleistung verlangten. Wenn Hope eingeschlafen war, legte er sie in die klapperige Kinderwiege, die vor einem Jahr noch Juri, dem Sohn der Nachbarin Natalya, gehört hatte, streckte die Beine aus und schlief meist selbst sofort ein. Zwischen Mitternacht und ein Uhr gab es eine Nachtmahlzeit und danach wechselten die beiden dann in sein Bett und schliefen, jede Nacht etwas länger. Allerdings nicht immer. Es gab Nächte, da schrie Hope immer wieder, manchmal stundenlang. Und er hatte keine Ahnung warum. Sie konnte es ihm nicht sagen. Er versuchte dann dies und das und jenes und erinnerte sich dabei an den Mann, den er vor der Metzgerei getroffen hatte und daran, dass der sich auf dem Klo eingeschlossen und geweint hatte.

Hätte Nick ein Tagebuch geführt, stünde zum Beispiel für den 2. Mai ein Eintrag darin, der ziemlich identisch mit dem vom 3., 4., 5., 6., 7., 8., 9. usw. wäre. Welcher Tag davon ein Sonntag war? Das wusste er doch nicht. Das merkte er höchstens daran, wenn der Supermarkt geschlossen war. Manchmal stand er in Hopes Zimmer und stellte sich die Fragen, die er gerne seinen Eltern gestellt hätte: Was war ich für ein Kind, Mama? Hast du mich geliebt, Papa? Hattet ihr Angst um mich und meine Zukunft? Und wer seid ihr eigentlich?

Jens

Der erste und einzige Film, den Jens Junior mit seinem Vater im Kino gesehen hatte, war *Wall Street* gewesen. Er verliebte sich in Gordon Gekko, spann sich aus dem Film eine Art Religion und blieb seinem Vater ewig dankbar dafür, dass er ihn damals mit ins Kino genommen hatte. Geld, das lernte er von seinem Vater, bedeutete Freiheit. Es bedeutete auch Luxus, aber Luxus war eigentlich nur ein Unterbegriff von Freiheit, denn Geld bot die Freiheit, sich Luxus leisten zu können. Jens Senior hatte dafür gesorgt, dass es seinem Sohn und seiner Frau finanziell gut ging. Ein Haus in der Stadt am Waldrand, mit Pool, eine englischsprachige Privatschule, drei Mal im Jahr Urlaub, gerne dorthin, wo die anderen es sich nicht leisten konnten. Jens Junior musste nie um Klamotten betteln, hatte immer die neuesten Turnschuhe und mit sechzehn ein eigenes Portfolio, das zwar auf seinen Vater lief, das er aber allein verwalten konnte. Er trug teure Poloshirts und gelte sich die langen Haare nach hinten, so wie Michael Douglas als Gordon. Er war ein mäßiger Schüler, der genau das leistete, was man notwendigerweise leisten musste. Sein Abitur, das er gleichzeitig mit dem A-Level erwarb, war okay, es sicherte ihm die Möglichkeit, aus mehreren Studienplätzen auszuwählen. Privatuniversitäten in

London oder Brüssel. Doch war es nicht immer so, dass Vögel, die zu fett gefüttert wurden, nicht besonders gut fliegen konnten? Durchstarten und abheben war für Jens Junior in den ersten beiden Semestern eine Angelegenheit, die mehr auf Campuspartys und in Bars stattfand. Er fand heraus, dass Gordon Gekko zu sein nur eine Vision gewesen war und er viel mehr Lust hatte, die Welt zu bereisen. So wie sein Vater.

Doch dann änderte sich alles, als man herausfand, dass Jens Senior, der sein Vermögen als Schiffsmakler für Luxusyachten verdient hatte, niemals Eigentümer der Yachten oder mit deren Verkauf beauftragt gewesen war. Sein Modus Operandi war recht einfach. Er reiste in die reichen Hafenstädte, machte Fotos, fälschte Briefe und bot die Schiffe fremder Leute zum Verkauf an. Die gutgläubigen Käufer, die dachten, sie machten das Schnäppchen ihres Lebens, leisteten meist eine recht hohe Anzahlung. Das taten sie gerne, weil der Restpreis deutlich unter dem Wert des Schiffes lag. In den Achtzigern und bis Anfang der Neunziger ging das ganz gut, einfach weil es kein Internet gab. Wenn die Käufer herausfanden, dass sie das Geld auf das Konto einer Briefkastenfirma eingezahlt hatten, die kurz danach aufgelöst worden war, war es ihnen oft zu peinlich, zur Polizei zu gehen, weil sie nicht wollten, dass andere erfuhren, wie dumm sie sich hatten hereinlegen lassen. Oder weil es Schwarzgeld war, mit dem sie die Anzahlung geleistet hatten. Und die, die Jens Senior anzeigten, hatten auch nichts davon, weil er nie unter seinem richtigen Namen agierte.

Zum Verhängnis wurde ihm schließlich die Yacht eines reichen Russen, dem er versuchte sein eigenes Schiff zu verkaufen. Interpol beobachtete ihn ein halbes Jahr, schlug dann zu und als Jens Senior sich im Gartenhaus eines Bekannten erhängte, starb er arm wie eine Kirchenmaus, hatte sich aber das Gefängnis erspart.

Jens und seine Mutter, die zu der Zeit schon nicht mehr mit dem Vater zusammenlebten, verloren alles. Konten wurden eingefroren und gepfändet, das schöne Haus verkauft, alles wurde ihnen genommen und an die Geprellten zurückgegeben oder versteigert. Selbst Jens kleines Portfolio wurde konfisziert. Es gab kein Geld mehr für Privatschulen und Partys und der Junge, zu dem alle immer aufgeschaut hatten, mutierte zu einem Verlachten und Geächteten. Jens Junior wechselte seinen Kleidungsstil, seinen Wohnort, seine Universität und seine Lebenseinstellung. Der große Traum vom großen Geld war ausgeträumt. Er begann ernsthaft zu studieren und lernte auf dem neuen Campus, bei einer Feier, die außergewöhnlich attraktive Gymnasiastin Maria Przybilsky kennen. Die beiden hatten ähnliche Interessen und obwohl er nicht wirklich in sie verliebt war, begann er mit ihr ins Bett zu gehen.

Marias Vater war Inhaber einer Versicherungsagentur, ihre Mutter leidenschaftliche Alkoholikerin. Nach einiger Zeit wurde Maria schwanger und für den polnischstämmigen Vater, einen seinen katholischen Glauben eigentlich nur sehr oberflächlich praktizierenden Mann, war eine Abtreibung Mord. Maria war nicht mutig genug, sich ihm zu widersetzen, und bat Jens um Hilfe. Jens Junior und Pavel Przybilsky führten ein eigentlich recht vernünftiges Gespräch. Pavel wollte das Geschäft gerne aufgeben, Jens konnte es übernehmen, dafür musste er Maria heiraten und das Kind katholisch taufen lassen. Jens wurde bald fünfundzwanzig und, wie Pavel sagte, seien die Jahre zwischen fünfundzwanzig und vierzig die produktivsten. Alles sah so aus, als führten Jens und Maria eine gute Ehe. Er nutzte die Jahre zwischen fünfundzwanzig und vierzig, um für finanzielle Freiheit zu sorgen, sie ertrugen sich, so gut es ging. Erst als Nick das Elternhaus verließ, war es, als ob die beiden, noch bevor die Luke zum Absprung geöffnet wurde, jeweils ihre Reißleinen zogen.

14

Nick suchte sich einen Kinderarzt direkt um die Ecke und Hope und er hatten die U3 und die U4 erfolgreich hinter sich gebracht.

»Alles in Ordnung«, sagte der Arzt nach der U3, nachdem Hope gewogen, gemessen und bewegt worden war. »Wir sehen uns zur U4 wieder. Richten Sie Ihrer Frau aus, dass sie alles richtig gemacht hat.«

Nick überlegte kurz, ob er diese Aussage unkommentiert stehen lassen sollte, entschied sich dann aber dagegen.

»Ich habe keine Frau.«

Dem Arzt schien das im Großen und Ganzen ziemlich egal zu sein.

»Na, dann eben Ihrer Freundin.«

»Ich habe keine Freundin.«

Der Arzt, der bislang nur halb zugehört hatte, weil er seiner anscheinend neuen Sprechstundenhilfe erklären musste, was sie in das gelbe Untersuchungsheft eintragen sollte, sah ihn kurz an.

»Das tut mir leid für Sie. Ich meinte, dass Sie es der Mutter des Kindes sagen sollen.«

Nick hätte es jetzt dabei belassen können, aber irgendwie wollte er die Situation klären und machte sie dadurch nur komplizierter.

»Es gibt keine Mutter mehr.«

Der Arzt änderte schlagartig seinen Gesichtsausdruck.

»Oh. Sorry.«

Nick verstand den Stimmungswechsel nicht ganz.

»Danke.«

Der Arzt griff nach einer Karte und reichte sie ihm.

»Hier sind Nummern, die können Sie jederzeit anrufen, wenn Sie Beistand brauchen.«

Nick betrachtete die Karte ratlos. Die erste Nummer war die der Telefonseelsorge.

»Warum soll ich da anrufen?«

Der Arzt, der sich als Kinderarzt nur bedingt damit auskannte, was man in solchen Fällen sagen oder tun sollte, wirkte nun ein bisschen beunruhigt. Bei der Untersuchung hatte ihm der Vater noch einen gut gelaunten, stabilen Eindruck vermittelt. Aber Lava wird ja im Vulkan heiß, bevor er sie ausspuckt.

»Na, wegen der Mutter …?«

Nick begann jetzt ein wenig ärgerlich zu werden. Sollte er die Telefonseelsorge anrufen und denen sagen, dass die Mutter ihm das Kind nur geboren hatte, sich aber aus allem Weiteren heraushalten wollte?

»Die können mir da wohl kaum helfen«, patzte er den verdutzten Arzt an. »Da kann ich genauso gut den ADAC anrufen.«

»Man weiß es nie, bevor man es versucht hat«, antwortete dieser. Nick tat ihm leid, aber er wollte jetzt lieber zu seiner nächsten Patientin.

»Und was sollen die der Mutter dann sagen? Danke für die Milch?«

Der Arzt war noch jung, er hatte bislang keine Erfahrung mit dem Tod gemacht, war sich aber sicher, dass jeder anders damit umging. Zumal dieser junge Mann – ja, wie nannte man das? Stiefwitwer? – sich ja um sein Baby kümmern musste. Diese Gedanken machten ihn nachsichtig und er überlegte, wie er dem Vater Mut machen könnte.

»Die Wege des Herrn sind unergründlich«, war aber auf jeden Fall nicht das, was Nick irgendwie beruhigte. Bevor der Kinderarzt zurück in sein Sprechzimmer ging, zeigte er auf Shanyas Namen im gelben Heft, das Nick vergessen hatte, und bat die Sprechstundenhilfe, doch bitte mal Rücksprache mit der Hebamme zu halten.

Das Mädchen hatte, weil es ja doch so viel bei TikTok und Insta zu erledigen gab, diesen Auftrag erst verschoben und dann vergessen. Auch der Kinderarzt dachte erst wieder an Nick, als der mit Hope zur U4 erschien. Wieder war mit dem Baby alles in Ordnung, mit dem Vater hingegen anscheinend noch weniger als bei seinem letzten Besuch. Er roch ungewaschen und er hatte, obwohl die Tage inzwischen wärmer wurden, eine wollene Damenmütze auf dem Kopf. Trug er die Mütze als eine Art Helm, der ihn vor schwarzen Gedanken schützen sollte? Mit den Speiseresten auf seiner Kleidung hatte er offensichtlich einen Zustand der Verwahrlosung erreicht, den zu ignorieren schwerfiel. Die höfliche Nachfrage des Mediziners, ob Nick mit dem Verlust jetzt besser klar käme, hatte der mit »Wir können uns ja gemeinsam ihre Videos im Internet anschauen« beantwortet.

Danach hatten die beiden sich, zu beiderseitiger Zufriedenheit, nie wieder gesehen, weil Nick sich einen neuen Kinderarzt suchte.

Die Mütze hatte Nick auf einem Flohmarkt gekauft. Es handelte sich um eine mit Sicherheit handgefertigte Mütze, die jede Person, die sie trug, aussehen ließ wie einen heruntergekommenen nordamerikanischen Trapper aus dem 19. Jahrhundert. Sie war aus weicher Wolle gestrickt, wog kaum etwas und wenn man sie trug, vergaß man schon kurz nach dem Aufsetzen, dass man etwas auf dem Kopf hatte, das aussah, als wäre es ein vor längerer Zeit verendetes Tier, das jemand mit Rosen bestickt hatte. Weil Nicks Tagesabläufe sich streng nach Hopes Bedürfnissen richteten, kam der Tagesordnungspunkt »persönliche Hygiene« oft zu kurz. Aus der täglichen Dusche wurde meist nichts. Morgens hatte Hope Hunger, abends war er zu müde. Und da er keine Zeit hatte, zum Friseur zu gehen, war die Mütze in vielerlei Hinsicht recht praktisch und er setzte sie kaum noch ab. Seit er mit Hope zusammenwohnte, hatte niemand in der Wohnung aufgeräumt oder wirklich sauber gemacht. Shanya, die nach wie vor zwei Mal die Woche bei ihnen vorbeischaute, obwohl sie es eigentlich nicht mehr müsste und sicherlich erst recht nicht bezahlt bekam, rümpfte seit einiger Zeit immer wieder die Nase und hatte neulich auch geäußert, dass er ruhig mal aufräumen könnte. Wenn er nicht so sehr auf das Geld achten müsste, hätte Nick schon lange eine Putzfrau organisiert, die mal »klar Schiff« machte, wie seine Mutter immer gesagt hatte. Alles in allem sah es in seiner Wohnung aus wie bei *Der Pate*, nachdem die Corleones »auf die Matratzen« gegangen waren. Ein wenig wie bei Messies oder wie ein Schlachtfeld, auf dem man auf das entscheidende Scharmützel wartet, jedenfalls nicht wie in einer Wohnung in einer der besseren Wohngegenden. Wenn man die saubere Wäsche unter den Haufen mit der Schmutzwäsche nicht mehr fand, dann hatte man ein Problem. Letzte Woche hatte er sogar darüber nachgedacht, die Porzellanteller einfach so dreckig wie sie waren komplett wegzuwerfen und ganz auf Plastik und Pappe umzusteigen. Aber auch das müsste entsorgt werden, genau wie die Müllsäcke, die dringend nach draußen wollten.

Als er Hope frisch aus dem Krankenhaus das erste Mal nach Hause gebracht hatte, schlich Nick sich wie ein Dieb ins Gebäude. Mit dem Unterschied, dass Diebe eigentlich Sachen mitnehmen und nicht bringen. Er war extra leise, damit die Nachbarn nichts merken. Noch war er nicht so weit, seine ausgedachte Geschichte zu berichtigen oder auszubauen.

Das war aber nur ein paar Stunden gut gegangen, natürlich bemerkten alle, dass sich bei ihm etwas getan hatte, und standen schon am Abend vor seiner Tür. Alle. Natalya mit Juri, Paul und Romina und Lea ohne h, aber mit Haar, und Johanna und Ben mit Leah mit h, die inzwischen auch Haare hatte. Selbst den alten Herrn Gudmundson hatten sie mitgebracht. Sie sahen aus wie eine Gemeinschaft, die sich fein gemacht hatte, um ins Theater oder in die Oper oder zumindest gut essen zu gehen. Natalya trug ein langes Abendkleid, Johanna, eine kleine, energische Person mit wilden roten Locken, hatte ein Kleid an, das mit Vögeln und Bäumen bedruckt war und ihn ein wenig an ein zu langes Hawaiihemd erinnerte, Romina, einen Kopf größer als Johanna und mit langem blondem Haar, hatte sich in einen sehr eleganten Leinenoverall geworfen und ihre beiden Männer, Paul und Ben, sahen in ihren Anzügen aus, als ob sie gerade von einem Businessmeeting gekommen wären. Auch Herr Gudmundson hatte sich wahrscheinlich Mühe gegeben, aber er war über neunzig und sah nicht mehr besonders gut. Sein Bowlinghemd passte nicht ganz zu der etwas in die Jahre gekommenen Anzughose und an den Füßen trug er gefütterte Schlappen. Alle hatten Geschenke mitgebracht, von Blumen über Gebäck bis zu einem Strampler, und von Ben gab es eine kleine Schachtel, in die man die bei einer Brit Mila abgeschnittene Vorhaut packen und dann begraben konnte.

Hans Albers, der immer sehr aufgeregt war, wenn es klingelte, weil er insgeheim wohl hoffte, es käme jemand, um ihm Fressen zu bringen, schnüffelte sich zwischen den Beinen der Nachbarn durch und zog dann ziemlich enttäuscht von dannen.

Es dauerte einen Augenblick, bis Nick begriff, dass sie gekommen waren, um das Baby zu sehen. Noch bevor sie alle in der Küche Platz genommen hatten, schwirrten schon, wie ein Schwarm Fliegen, die Fragen durch den Raum, vor denen er Angst gehabt hatte.

Wie das Kind hergekommen sei?

Ob die Route mitten durch die Front geführt habe?

Ob die Mutter schon tot sei?

Wie das genaue Verwandtschaftsverhältnis noch mal gewesen sei?

Ob es keinerlei andere Verwandte mehr geben würde?

Ja, und was es denn jetzt überhaupt sei: ein Junge oder ein Mädchen? Nick sah sich gezwungen, seine Geschichte noch ein wenig auszuschmücken. Es sei nicht ungefährlich gewesen, das Baby an den Russen vorbei nach Deutschland zu bringen, aber nun sei es da und alles geregelt. Natürlich fühlte er sich unwohl mit der Lüge, aber irgendwie genoss er auch den Nervenkitzel. Was sollte er jetzt auch noch machen? Er hatte sich für diese Geschichte entschieden, also war es so.

Herr Gudmundson war gut gelaunt. Er plauderte munter drauflos und es war interessant, dass er Geschichten aus seiner eigenen Kindheit detailgetreu erzählen konnte, aber den Eindruck machte, als wüsste er kaum, warum und mit wem er diesen Abend verbrachte.

Als Nick ihnen dann Hope präsentierte, waren aber schnell alle einfach entzückt. Was für ein reizendes kleines Wesen! Was für ein Jammer, was sie in ihren ersten Tagen schon alles hatte mitmachen müssen, aber nun hätte sie es ja gut. Johanna bemerkte, dass bereits jetzt irgendwie slawische Gesichtszüge erkennbar seien. Paul hatte Sekt mitgebracht, sie stießen auf Hope an und waren hin und weg über ihren Namen. Hope, was für eine Wahnsinnsaussage. Was für ein toller Name für dieses kleine geschundene Wesen. Ben entschied sich, die Schachtel, ungeachtet der Tatsache, dass es sich bei Hope um ein Mädchen handelte, da zu lassen. Er habe sie selbst einmal geschenkt bekommen, bräuchte sie aber nicht, weil Johanna und er sich entschieden hatten, konfessionslos zu leben. Dabei warf er seiner Frau einen Blick zu, der vermuten ließ, dass das etwas mehr ihre Entscheidung als seine gewesen war. Man könne ja auch Bonbons oder Gras reintun, sagte er. Da er zufällig etwas von letzterem dabeihatte, erklärte er sich auch direkt dazu bereit, auf dem Balkon einen Joint zu drehen, und Nick konnte Johanna ansehen, dass sie die Idee nicht ganz so großartig fand wie ihr Mann, der anscheinend die Gunst der Stunde zu nutzen gedachte.

Es wurden dann drei, dazu leerte man zwei Flaschen mitgebrachten Sekt, erzählte Geschichten aus den ersten Erdentagen der eigenen Kinder und verabschiedete sich mit den besten Wünschen und der Versicherung, dass Nick sich bei allen Problemen immer an alle wenden könne.

Als sie weg waren, saß Nick neben der schlafenden Hope auf seinem Bett. Er war nicht unzufrieden mit dem Verlauf des Abends. Zwar stand die Lüge, die er lieber die ausgedachte Geschichte nannte, zwischen ihm und den Nachbarn, aber damit konnte er leben. Hopes Existenz war geklärt und er hatte sich dabei an Leos Spielregeln gehalten.

Was ihn traurig machte war, dass er keinen Weg wusste, seinen Eltern zu berichten, dass sie Großeltern waren. Egal was sie gerade taten, würden sie sich nicht doch darüber freuen? War es die Angst davor, dass sie es nicht tun würden, die ihn davon abhielt? Er merkte, dass er sich auf etwas gesetzt hatte, was in seiner Hosentasche war. Die Schachtel von Ben. Er vereinbarte mit sich selbst: Eine Beschneidung würde es aus mehreren Gründen nicht geben, aber er würde Hope taufen lassen und seine Eltern zur Taufe einladen. Das verschaffte ihm noch ein wenig Zeit. Manche Kinder wurden ja erst kurz vor ihrer Konfirmation getauft.

15

Ein paar Tage nach ihrem Einzug hatte Hopes Zimmer sich schon recht gut gefüllt, denn die Hausbewohner hielten Wort und waren wahrscheinlich auch nicht undankbar, ein paar Sachen, aus denen ihre Kinder rausgewachsen waren, nicht wegwerfen zu müssen. Und deswegen hatte Hope jetzt viele Klamotten von Leah, Lea und Juri, die sie auftragen konnte.

Von Natalya hatte Nick ein Büchlein bekommen, in das er Bilder einkleben, Größe, Gewicht und besondere Vorkommnisse notieren konnte. Natalyas Mutter hatte es ihr geschickt und deswegen war es auch auf Russisch. Nick, der weder Russisch noch die kyrillischen Buchstaben entziffern konnte, trug die ersten Tage nach Gefühl ein. Es war also gut möglich, dass Hope im März 56 Zentimeter schwer und 8 Pfund groß war. Vorne in dem Buch gab es eine Seite mit einem durchsichtigen Fach. Natalya hatte ihm erklärt, dass man dort ein Stück der Nabelschnur luftdicht verstauen konnte. Nick hatte aber keine Nabelschnur. Er hatte überlegt, eventuell irgendwann ihren ersten geschnittenen Fingernagel dort hineinzutun, aber Shanya hatte ihm vom Schneiden abgeraten. Lieber ganz vorsichtig feilen.

Wenn er sich vorstellte, er würde in die winzigen Finger schneiden, dann erschien es ihm doch ratsam, im Drogeriemarkt eine Babyfeile zu besorgen. Seit Tagen stand die ganz oben auf seiner Liste.

Wenn er dann das nächste Mal rausgehen würde.

Die Wege, die er ging, waren grundsätzlich die gleichen wie vorher auch, die Wege, die er im Herbst und Winter schon abgeschritten war, nur war der Unterschied, ob man sie alleine oder mit Kinderwagen (ein Geschenk von Lea ohne »h« aber mit Haar) ging, ungefähr so, als ob man jetzt mit einem Bagger einen Weg fahren würde, den man früher mit dem Fahrrad erledigt hatte.

Man konnte ja auch nicht einfach so aus dem Haus. Vielleicht bekam Hope unterwegs Durst? Dafür brauchte man ein Fläschchen mit Tee. Am besten zwei, denn man wusste nie, ob es etwas länger dauerte. Falls sie die Windel voll hatte, musste man Ersatzwindeln dabeihaben. Und Reinigungstücher. Und Babycreme, damit der kleine Popo nicht wund wurde. Und falls es noch länger dauerte, hatte man am besten auch hier von allem mindestens zwei dabei. Außerdem Ersatzstrampler und Schnuller. Auch jeweils mindestens zwei. Eine Decke, falls es kalt wurde. Und eine sehr dicke Decke, falls es sehr kalt wurde. Das konnte schließlich auch im Mai noch passieren! Eine leichte Mütze gegen den Wind, eine dicke Mütze, falls der Winter doch noch mal zurückkommen sollte. Und natürlich den Flaschenwärmer und zwei vorbereitete portionierte Muttermilchfläschchen.

Nick überlegte, was die unbekannte Helikoptermutter ihrem Baby Hannes alles einpacken und mit sich herumschleppen würde.

Shanya kam irgendwann nicht mehr jeden zweiten Tag, so wie am Anfang, sondern einmal die Woche vorbei. Ob das die Krankenkasse bezahlte oder ob sie Hope und ihn einfach mochte, konnte er nicht sagen. Er wusste aber, dass die postnatale Nachsorge eigentlich in dem Moment beendet sein sollte, wenn alles lief.

In den ersten Tagen und Wochen war sie ihm eine große Hilfe gewesen. Auf einmal stand er in der eigenen Wohnung, in der er seit Jahren jeden Winkel, jede Schublade und jedes Fach kannte, und hatte das Gefühl, es sei nicht mehr die Wohnung, in der er vorher gelebt hatte. Und das lag weniger an der Wohnung als an den Umständen. War es vorher um ihn und seine Belange gegangen, stand jetzt das Baby im Vordergrund. Einen Kaffee kochen? Ja, aber vorher nachschauen, ob sie schlief. Wie lange schlief sie denn schon? Oh, schon mehr als eine Stunde. Gleich würde sie wach werden. Hatte er schon eine Mahlzeit aus dem Kühlschrank genommen? Ja, hatte er. Jeden Tag um fast Punkt 13 Uhr kam ein Kurier und brachte die Muttermilch. Wie Leo das schaffte, selbst wenn sie gar nicht in Deutschland war, was sie meist nicht war und was er wusste, nicht weil er sie stalkte, sondern weil er sich eben dafür interessierte. Egal was er machte, um 13 Uhr musste er auf jeden Fall zu Hause sein und Hopes Essen in Empfang nehmen. Was noch? Hatte er die Fläschchen abgekocht? Hatte er leicht gesüßten Tee vorbereitet, falls sie nach der Mahlzeit noch etwas Hunger zu haben gedachte? Waren genug Windeln da, falls sie gekackt hatte? Waren es auch die richtigen Windeln, die mit dem Ökoengel? Was wollte er noch mal? Ach ja: Kaffee! Mist, keiner da. Warum nicht? Weil er keinen gekauft hatte. Okay, ein Blick auf die Uhr. Scheiße, kaputt. Zettel schreiben, der ihn daran erinnerte, die Uhr zu reparieren, Zettel neben die Uhr legen. Aufs Handy schauen. 12:30 Uhr und noch sieben Prozent. Müsste man mal aufladen. In einer halben Stunde musste er dem Milchkurier die Tür öffnen, zum Supermarkt brauchte er fünf Minuten. Also, schnell Schuhe an, Handy greifen, Portemonnaie mitnehmen, Schlüssel nicht vergessen und raus. Auf der Treppe fiel ihm ein, dass er doch etwas vergessen hatte. Ach ja, er hatte ja ein Baby. Das konnte er nicht einfach alleine lassen. Oder doch? Nein, auf keinen Fall. Was könnte alles passieren! Also, schnell wieder rein und das Baby holen. Dabei aus Versehen über die Pantoffeln stolpern, die er achtlos in den Flur geworfen hatte, auf die Fresse fallen, gegen den Schrank knallen und ein sanftes, sich schnell steigerndes Brüllen hören. Das Baby war jetzt wach. Dann eben kein Kaffee. Egal, er war ja jetzt eh munter. Hope brauchte Essen. Hatte er schon eine Mahlzeit aus dem Kühlschrank genommen? Hatte er die Fläschchen abgekocht? Gleich kam auch schon wieder der Kurier. Wie spät war es noch mal? Ach ja, die Uhr war ja kaputt. Handy? Akku leer.

So oder ähnlich war es in den ersten Wochen eigentlich durchgehend. Nick kam zu nichts. Die Nachtstunden, in denen sie schlief, waren heilige Stunden. Ob er etwas bereute? Natürlich ... NICHT! Er liebte seine kleine Tochter so, wie er noch nie etwas in seinem Leben geliebt hatte. Nachts legte er sein Ohr an ihre Lippen und lauschte, ob sie atmete. Und wenn er ihren leisen, gleichmäßigen Atem hörte und spürte, durchströmte ihn ein solch intensives Glücksgefühl, das man es weder beschreiben konnte, noch es überhaupt versuchen sollte.

Trotzdem vermisste er ruhige Tagesabläufe, einfach mal einen Mittagsschlaf machen, sich nachmittags mit einem Buch aufs Sofa legen oder in der Bar abhängen. Scheiße, die Bar. Er hat letzte Woche schon eine Schicht versäumt und für heute Abend noch nicht abgesagt. Aber wie sollte er das auch machen? Sollte er Hope mit ihrem Maxi-Cosi hinter den Tresen stellen, unter den Tresen, neben die Zapfanlage, auf den Tresen, neben die Aschenbecher, die heutzutage mit Erdnüssen gefüllt waren? Er würde jemanden finden müssen, der während seiner Schichten auf Hope aufpasste oder er musste kündigen. Es würde wohl auf die Kündigung hinauslaufen. Immer wieder dachte er zwischendurch an den Mann vor der Metzgerei und wie der sich weinend auf dem Klo eingeschlossen hatte.

Und er hatte nur ein Kind, der Mann sogar drei.

Wenn Shanya kam, war es, als ob auf einmal die Sonne in den Keller schien. Sie betrat die Wohnung, nahm ihm Hope, egal in welchem Zustand die sich gerade befand, aus dem

Arm und wie von Zauberhand ordnete sich alles. Die Windeln, die mit dem Ökoengel, lagen wieder an ihrem Platz, die Creme erneuerte sich, auf einmal war der Tummy Tub, der kleine Badeeimer, gefüllt, das Baby, nackig und lachend, saß darin und er hatte eine halbe Stunde Zeit, ein wenig Ordnung zu schaffen, sich selbst zu duschen, eine Einkaufsliste zu schreiben, die ungeöffnete Post in einer Schublade verschwinden zu lassen und eine Waschmaschine erst zu leeren, die gewaschene Wäsche, wenn sie nicht schon wieder roch, aufzuhängen, dann die Maschine neu zu befüllen und wieder anzustellen. Bis dahin kümmerte sich Shanya um Hope, meist hatte sie noch nebenbei eine Mahlzeit vorbereitet, denn sie wusste in seiner Wohnung inzwischen besser Bescheid, wo etwas stand, als er. Dann setzten sie sich entweder auf den Balkon oder in die Küche, Hope nuckelte ihr Fläschchen weg, Shanya trank einen Whisky, immer doppelt, immer pur, und er genoss es, als Verantwortlicher mal nicht verantwortlich zu sein.

Ihre Frage, wie er klar käme, hatte er anfangs immer mit »Super« beantwortet, bis sie ihn daran erinnert hatte, dass sie weder blind noch dumm war. Seitdem versuchte er, so ehrlich wie möglich zu antworten und zu akzeptieren, dass sie ihre Hilfe nicht anbot, um sich später über ihn lustig zu machen, sondern um ihn zu unterstützen.

Wenn er mit Shanya zusammensaß, Hope schon schlafen war oder noch auf seinem Schoß lag, konnte er alles erzählen, was ihn bewegte. Er hatte das Gefühl, dass ihm jemand zuhörte, wenn er berichtete, wie Hope sich entwickelte. Dass ihre kleinen Finger heute zum ersten Mal bewusst nach seinen großen Fingern gegriffen hatten, dass sie ihn angelächelt hatte, als er ihren Namen gesagt hatte, dass sie immer hungriger wurde, dass sie nach der zweiten Mahlzeit kein Bäuerchen machen konnte und sie sich anscheinend in den kleinen roten Hasen, den sie dem Baby Ludwig gemopst hatten, verliebt hatte, der nach seinem früheren Besitzer auch Ludwig hieß. Erlebnisse, die ansonsten niemanden zu interessieren schienen, die aber raus mussten, denn sie bestimmten jetzt Nicks Leben. Wenn er mit anderen Eltern, eigentlich waren es immer Mütter, im Haus oder auf dem Pirati oder dem Schiffi über so etwas redete, hatte er immer das Gefühl, es würde eine Art Schwanzvergleich stattfinden. Welches Kind hatte wann was am besten gekonnt, wer war zuerst trocken gewesen, wer konnte vor seinem ersten Lebensjahr schon laufen, wer mit drei Jahren bereits lesen und schreiben und Apps programmieren?

Wer gerade welchen Krieg führte, wie die Weltöffentlichkeit dazu stand, was man jetzt doch noch für das Klima tun könnte und wie das Wirtschaftswachstum zu steigern wäre – das alles zog an ihm vorbei. Er wunderte sich, dass andere Mütter so viel Zeit hatten, sich damit zu beschäftigen, er hatte sie nicht. Manchmal sah er abends die Tagesschau, er hätte aber genauso gut die Wand anstarren können. Ob er kein schlechtes Gewissen hätte, in diesen Zeiten ein Kind in die Welt zu setzen, hatte ihn neulich eine alte Dame auf dem Schiffi gefragt. Und ihm wurde klar, dass er über diesen Aspekt noch nicht eine Sekunde nachgedacht hatte. Er warf einen Blick auf Hope, die selig in ihrem Kinderwagen schlief, zeigte auf sie und erklärte der Dame, dass es gut möglich sei, dass dort der Messias schlafe, der die Welt retten würde, aber eben jetzt gerade noch in der Gestalt eines ein Vierteljahr alten Säuglings sei. Sie sind doch irre, hatte die Dame empört erwidert und war zur nächsten Mutter weitergezogen, um mit ihr die Apokalypse zu diskutieren.

Ohne Shanya hätte er, obwohl die Nachbarn stets und ständig Hilfe anboten, die erste Zeit nicht geschafft. Sie konnte so viel und machte so viel und genoss sein absolutes Vertrauen, sodass er ihr sogar einen eigenen Schlüssel für die Wohnung gegeben hatte. Bei ihr hatte er immer das Gefühl, sie wüsste schon, was er brauchte, bevor er es überhaupt wusste.

Shanya

Unter dem Regime von Nicolae Ceaușescu waren die meisten Kinderheime in Rumänien nicht mehr als Ställe. Wenn es gut lief, bekamen die Kinder zu essen, und wenn es noch besser lief, lernten sie sogar schreiben und lesen. Bildung war nicht vorgesehen, eine Schulpflicht gab es nicht, eigentlich gab es für Waisen nicht einmal eine funktionierende staatliche Registrierung. Um dabei nicht draufzugehen, brauchte es Personen, die sich kümmerten und das wenige Geld, das sie für jedes Kind bekamen, nicht für sich behielten. Manche, ganz sicher nicht alle, aber doch einige Roma-Familien hatten sich angewöhnt, ihre Kinder vor Heimen abzulegen, sie dort aufwachsen zu lassen und sobald sie alt genug zum Betteln waren, wieder abzuholen. Kaum ein Hahn krähte nach ihnen. Nach dem Tod des Diktators wurde ein Gesetz erlassen, das vorsah, dass alle Waisenkinder registriert werden sollten, Personalausweise bekämen und zur Schule gehen sollten. Die Ämter waren knickerig mit den Papieren, denn jeder Schulplatz kostete Geld, das nicht vorhanden war. Und so begannen einige Personen, Kinder illegal zu vermitteln. Die Idee dahinter: Besser als in einem Heim hätten sie es in jedem Fall, denn dort gab es unter anderem so wenig Fachkräfte, dass behinderte Kinder und nicht behinderte zwar nebeneinander lebten, eine geordnete Inklusion aber überhaupt nicht möglich war. Je verantwortungsbewusster diese Menschen waren, desto genauer nahmen sie die Adoptiveltern unter die Lupe. Außerdem bildeten sich Organisationen, die gezielt Kinder in einem bestimmten Alter, je jünger desto besser, in die reichen europäischen Staaten schleusten, wo gut situierte Eltern, die selbst keine Kinder bekommen konnten, die Waisen zu sich nahmen und als ihren eigenen Nachwuchs aufzogen. Bevorzugt wurden hellhäutige blonde Babys, einfach weil die späteren Eltern sie besser als ihre eigenen ausgeben konnten.

Ion war eines dieser Babys, mit Sicherheit ein Roma, aber nicht besonders dunkel. Ein gesundes Baby, ein ruhiger, immer zufrieden scheinender Säugling aus Transsylvanien, aus einem Kinderheim, das idyllisch in Hügel und Wälder eingebettet nur dreißig Kilometer von Cluj-Napoca entfernt lag, was für die Bergbewohner aber eine Reise bedeutete, die viele von ihnen in ihrem Leben höchstens einmal unternahmen. Anfang der Neunziger waren Autos in diesen Dörfern alles andere als selbstverständlich. In Ions Heim wusste man, dass das Paar, das man für ihn ausgesucht hatte, auf keinen Fall ein Roma-Kind wollte, deswegen erfand man die Geschichte von deutschen Eltern aus Siebenbürgen, die im Widerstand gegen Ceaușescu hingerichtet worden seien. Das Pärchen stammte aus Süddeutschland und sie wollten so gerne ein Kind, dass sie zahlten und nicht weiter nachfragten. Sie machten aus Ion Jan. Jan entwickelte sich zu einem auffälligen Kind, in jeder Hinsicht. Der Junge hatte ein wahnsinnig ausgeprägtes Gerechtigkeitsempfinden und kein Kind in seinem Alter war derart fürsorglich Gleichaltrigen gegenüber wie er. Außerdem wuchs und gedieh er prächtig. Was ins Auge stach, war sein Aussehen. Für einen Roma war er groß, aber man sah ihm seine Abstammung an und er wurde deswegen, trotz all seiner Bemühungen dazuzugehören, oft ausgegrenzt. Bereits im Kindergarten wurde den Eltern klar, dass es da noch etwas anderes gab als sein Aussehen. Jan fühlte sich nicht wie ein Junge. Er war stark und sportlich, er konnte bereits in frühen Jahren seine Bewegungsabläufe so gut koordinieren, dass eine Karriere als Sportler nicht unwahrscheinlich erschien. Jan gab sich immer bei allem Mühe, aber er hatte viel mehr Lust, mit den Mädchen zusammen Puppen an- und auszuziehen und Familie zu spielen als einem Ball hinterherzujagen. Es entstanden Konflikte, denen die Pflegeeltern nicht gewachsen waren.

Sie gaben ihn schließlich in einem Kinderheim ab, wo man ihm erzählte, sie seien bei einem Verkehrsunfall gestorben. Er war zu alt und zu clever, um nicht zu begreifen, dass seine Pflegeeltern ihn nicht mehr haben wollten und man sich diese Geschichte nur ausgedacht hatte, um ihn zu schonen. Weil sie aber letztendlich weniger schmerzhaft war, als nicht gewollt zu sein, erzählte er sie so oft, dass er sie sich schließlich fast selbst glaubte.

Im Heim führte man sein »Anderssein« darauf zurück, dass der Junge traumatisiert sei, weil niemand ihn zu sich nehmen wollte. Man förderte seine sportliche Seite und unterdrückte die feminine. Jan empfand das als richtig und gleichzeitig als falsch. Wer war er schon, um die Meinung von Menschen, die sich auskannten und sich um ihn kümmerten, in Frage zu stellen? Auf der anderen Seite kam immer mehr das an die Oberfläche, was er wirklich fühlte: ein Mädchen zu sein, das leider im Körper eines Sportlers feststeckte. Sein Körper veränderte sich, je älter er wurde. Er legte an Muskelmasse zu, entwickelte aber keinen Bartwuchs und kaum Körperbehaarung. Er war der einzige Zehnkämpfer im Juniorenbereich mit Haaren bis zum Hintern, der Stunden damit verbringen konnte, sie zu Zöpfen zu flechten. Er gewann die meisten Wettkämpfe, wurde vom deutschen Leichtathletik-Verband gefördert und begann nebenbei, weil es sich wegen seiner Größe anbot, Handball zu spielen. Der perfekte Rückraumspieler. Mit sechzehn war er ausgewachsen, kurz davor, bei der Junioren-EM im Zehnkampf anzutreten, und hatte Angebote zweier Handballbundesligisten vorliegen. Er wechselte das Heim und zog aus Bayern nach Schleswig-Holstein, ganz in die Nähe von Hamburg. Aber anstatt sich über seine Erfolge und Perspektiven zu freuen, wurde er depressiv. Er konnte sich nicht mehr fühlen. Kurz bevor seine Erfolgsgeschichte so richtig losging, zerschlug er sie wie Porzellan bei einem Polterabend. Im neuen Heim lernte er ein Mädchen kennen, die ebenfalls fast ihr gesamtes Leben in Heimen verbracht hatte. Ein Mädchen, bei dem sich alle unsicher waren: Entweder stürzte sie sehr tief oder kletterte ganz hoch. Die beiden begannen, sich aneinander zu binden, und anstatt zur Europameisterschaft zu fahren oder einen Vertrag beim THW Kiel zu unterschreiben, verschwand Jan zur gleichen Zeit, als das Mädchen achtzehn geworden war. Man hatte immer den Verdacht, dass sie etwas mit seinem Verschwinden zu tun hatte, aber es fehlte irgendwie der Antrieb, sich weiter darum zu kümmern. Er hatte seine Chance gehabt, er hatte sie versemmelt, bald wäre er sowieso volljährig.

Fünf Jahre später stand dann Shanya vor der neuen Heimleitung und forderte Jans Papiere. Die Heimleiterin sah sich mit einer großen, zwar maskulin aussehenden, aber sehr attraktiven Frau konfrontiert, der ersten transidenten Person in ihrem Leben. Dazu mit einer, die genau wusste, was sie wollte. Sie wollte Kinder zur Welt bringen und da das trotz ihrer Operation und der entsprechenden Hormonbehandlung nicht möglich war, wollte sie Hebamme werden. Die neue Heimleiterin führte ein langes, interessiertes Gespräch mit Shanya, hatte viele Fragen und half ihr dabei, aus einer illegalen Person wieder Jan zu machen, der dann offiziell, wenn auch unter vielen Auflagen, Shanya wurde, die eine Ausbildung in Kombination mit einem Studium zur Hebamme absolvierte.

16

Als Nick so alt wie Hope war, war ein Handy noch etwas Besonderes. Wenn man die Mobiltelefone seiner Kindheit mit denen von heute verglich, war das, als ob man sich damals eine Telefonzelle in die Tasche gesteckt hätte. Und was man seinerzeit damit machen konnte war: telefonieren und Kurznachrichten schreiben, aber ohne Tastatur. Um einen Buchstaben auszuwählen, musste man eine bestimmte Taste so oft drücken, dass man dann ein S oder ein B oder was auch immer erhielt. Es dauerte ewig und warf Fragen auf wie: Was ist dir wichtiger? Mittagspause machen oder eine SMS schreiben? Jemands Handynummer zu haben war noch etwas Besonderes. Dass man irgendwann nicht mehr nur ein Telefon, sondern einen mobilen Computer, einen exzellenten Fotoapparat und eine hochfunktionale Kamera mit sich herumtragen würde, damit war damals nicht zu rechnen gewesen. Sein Vater hatte eine VHS-Kamera gekauft, die man in einem Koffer mitschleppen musste; irgendwo in dem Container könnten auch noch die alten Filme herumliegen.

Heute war es einfacher.

Wenn Hope etwas zum ersten Mal tat, musste er nur sein Handy rausholen und konnte alles fotografieren und filmen.

Der Maxi-Cosi hatte ausgedient, eine Babywippe, ein Geschenk von Lea ohne h mit Haar, war ebenfalls ausgemustert worden. Hope schlief immer noch neben ihm im Bett, aber im Wohnzimmer oder in der Küche lag sie auf einer Decke und rollte sich hin und her, manchmal sah sie aus wie eine Robbe, die Schwung holen musste, manchmal so, als ob sie nie etwas anderes getan hätte als zu rollen. Man konnte sie keine zwanzig Sekunden mehr unbeobachtet lassen. Beim Kochen hatte er sie neulich etwas länger liegen lassen und sie war weg gewesen. Er hatte einen Mordsschreck bekommen, ein Geschmack von Bittermandel hatte sich in seinem Mund ausgebreitet, als er gesehen hatte, dass die Balkontür offen stand. Schnell war er rausgelaufen und war beruhigt. Er hatte alles babysicher gemacht, sie hätte, selbst wenn sie auf den Balkon gerollt wäre, niemals runterfallen können. Hans Albers hatte sie gefunden. Sie hatte sich in die andere Richtung bewegt und war unter das Küchenbuffet gerollt, wo sie friedlich und freundlich an einer Wollmaus knabberte.

Nick war dreißig geworden. Das was er sich in früheren Jahren als rauschendes Fest vorgestellt hatte, er als Jubilar, ein erfolgreicher Mensch mit vielen Freunden und Bekannten, eventuell mit Frau und Kindern, war anders gelaufen als geplant. Er hatte seinen Geburtstag vergessen. Er war derart mit der Bewältigung seines Tagesablaufes beschäftigt, dass er, als Shanya ihm abends eine Blume und eine Flasche Wein überreichte und Happy Birthday anstimmte, zuerst gar nicht verstand, dass sie für ihn sang. Kurz hatte er sich so richtig scheiße gefühlt, so wie ein 29. Februar, der auch nur selten beachtet wird, aber dann hatte Hope geschrien und der Geburtstag war eh vergessen. Am nächsten Morgen hatte er die Blume ins Wasser gestellt, da war es aber schon zu spät. Seitdem erinnerte er sich jeden Tag daran, dass da mal etwas war, wenn er an der verwelkten Blume vorbeiging, die immer noch dort stand. Hopes Geschenk war, dass sie sich schlagartig mit ihrer Situation als Baby abgefunden zu haben schien und eine deutlich entspanntere Phase begann:

Der Sommer.

Der erste Sommer ihres gemeinsamen Lebens.

Sie hatte Windelgröße drei erreicht.

Auch wenn sie ihn immer noch all seine Zeit kostete, liebte er es zu beobachten, wie sie täglich, manchmal sogar gefühlt stündlich, Neues dazulernte. Sie konnte inzwischen ihren Kopf alleine halten und in einem Hochstuhl sitzen. Sie konnte sich aus der Bauchlage heraus auf den Rücken drehen, den Oberkörper heben und die Arme durchdrücken, als würde sie Liegestützen versuchen.

Sie konnte gezielt Dinge mit der Hand greifen und zum Mund führen. Beziehungsweise wieder loslassen oder – viel schlimmer – runterschlucken. Sie versuchte nach allem zu greifen, was sie in die Finger bekommen konnte. Am liebsten Haare. Sie hatte eigene Spielsachen, wie zum Beispiel Fühlbilderbücher, Quietschtiere, diverse Spielzeuge aus Holz oder Stoff, Hauptsache man konnte sie ablutschen. Was sie aber auch mit Vorliebe mit den Spielsachen von Hans Albers tat und was Nick immer wieder zu unterbinden versuchte. Er verstand sowieso nicht, warum Hans Albers, in seinem Alter, mit seinen wenigen Zähnen, noch Freude an diesen Kaudingern hatte.

Spiele die Hope gerne spielte:

»Hoppe Hoppe Reiter«, »Wo liegt Hans Albers« oder das »Fliegerspiel«.

Ihre Milchlieferungen waren letzten Monat ausgelaufen, jetzt mischte er selber, sie aß aber auch schon mit großem Genuss Babybrei. Es war ihm immer ein Vergnügen, wenn er ein neues Glas mit einem neuen Brei, mit einem neuen Geschmack, gekauft hatte und ihr zum Probieren gab. Die großen Augen, der weit geöffnete Mund, die Neugier auf alles. Er selbst hätte jeden Abend das Gleiche essen können und als Nachtisch, nach seiner Pizza, mussten oft die Reste aus Hopes Obstbreigläsern herhalten.

Immer wenn eine der Nachbarinnen kam, brachte sie dem Waisenkind eine kleine Aufmerksamkeit mit, die Nick wieder an die dumme Geschichte erinnerte, die er ihnen aufgetischt hatte.

Und dann ging der Sommer der Freude in den Herbst des Ernstes über.

Nick hatte sich den ganzen Sommer über hartnäckig geweigert, seinen Kontostand anzuschauen, Briefe zu öffnen, von denen er ahnte, dass etwas drinstehen würde, was ihm nicht gefallen könnte, und manche E-Mails löschte er direkt. Das fiel ihm im Herbst auf die Füße. Ein erstes Anzeichen für einen ernsthaften Kontoleerstand war, dass ihm im

Supermarkt eine Zahlung mit EC-Karte verweigert wurde. Ein zweites, dass der Automat nichts mehr ausspuckte. Als es am nächsten Tag aber dann doch wieder funktionierte, führte er das auf ein Systemversagen bei der Bank oder eine russische Cyberattacke oder irgendwas zurück, mit dem er nichts zu tun hatte. Hatte er aber doch, er hatte bei seinem zweiten Versuch nur das Glück, das inzwischen das Elterngeld überwiesen worden war. Aber mit fünfhundertzwanzig Euro kam man auch nicht besonders weit.

Mindestens vier der ungeöffneten Briefe hatte er von der Hausverwaltung bekommen. Er hatte selbst dafür gestimmt, dass im Treppenhaus alle Kabel erneuert und im Zuge dieser Arbeiten auch gleich die Wände neu verputzt und gestrichen würden. Die Hausverwaltung hatte daraufhin festgestellt, dass das Geld aus den Einlagen der Eigentümer nicht reichte und jede Partei eine Zahlung von fast zehntausend Euro zu leisten hatte. Der zweite Brief war eine freundliche Erinnerung, der dritte eine unfreundliche und der vierte ein postalischer Anschiss. Nick war nicht dumm. Er hätte sich ausrechnen können, dass sein Geld spätestens im Herbst aufgebraucht war und dass er sich irgendetwas einfallen lassen musste, um sein Leben finanziell auf solide Beine zu stellen. Sein letzter Job war der in der Bar gewesen. Und diese Tür war zu. Er hatte sie geschlossen. Nachtleben und Baby passte nicht gut zusammen. Und den Job davor, den in der Agentur, hatte er sich ebenfalls selbst versaut. Doch wenn er daran dachte, wie und warum er ihn verloren hatte, wurde ihm ganz warm ums Herz.

Als seine Karte im Supermarkt versagte, hatte ihm sein Nachbar, der alte Herr Gudmundson, mit einem Fünfzig-Euro-Schein ausgeholfen.

Nick hatte auf einer Website für Eltern nachgelesen, was alleinerziehenden Vätern an staatlicher Unterstützung zustand. Er hatte bislang noch kein Kindergeld beantragt, das wären noch einmal zwischen zweihundertfünfzig und zweihundertneunzig Euro, das Elterngeld würde noch sechs Monate weitergezahlt werden. Beides zusammen waren aber noch keine achthundert Euro und er brauchte mehr. Eine Variante wäre, Bürgergeld zu beantragen, aber bevor er das bekam, würde man an seine Eltern herantreten, ihm die Wohnung wegnehmen oder die Mutter des Kindes kontaktieren, das Jugendamt einschalten und wer weiß was unternehmen, um ihm die Beantragung so madig wie möglich zu machen. Natürlich wäre eine Möglichkeit, die Wohnung zu verkaufen, aber die Zinsen stiegen gerade wieder, sodass die Leute momentan nicht gerne kauften und er einen Verlust einfahren würde. Das Beste wäre, Kontakt mit der Bank aufzunehmen und sich dazu noch einen babyfreundlichen Job zu suchen. Er würde ja wohl in der Lage sein, seine Tochter zu ernähren und ihr ein Dach über dem Kopf zu bieten. Oder etwa nicht? Nick begann sich Gedanken darüber zu machen, was passieren würde, wenn er bei allem versagte. Oder krank werden würde? Oder sterben? Was, wenn der Krebs wiederkäme? Man hatte ihm gesagt, dass die Wahrscheinlichkeit nicht höher sei als bei jedem anderen, aber jeder, der schon einmal eine Chemotherapie gemacht hat, weiß, dass man Prognosen danach misstrauisch gegenübersteht. Was würde aus Hope werden? Wer würde sich um sie kümmern? Das waren Momente, in denen er seine gesamte Lebensplanung in Frage stellte, Momente, in denen er nackte Angst empfand, kalte Krallen, die sich in warmes Fleisch bohrten. Die Jahre zwischen fünfundzwanzig und vierzig sollten ja die produktivsten sein. Aber entsprach das wirklich seiner Idee vom Leben? Einen Beruf wie einen Job auszuüben, der einen zwar finanzierte, aber nicht glücklich machte. Er hatte, obwohl seine Eltern sich nie beklagten, gesehen, dass dieses Prinzip insofern funktionierte, als es ein System am Laufen hielt, aber war das der Sinn eines Lebens? Er hatte immer darauf gehofft, dass es den Moment geben würde, in dem einem, wie der Heilige Geist, eine Eingebung kam und man wusste, was die eigene Berufung war. Er verlor sich in solchen Stunden in Gedanken, in denen ihm oft Worte wie »Versager« und »Nichtsnutz« durch den Kopf gingen, doch dann schaffte er es, sich wieder zu fangen, meist reichte ein Blick auf Hope und er fasste wieder Mut.

Wir beide gegen alle!

Du bist mein Job!

Wenn Nick seine Mütze absetzte, sahen seine Haare nicht mehr wie Haare aus, sondern als hätte man ihm Babyaale auf die Kopfhaut implantiert. Zu allem Unglück hatte Hope ihm aus Versehen einen Zahn ausgeschlagen. Vor Freude. Als er sie das erste Mal mit Blick nach vorne im BabyBjörn getragen hatte, wackelte sie begeistert mit dem Kopf und verpasste ihm dabei eine Kopfnuss in die Schneidezähne.

Vor einem Termin in der Bank hatte Nick sich daran gemacht, seine Post zu öffnen und E-Mails zu lesen und seine Situation hatte sich als noch beschissener herausgestellt, als er geahnt hatte. Da war nicht nur das Hausgeld, das die Bank ihm auf eine mögliche Hypothek vorgestreckt hatte, sondern sie hatte, als echter und verlässlicher Partner, seinen Dispokredit mehrmals erhöht, sodass sein Konto bei minus dreizehntausendfünfhundert Euro stand.

Der echte und verlässliche Partner entpuppte sich dann aber als Januskopf.

Dass sein Bankberater ihn wegen der Mütze und dem halben Zahn ziemlich schief angesehen hatte, war für Nick nicht sonderlich verwunderlich gewesen, er rechnete ihm aber hoch an, dass er keine blöde Bemerkung dazu machte. Ebenfalls nicht zu dem Baby, das in seiner Tragetasche vor dem Schreibtisch baumelte, wie ein Känguru, das sich an einen Tisch gesetzt hatte. Nach ein paar der üblichen Babyfloskeln redeten die beiden dann über das Thema Hypothek …

»Eigentlich wäre das kein Problem …«, sagte sein Bankberater.

»Höre ich da ein aber…«, antwortete Nick so jovial, wie er es in Kindertagen oft in der Agentur Jens Przybilsky gehört hatte.

»Ja, leider.«

»Warum leider?«

»Leider, weil mir da die Hände gebunden sind.«

»Und warum?«

»Das Problem ist, dass Sie Ihre Eigentumswohnung bei uns mit einem Kredit finanzieren.«

Das stimmte zwar, aber nur halb. Der gleiche Bankberater, mit dem er gerade sprach, hatte ihm dazu geraten. Nick hatte nicht wirklich zugehört und die entsprechenden Papiere einfach unterschrieben.

»Ja, aber da geht es doch nur um eine geringe Restsumme. Den größten Teil habe ich von meiner Erbschaft bezahlt.«

»Erbschaft?«

Richtig, es war ja keine Erbschaft, es hatte sich um eine Schenkung gehandelt.

»Ich meine das Geld von meinen Eltern.«

Der Bankberater seufzte tief.

»Haben Sie mit jemandem vom Finanzamt gesprochen?«

»Ja!«

Auch das war gelogen.

»Dann sind Sie ja über die Schenkungsteuer informiert.«

»Was soll das bedeuten? Warum eine Schenkungssteuer? Der Betrag war doch unter fünfhunderttausend?«

Der Bankberater seufzte.

»Richtig. Das war er. Aber der Wert der Wohnung ist so schnell gestiegen, dass diese Summe jetzt nicht mehr gilt.«

So viel war seine Wohnung wert? Wow, das hatte er nicht geahnt. Das würde alle Sorgen von ihm nehmen.

»Dann kann ich doch eine Hypothek aufnehmen, weil ich sie jederzeit mit Gewinn verkaufen könnte?«

»Jein«, antwortete der Bankberater, »aber durch den Krieg in der Ukraine, die verschärfte Energielage und diverse andere Umstände hat der Leitzins sich erhöht, Investitionen in Immobilien sind unerfreulicher geworden und die Werte derselben deswegen gesunken.«

»Auch gut, dann ist meine Wohnung also jetzt weniger wert und ich brauche keine Schenkungssteuer zu bezahlen.«

»Das ist grundsätzlich richtig, aber vor zwei Jahren hätten Sie sie bezahlen müssen.«

Nick lachte ein Jens-Przybilsky-Lachen.

»Wen interessiert denn der Scheiß von vor zwei Jahren?«

»Das Finanzamt!«

Das war jetzt ein Moment, in dem Nick ernsthaft bereute, seine Post nicht öfter geöffnet und auch gelesen zu haben.

»Das ist doch Schwachsinn!«

»Das müssen Sie mir nicht sagen. Ich würde Ihnen raten, sich tatsächlich mit dem zuständigen Sachbearbeiter beim Finanzamt zusammenzusetzen. Dann können Sie....«

Nick hatte genug von dem Gespräch.

»Natürlich. Danke. Das werde ich machen. Lassen Sie uns aber bitte noch kurz über eine Hypothek reden.«

Das folgende Gespräch fiel dann auch wirklich kurz aus. Er bekam die Hypothek, aber nur, wie der Berater sagte »mit großen Kopf- und Bauchschmerzen«, da er sowohl eine offene Forderung vom Finanzamt als auch die letzten zwei Raten seines Kredites bei der Bank nicht bezahlt hatte. Sollte er eine dritte auslassen, würde die Bank *leider* die komplette Restsumme verlangen müssen. Nick begriff langsam, dass das ganz im Sinne der Bank war, weil auf diese, wenn er nicht zahlen könnte, das Eigentum an der Wohnung überginge.

Warum sollten sie ihn also vor dem Ertrinken retten, wenn es ihnen nützte, dass er *leider* ersoff?

Gnädig und aus alter Freundschaft hatte ihm der Bankberater den Dispo noch einmal um tausend Euro erhöht. Zu einem Zinssatz von 14,5 Prozent.

Es half alles nichts. Nick brauchte einen Job. Aber was? Aber wo? Aber wie? Und vor allem: Wann?

17

Nick hatte einen Tipp bekommen, sich beworben und einen Tag später auf den Weg zum Vorstellungsgespräch gemacht.

An der Tür des Schulungsraums war ein Schild angebracht auf dem »Powered by *Founders* (Team Ratzinger)« stand. Die geniale Idee des Callcenters 4U: Dieselben Personen kümmerten sich in einem Raum um verschiedene Anliegen unterschiedlicher Firmen, teilweise sogar Behörden. Ein Irrglaube, dem viele Menschen, die ihre Beschwerden bei Hotlines vortrugen, grundsätzlich erlagen, war, dass ihnen geholfen würde. Darum ging es nicht. Das Ziel der Hotliner war immer, die Anrufer zu vertrösten und ihnen das Gefühl zu geben, man würde sich um sie kümmern. Der Schulungsraum von 4U lag im Souterrain und war so trist, dass, wenn man hier die anonymen Alkoholiker untergebracht hätte, diese sich den Raum hätten erträglich saufen müssen. Möbel, Computer, Headsets, alles war extrem abgenutzt. Nichts funktionierte, aber das müsste es auch nicht, wie Hakim, der Schulungsleiter, erklärte.

Es gab fünfzehn Plätze, die fast alle schon besetzt waren, als Nick etwas zu spät kam, weil Hope einen der Tage hatte, an denen ihr nichts gefiel. Nicht auf dem Schoß sitzen, nicht auf ihrem Stuhl sitzen, nicht essen wollen, nicht trinken wollen, nichts anziehen wollen, dann doch essen und trinken wollen, aber nicht das anziehen, was er ihr anziehen wollte. Nick hatte es trotzdem versucht und festgestellt, dass der Vorbesitzer der im Second Hand Shop gekauften Hose diese mit einer Sicherheitsnadel geflickt hatte und die Nadel der Grund für Hopes daraufhin verständliche Wut gewesen war. Er hatte sie beruhigt, sie hatten gekuschelt, er hatte ihr ein Pflaster auf ihr kleines Beinchen geklebt, hatte sie umgeschnallt und dann das Auto nicht gefunden und war mit der Bahn gekommen. In der Bahn hatte er die Tasche mit Windeln und der Kuscheldecke, auf der sie herumrollen und krabbeln konnte, verloren. Als er sich auf den letzten freien Platz setzte, begann direkt eine Diskussion, die er nicht verstand, weil sie in einer anderen Sprache geführt wurde. Er hörte aber die Worte »Baby« und »Kindergarten« und ging davon aus, dass viele andere ähnliche Probleme hatten wie er, aber offenbar irgendwelche Betreuungsmöglichkeiten gefunden hatten. Oder sie hatten Angst, durch das Baby gestört zu werden? Eine durchaus berechtigte Furcht, den Hope war, genauso wie er, nicht an einen Arbeitsalltag gewöhnt. Als er sich genauer umsah, stellte er fest, dass er der einzige Mann unter den Teilnehmern war. Die meisten waren junge, südländisch aussehende Frauen. Er tippte auf Syrien, Marokko, Algerien, Iran, plus einige Osteuropäerinnen. Die deutsche Fraktion, ebenfalls ausschließlich weiblich, war älter, er tippte auf durchschnittlich eher Ende dreißig. Keine von ihnen sah so aus, wie er sich Callcentermitarbeiterinnen vorgestellt hatte. Die Nichteuropäerinnen tendierten zu Kopftüchern und körperverhüllenden Kleidern. Die deutschen Frauen sahen eher aus, als würden sie in Agenturen arbeiten oder gleich auf einen Elternabend gehen.

Der Schulungsleiter hieß Hakim, ein wirklich gut aussehender Mann, der sich als Marokkaner vorstellte. Seine erste Frage ging an Nick:

»Hasst du Baby?«

Nick verstand die Frage nicht und sie schien ihm auch unangebracht. Warum sollte er sein Baby hassen?

»Nein, gar nicht!«

Hakim hingegen verstand Nicks Antwort zuerst auch nicht.

»Doch, hasst du Baby, sehe ich doch!«

Als Nick klar wurde, was Hakim meinte, fand er die Frage immer noch komisch, denn jeder konnte ja deutlich sehen, dass er ein Baby hatte.

»Kannst du rausbringen?«

Die Fenster des Raumes befanden sich, wenn man stand, ungefähr auf Brusthöhe. Hakim deutete auf einen Platz vor einem der Fenster, wo mehrere Fahrräder in einem Ständer abgestellt waren, direkt neben einem überdimensionalen Aschenbecher.

»Äh, nein!«

Hakim schien das zu verstehen und übersetzte es für die anderen, die ebenfalls einverstanden schienen, dass er Hope nicht draußen zwischen Rädern und Aschenbecher unterbringen wollte.

»Iss gut«, sagte Hakim und ging nach vorne zu seinem Platz, einem Stuhl vor einem Einzeltisch, der an den eines Lehrers in einer Schule oder den Antreiber im Ruderraum einer Sklavengaleere erinnerte.

»Wie dein Name?«

»Nikolaus Przybilsky.«

Hakim suchte seine Liste ab.

»Du nicht hier.«

Nick, der sich sicher war, hier zu sein, schüttelte verständnislos den Kopf.

»Schauen Sie bitte noch einmal?«

Hakim hielt sich die Liste näher vor sein Gesicht, als würde Nicks Name auftauchen, je größer die Buchstaben wurden.

»Nicht hier.«

»Darf ich mal schauen?«, fragte Nick.

»Klar.«

Er stand auf, warf einen Blick auf die Liste und fand sich selbst als Frau Nicki Przybilsky. Er zeigte drauf.

»Hier.«

Hakim sah ihn verstört an.

»Du nicht Frau!«

Einige der anwesenden Frauen kicherten. Nick sah sich um. Sie hatten sich sauber verteilt. Auf der einen Seite Europa, auf der anderen Asien und Nordafrika.

»Nein«, sagte er, »da muss sich jemand vertan haben.«

Hakim nickte, warf einen Blick auf Hope und beschloss dann wohl, dass ein Mann mit einem Baby genug Frau war, um bleiben zu dürfen.

»Gut, du bleiben.«

Er sah noch einmal auf seine Liste.

»Wie spricht man Nachname aus?«

Nick wiederholte, ohne darüber nachzudenken, das, was Jens Przybilsky mehrmals am Tag am Telefon gesagt hatte.

»Wie man es schreibt!«

»Nein! Spricht man aus: Schmitt!«

Hakim nickte bekräftigend und wiederholte noch einmal.

»Schmitt!«

Dann sah er alle anderen der Reihe nach an.

»Ihr alle Schmitt!«

Er zeigte auf eine junge Frau in der ersten Reihe.

»Name?«

»Ayse.«

»Ayse wie?«

»Yilderim.«

Hakim warf ihr einen strengen Blick zu.

»Wie?«

»Ayse Schmitt!«

»Gut, du?« Er zeigte auf die nächste Frau, eine dickliche Mittdreißigerin.

»Hatice … Schmitt.«

»Gut, nächste?«

Nach und nach stellten sich dann Fatima, Güner, Züleyha, Bahar, Irina, Kalinka, Raissa und die restlichen Frauen auf der einen Seite jeweils als Schmitt vor. Den deutschen Frauen schien das unangenehmer, sie zierten sich mehr, taten es aber dann doch.

»Weißt du«, sagte Hakim zu Nick, »deutsche Kunde mag nicht Namen wie Yilderim, mag Schmitt.«

Schon klar, dachte Nick, aber würde er nicht spätestens nach dem ersten Wortwechsel merken, dass er mit keiner Frau Schmitt sprach?

»Nicki Schmitt«, sagte Hakim, »kommst du hier!«

Nick musste aufstehen und sich an Hakims Platz setzen.

»Nimmst du Headset!«

Nick nahm das ihm gereichte Headset, setzte es auf, konnte aber nichts hören. Er nahm es wieder ab und suchte nach einem Gerät, das er anschalten konnte, aber das Kabel des Headsets baumelte in der Luft.

»Wo gehört das rein?«

»Nix rein«, sagte Hakim, »Simulation.«

Es stellte sich dann raus, dass weder die Computer noch die Telefone oder Headsets an irgendwas angeschlossen waren, sondern man zu Schulungszwecken nur so tat, als wären sie es.

»Ich mache Telefon, du gehen ran«, sagte Hakim und simulierte auch schon ein Klingeln.

»Ring, ring, ring, ring!«

Nick, der sich reichlich blöd und irgendwie verarscht vorkam, tat dann aber doch so, als würde er ans Telefon gehen.

»Przybilsky!«

Hakim unterbrach ihn sofort.

»Hä?«

»Äh …, Schmitt?«

Hakim klopfte ihm anerkennend auf die Schulter.

»Äh, was kann ich für Sie tun?«

»Määääääh!«

Hakim imitierte jetzt das Geräusch eines Buzzers aus einer Quizshow und unterbrach.

»Nix gleich fragen, was Kunde will. Erst fragen, ob schlechte Verbindung.«

»Warum?«

»Wenn Gespräch nicht gut, du kannst Kunde wegmachen und er glaubt, Verbindung schuld.«

In diesem Moment wurde Nick einiges klar. Wie oft war die Verbindung plötzlich unterbrochen, wenn er mit Hotlines telefonierte.

Die Schulung dauerte den ganzen Vormittag und es gab nur eine Pause.

Ohne darüber nachzudenken gesellte er sich auf dem Hof zu den deutschen Frauen. Keine war besonders gesprächig. Er erfuhr von Heike, dass sie eigentlich Journalistin war, aber momentan nicht von ihren Aufträgen leben konnte. Susanne ging es ähnlich, allerdings hatte sie mit ihrem Mann eine Eventagentur, die bis zur Pandemie ganz gut Geld eingebracht hatte, jetzt war sie jedoch froh, einen Nebenjob zu bekommen. Nick hatte den Eindruck, dass sie nicht gerne mit ihm redete, dass ihr die ganze Situation unangenehm war. Bei den Ost- und Nichteuropäerinnen war die Stimmung viel gelöster. Es wurde sogar gelacht. Alle schienen zufrieden damit, wie die Schulung bislang gelaufen war. Eine der Frauen, Hatice, hatte eine Schüssel mit Gebäck mitgebracht und auch er bekam etwas ab. Er registrierte noch einen weiteren Unterschied: Heike und Susanne rauchten diese halben Zigaretten, die man in Geräte reinsteckte, die keinen Rauch entwickelten, und sahen damit unzufrieden aus. Auf der anderen Seite rauchten Bahar und Hatice richtige Zigaretten und zogen daran wie Schülerinnen, die nicht von ihren Lehrern erwischt werden wollten. Hätte er beide Gruppen danach gefragt, warum sie hier waren, hätte er zwei verschiedene Antworten bekommen, die letztendlich aber auf das Gleiche hinausliefen.

»Die Rente reicht sonst nicht!«

»Das Geld reicht sonst nicht!«

In der zweiten Hälfte der Schulung wurde Hope unruhig und unternehmungslustig. Als Bahar sah, dass Nick keine Decke dabeihatte, um Hope abzulegen, suchte sie ein Tuch aus ihrer überdimensional großen Tasche und reichte es Nick. Hope schien das falsch zu verstehen und wollte auf Bahars Arm. Die vergewisserte sich, ob Nick das recht war und übernahm dann Hope. Und als Hope Bahars Ohren, Zähne und Nase ausführlich untersucht hatte, wechselte sie zu Irina aus Georgien. Irina trug dummerweise ein Perlenarmband und kurz nachdem Hope es in die Finger bekommen hatte, gab es nur noch einen Arm, ein Band und Perlen. Die dafür schon bald über den ganzen Boden verteilt waren; um alle aufsammeln lassen zu können, schob Hakim eine weitere kurze Pause ein, in der Bahar eine rauchen ging und Nick sich ihr anschloss und ihr nichtrauchend Gesellschaft leistete.

Im Laufe des Tages begriff Nick, wie die Hotline funktionierte. Der eingehende Anruf wurde identifiziert und auf dem Bild des Monitors sah man, welche Hotline der jeweilige Anrufer gewählt hatte, und konnte dementsprechend ein Dokument öffnen, das einen möglichen Gesprächsverlauf, so gut es ging, festlegte. Die Anrufer konnten Personen sein, die kaputte oder nie angekommene Elektrogeräte monierten, sie konnten sich darüber beschweren, dass ihre Anliegen bei den Behörden der Stadt verschimmelten und nicht bearbeitet wurden, sie konnten sich aber auch über Telefontarife oder Abonnements für Streamingdienste beklagen. Das Ziel der Hotliner war immer das Gleiche: Die Anruferinnen so gut es ging zu beruhigen, sie hinzuhalten und sie dazu zu bringen, ihr Anliegen schriftlich einzureichen. Was danach kam, das wusste auch Hakim nicht.

Am Ende der Schulung, am frühen Nachmittag, war Hope auf fast jedem Schoß gesessen und Nick rauchte der Kopf. Hakim schien sehr zufrieden und versprach allen, dass sie jetzt eingestellt und ein Teil der 4U-Familie seien. Arbeitsverträge würden digital folgen. Mindestlohn, klar.

Als alle gingen, nahm er Nick am Arm und zog ihn an seinen Tisch.

»Du machst Office!«

Nick, der darauf gehofft hatte, dass er, wie versprochen, einen halben Tag im Office sein würde und die restlichen drei halben Tage Homeoffice machen könnte, war nicht einverstanden.

»Warum?« Er zeigte auf Hope. »Ich habe ein Kind.«
Hakim lachte.

»Andere haben auch Kind. Viele Kinder.«

»Und warum dürfen sie Homeoffice machen und ich nicht?«

»Ihre Männer wollen sie zu Hause.«

Das verstand Nick nicht und Hakim schob die Erklärung hinterher: »Männer wollen, dass Frau arbeitet, wollen das Geld, wollen Frau aber dabei sehen. Nix weggehen.«

Nick hatte Hakim verblüfft angeschaut, der hatte mit den Schultern gezuckt.

»Is so!«

Nick, der sich unsicher war, wie er viermal die Woche einen halben Tag ins Office gehen könnte, solange er keinen Betreuungsplatz für Hope hatte, hatte eine letzte Frage: »Aber Mindestlohn zahlt ihr wirklich?«

Hakim sah ihn beleidigt an.

»Natürlich …«, dann machte er eine kleine Pause, »nur nicht Überstunden. Du kommst neun, wir zahlen halb zehn, du gehst zwei, wir zahlen halb zwei. Guter Preis. Ehrlich Arbeit. Mindestlohn!«

Nick brauchte den Job dringend. Also gab er Hakim die Hand drauf und dachte dabei an die Hypothek und den Dispo.

»Tschüss, Hakim.«

»Tschüss, Schmitt.«

Nun hatte er einen Job. Schlechte Bezahlung, schlechte Arbeitszeiten und keine Ahnung, wohin mit Hope. Sie jedes Mal mit ins Office zu nehmen, wäre keine gute Lösung.

18

An einem Abend klingelten die beiden jungen Väter, seine Nachbarn Ben und Paul, bei ihm. Ob er mit auf ein Bier kommen wolle? Nick wollte sehr gerne, er hatte schon länger das Gefühl, dass ihm die Decke auf den Kopf fallen würde. Aber er war pleite, ungewaschen, ihm fehlte ein Zahn und Hope hatte ihr letztes Fläschchen noch nicht bekommen. Außerdem hatten sie doch auch noch nicht getanzt. Er warf einen Blick nach hinten und wusste, dass es keine gute Idee wäre, die beiden zu sich einzuladen, zumal sie auch eher scharf darauf schienen, in eine Kneipe zu gehen. Gott sei Dank war Shanya gerade da und hatte kein Problem damit, bei Hope zu bleiben.

Sie gingen in die Bar, in seine Bar, in der er früher gearbeitet hatte. Sie setzten sich zu Sally an den Tresen. Die nickte ihm zu, als sei er ein Gast wie jeder andere, und Paul und Ben erzählten viel über ihre eigene Elternzeit, die schönsten Augenblicke in ihrem Leben. Schade, dass sie schon vorbei seien. So unbekümmert in den Tag hineinleben und sich um nichts zu kümmern als um ein Baby, das sei wunderbar gewesen. Keine Verantwortung für Etats oder Klienten, einfach nur ein kleines Leben beobachten und auf den Weg bringen. Und auch für die Frauen sei es so entlastend gewesen. Sie waren Mütter geworden, konnten aber trotzdem weiterarbeiten. Natürlich nur in Teilzeit, schlechter bezahlt und auch nicht für lange, denn die Elternzeit der Väter endete ja und dann übernahmen sie wieder und schlüpften in die für sie vorgesehenen Rollen. Äußerst vernünftig, denn die Männer verdienten ja auch mehr. Ungerecht? Klar. Aber was sollte man machen? Es gab nun mal keine Gleichstellung, solange der Staat als Gemeinschaft den Arbeitsmarkt nicht regulierte.

Nick bewunderte die beiden irgendwie. Sie waren Gutverdiener und hatten es trotzdem geschafft, für ihre Kinder da zu sein, ohne auch nur im Ansatz zu verwahrlosen, so wie er. Paul war gekleidet wie ein Anwalt oder Steuerberater nach Dienstschluss. Sauberes Hemd, teure Jeans, neue Sneakers. Ben sah, bis auf seinen Bart, aus wie ein Schüler, der absichtlich nicht darauf achtete, ob seine Klamotten farblich oder vom Stil her zusammenpassten. Sweat-Shirt über Hemd, dazu eine Ballonseidenjacke und weite, aufgekrempelte Hosen. So wie die Generation Z, die versuchte, die Achtziger Jahre zu imitieren. Nick selbst dagegen: Milchflecken auf dem T-Shirt, ein unangenehm süßlicher Geruch, der sich von seinen Achseln her ausbreitete und ihn dazu zwang, sein Bier mit angewinkelten Armen zu trinken, und eine Jeans, die schon so lange nicht gewaschen worden war, dass sie jegliche Spannung verloren hatte. Aber, dachte er, Hope ist ja noch klein. Das wird schon alles so werden, wie die beiden sagen.

Sally stellte ihnen zwei neue Biere auf den Tresen.

Paul sah sie an. »Wir sind drei.«

Sally erwiderte seinen Blick mit ihrem Barschlampenaugenaufschlag, jeder Lidschlag mindestens ein Euro Trinkgeld wert, mit dem sie aber wirkte, als ob man ihr größere Teile des Gehirns entfernt und in die Brüste implantiert hätte, die sie stolz herausstreckte. Nick hörte innerlich, wie die Münzen ins Trinkgeldglas auf dem Tresen fielen. Dann ging sie ein drittes Bier zapfen und Ben gaffte ihr nach.

Paul telefonierte mit einem Klienten und äußerte dabei den Satz »Da haben Frauen es besser. Sie trennen sich und verklagen ihre Männer auf Unterhalt«, worüber er sich fast bepisste, bevor er dem Anrufer versprach, dass er sich kümmern würde. Dann legte er auf, krempelte die Ärmel seines blau-weiß karierten Ralph-Lauren-Hemdes hoch und Nick beobachtete ihn dabei. Er kannte das Hemd und er bewunderte es, er hätte es auch gerne gehabt, aber es kostete über zweihundert Euro. Das waren dreißig Mal Schwimmbad, zwölf Mal Zoo, zweihundert Babygläser der Hausmarke des Drogeriemarkts, achtzig Tiefkühlpizzen, ebenfalls Hausmarke, oder fast vier Monatsboxen Windeln mit Ökoengel. Es hatte Zeiten gegeben, da hatte er nicht über so etwas nachdenken müssen. Er hätte gerne den feinen Stoff des Hemdes berührt, konnte sich aber gerade noch bremsen und strich stattdessen über sein braunes ausgeleiertes T-Shirt mit Totenkopf und der Aufschrift: »Weltpokalsiegerbesieger-Retter«. Er hatte es mal auf einem Flohmarkt gekauft.

»Ist was?«, fragte Paul.

»Du hast ein schönes Hemd.«

»Ach«, winkte Paul ab, »das ist doch oll.«

Nick war sich sicher, dass das Hemd, so wie der Stoff glänzte, noch nie gewaschen worden war. Paul warf einen Blick auf Nicks T-Shirt.

»Das finde ich viel cooler. St. Pauli. Da steckt Haltung drin.«

Ben kippte sein Bier runter und grinste.

»Dann tauscht doch!«

Da weder Paul noch Nick angemessen auf seinen Vorschlag reagierten, begann er die Umsetzung seiner Idee zu forcieren und winkte Sally heran.

»Hey, sag mal, sollen die beiden tauschen?«

Sally sah ihn mit hochgezogenen Augenbrauen an.

»Das Hemd von ihm tauschen«, erklärte Ben und zeigte auf Paul.

Betont gelangweilt musterte sie erst Pauls Hemd, dann Nicks T-Shirt und warf ihm einen ganz schnellen Blick zu, den die beiden anderen nicht sahen und der »Willst du das?« bedeutete. Nick nickte ganz leicht und Sally gab ihr Votum ab: »Das T-Shirt ist aber doch viel cooler. Würde ich nicht hergeben.« Paul, der bis dahin wenig Interesse daran gezeigt hatte, sein neues Hemd gegen ein ranziges T-Shirt zu tauschen, das nach Schweiß und Milch und Thunfischpizza der Hausmarke roch, beugte sich zu Sally und sah sie intensiv an und nicht Nick, dem seine Antwort eigentlich galt: »Na, dann tauschen wir.« Recht zügig öffnete er die beiden obersten Knöpfe und zog sich das Hemd über den Kopf. Verstohlen taxierte er, ob Sally ihn beobachtete und auch sah, dass er regelmäßig trainierte. Und genauso verstohlen beobachtete Ben, ob Sally Paul beim Tausch des Oberteils zusah.

Nick, dem das Ganze wirklich unangenehm war, der aber schon gerne das Hemd haben wollte, zog nun ebenfalls sein T-Shirt aus, nahm von Paul dessen Hemd in Empfang und reichte ihm das Rettershirt. »Mit olfaktorischer Stadionatmosphäre«, kommentierte Paul und versuchte seinen leichten Ekel mit Hilfe einer weiteren Runde Schnäpse zu überwinden.

Sally machte an dem Abend einen guten Umsatz. Sie tranken noch mehr Bier und Schnaps, Nick erfuhr, dass Paul sich in zehn Jahren in seiner eigenen Steuerberaterkanzlei sah, in fünf Jahren würde er Seniorpartner in seiner jetzigen sein und bis dahin wollte er noch zwei weitere Kinder, möglichst Söhne. Ben hingegen hatte nur noch ein weiteres Kind in Planung, aber ein Haus im Grünen im Sinn, das er gerade günstig angeboten bekommen hatte. Als App-Programmierer könnte er sich ein ganzes Stockwerk zum Büro ausbauen. Er hatte gerade einen Deal für eine Appentwicklung mit einem Reiseveranstalter abgeschlossen, den er nicht mit seinen jetzigen Compagnons zu teilen gedachte. Der Nachteil daran wäre nur, dass er dann immer Homeoffice hätte. Er lachte, Paul stimmte ein. Nick verstand nicht, warum sie lachten. War Homeoffice nicht gut, wenn man Zeit mit seinen Kindern verbringen wollte? Ben redete dann noch ein wenig darüber, dass er gerne für eine Weile nach Israel reisen würde, aber Johanna gar keine Lust dazu hatte. Als Sally das hörte, schien sie das erste Mal an dem Abend daran interessiert, dem Gespräch der Männer zu lauschen.

Was Nick beruflich machte, wollte keiner wissen.

Am Ende des Abends teilten Ben und Paul sich die Rechnung und den Contest, wer mehr Trinkgeld gab, gewann mit fünfunddreißig zu zweiunddreißig Euro knapp Ben. Auf dem neuen Hemd waren zwei Schnäpse und ein paar Käsenachos gelandet und es sah nicht mehr ganz so neu aus wie noch vor ein paar Stunden.

Sally hatte Nick mit einem Augenzwinkern verabschiedet. »Schönes Hemd«, grinste sie, »steht dir besser als dem Idioten.« Dann war ihr Blick ernst geworden. »Aber geh mal zum Zahnarzt und vorher unter die Dusche.«

Shanya war nicht sauer, als er ziemlich betrunken die Wohnung betreten hatte, aber doch so besorgt, dass sie beschloss, die Nacht auf dem Sofa zu verbringen, falls Hope sich noch einmal melden würde. »Nicht zu oft, mein Freund«, sagte sie am nächsten Morgen, nachdem sie Hope das Frühstück zubereitet und das Baby an seinen verkaterten Vater überreicht hatte.

Nick warf einen Blick auf das Hemd und begann zu weinen. Das war kein Tausch gewesen, das war als hätte man einem Penner ein Almosen gegeben. Er war sich sicher, dass die beiden Nachbarn es nicht gewollt hatten, aber er hatte sich noch niemals so degradiert und alleine gefühlt. Shanya tröstete ihn. Schnell wurde klar, dass sie weder Ben noch Paul mochte. Sie seien nicht anders als die meisten Väter.

Die kämen in ihren Geburtsvorbereitungskurs, würden davon erzählen, wie sehr sie sich auf ihre Elternzeit freuten, wie wichtig es sei, eine frühe Verbindung zu ihren Kindern zu schaffen, wie sie die Mütter entlasten würden, und die dann, wenn sie merkten, dass nicht alles immer nur rosa oder hellblau, sondern auch mal blutrot und dunkelgrau war, die Wohnung schneller verließen als Ratten ein sinkendes Schiff. Aus einem halben Jahr würden drei Monate, bei vielen auch nur sechs Wochen. Später würden sie sich selbst und ihre Elternzeit glorifizieren und dabei vergessen, dass sie sich nicht an ihre Versprechen gehalten hatten und sehr schnell in die ihnen vorgegebene Rolle des Versorgers zurückgeschlüpft waren. Laberbacken, hatte sie die beiden genannt. Um dann zu ergänzen: »Lass endlich deinen Zahn machen!«

19

Die Begegnung mit Sally hatte Nick klargemacht, dass er schon sehr lange keinen Sex mehr gehabt hatte. Also schrieb er ihr eine WhatsApp: »Wollen wir uns mal wieder treffen?« Und sie antwortete sofort: »Warum? Willst du ficken? So nicht!« Er verstand das nicht. Auch wenn sie sich schon länger nicht mehr getroffen hatten, hatte doch der Großteil ihrer Beziehung auf Sex beruht, das war doch kein Geheimnis? Und Sally durfte das klar ansprechen und er nicht? Wo war der Unterschied? Er hatte darüber nachgedacht, die Lösung aber nicht gefunden, zumal am nächsten Tag eine WhatsApp von ihr kam. »Um acht bei dir?« Er war sich unsicher, ob sie ihn verarschen wollte, bis sie vor seiner Tür stand.

Sie schubste ihn ins Schlafzimmer und drängte ihn aufs Bett. Nick hatte in den letzten Wochen, wenn er an Sex gedacht hatte, was sehr selten vorkam, weil er meistens zu müde war, immer Leo vor Augen. Ihre Nächte im Hotel, alles, was sie mit ihm und er mit ihr gemacht hatte.

Und so kam es, dass er, nachdem Sally ihn aufs Bett geworfen hatte, einfach dalag, die weiche Matratze im Rücken, ein Kissen im Nacken, einen warmen Menschen im Arm und ... eingeschlafen war.

Viele Frauen wären beleidigt gewesen oder hätten eine Szene gemacht. Sally nicht. Sie ohrfeigte ihn sanft, er wurde wach und entschuldigte sich sofort. Sie wollte aber nichts davon hören. »Schon okay«, sagte sie, »so ist das wohl mit Baby. Du bist nicht die einzige Mutter, die ich kenne ...«

Als Sally sich eine Zigarette anzünden wollte, bat er sie, nicht zu rauchen.

»Ah, klar. Das Baby«, sagte sie.

Früher waren ihm ihre »Nach-dem-Sex-Zigaretten« sehr lieb. Er betrachtete ihren befriedigten Körper gerne und er war immer ein bisschen stolz, dass ausgerechnet er es schaffte, sie zu entspannen.

»Warum bist du doch gekommen?«, fragte er sie. »Gestern klang das eher wie ein Nein.«

»Mir war danach.«

Eine typische Sally-Antwort.

Er legte seinen Kopf auf ihren Rücken, in die Kuhle zwischen Becken und Hüftgelenk, schaute auf die Wölbung ihres Hinterns, inhalierte ihren Sally-Duft und versuchte sich zu erinnern, wie Leo gerochen hatte. Er wusste es nicht mehr. Dachte er viel an Leo? Nein! Die meiste Zeit war er mit Hope beschäftigt. Wäre er glücklicher, wenn Leo in diesem Moment neben ihm gelegen hätte? Nein, dachte er und wusste gleichzeitig, dass es nicht wahr war.

Sally war dann auf den Balkon gegangen und hatte ihre Zigarette dort geraucht. Als sie zurückkam, fuhr sie ihm mit einer Hand durch die Haare, gab ihm einen Kuss auf die Stirn und war weg.

Er schlich sich in Hopes Zimmer, roch an ihr, fühlte, ob sie atmete, ging dann auf den Balkon, zündete sich eine von Sallys Zigaretten an, die sie vergessen hatte, und schaute auf das inzwischen vom Wetter angefressene Plakat von Leo, das immer noch am Haus schräg gegenüber hing und auf dem ihr jemand einen Zahn geschwärzt hatte. Er musste lachen. Ihr fehlte der gleiche Zahn wie ihm. Dann musste er husten, ging wieder rein, wusch sich die Hände, holte die verdutzte Hope aus ihrem Bett in seins, worauf die beiden aneinandergekuschelt einschliefen.

20

In der Woche danach hatte er seine erste Schicht im Callcenter. Mit Hope im Maxi-Cosi auf dem Schreibtisch hatte er in fünf Stunden fünfundsechzig Euro verdient. Danach war er beim Zahnarzt gewesen und hatte nun zwar wieder alle Zähne, aber eine weitere offene Rechnung.

Nick wollte die Wohnung auf keinen Fall verlieren. Es war inzwischen nicht mehr nur seine, sondern auch die von Hope, es war ihrer beider Zuhause. Die Bank saß ihm im Nacken. Was sollte er tun? Zu seinen Eltern konnte und würde er nicht gehen. *No way*. Sie hatten sich schließlich mehr als großzügig gezeigt. Und wenn er mit einem von ihnen sprechen würde, dann müsste er fairerweise auch erwähnen, dass es nicht mehr nur um ihn ging, sondern auch um das Enkelkind, um das er sie bislang betrogen hatte. Es musste einen anderen Weg geben und dieser andere Weg bedeutete: ein anderer Job? Oder mehr Schichten übernehmen? Spätestens im nächsten Sommer würde er Hope in eine Halbtagsbetreuung geben können, was ihm jetzt schon das Herz brach. Bislang waren sie zu zweit gewesen, ein kleines Team, aber natürlich würde er sie irgendwann loslassen müssen. Andere Kinder würden ihr wehtun, sie würde verletzt, vielleicht gemobbt werden, dann würde sie andere Freunde finden und er wäre nicht mehr so wichtig für sie. Nick versuchte, sich zu beruhigen. Es war ja noch ein halbes Jahr bis dahin, aber wie sollte er diese Zeit schaffen, kurz vor der Pleite?

Mit seinem ersten im Callcenter verdienten Geld erklomm er schuldbewusst mit Hope vor der Brust die vier Stockwerke bis zur Wohnung von Herrn Gudmundson und klingelte. Höchste Zeit, ihm endlich den Fünfziger zurückzugeben, den er ihm vor ein paar Wochen im Supermarkt geliehen hatte. Aber nicht Herr Gudmundson öffnete, sondern eine Dame im Alter seiner Mutter.

»Ja?«

Nick stellte sich ihr vor und erfuhr, dass sie die ältere der beiden Töchter von Herrn Gudmundson war.

»Ich müsste mal mit Ihrem Vater sprechen.«

Sie seufzte.

»Mein Vater ist nicht hier.«

»Wann kommt er denn wieder?«

Sie seufzte noch etwas tiefer.

»Ich denke, er kommt gar nicht wieder.«

Sie erzählte Nick, dass der alte Herr gestürzt war, sich ein Bein gebrochen hatte und nun im Krankenhaus lag. Und nach seiner Genesung, die in seinem Alter nicht selbstverständlich und langwierig war, würde er in ein Pflegeheim ziehen, in dem seine beiden Töchter ihm schon ein Appartement gekauft hatten.

»Wollen Sie auf einen Kaffee hereinkommen?«

Nick wollte eigentlich nicht, aber er hatte das Gefühl, es sei richtig, es zu tun. Und so saßen die beiden, nach einem Rundgang durch die Sechs-Zimmer-Maisonette-Wohnung des alten Herrn, in seinem Wohnzimmer und tranken einen »Mokka«, wie seine Tochter sagte. Hope war eingeschlafen und er hatte sie auf dem Sofa, auf einem Wust von Kissen, platziert.

»Mein Vater ist ein störrischer, alter Esel. Er will unbedingt wieder nach Hause, er will unbedingt in *seiner* Stadt bleiben. Meine Schwester und ich wohnen beide in München und da will er auf keinen Fall hin.« Nick, der Herrn Gudmundson immer gut hatte leiden können, empfand wegen dessen Abneigung gegen München fast so etwas wie Liebe für den alten Herrn, auf jeden Fall konnte er ihn gut verstehen. Nachdem Monika, so hieß sie, ihm ihr Herz ausgeschüttet hatte, fragte sie ihn, was denn eigentlich sein Grund für den Besuch sei. Nick wollte gerade sagen, dass er ihrem Vater Geld zurückgeben wollte, als ihm einfiel, dass, wenn er jetzt nichts sagen würde, er eventuell um die Zahlung herumkommen würde. Einen Fuffi haben oder nicht war in seiner Situation eine entscheidende Angelegenheit. Aber allein bei dem Gedanken daran wurde ihm leicht schlecht. Ja, Herr Gudmundson war sehr gut situiert und würde den Fünfziger ohne Probleme verschmerzen können, aber in welches Spiegelbild sollte er morgens schauen, ohne zu kotzen? Nick warf einen Blick auf Hope. Sollte sie mit so einem Vater aufwachsen? Auf keinen Fall. Aber sollte sie in Armut aufwachsen?

Sollte sie irgendwann verstehen müssen, dass ihr Vater nicht in der Lage war, für sie zu sorgen? Dass er hatte staatliche Hilfe beantragen müssen, weil er nichts auf die Kette bekam. Mit einem Gefühl, als würde ein Felsbrocken auf seiner Brust liegen, mit dem Blick in die Tiefe seines moralischen Abgrunds wie von einer felsigen Klippe auf ein tosendes Meer, beschloss Nick Nick zu bleiben.

»Ich wollte Ihrem Vater Geld zurückgeben«, sagte Nick und zückte den braunen Schein.

»Das ist aber sehr lieb.«

Sie nahm das Geld an sich und überlegte einen Augenblick.

»Wollen Sie mir einen Gefallen tun?«, fragte Monika. »Sollte es so kommen, wie ich denke, und mein Vater zieht in das Pflegeheim, würden Sie ihn ab und zu besuchen? Er würde sich bestimmt freuen, wenn Sie und das kleine Mädchen ... wie heißt sie eigentlich?«

»Hope!«

Sie lächelte.

»Hope, was für ein schöner Name ... also, wenn Hope und Sie ihn ab und zu mal besuchen, mit ihm spazieren gehen oder eine Partie Schach spielen würden?«

Nick sagte sofort zu.

So tauschten die beiden Nummern aus und er versprach, Herrn Gudmundson zu besuchen, sollte der alte Herr nicht wiederkommen.

Damit war ein Teil seines Problems gelöst, aber lange noch nicht alles.

In den nächsten Tagen begann er die Lösung eines weiteren Problems anzugehen, und tauchte unangemeldet in Kitas auf, aber es freute sich niemand darüber. Nick hatte irgendwie gedacht, dass man ihn, wenn er schon mal da war, ähnlich wie beim Arzt nicht einfach wegschicken würde, sondern Hope so niedlich fände, dass man sie direkt aufnähme. Doch dem war nicht so. Ganz und gar nicht. Jedes Mal erntete er eine unfreundliche Erklärung, man sei personalmäßig unterbesetzt und er könne sich über eine Liste anmelden. Freie Plätze gebe es in ca. vier Jahren, wenn trotzdem außer der Reihe einer frei würde, würde man sich bei ihm melden, aber er solle sich da keine allzu großen Hoffnungen machen. Was ihm richtig auf den Sack ging war, dass alle immer nach der Mutter fragten. Er war doch da? Wozu brauchte das Kind eine Mutter? Gab er ihr nicht alles, was eine Mutter geben konnte? Und wo waren eigentlich die ganzen anderen Väter? War es tatsächlich immer noch so, dass die Männer arbeiteten und ausschließlich die Frauen sich um die Kinder kümmerten? Worüber redete man denn andauernd in den Talkshows? Da saßen doch nur moderne Väter, die mit einem so entrückten Lächeln über ihre Elternzeit erzählten, als hätten sie sich auf Uncle Dick gesetzt. Gab es die nur in Talkshows? Wo waren sie im Alltag? Hatte er jemals ein Gespräch mit einem Vater auf dem Pirati oder dem Schiffi geführt, der nicht sofort wegmusste, weil ein Zoom-Meeting oder ein wichtiger Call anstand? Gottverdammte Maulhelden! Und wenn dann einer wie er kam, musste er sich immer wieder den Scheiß anhören: »Wo ist denn eigentlich die Mutter?« oder »Sagen Sie das bitte der Mutter« oder »Wenn die Mutter das Kind dann regelmäßig bringt« oder »Das müsste die Mutter dann auch unterschreiben«. Regelmäßig. Mit Behörden war es nicht anders. Immer wurde nach der Mutter gefragt. »Was bedeutet anonyme Geburt?« Was denn schon? Was da stand. Dass es alle einen Scheiß anging, wer die verdammte Mutter war. Dass sie nicht die Mutter sein wollte. War das ungerecht von ihm, so zu urteilen? Ja. Aber was sollte er dagegen machen? Die Gedanken waren frei. Und manchmal richtige Arschlöcher.

21

Im Dezember hatte Hope ihr erstes Playdate, bei Romina.

Obwohl sie schon eine Weile zusammen in einem Haus wohnten, war Nick noch nie in der Wohnung von Romina und Paul gewesen. Sie war ähnlich geschnitten wie seine, sie hatten aber aus zwei mittelgroßen Zimmern ein sehr großes gemacht, in dessen Mitte ein Monster von einem Tisch stand, an dem schon mindestens ein Dutzend Menschen Platz genommen hatten, als er mit Hope dazustieß. Romina stellte ihn kurz vor, alle sahen voll Interesse auf, als hätten sie schon auf ihn gewartet. Vielleicht war es einfach auch nur sein persönlicher Eindruck, sein Komplex gegenüber Müttern, aber er fühlte sich ein wenig wie ein Opfer, das auf die Schlachtbank geführt wurde und noch keine Ahnung hatte, dass es das Opfer war.

Im restlichen Zimmer waren Decken und Spielsachen verteilt und alle anwesenden Kinder folgten, beobachtet von ihren Müttern, ihrer eigenen Agenda, zumindest so lange Grundregeln wie »Wir machen nichts kaputt« oder »Wir hauen keine anderen Kinder« eingehalten wurden. Erst auf den zweiten Blick bemerkte Nick, dass sich außer ihm nur ein anderer Mann im Raum befand, alle übrigen waren Frauen. Einige von ihnen hatte er schon auf der Straße bemerkt, andere meinte er auf dem Pirati oder dem Schiffi gesehen zu haben, an eine Frau konnte er sich besonders gut erinnern, weil sie Angst vor Hans Albers gehabt und ihn gebeten hatte, den Hund doch bitte an die Leine zu nehmen, obwohl er ihn bereits an der Leine, wenn auch an einer sehr langen, gehabt hatte.

Auf einer Decke hatte Romina aus mehreren Sofa- und einem Stillkissen eine Ecke eingerichtet.

»Guck mal, da kannst du Hope hinlegen und hast sie im Blick.«

Hope war die jüngste Teilnehmerin des Inhouse-Playdates. Die anderen Kinder, es waren insgesamt sieben, waren alle ein wenig älter, zwischen einem und drei Jahren, von ihnen kannte er Lea, Leah und Juri namentlich. Bis auf Hope konnten alle stehen, laufen und rennen und waren offensichtlich nicht daran interessiert, mit einem Kind, das, wenn auch sehr schnell, nur krabbeln konnte, Freundschaft zu schließen.

Jedes Mal, wenn die wilde Bande durchs Wohnzimmer gefegt kam, bekam er nackte Angst, dass eines der Kinder aus Versehen auf Hopes ungeschützten Bauch treten würde, und er konnte förmlich sehen, wie ihr ihre Gedärme aus dem Mund quollen, und jedes Mal wollte er aufstehen und sie an sich reißen, tat es dann aber doch nicht, um dem Gefühl zu trotzen, überängstlich zu sein. Auch seine andere Nachbarin, Johanna, saß mit am Tisch, war aber ziemlich still. Sie sah aus, als hätte man sie hergezwungen. In kurzen Momenten, wenn das Kindergebrüll etwas abebbte, konnte man hören, dass leise Musik lief. Ein paar der Damen hatten bereits die Kaffeetassen gegen Sektschalen vertauscht.

Aus den Gesprächen, die größtenteils an ihm vorüberzogen wie Gewitter über die Alster, hörte er immer wieder die Worte »abstillen«, »Alnatura-Markt« und »Immobilienpreise«, es wurde darüber geredet, dass Obst wegen des hohen Zuckergehaltes Gift sei, man diskutierte über regionale Tomaten und deren Wassergehalt, den Sinn und Unsinn von Wadenwickeln bei hohem Fieber und mokierte sich über den Hass von Fleischfressern auf Veganer. »Warum soll ein veganes Würstchen nicht Würstchen heißen?« Ein anderes Thema war die Geschichte einer Mutter, die nicht verstanden hatte, warum eine Kölner Freundin ihre Tochter nicht als Winnetou oder Nscho-tschi verkleiden dürfe.

Natalya winkte ihm freundlich zu und zog dabei Juri die rutschende Hose hoch. Nick bekam Kaffee und Kuchen und gab sich alle Mühe, sich wohlzufühlen, hatte aber das Gefühl, dauernd beobachtet zu werden.

Der einzige andere Mann außer ihm, Andree, der Vater von Torbjörn, der Juri gerade ein Holzauto über den Schädel gezogen hatte und der Nick irgendwie bekannt vorkam, entschuldigte das Verhalten seines Sohnes mit der zweiten Masernimpfung, die das Kind heute bekommen hätte und die gegen seinen, Andrees, ausdrücklichen Wunsch erfolgt sei.

Daraufhin entwickelte sich der nächste Disput, eine Pro- und Kontra-Diskussion über das Impfen, an der Nick sich nicht beteiligte. Hope war erst in ein paar Wochen fällig und er war eher auf der Pro-Seite. Er hatte sich gegen Corona impfen lassen, obwohl er es zuerst nicht wollte, er hatte keinerlei Nebenwirkungen verspürt und war bislang auch nicht erkrankt. Vielleicht wäre der Kelch sowieso an ihm vorübergegangen, aber woher sollte er das wissen? Und alle Theorien, warum man die Menschheit unbedingt impfen wolle, von Gehirnwäsche bis zu Testzwecken für einen Krebsimpfstoff, waren an ihm abgeperlt wie Wasser an einer Teflonpfanne. Viel interessierter war Nick an dem Gespräch über Kita- und Kindergartenplätze. Die waren wohl noch viel knapper, als er vermutet hatte. Er hatte gedacht, wenn Hope alt genug war, würde er zur Kita seines Vertrauens gehen, sie anmelden, sie abgeben und die Sache wäre erledigt. Aber so war es wohl gar nicht und er musste sich eine gewisse Blauäugigkeit vorhalten lassen, gekoppelt an Angebote, ihn mit Telefonnummern und Mailadressen auszustatten, um sich auf die jeweiligen Personen zu berufen, Bekannte von Bekannten, die er selbst gar nicht namentlich kannte. Seine Nummer wurde im Gegenzug ebenfalls von allen notiert und man wünschte ihm viel Glück bei der Suche. Das zweite halbe Glas Sekt auf Eis half ihm schließlich, sich zu akklimatisieren, konnte ihm aber dennoch nicht das Gefühl nehmen, unter Beobachtung zu stehen.

Als Juri und Torbjörn Hope zweimal wirklich knapp verfehlt hatten und ihm ein wenig schlecht vom Butterkuchen war, wollte Nick endlich aufstehen, sich freundlich verabschieden und den restlichen Nachmittag lieber mit Hope alleine verbringen. Romina nötigte ihn aber zu einem weiteren »Sektchen«, goss ihm großzügig ein und klatschte dann laut in die Hände, damit sie eine scheinbar geplante Ansprache halten konnte.

»Mädels, Mädels, mal kurz Ruhe!«

Letzte Gespräche wurden leiser und Romina klopfte noch einmal mit einem Löffel an ein Glas.

»Ich habe euch Nick ja eben schon vorgestellt.«

Sie legte ihm eine Hand auf die Schulter, der diese wie eine Eisenkralle empfand, aber nichts dagegen machen konnte.

»Das ist Nick, ein ganz lieber Nachbar, Vater von der kleinen Hope …«

Alle Blicke wanderten von ihm zu Hope, dann wieder zurück zu Romina.

»… ihr kennt die herzergreifende Geschichte, wie Nick zu Hope gekommen ist und hier sind sie jetzt!«

Applaus setzte ein.

Scheiße, dachte Nick.

Sein Gesicht bekam den Ausdruck von Hans Albers, wenn der aus Versehen in die Küche gemacht hatte. Trotzdem versuchte er, jeder anwesenden Person kurz in die Augen zu schauen, ihre Anteilnahme zu würdigen, erhob sich dann und setzte sich zu Hope auf den Boden, um den allgemeinen Fokus von sich abzulenken.

Nachdem der Beifall verklungen war und man so tat, als sei man wieder zur Normalität übergegangen, kam Romina mit einer etwas älteren Frau zu ihm, die sie ihm als Christiane vorstellte. Christiane hatte kein Kind mitgebracht, sie hatte nicht einmal eines, sie entpuppte sich als Redakteurin vom Lokalradio und hatte sich, obwohl er sie weder kannte noch darum gebeten hatte, bereits ein paar Gedanken zu seiner Situation gemacht.

Er empfand sie sofort als übergriffig, nicht nur wegen seines schlechten Gewissens, sondern weil sie Hope, die dort auf der Decke lag und sich nicht wehren konnte, einfach einen ihrer nikotingelben Finger in den Mund steckte, um festzustellen, dass da ja schon die Zähnchen kommen würden. Als ob er das nicht gewusst hätte, zwei von drei seiner Augenringe waren der Zahnsituation und dem damit verbundenen nächtlichen Unwohlsein geschuldet, den Stunden, die er mit Hope durch die Wohnung getanzt und Zahncreme auf ihren Gaumen geschmiert hatte.

Aber um die Zähne ging es nicht, Christiane war der festen Überzeugung dass ihre Hörer:innen es verdient hätten, von seiner selbstlosen Tat zu erfahren, die ihn ja nun so gut wie in den finanziellen Ruin getrieben habe.

Christiane hatte deswegen schon mal eine ganz herzige und, wie sie es nannte, menschelnde Aktion vorbereitet. Unter ihrer Schirmherrschaft würde es ein Crowdfunding geben, um für Nick und Hope zu sammeln. Sie würde sich seine und Hopes Geschichte erzählen lassen und daraus einen Beitrag für ihren Sender machen. Die Kleine sei ja nun wirklich allerliebst. Bevor sie noch einmal ihre Finger in Hopes Mund stecken konnte, nahm Nick das Baby lieber schnell an sich. Er wusste nicht, was er sagen sollte, tat dann so, als würde er die Idee gut finden.

Christiane hatte einen Kameramann dabei, den sie jetzt anrief, damit er aus dem Auto in die Wohnung kommen möge. Ihr Dreh dauerte ungefähr eine Dreiviertelstunde. Als Nick ihr Hopes Geschichte erzählte, tat er das so überzeugend, dass seine Augen ebenso feucht wurden wie die der anderen Gäste. Als er fertig war, glaubte er die Geschichte fast selbst. Christiane drückte ihn ganz fest und versicherte, dass am Montag das ganze Land wisse, was er für ein »Held des Alltags« sei. So hieß ihre Rubrik.

Erleichtert, nichts mehr sagen zu müssen, packte er Hope ein und wollte gehen. Im Flur stand plötzlich eine weitere Frau. Sie hatte drei kleine Kinder bei sich, alle laut brüllend, und fragte nach ihrem Mann. Neben der Haustür befand sich die Tür zum Gästeklo, die einen Spalt geöffnet war. Am Waschbecken stand der weinende Andree. Und in diesem Moment wusste Nick wieder, wo er ihn schon einmal gesehen hatte:

Er war der Mann aus der Metzgerei.

22

Nick hätte niemals geglaubt, wie viele Menschen heutzutage doch noch TV schauten. Und fast alle davon schienen den »Helden des Alltags«-Beitrag gesehen zu haben und von denen ließ es sich kaum jemand nehmen, ihn darauf anzusprechen. »Ist die Kleine niedlich«. Oder: »Wir brauchen mehr Menschen wie sie!« Oder: »Gott segne sie!« Scheiße, was hatte er da angerichtet. Bereits nach einer Woche waren fast hunderttausend Euro an Spendengeldern zusammengekommen. Er fühlte sich unglaublich mies, weil er so viele nette, hilfsbereite Menschen belogen hatte, und versuchte sich einzureden, dass es ja nicht seine Schuld gewesen sei, glaubte sich aber selbst nicht wirklich. Das Geld würde ihm wahnsinnig helfen, aber wenn einen schon der Gedanke daran, einen Fuffi zu unterschlagen, fast umbrachte, wie hätte er es fertigbringen können, dieses Geld anzunehmen? Doch wie er genau mit der Situation umgehen wollte, hatte er noch nicht entschieden.

Der Dezember war mild und nach dem ersten Weihnachtsmarktbesuch wusste er, dass das nichts für Hope und ihn war. Er hätte genauso gut zu einem Kreisligafußballspiel gehen und sich danach einen Liter Glühwein auf die Jacke schütten können, das wäre vielleicht sogar noch amüsanter gewesen. Das Beste war noch »Komm, ich geb dir und der kleinen Russin einen aus!«, »Nastrovje!«. Aber er hatte auch sehr viele alkoholisierte, das hofft er zumindest, Nazigrüße entgegennehmen müssen. Nee, das war nichts.

In der Woche vor Weihnachten beschloss er deswegen, die Location zu wechseln und mit Hope das Thema Schwimmen anzugehen. Im Stadtbad.

Das Stadtbad war ein altes, sehr schönes Bad. Weiße und blaue Fliesen, viele Säulen und Heizbänke, auf denen man liegen konnte, nicht geeignet für Sportschwimmer. Es gab zwar mehrere Becken, aber das längste war höchstens fünfzehn Meter lang. Das Stadtbad war perfekt zum Entspannen und zum Schwimmenlernen. Dafür gab es ein eigenes Babybecken, in das man Stufe für Stufe einsteigen konnte und das dann immer tiefer wurde, sodass Nick das Wasser im hinteren Bereich bis zur Hüfte reichte. Perfekt, um Kleinkinder zu halten und sie langsam an die Schwimmbewegungen heranzuführen.

Vor dem Bad packte Nick seine Tasche um und schnüffelte. Es roch nach Gras. Er sah sich um. Ihm gegenüber, allerdings nicht vis-à-vis, sondern eher Rücken an Rücken, saß ein Mann.

Der Geruch kam eindeutig von ihm.

»Entschuldigung«, sagte Nick, der extra wieder aufgestanden war, um größer zu wirken, »könnten Sie vielleicht woanders rauchen?«

Auch der Mann stand jetzt auf und drehte sich um. Die beiden sahen sich an.

»Du schon wieder, Digga? Bist du hier auch der Sheriff?«

Kannte er den Typen oder hatte der auch den Beitrag im Fernsehen geschaut?

»Is schon zweierlei Maß, mit dem du hier misst, was?«

Was meinte der Mann?

»Hier aufpassen, dass keiner kifft, aber der ganzen Welt erzählen, du hättest das Kind gerettet?«

Wie konnte er das wissen?

»Kennen wir uns?«

»Krankenhaus, Digga! Ich war der Überfahrer und du der Spießer!«

Nick, der sich weder damals noch heute als spießig empfunden hätte, betrachtete den Mann.

»Sind Sie wieder zu bekifft zum Fahren?«

Der andere lachte.

»Nee, heute habe ich frei. Heute entlarve ich erst Lügner und dann gehe ich schwimmen.«

»Aha.«

»Aha!«

Der Mann sah ihn spöttisch lächelnd an.

Nick fühlte sich ertappt und durchschaut.

Dann streckte der andere ihm die Hand hin.

»Ich bin Arch!«

»Ich bin Nick!«

»Nicki«, sagte Arch ironisch, »der Beitrag über dich, den Helden des Alltags, hat mich total mitgenommen.«

Er warf einen Blick auf Hope, die in ihrem Bugaboo-Butterfly-Buggy eingeschlafen war.

»Niedlich, die kleine Russin.«

»Ukrainerin«, korrigierte Nick.

»Aha«, sagte Arch wieder, »sicher ... wie ist sie noch mal hergekommen?«

Nick war klar, dass er an dieser Stelle keine neue Lügengeschichte mehr zu erzählen brauchte. Der Mann, Arch, hatte ihn am Krankenhaus vor der Entbindungsstation abholen sollen, er wusste, dass Nicks Geschichte nicht wahr sein konnte.

»Warum erzählst du so was?«, fragte Arch. »Brauchst du so dringend Kohle? Bist du ein notorischer Lügner? Ist das 'ne Krankheit?«

Nick stellte sich eine ganz andere Frage. Er selbst hätte nicht einmal Brad Pitt, dessen Filme er wirklich gerne sah, auf der Straße erkannt, geschweige denn irgendjemanden, den er einmal im Fernsehen gesehen hatte. Also fragte er nach.

»Die Mütze, Digga«, sagte Arch, »damit fällst du auf wie ein Taliban in einer Damensauna!«

Sofort nahm Nick die Mütze ab, er riss sie sich förmlich vom Kopf und fühlte sich auf einmal ganz nackt. Und genauso sah Arch ihn an. »Setz lieber wieder auf, Digga, schön is anders.«

Als Arch dann Richtung Eingang ging, änderte Nick seinen Entschluss. Hope würde an einem anderen Tag schwimmen lernen.

23

Wenn Nick arbeitete, nahm er Hope mit. Meist ging das, er wusste aber, dass das keine Lösung auf Dauer war. Im Callcenter hatte er oft die gleichen Schichten wie Bahar und er verbrachte seine kurzen Pausen mit ihr am Aschenbecher. Sie war dreiundzwanzig Jahre alt, seit vier Jahren verheiratet und hatte eine Tochter in Hopes Alter. Wenn sie nicht Homeoffice machen konnte, passte ihre Schwiegermutter auf die Kleine auf.

Nick hatte überlegt, Leo anzurufen und ihr einfach mal zu erzählen, was bei ihm und Hope so passierte, hatte es dann aber doch nicht getan. Einen Tag fühlte er sich gut, war ganz ausgeglichener Vater, genoss das Leben mit Tochter und ihren und seinen neuen Freundinnen. Am nächsten Tag machte er sich aus Angst vor der Zukunft fast in die Hosen. Das eine kam, das andere ging, manches stagnierte. Er fühlte sich ein bisschen wie die Rolltreppen der nahe gelegenen U-Bahn-Station, bei denen es mal nur aufwärts, mal nur abwärts, aber meistens nirgendwohin ging, weil sie kaputt waren.

Zehn Tage vor Weihnachten zerstritt er sich mit Shanya.

Shanya hatte als Hebamme offiziell schon lange »Auf Wiedersehen« gesagt, sie kam aber trotzdem ab und zu vorbei, um nach Hope zu sehen oder mit Nick ein Fußballspiel im Fernsehen zu schauen. Sie hatten Hope ins Bett gebracht, dann eine Pizza gegessen, die Shanya mitgebracht hatte, und sich mit ein paar Dosen Bier in der Küche vor seinen Laptop gesetzt, es gab Bayern München in der Champions League. Hätte er weniger getrunken, hätte er sich besser unter Kontrolle gehabt. Hätte er das Spiel in der Bar, vielleicht mit Ben und Paul oder Kevin geguckt, hätte er sich nicht so geärgert. So hatte er sich irgendwie dadurch angegriffen gefühlt, dass Shanya bei jedem Tor der Bayern laut jubelte. Vielleicht hatte er sich aber auch durch Shanya provoziert gefühlt, weil sie Shanya war.

»Warum bist du eigentlich für Bayern?«, fragte er.

»Ich bin aus Bayern.«

»Und dann ist man automatisch für Bayern?«

»Nee, nicht unbedingt. Aber ich schon.«

»Bayern ist doch scheiße.«

»Für mich nicht.«

»Scheißland, Scheißberge, Scheiß Hoeneß, Scheiß Rummenigge, immer nur gewinnen, gewinnen, gewinnen. Das ist doch Scheiße!«

Sie hatte versucht, nicht darauf einzugehen, Nick machte aber weiter.

»Ich halte in der Champions League immer zu den deutschen Vereinen, aber nicht bei Bayern München. Da halte ich zu den anderen.«

»Das kannst du ja so machen«, entgegnete Shanya, »dann liegst du jetzt eben 3:0 zurück.«

Bis zum 4:0 hatte er geschwiegen, dann aber wieder neu angefangen:

»Hast du mal Fußball gespielt?«

»Auch, ja.«

»Aber nicht so richtig?«

Er hatte nicht gemerkt, dass seine Frage aggressiv klang und sie keine Lust auf einen Streit verspürte.

»Ich hab Leichtathletik gemacht, außerdem Zehnkampf und Handball hab ich auch gespielt. Aber auch gerne mal Fußball.«

»Leichtathletik, Handball, dann hast du von Fußball doch auch gar keine Ahnung. Da ist es am besten, wenn man Bayern-Fan ist, dann muss man nichts über Fußball wissen und gewinnt einfach immer.«

»Das stimmt sicher«, murmelte Shanya. Dass sie sich nicht provozieren ließ, stachelte ihn nur noch weiter an.

»Sag mal…«, begann er.

»Ja?«

»Sag mal, wieso bist du eigentlich Hebamme?«

Sie schaute ihn verwundert an.

»Weil ich das will.«

»Und warum willst du das?«

»Na, weil ich Kinder liebe.«

»Wenigstens eine«, hatte er gesagt.

Shanya hatte ihn verständnislos angeschaut.

»Magst du Hope nicht mehr?«

»Doch!«

»Warum sagst du dann so was?«

Er hätte jetzt den Mund halten können, aber angetrunken, aggro und in Arschlochlaune, überschritt er eine Grenze.

»Ihre Mutter hasst sie!«

»Das tut sie bestimmt nicht!«

»Doch!«

»Nein!«

»Sie ist eine herzlose Schlampe!«

Shanya hatte ihn entgeistert angesehen.

»Ganz bestimmt nicht!«

»Woher willst du das wissen?«

»Das ahnt man als Frau.«

»Du bist doch gar keine richtige Frau«, lachte er. Er meinte es nicht so, wie es klang. Er wollte seine Sätze wieder rückgängig machen, aber einmal gesagt standen sie im Raum und man konnte sie nicht zurückspulen wie eine alte Musikkassette. Shanya hatte immer wieder Humor bewiesen, sie hatten oft zusammen gelacht und er liebte es, wenn sie in ihrer Ausdrucksweise etwas derb wurde. Doch diesmal lachte sie nicht. Sie stellte ihr Bier auf den Tisch und stand auf.

Sie ging in der 85. Minute.

Als sie sich verabschiedeten, sah Shanya ihm nicht in die Augen. Er wusste, dass er etwas zerbrochen hatte, was er nur sehr schwer wieder würde reparieren können.

24

Leo

Leo hatte sich die ganze Sache viel einfacher vorgestellt. Sie hatte versucht, alles auszublenden, was nicht gut laufen könnte, weil sie wollte, dass es gut lief. Eigentlich gar nicht so viel anders als Nick, der seine Post nicht geöffnet und E-Mails nicht gelesen hatte. Aber man konnte nicht einfach ein Kind bekommen und dann verschenken. Rein theoretisch konnte man das schon, aber in der Praxis war es dann doch anders. Man konnte einen Plan machen und versuchen, sich akribisch daran zu halten. Das funktionierte eventuell bei einer Karriereplanung oder einer Wanderung oder einem Fußballspiel, aber bei einem Baby, einem lebendigen kleinen Menschen, kam immer irgendetwas dazwischen, was man unterschätzte, bis es eben da war: Gefühle, die man nicht einfach ignorieren konnte, auch wenn man sich das noch so sehr vorgenommen hatte.

Als Leo Nick kennenlernte, war sie durch die Pandemie nervlich am Ende. Noch eine weitere Periode dieser staatlich verordneten, ihr absolut sinnlos erscheinenden Isolation hätten sie in den Wahnsinn getrieben. Sie hatte das Gefühl, alle

Maßnahmen hätten die Menschen einfach nur auseinander-getrieben und nicht zu einem Zusammenhalt gebracht, zu einem Nachdenken, zu einem Aufbruch. Stattdessen hatte man sich erst Nudeln und Klopapier weggekauft, als wären das die Säulen des gesellschaftlichen Zusammenlebens. Und dann bildeten sich langsam Fronten, die sich immer weiter verhärteten. Die einen glaubten nicht an ein Virus, für die anderen stand die Welt kurz vor dem Untergang. Ergebnis-offene Diskussionen gab es kaum, jeder versuchte nur, seine Meinung so laut wie möglich zu vertreten, und wollte meist gar nicht hören, was der oder die andere zu sagen hatte. Poli-tiker und Presse beschränkten sich darauf, Stimmen zu fan-gen und Schlagzeilen zu verkaufen, anstatt vernünftig zu-sammenzuarbeiten. Immer wieder hatte sie von allen gehört, die Gesellschaft sei gespalten. Gesagt hatten es aber vor allem die, denen sie unterstellte, dass sie diejenigen waren, welche einen Keil zwischen die Menschen trieben. Sie selbst hatte es während des Lockdowns viel einfacher als die meisten ande-ren. Sie durfte reisen, sie durfte arbeiten. *Founders* war eine Show, die man erst auch gut ohne Publikum, später mit we-nigen Zuschauern aufzeichnen konnte. Es stand nie zur De-batte, die Show auszusetzen. Warum auch? Die Menschen hingen zu Hause fest und brauchten Ablenkung, sie lechz-ten nach Unterhaltung, die ihnen ein Gefühl von Normalität vermittelte. Und sie liebten die Diskussionen über die Wirt-schaftslage und Investitionsmöglichkeiten, die sie sich mit Boris Ratzinger lieferte. Leo hatte Instagram und YouTube, ihre Followerzahl hatte sich in der Pandemiezeit mehr als verdoppelt. Sie berücksichtigte dabei eine klare Regel: Wir diskutieren nicht über die aktuelle Situation, wir kümmern uns um die gleichen Angelegenheiten wie vorher. Wir versuchen keinen Hass zu schüren, wir reden über die alltäglichen Dinge des Alltags, wie zum Beispiel: Liebe, Beziehungen und Sexualität. Wie kann man sein Leben ordnen, ohne das Gefühl zu bekommen, sich selbst zu verlieren? Leo hatte sich nie als Ratgeberin gesehen, sondern viel mehr als Zuhörerin. Und weil sie es immer geschafft hatte, ziemlich ehrlich und offen mit sich und anderen umzugehen, hatten ihre Follower nie das Gefühl, gemaßregelt zu werden, sondern eher, von selbst auf eine Idee gekommen zu sein. Eigentlich hatten sie nicht nur das Gefühl, sondern es war auch so. Leo hörte zu, Leo hatte Ideen, Leo brach Tabus, Leo hatte einen Plan.

Sie hatte sich in diesen eineinhalb Jahren oft an ihre Zeit in Kinderheimen erinnert. Auch dort waren unterschiedliche Menschen zusammen untergebracht, die aber größtenteils gegeneinander gearbeitet hatten. Alle hatten sich benachteiligt gefühlt und wenn es etwas Besonderes gab, hatte jeder versucht, ohne Rücksicht auf die anderen das meiste zu bekommen. Dabei war es egal, ob es im Winter um Schokolade, im Sommer um Kirschen oder um ein neues Kind ging, das eventuell eine Verbündete oder sogar ein Freund werden könnte, oder gar um die Möglichkeit, in eine aussichtsreiche Pflegefamilie zu kommen. Sie hatte als junges Mädchen kein Glück mit Pflegefamilien gehabt und später nicht mehr gewollt. Dieses Gefühl der Hoffnung, jetzt würde alles gut werden, das sich dann zerschlug, und später wurde man wie beschädigte Ware wieder zurückgebracht, das wollte sie nicht mehr. Sie hatte hauptsächlich in zwei Heimen gelebt und sich damit abgefunden. Leo war nicht unbeliebt, aber sie hatte keine beste Freundin oder keinen besten Freund. Das änderte sich erst, als sie mit sechzehn in dieses kleine Kaff in Schleswig-Holstein kam. Die älteren Kinder und die Jugendlichen waren dort in einem eigenen Haus untergebracht und das Ziel war es, sie langsam auf ihre Selbstständigkeit vorzubereiten. Dort hatte sie Jan kennengelernt und die beiden hatten sich als Seelenverwandte entpuppt. Sie hatte sehr schnell gespürt, dass es sich bei Jan nicht um einen der Jungen handelte, die ihr an die Wäsche wollten, sondern der Zugang zu ihrer Seele gesucht hatte. Und sie hatte ihm diesen gewährt, was sie sonst nie getan hatte. Sie hatten gemeinsam eine Zukunft außerhalb der Heime geplant, er hatte ihr gestanden, nie in seinem Leben das Gefühl gehabt zu haben, ein Junge zu sein, sondern sich immer als Mädchen empfunden zu haben. Sie sah ihn ebenso. Jan wusste alles über Operationen und Hormonbehandlungen und träumte davon, ganz offiziell nicht mehr Jan zu sein. Sie redeten offen über Sexualität, was anfangs nicht einfach war, denn in den Heimen gab es zwar Aufklärung, aber niemanden, der einen an die Hand nahm und mit dem man über das wirklich Wichtige sprechen konnte. Jan und Leo gestanden sich ihre Träume. Sie verloren ihre Hemmungen voreinander. Sie konnten nebeneinander liegen und Leo erklärte ihm, wie Mädchen masturbierten, und er gestand ihr, wie sehr er sein Geschlecht und

Geschlechtsteil hasste. Leo, die noch nie eine wirkliche Bindung zu einem Menschen aufgebaut hatte, liebte Jan auf eine Art und Weise, die ihr kein Junge oder kein junger Mann geben konnte, wenn der mit ihr schlief oder versuchte, mit ihr zu schlafen. Immer ging es darum, so zu tun, als wäre man jemand, der man eigentlich gar nicht war. Jan redete wenigstens darüber, die anderen spielten ihre Rollen, um Sex mit ihr zu haben. Leo mochte Sex, aber sie mochte die meisten Jungs, mit denen sie Sex hatte, nicht besonders. Und bei Mädchen lief es nicht viel besser. Die waren zwar etwas weniger anstrengend was das Sexgeprotze anging, aber ihr immer viel zu emotional und klammernd. Sie war nicht auf der Suche nach einer auf Besitztum basierenden Beziehung, sie war auf der Suche nach Liebe, nach einer Bindung, einem anderen Menschen, mit dem sie sowohl ihr Inneres als auch ihr Äußeres teilen konnte. Und da blieb Jan der einzige Mensch.

Die Leiterin des Heimes war eine offene Frau, ein angenehmer Mensch, sie interessierte sich für Jan, sie war nicht abgestoßen von seinen Wünschen, sie gab ihm Tipps, sie ging mit ihm zu einer Ärztin, sie bestätigte ihn darin, kein abartiges, absonderliches Wesen zu sein. Doch die Operation, die er sich wünschte, würde keine Krankenkasse bezahlen, schon gar nicht bei einem Minderjährigen.

Außer Jan hatte es in Leos Leben bislang nur einen Menschen gegeben, der ihr wichtig war, den sie aber nie kennengelernt hatte: Danny Stanislawski. Der Bulle und Sozialarbeiter, der ihr Leben gerettet hatte und dafür gestorben war. Sie trug sein Medaillon um den Hals, als wäre es ihr eigentliches Herz, das für ihren Pulsschlag verantwortlich war. Erst an ihrem sechzehnten Geburtstag hatte man ihr Einblick in ihre Unterlagen gewährt, sie hatte von Danny erfahren und sich an seine Spuren geheftet. Man hatte ihr das Amulett erklärt, das man ihr schon vor Jahren überreicht hatte. Sie hatte sein Grab entdeckt, sie hatte sich auf die Suche nach Menschen gemacht, die ihr von ihm erzählen konnten, sie hatte wenige gefunden, aber genügend, um sich seine Geschichte rekonstruieren zu können. Sie war stolz darauf, seinen Namen zu tragen.

Leo suchte sich eine Wohnung in Hamburg, in St. Georg, an ihrem achtzehnten Geburtstag verließ sie das Heim und Jan, der noch minderjährig war, kam einfach mit. Um das zu schaffen, was er wollte, brauchten sie gefälschte Papiere und ungefähr fünfunddreißigtausend Euro. Leo nutzte die ihr gegebenen Möglichkeiten, ihre Attraktivität, um rasch an Geld zu kommen. Sie wurde Escort und über eine Agentur von wohlhabenden, meist deutlich älteren Männern gebucht, damit sie einen Abend oder eine Nacht mit ihnen verbrachte. Die meisten waren nett, wenn auch nur oberflächlich. Leo spielte eine Rolle, die Rolle, welche die Männer sich wünschten. Das half denen kurzfristig, ihr aber auch, denn es war nie Leo, mit denen sie Sex hatten. Es war die Person, die Leo sich ausgedacht hatte.

Ein jüngerer Mann, der sie öfter buchte, hatte Kokain dabei. Leo probierte es mit ihm zusammen. Es gefiel ihr. Doch als sie in der Nacht wach lag und nicht schlafen konnte, hatte sie auf einmal das Gefühl, sie sei nicht allein. Danny würde neben ihr stehen und sie anschauen. Danach rührte sie nie wieder Drogen an. Es dauerte nicht lange, das Geld für die Papiere und die Operation zusammenzubekommen. Gott sei Dank gab es immer Ärzte, die bereit waren, die ihnen anerzogenen moralischen Skrupel für Geld über Bord zu werfen. Für die Operation reisten Leo und Jan ins Ausland, es lief gut und sie kamen als Leo und Shanya zurück. Doch Leo hatte jetzt ein kleines Problem. Obwohl sie immer streng auf Verhütung geachtet hatte, war sie schwanger geworden. Diesmal war es Shanya, die ihre Hand halten musste.

Als Leo neunzehn Jahre alt war, begann für sie ein neues Leben. Es war, als wäre Danny aufgetaucht und würde sie führen. Sie wusste plötzlich, was sie wollte, und sie wusste, wie sie es erreichen würde. Sie begann mit Insta-Storys, sie gründete ihre Firma, sie promotete ihre Ware, sie hatte Ziele und sie war sehr vielen Mädchen und jungen Frauen eine große Stütze und Hilfe. Sie wollten sein wie Leo. Dann wuchs ihre Firma, sie hatte zu Beginn ihrer Zwanziger mehr Geld, als sie je gehofft hatte, an ihrem Lebensende zu haben. Man holte sie zu *Founders* und sie wurde ein Star und künftig sehr wählerisch, was Sex anging. Sie mochte Männer, aber sie brauchte sie nicht unbedingt. Die meisten gingen ihr auf den Wecker. Sie konnte sich Sex immer gut vorstellen und Uncle Dick half ihr, das zu bekommen, was sie wollte.

Shanya kehrte zurück in ihr altes Heim und die Leiterin entpuppte sich ein zweites Mal als guter Mensch. Sie machte keinen Stress, sie half Shanya, aus Jan offiziell Shanya zu machen. Und nach einem kurzen Abstecher an die Uni, um Medizin zu studieren mit dem Ziel, Ärztin, Gynäkologin, zu werden, entschied sich Shanya für den Beruf der Hebamme.

Und dann kam die Pandemie und dann kam Nick und dann wurde Leo schwanger und beschloss, keine zweite Abtreibung zu haben, sondern das Kind auf die Welt zu bringen, dem Vater zu geben und ihr Leben so weiterzuleben wie bislang.

Doch das hatte sie sich viel einfacher vorgestellt, als es dann war.

Man konnte nicht einfach neun Monate einen Menschen in sich wachsen lassen, ohne eine Beziehung zu ihm aufzubauen. Er wurde ein Teil von einem selbst. Und selbst ein vierzig Seiten langer Vertrag entband zwar juristisch zumindest teilweise von der Mutterschaft, emotional war das aber eine ganz andere Angelegenheit. Die juristische Seite wies zudem Grenzen auf. Es war ihr zwar möglich, dass Kind anonym zur Welt bringen. Es existierten aber trotzdem Unterlagen, die das Kind sich – so wie es bei Leo selbst auch gewesen war – ab Vollendung des sechzehnten Lebensjahres würde anschauen dürfen.

Schon während der Schwangerschaft, wenn das Baby sich bewegte, wenn sie vom Arzt zurückkam, wenn sie mit dem in ihr heranwachsenden kleinen Wesen alleine war, wurde ihr klar, dass Theorie und Praxis nicht das Gleiche waren. Shanya war sofort bereit zu helfen. Sie ließ sich über eine Nachbarin von Nick als Hebamme empfehlen, er kam zu ihrem Geburtsvorbereitungskurs und sie mochte ihn sofort, sodass es ihr nicht schwerfiel, sich in sein und Hopes Leben einzubringen. Shanya hatte dabei kein schlechtes Gewissen, weil sie ein bisschen zu Leos Spionin wurde. Sie wusste auch sehr schnell, dass Leo nur vorgab, mit allem super klarzukommen.

Den Beginn der Schwangerschaft hatte Leo hinter sich gebracht, als wäre sie nicht schwanger. Sie hatte sich in den ersten Wochen tatsächlich ein paar Mal übergeben müssen, aber das war es auch schon. Oft vergaß sie einfach, dass da etwas war. Sie musste sich nicht besonders umstellen. Sie trank sehr selten Alkohol, sie rauchte nicht, sie nahm keine Drogen und sie achtete auf Bewegung und Ernährung. Sie hatte keine Freundinnen, die Fragen stellten. Ihre einzige Freundin war Shanya und die war von Tag eins an in alles eingeweiht. Leo ging ab und zu recht gerne mit Kolleginnen, Produzenten und Bekannten etwas trinken, manchmal auch rein beruflich, wenn es etwas Wichtiges zu besprechen gab. Im Großen und Ganzen genoss sie die Freiheit, sich wieder in Bars oder Restaurants treffen zu können und nicht mehr den ganzen Tag Videokonferenzen in Jogginghosen durchziehen zu müssen. Für Leo war es dabei eher der Bildschirm, den sie nicht mehr ertragen konnte, sie liebte Jogginghosen. Einmal im Monat flog sie von Frankfurt nach Hamburg zu ihrer Gynäkologin, der sie jedes Mal aufs Neue sagen musste, dass sie nicht wissen wolle, ob sie ein Mädchen oder einen Jungen zur Welt bringen würde. Sie hatte allerdings gedacht, dass die Bindung zwischen ihr als werdender Mutter und dem in ihr heranreifenden Säugling weniger intensiv sein würde. Die Schwangerschaft verlief ohne Komplikationen. Im Sommer konnte sie anziehen, was sie wollte, und niemand stellte Fragen. Ab dem Herbst nahm sie sichtbar zu, aber fast ausschließlich um die Mitte herum. Ihr Gesicht sah aus wie eh und je und nur Shanya war sich sicher, dass ihre Brüste ein wenig und ihr Hintern recht ansehnlich gewachsen waren. Leo musste darüber lachen.

»Du meinst, ich habe einen dicken Hintern bekommen?«
Shanya hatte sie angegrinst und den Kopf geschüttelt.

»Ich würde nicht dicker Hintern sagen, sondern schon fetter Arsch!«

Leo ging anderen werdenden Müttern sowie dem Thema Mutterschaft aus dem Weg wie Raubtiere einem Salatkopf. Sie wollte sich nicht damit beschäftigen. Sie bespielte ihren YouTube-Channel wie gewohnt, sie ging ins Büro, sie ließ Angestellte auf Messen fahren und war froh, dass die Planung bei *Founders* so blieb wie gedacht. So hatte sie bis zum nächsten Frühling Zeit, sich um sich und ihre Firma und ihre Channels und alles Mögliche zu kümmern. Im späten Herbst und im Winter gab es kalte Tage, sodass sie sich wunderbar in dicken Jacken verstecken konnte, wenn sie ihre Wohnung mal für einen Spaziergang verließ. Schwangerschaftskleider kamen für sie nicht in Frage, Jogginghosen waren weich und dehnbar und gemütlich. Pünktlich zur Weihnachtszeit explodierte ihr Körper dann. Sie wurde schwer und träge und war oft müde, aber ohne dass es ihr schlecht ging. Leo hatte eigentlich überlegt, die letzten Wochen der Schwangerschaft irgendwo in der Sonne zu verbringen, wo sie niemand kannte, aber selbst Taschen zu packen und schon die Vorstel-

223

lung, mit einem Taxi zu einem Flughafen zu fahren, in einen Flieger zu steigen und vom Ankunftsflughafen dann noch weiter in ein Hotel zu reisen, um dann irgendwo zu sein, wo sie sich nicht auskannte, erschien ihr zu anstrengend. Zu Hause auf dem Sofa liegen, Weihnachtsfilme gucken, Kekse essen und sich freuen, wenn Shanya sich übers Wochenende freinehmen konnte und sie besuchen kam, war da eindeutig das bessere Programm. Im Januar hatte Leo mehr oder weniger die Schnauze voll, sie wollte ihren Körper zurück, sie wollte ihre Freiheit zurück, sie wollte wieder arbeiten. Auf der einen Seite. Auf der anderen Seite war so ein Kind im eigenen Bauch ja schon etwas anderes als ein Meerschweinchen in einem Käfig im Nebenzimmer. Es bewegte sich, es zappelte, es kommunizierte mit ihr und je länger das Ding in ihr wohnte, desto konkreter wurde die Kommunikation der beiden. Sie agierte und das Baby reagierte. Und andersrum. Manchmal ertappte sie sich, dass sie mit ihrem Bauch sprach. »Na, haben wir es geschafft!« Oder: »Was soll das denn?« Oder: »Geht es dir auch gut?« Sie wollte das nicht, es passierte einfach. Und Shanya erklärte ihr, dass das völlig normal sei.

Als sie Shanya gestand, dass sie per Kaiserschnitt entbinden wolle, diskutierte die nicht mit ihr. Sie wusste warum und akzeptierte Leos Entscheidung, obwohl es keinen medizinischen Grund dafür gab. Das Baby lag gut.

Leo war zufrieden, als Shanya ihr berichtete, dass Nick zu ihrem Geburtsvorbereitungskurs gekommen sei, dass er viel mehr über Babys wusste als alle anderen und dass sie verstehen konnte, warum Leo mit ihm ins Bett gegangen war.

»Der ist einfach kein Scheißeerzähler!«

Als Leo Shanya zum ersten Mal von ihrer Schwangerschaft berichtet hatte, hörte die erst mal nur zu. Sie kannte Leo gut genug, um Schwingungen wahrzunehmen, die keine andere Person registrieren würde. Leo hatte sie, ein paar Minuten nachdem sie ihren Abbruchtermin verlassen hatte, gefragt, wie beknackt sie es auf einer Skala von eins bis zehn fände, wenn sie ein Kind zur Welt bringen würde, bloß weil der Erzeuger es sich so sehr wünschte, eines zu haben.

Shanya kannte Leo die Hälfte ihrer beider Leben. Sie liebte sie heiß und innig. Sie wusste ganz genau, dass Leos Bauchgefühle nicht nur aus dem Bauch heraus entstanden, sondern dass vorher ihr unbewusste Prozesse in ihrem Kopf stattgefunden hatten, die dann ihre Signale aussandten. Leo war erfolgreich in dem, was sie machte, weil sie, außer dass sie eine grundehrliche, empathische und oft selbstlose Person war, nie ihr Gehirn ausschaltete. Das konnte sie gar nicht. Und so war Shanyas diplomatische Antwort auf eine Frage, die jede andere mit »eine glatte zehn, du Idiotin« beantwortete hätte, »so zwischen fünf und sechs« gewesen. Die beiden hatten sich getroffen, sie hatten geredet, Leo beschrieb ihr die ganze Situation und Shanya saß neben ihr, als sie Nick anrief. Und sie hatte Leo versprochen, sie bei allem zu unterstützen, worum auch immer es ging. Als sie Nick im Herbst kennenlernte, war sie sich sicher, dass Leo eine gute Entscheidung getroffen hatte.

»Wie fandste ihn?«

Shanya hatte den Daumen hochgehalten. Es waren nicht nur seine äußerlich ruhige und entspannte Erscheinung und die gleichzeitig leicht zerstreute Art gewesen, die sie überzeugt hatten, sondern auch die Tatsache, dass er ihr »die Frage« nicht gestellt hatte, die die meisten Menschen ihr sofort stellten.

Sie wusste aber auch, dass es für Leo nicht so leicht werden würde, sich von dem Baby zu trennen, wie sie sich selbst glauben machte.

Direkt nach der Geburt konnte Leo sich damit ablenken, dass sie mit Frau Dr. Klaus, ihrer Anwältin, den »Babyübergabevertrag« noch einmal durchging. Sie ignorierte den Impuls, jetzt ihr Baby auf den Arm nehmen zu wollen, sie wusste, dass es das nur schwerer machen würde, und sie wollte sich jetzt leichter fühlen, mehr als um die fünf Pfund Säugling, die sie gerade verloren hatte.

»Ist es ein Mädchen?«, hatte Leo nur gefragt. Shanya hatte genickt und Leo gab ihrer Justiziarin ein Zeichen, näher zu kommen.

»Hope!«

Frau Dr. Klaus hatte nicht verstanden, was Leo wollte.

»Sie soll Hope heißen. Bitte nehmen Sie das in den Vertrag auf.«

Die Anwältin begann zu tippen und Shanya ahnte, dass das Baby diesen Namen nicht bekam, weil er sich gut anhörte. Keine Heaven und keine Joy. Eine echte Hope!

Leo hatte gelernt, klug zu handeln, Intuition und Verstand miteinander zu koppeln. Und das gelang ihr meistens. Doch das abstrakt bis ins Detail Durchdachte und das Tatsächliche waren zwei Linien, die nicht parallel liefen, sondern sich irgendwann trafen. Leo hatte nicht darüber nachgedacht, dass man nach einem Kaiserschnitt nicht einfach aus dem Krankenhaus spazierte. Selbst wenn die Narbe von der Größe her überschaubar war, schmerzte sie doch. Sie hatte sich nicht damit beschäftigt, was Nachwehen waren und dass jede Muskelkontraktion zu starken Schmerzen führen würde. Sie hätte gerne etwas dagegen eingenommen, aber sie hatte versprochen, das Baby zwar nicht zu stillen, aber ihm ihre Milch zu geben. Und Milch mit Narkotika war für Babys nicht besonders gut. Also musste sie die Schmerzen aushalten und sich von Shanya erklären lassen, wie eine Milchpumpe funktionierte und wie man sie anlegte. Es war nicht schwer, es zog in den Brüsten und es kitzelte ein wenig und es hinterließ irgendwie das Gefühl, eine Kuh zu sein, die zum Melken an ein Gerät angeschlossen worden war.

Es gab niemanden, der Leo besuchte, und es gab auch niemanden, den sie hätte sehen wollen. Außer Shanya, die von ihr zudem den Auftrag bekam, sollte Nick nach ihr fragen, zu sagen, dass sie das Krankenhaus längst verlassen habe. Um sich abzulenken, begann sie sich mit einer nordamerikanischen Firma zu beschäftigen, die ähnliche Produkte herstellte wie Happyland, allerdings schlechter produziert. Außerdem hatte sie zwei Appentwickler damit beauftragt, eine App zu programmieren, die jungen Frauen das Investieren in Aktien und Firmen einfacher machen sollte. Sie wollte, dass die Mädchen so früh wie möglich damit begannen, sich so unabhängig wie nötig zu machen und da gehörte der finanzielle Aspekt eindeutig dazu.

Nach der Entbindung brauchte Leo eine Auszeit und buchte sich einen Flug nach Andalusien. Sie landete in Malaga, mietete sich ein Auto und fuhr nach Cadiz. Sie mochte die Stadt. Sie konnte sich dort frei bewegen und liebte die anonymen Spaziergänge am Meer. Sie traf sich mit dem CEO der nordamerikanischen Firma in Sevilla und sie sprachen über gemeinsame Produkte für den europäischen und den nordamerikanischen Markt. Leo hatte das Glück, dass sie überhaupt nicht auf ihre Ausgaben achten musste. Sie galt nach herkömmlichen Maßstäben als reich. Sie hatte versprochen, Shanya jeden Tag eine Lieferung Milch für Hope zu schicken und sie hielt sich dran. Sie pumpte in ihrem Hotel ab, packte eine Kühltasche, ein Kurier holte diese ab, per Flugzeug gelangte die Milch nach Deutschland und von dort aus mit einem weiteren Kurier zu Shanya, die dann, wenn sie es schaffte, persönlich an Nick auslieferte. Ansonsten wurde ein weiterer Kurier angeheuert. Die Sonne, das Meer und etwas zu planen halfen Leo über die ersten Wochen der Leere hinweg. Ein Gefühl, das sie immer wieder überfallen sollte. Das aus dem Nichts zu kommen schien, das irgendwo hinter einer Ecke lauerte, wie ein Straßenräuber, auf einmal da war und sie dastehen ließ, wie eine, die die Beute freiwillig und viel zu schnell herausgerückt hatte. Doch das war kein ständiges Gefühl. Es kam und ging. Aber immer wenn es kam, brachte es die Fragen mit: Hast du das Richtige gemacht? Was ist, wenn er nicht klarkommt? Was passiert dann mit dem Baby? Landet es in Heimen, so wie du selbst? Und wenn es gut geht – irgendwann wird die Kleine beginnen, nach der Mutter zu fragen. Was wird er sagen? Die hat dich einfach weggegeben? Es war nicht so gewesen, dass wusste er auch, aber wie sollte man das einem Kind erklären? Würde er versuchen, Hope eine andere Mutter zu präsentieren? So dass die Frage, erst mal zumindest, gar nicht gestellt würde? Leo erinnerte sich gut an ihre Kindheit. Es hatte nichts Wichtigeres gegeben als die Fragen: Wer bin ich? Wo komme ich her?

Sie selbst war zwei Mal in Pflegefamilien gelandet und zwei Mal wieder zurückgegeben worden. Die Familien, die sie zu sich geholt hatten, waren in beiden Fällen Paare gewesen, die keine Kinder bekommen konnten. In beiden Fällen hatte die Liebe der Partner zueinander nicht gereicht, um lange zusammenzubleiben. Mit leiblichen Kindern bildet man nach einer Trennung Patchworkfamilien, ausgeliehene kann man zurückgeben. So wie einen Hometrainer, den man sich bestellt und dann merkt, man braucht ihn nicht wirklich. Beim ersten Mal war sie zu klein gewesen, um sich an viel zu erinnern. Den meisten Platz nahm das Bild eines überdimensionalen Weihnachtsbaums ein. Beim zweiten Mal war sie schon in der Schule. »Das Kind lacht so wenig. Sie ist so emotionslos«, hatte die Pflegemutter bei der Rückgabe gesagt. Aber Leo war nicht emotionslos, sie wollte nur nicht gerne zeigen, was sie fühlte. Außerdem fiel es ihr schwer, sich auf das, was sie fühlte, einzulassen. Irgendwie hatte sie immer den Eindruck, es wäre besser, das nicht zu tun, falls es sowieso bald wieder vorbei sein würde.

Und so waren die anderen Kinder und die Betreuerinnen eine Art Ersatzfamilie geworden und erst mit Jan, mit Shanya, hatte sie das Gefühl, einen Menschen getroffen zu haben, den sie als seelenverwandt, als eine Schwester im Geiste bezeichnen konnte.

Was wäre, wenn Nick es nicht schaffen würde? Was würde mit Hope passieren?

Zurück in Deutschland stürzte sie sich in die Vorbereitungen zur neuen Staffel von *Founders*. Ihre Medizin gegen dunkle Gedanken war schon immer: etwas unternehmen! Das Milchabpumpen im Hotel in Andalusien war einfach gewesen. Hier hatte sie zwar auch ein Hotel, war aber die meiste Zeit des Tages in den Redaktionsräumen und nicht alleine. Leo hatte kein Problem mit Nacktheit. Warum sollen die Menschen nicht meine Brüste sehen, selbst wenn es aussieht, als wäre ich an eine Melkmaschine angeschlossen, hatte sie gedacht. Die meisten wissen, wie ich untenrum aussehe, was stört es mich, wenn sie jetzt auch oben kennen? Leo hatte kein Problem mit ihrem Körper. Sie hätte ihn nicht tauschen wollen. Aber wie hätte sie den Abpumpvorgang erklären sollen? Ich bin jetzt Milchspenderin? Das ist ein neuer Fetisch? Ich will jetzt Milchpumpen herstellen und teste sie? Weil es nicht besonders gut und plausibel zu erklären war, ohne die Wahrheit zu sagen, schloss sie sich zum Abpumpen regelmäßig in ihrem Büro ein.

Sie hatte Hope anonym zur Welt gebracht, sie war nicht als Mutter eingetragen, sie hatte das Baby direkt nach der Geburt weggegeben. Was würde man dazu sagen? Wie würde man in der Presse damit umgehen? Wie würde sich Nicks Leben dadurch verändern? Und das von Hope? Wie sähe das Bild aus, das das Baby irgendwann von seiner Mutter, von ihr, haben würde? Es würde sich sowieso nicht vermeiden lassen, Fragen zu beantworten, aber zu einem späteren Zeitpunkt, den man selbst bestimmte, und nicht auf Druck der Boulevardpresse hin.

Das Surren des Motors und das Geräusch des Abschließens der Tür ließen die Mitarbeiter von *Founders* allerdings auf die Idee kommen, dass sie in ihrem Raum neue Modelle an sich selbst ausprobierte. Na und? Vielleicht war es ohnehin an der Zeit, neue zu entwickeln? Und das ließ Leo wieder an die amerikanische Firma denken und sie bereitete ein weiteres Treffen vor.

Eine Frage stellte sie sich aber doch: Warum nahm Nick den Unterhalt nicht an, den sie ihm für Hope angeboten hatte? Sie hatte sich sogar freiwillig bereit erklärt, die Summe zu verdoppeln, damit er genug Geld hätte. Shanya konnte es ihr nicht erklären. Sie konnte nur sagen, dass er, bis auf die übliche Überforderung einer frischen Mutter, ganz gut klarzukommen schien. Und nachfragen wollte und konnte sie nicht gut, denn Nick hatte doch keine Ahnung von der Verbindung zwischen Leo und Shanya.

Manchmal überlegte Leo, ob sie ihn nicht einfach anrufen sollte, ließ es aber jedes Mal bleiben. Sie ließ sich stattdessen von Shanya berichten und schaffte es auf diese Weise, für sich so zu tun, als würde es um ein fremdes Baby gehen.

Im Herbst begann sie, sich auch privat mit Hank Peterson zu treffen. Hank war der CEO von Good Vibrations, dem Unternehmen, an dem sie Anteile gekauft hatte und das jetzt gemeinsam mit Happyland neue Produkte für den europäischen Markt entwickelte. Hank schaffte es immer, sie mit irgendwas abzulenken, kurz bevor sie schwermütig werden konnte. Ein langes Wochenende in Colorado. Ein paar Tage in Monaco. Hank war das Südstaatenpendant zu Richard Gere, nur etwas jünger. Er war weder zu introvertiert, noch im Entferntesten ein Narzisst, er war erst mit Mitte fünfzig Vater geworden und hatte diese silbergrauen Haare und diesen warmen intelligenten Blick, der ihr das Gefühl »Ich werde wahrgenommen, aber zu nichts gezwungen« gab. Der Sex war gut, so wie Sex zwischen jüngeren Frauen und älteren Männern oft gut war, außer es handelte sich bei den Männern um unsichere, komplexbehaftete Exemplare. Er musste weder sich noch ihr im Bett etwas beweisen. Sie fickten weniger, als dass sie miteinander schliefen. Ihm ging es nicht um seine Befriedigung, sondern darum, es für sie schön zu machen. Er liebkoste sie sowohl mit Blicken als auch mit seinen gefühlvollen, weichen Händen. Es gab nur ein Problem: seine Ex und seine drei Kinder. Er hatte sie sitzen lassen. So stand es auf jeden Fall in der Regenbogenpresse. Die Fusion zwischen Happyland und Good Vibrations war kein Yellowpress-Thema gewesen. In den Finanzblättern wurde schon darüber berichtet, aber das war es auch gewesen. Doch als bekannt wurde, dass die Beziehung zwischen Hank und Leo nicht mehr rein geschäftlich war, wurden sie das Thema diverser amerikanischer Klatschmagazine. Der erfolgreiche Familienvater und die deutsche Bitch, die allen ihre Muschi gezeigt hatte und jetzt dabei war, eine Familie zu zerstören. Kein Wort davon war wahr. Er sah seine Kinder öfter als mindestens zwei Drittel aller berufstätigen Väter, er war nur nicht mehr in die Mutter verliebt. Die zwar auch nicht wirklich in ihn, aber im Rahmen eines von ihr forcierten Scheidungskrieges, in dem es nur um die Summe ihrer Abfindung ging, wurde Leo zur *conditio sine qua non* für die Trennung. Die Aufregung war in den USA deutlich größer, aber auch die deutschen Magazine berichteten am Rande darüber. Die Beziehung zwischen Hank und Leo war eine gute, aber das überstand sie leider nicht. Die beiden trennten sich.

Sie überlegte danach öfter als sonst, einfach bei Nick anzurufen und mal zu fragen, wie es den beiden so ging. Sie hatte den Beitrag über ihn im Fernsehen mit einem fragenden und einem lachenden Auge gesehen und sich gefragt, ob nicht eine unverfänglichere Geschichte besser gewesen wäre. Weihnachten erschien ihr ein guter Anlass, sich mal zu melden. Aber nach dem Scheiß, den er zu Shanya gesagt hatte, unterließ sie es dann lieber. Jedem sein eigenes Leben!

25

In der Woche vor Weihnachten fällte Nick drei Entscheidungen: Zunächst wollte er sich bei Shanya entschuldigen, die ging aber nicht ans Telefon. Die Mütze kam wieder in den Schrank und er rief Rominas Freundin Christiane an und sagte ihr, dass die Geschichte mit dem geretteten Baby gelogen war.

»Wie? Gelogen?«

»Ausgedacht!«

»Und was soll ich jetzt machen?«

Mir doch egal, hatte Nick gedacht.

»Ich kann doch nicht erst einen Beitrag senden und den Leuten dann erzählen, dass die Geschichte nicht stimmt.«

»Warum nicht?«

»Hör mal, es ist Weihnachten. Da brauchen wir solche Storys. Wenn den Menschen nicht von selbst warm ums Herz wird, müssen wir ihnen eben ein wenig helfen.«

»Mach was du willst«, hatte Nick gesagt, »aber ich will das gesammelte Geld auf keinen Fall haben.«

»Und was soll ich jetzt damit tun?«, wollte Christiane von ihm wissen.

»Gib es halt zurück«, sagte er und sah sich in diesem Moment vor seinem inneren Auge einen Hunderttausend-Euro-Schein zerreißen.

»Wie stehe ich denn jetzt da?«, jaulte Christiane noch, während Nick das Gespräch beendete.

Romina gegenüber hatte er ein sehr schlechtes Gewissen. Er versuchte sich einzureden, dass die ganze Nummer nicht auf seinem Mist gewachsen wäre, aber er wusste, dass das so nicht ganz stimmte. Er hätte das Interview abbrechen können und er war derjenige, der sich den Schwachsinn überhaupt ausgedacht hatte. Insofern versuchte er die Nachbarn erst mal zu meiden.

Um auf andere Gedanken zu kommen, beschloss er, Hope und sich zu Weihnachten einen Schlitten zu schenken. Also hatte er in einem Secondhandladen einen alten Holzschlitten gekauft und sich in den Abendstunden, wenn Hope schlief, daran gemacht, ihn abzuschmirgeln und neu zu lackieren. Eigentlich war es egal, ob sie schlief. Sie wusste noch nicht wirklich, was Weihnachten war und dass es Geschenke geben würde, aber für sein Gefühl war es besser, es »heimlich« zu tun. Bei der Arbeit daran wurde ihm klar, dass er sich damit, diesen Schlitten wieder in Betrieb zu nehmen, eigentlich selber ein Geschenk machte.

Seine Wohnung sah inzwischen komisch aus. Nicht mehr wie seine Wohnung. Als Hope zu krabbeln begann, hatte er die Räume so kindersicher wie möglich gestaltet, weil sie versuchte, sich an allem hochzuziehen, was sie erreichen konnte.

Schranktüren, Besenstiele, Stühle. So schnell, wie sie etwas in ihre kleinen Hände bekam, konnte er nicht hinter ihr her sein. Steckdosen mussten kindersichere Buchsen bekommen, alles, an dem man sich die Finger einklemmen konnte, wurde verschlossen und Hans Albers hatte stets und ständig auf der Hut zu sein, nicht entweder als Kissen oder als Leiter missbraucht zu werden. Hope aß inzwischen alles, was sie in die Finger bekam. Und wenn er es ihr nicht freiwillig gab, forderte sie es ein. Darunter waren Lebensmittel, von denen er nie gedacht hätte, dass Kinder sie mögen würden. Zum Beispiel getrüffelter Ziegenkäse und mit Knoblauch gefüllte Oliven. Gut, hatte er gedacht, bevor du schreist, lern doch selbst, dass das nichts für dich ist, und hatte ihr den Käse und die Oliven gegeben. Doch anstatt sie wieder auszuspucken, hatte sie verzückt gelutscht, gekaut und die Hände ausgestreckt, um mehr zu fordern.

Weihnachten kam, Weihnachten ging. Nick hatte einen kleinen Baum gekauft, den er auf einen Tisch stellte, sodass Hope nicht nach ihm greifen könnte. Doch er hatte, weil er keinen Weihnachtsbaumfuß besaß, die kleine Tanne in einen mit Sand gefüllten Topf gesteckt, der ihm jetzt in der Küche fehlte. Außerdem hatte er bei dem Projekt kindersicherer Tannenbaum nicht darauf geachtet, dass er den Topf auf ein ausrangiertes Laken gestellt hatte, an das Hope sehr wohl herankam. Gott sei Dank verfehlte die kleine herabstürzende Tanne Hans Albers, wenn auch nur knapp.

Heiligabend gingen sie in die Kirche und er war viel aufgeregter als sie. Er sang mit und sie waren irgendwann bei »Maria durch ein Dornwald ging« aufgestanden und hatten begonnen, am Rand, hinter dem Beichtstuhl, zu tanzen. Das gefiel nicht nur Hope, sondern auch vielen der älteren Damen in der Kirche, die ihm gerührte Blicke zuwarfen. Er war erleichtert. Ohne Mütze erkannte ihn keiner und niemand sprach ihn auf das gerettete Kind an. Danach waren sie durch die Stadt spaziert und als sie zu Hause ankamen, war Hope sofort eingeschlafen, ohne ihren Schlitten auszupacken. Er machte sich eine Klappstulle und sah sich bei Netflix *Schöne Bescherung* an.

Spät in der Nacht stand Nick an ihrem Bett und betrachtete sie. Er nahm sie aus ihrem Bettchen und auf den Arm. Er drückte sie eng an sich, konnte aber nichts dagegen tun, dass ihn das gleiche Gefühl überkam, das er auch als Kind an Heiligabend immer gehabt hatte. Ein Gefühl, als ob man einen Tisch voller Köstlichkeiten vor sich hat, die alle nach nichts schmecken.

Am ersten Weihnachtstag gingen sie bei zehn Grad und Regen mit dem Schlitten spazieren. Er schob den Buggy mit der schlafenden Hope, er zog den ebenfalls so gut wie einschlafenden Hans Albers hinter sich her und dazu noch den Schlitten. Abends gab es dann *Bad Santa* mit Hope auf dem Bauch. In der Nacht kotzte sie Kuchen.

Sein Vater rief an, Nick ging nicht dran. Von seiner Mutter war nicht mal eine Karte gekommen. Er hatte ihr aber auch keine geschrieben. Er hatte nicht einmal ihre Adresse, kannte lediglich den Ort, in dessen Nähe sie lebte. Mit Mike.

Am Nachmittag des zweiten Weihnachtstages fühlte Nick sich einsam und ihm fiel ein, dass er sein Versprechen,

Herrn Gudmundson zu besuchen, noch nicht erfüllt hatte. Er packte Hope und Hans Albers ins Auto und fuhr zum Pflegeheim. Doch er war zu spät gekommen, der alte Herr war in der Woche vorher verstorben. Sein Zimmer war bereits neu vergeben.

Zurück im Auto bekam Nick einen Weinkrampf und stand ein paar Minuten mit laufendem Motor auf dem Parkplatz. Er sah auf Hans Albers und dachte: Du bist der Nächste.

In einem Beitrag im Deutschlandfunk, den er manchmal hörte, ging es um Vereinsamung und zum ersten Mal in seinem Leben war dieses Wort für Nick nicht nur eine Hülse.

Nick dachte an Leo und stellte sich vor, wie es wohl wäre, mit ihr Weihnachten zu feiern. Oder wie es wäre, wenn sie vorbeikäme, um Hope zu holen, damit sie die eine Hälfte des Festes mit ihrer Mutter verbringen würde. Seine Gedanken waren düster. Er verstand Leo nicht. Sie ließ sich auf einen alten Mann mit drei Kindern ein, anstatt sich wenigstens mal bei ihm und ihrer eigenen Tochter zu melden? Ihr Gesicht in den TV-Magazinen, auf dem Bildschirm oder auf Plakaten ließ ihn auf der einen Seite immer ein wenig wehmütig werden, auf der anderen stinksauer. Was für eine blöde Kuh.

Zwischen den Jahren musste er drei Mal ins Callcenter. Drei der Frauen aus der Schulung waren ebenfalls da, ihre Männer brauchten wohl mal Ruhe und wollten entspannt eine Shisha rauchen, ohne gestört zu werden.

Pünktlich zu Silvester wurde Hope krank, sodass er, die böllerfreie Pandemie zurücksehnend, den Abend, die Nacht und den Neujahrstag vor ihrem Bettchen verbrachte. Die

meiste Zeit liegend, Hans Albers als Kopfkissen, und Ratge-
ber über Kinderkrankheiten lesend, dabei in einem Gefühl
der Hilflosigkeit gefangen, das ihn zwang zu begreifen, dass
er nur versuchen konnte, das Kind vor allem zu beschützen.
Das aber das, was er wirklich tun konnte, eigentlich extrem
wenig war.

26

Im Januar stand Hope, wenn sie sich festhielt. Im Februar machte sie ihre ersten Schritte und noch vor ihrem ersten Geburtstag konnte sie laufen. Nick hatte überlegt, diesen Tag zu feiern, aber er wusste nicht, wen er einladen sollte. Also hatte er ihr eine Torte gebacken und sie feierten zu zweit. Zu dritt, wenn man Hans Albers mitzählte.

Weil sie ständig nach seinem Besteck griff, hatte er ihr ein Kleinkindset gekauft. Löffel, Gabel und Messer, aus Plastik und ziemlich stumpf. Er hatte den Boden unter dem Tisch mit einer Plane ausgelegt, ihr einen Regenmantel angezogen, ein Stück Torte auf einen Teller gelegt und ihr dazu das Besteck gereicht. Von der Schweinerei, die sie veranstaltete, machte er Fotos, das schönste davon war das, als sie es geschafft hatte, das letzte Stück Tortenmatsche auf den Löffel zu bugsieren und sich in den Mund zu schieben. Danach hatte er die Reste zusammengewischt, wieder auf den Teller geladen und sie hatte gelernt, dass man die Hände benutzen kann, um etwas auf den Löffel zu tun, den sie sich zwar immer noch manchmal gegen Wange und Nase, aber immer öfter genussvoll in den Mund schob.

Als sie schlief, setzte er sich an den Küchentisch, nahm sich eine halbe Flasche Wein, schenkte sich ein Glas ein und trank es in einem Schluck aus.

Hatte Hope einen schönen Tag gehabt? Würde sie sich daran erinnern? An welche Geburtstage konnte er sich noch erinnern? Seinen ersten? Gar nichts. Den zweiten? Auch nichts. Auch an den dritten, vierten und fünften konnte er sich nicht erinnern. An wirklich nichts. An keine Kinder, keine Feier, keine Geschenke, nicht einmal an seine Eltern.

Und so saß Nick da und wurde schlagartig traurig wegen all dem, das er erlebt und vergessen hatte. Hatte er nicht auch an diesem Tag vergessen, seinen Vater und seine Mutter einzuladen? Nein, das war absichtlich geschehen, denn sonst hätte er ihnen ja erst einmal erklären müssen, dass es ein Enkelkind gab, und sie hätten sicherlich gefragt, warum sie erst jetzt davon erfuhren.

Er dachte an den Tag vor einem Jahr zurück, an Shanya. Scheiße, er hätte Shanya einladen sollen, ja müssen. Er hätte in Ordnung bringen sollen, was er verbockt hatte.

Er dachte an Leo, die sich ja auch hätte melden können, um Hope zum Geburtstag zu gratulieren. Nicht einmal das hatte sie geschafft. Ihm fiel das Zimmer in der Gynäkologie wieder ein, er dachte an Karlotta und wie sie ihren Sohn Ludwig nicht hatte stillen können, wie er auf ihrem Bett eingeschlafen und aus dem Krankenhaus rausgeworfen worden war. Er ließ das ganze letzte Jahr Revue passieren. Was hatten Hope und er schon alles erlebt. Und dabei begann er plötzlich zu weinen.

Erst ein bisschen, dann immer mehr, bis es ihn richtig durchschüttelte.

Er hatte keine Lust, sich auf dem Klo einzuschließen.

Warum auch? Er war alleine. Er wollte sich auch nicht zusammenreißen.

Da war etwas in ihm, das raus musste.

Und er ließ es raus.

Um sich zu beruhigen beschloss er, Hope einmal für eine Stunde allein zu lassen, und ging in die Bar. Das hatte sich aber als völlig nutzlos erwiesen, denn er hatte einfach vergessen, dass man mit Barbesuchern kaum Gespräche führen konnte, die über Bierpreise, Aktienkurse, operierte Möpse, Dezibelzahlen und »die Arschlöcher von …« hinausgingen. Sein Besuch dort endete bei Sally. Sie grinste ihn an, schlenderte zu ihm herüber und beugte sich über den Tresen. Er nahm den Schnaps, den sie ihm anbot, und stieß einfach so mit ihr an. Auf alte Zeiten. Dann ging er nach Hause und war heilfroh, dass Hope nicht aufgewacht war. Wenigstens musste er nicht mehr weinen.

Ende März lag ein Zettel in seinem Briefkasten. Man habe gehört, dass er eine Kita suche? Er möge doch mal bei der Eiche vorbeischauen. Eine Telefonnummer stand nicht dabei. Er schrieb sich die Adresse ab und bereits am nächsten Tag packte er Hope warm ein und machte sich mit ihr auf den Weg. Bei der angegeben Adresse angekommen, stand er vor einem hohen Zaun, der einen weitläufigen Park umgab. Er lauschte und hörte tatsächlich weit entferntes Kindergeschrei. Nick sah sich um. Es gab ein moosbewachsenes Tor aus Stein, in einer Säule des Tores befanden sich Briefkästen und Klingeln. Ein Schild war mit »Die Eiche« beschriftet. Kurzentschlossen drückte er den Klingelknopf und ein paar Sekunden später ertönte aus einem unter Efeu versteckten Lautsprecher eine Stimme. »Hallo?«

Er sagte, warum er hier war, rechnete schon damit, weggeschickt zu werden, und war recht verblüfft, als das Tor sich langsam und quietschend öffnete. Er warf einen Blick auf Hans Albers. Ob Hunde auf dem Gelände erlaubt waren? Erst mal egal, er schob Hope in ihrem Buggy durch das Tor und plötzlich standen sie in einem richtigen Park, mitten in der Stadt. Ein Weg führte zu einer blassgelben Villa, in den gepflegten Beeten am Wegesrand krochen Krokusse aus dem Boden. Verunsichert, ob sie hier wirklich richtig waren, schob er Hope über den geharkten Weg bis vor das Haus. Erst an der Haustür, an der jede Menge Kinderzeichnungen angebracht waren, wusste er, dass er richtig war. Die Eiche war tatsächlich eine Kita. Während er die schöne Tür betrachtete, wurde sie auch schon geöffnet. Ein junger Mann, ungefähr in seinem Alter, stand vor ihm, lächelte, ergriff seine Hand und schüttelte sie herzlich.

»Nikolaus?«

Er nickte. Der Mann beugte sich zu Hope.

»Und du musst die kleine Hope sein?«

Hope, die eigentlich überhaupt nicht dazu neigte zu fremdeln, sah ihn ziemlich ausdruckslos an und beschäftigte sich weiter damit, einen Butterkeks zu lutschen. Als er sie aus ihrem Buggy heben wollte, machte sie ihm aber schnell klar, dass das nicht ihrem Willen entsprach. Er lachte das Unangenehme der Situation weg.

»Ganz richtig! Schau immer, wem du trauen kannst und wem nicht! Es könnte ein Fremder sein.«

Um sich selbst das Fremde zu nehmen, stellte er sich vor: »Ich bin Hendrik, kommt doch rein.«

Hendrik warf einen Blick auf Hans Albers, der sich absentiert hatte, um unter einen der Bäume im Park zu kacken.

»Ein schönes Tier«, sagte er.

Nick, der Hans Albers in diesem Moment eher als einen gebrechlichen annähernd dementen Senior in einer unwürdigen Haltung empfand, nickte nur dazu. »Das kinderliebste, freundlichste Tier der Welt«, sagte er.

Hendrik führte sie in den Flur, der eigentlich eher eine Eingangshalle, dominiert von einer halb freistehenden Treppe, war.

»Hier ist mein Büro, da hinten befindet sich die Küche und dort sind die Schlafräume für den Mittagsschlaf.«

Er lächelte Nick freundlich an und bückte sich dann zu Hope.

»Aber du willst bestimmt zu den anderen Kindern?«

Nick war sich nicht sicher, ob sie das wirklich wollte, aber er wollte es auf jeden Fall, und so folgten sie Hendrik.

»Hier können Mäntel und Jacken aufgehängt werden, hier sind die Toiletten und Waschräume.«

Was Nick sah, ließ sich mit dem Begriff »herrschaftlich« beschreiben. Eine gut renovierte Villa, deren Baujahr er nicht einschätzen konnte. Fischgrätparkett und Steinböden wechselten sich ab, alles war gepflegt, die von Kindern gemalten Bilder, die an den tapezierten Wänden hingen, waren gerahmt. Ein krasser Gegensatz zu dem Schulungsraum und den Büros des Callcenters, alles sah aus, als würden hier die Kinder sehr reicher Menschen betreut werden. Wie sollte er sich diese Kita leisten können?

Hendrik war sehr freundlich, aber irgendwas hatte er an sich, das ihn Nick unsympathisch machte, obwohl es keinen offensichtlichen Grund dafür gab.

Er warf Hope einen Blick zu.

In einer Ecke stand ein lebensgroßer Stoffbär, der es ihr sofort angetan hatte. Hendrik bemerkte ihren Blick ebenfalls.

»Das ist Heinrich. Der sitzt hier und wartet, um dir Hallo zu sagen.«

Hope war derart fasziniert, dass sie sich von Hendrik aus dem Buggy heben und neben Heinrich setzen ließ.

»Heinrich ist unser Eisbrecher«, erklärte Hendrik. »Magst du einen Kaffee?«

Nick sah zu Hope und wollte gerade ablehnen, als eine junge Frau um die Ecke kam und sich zu Hope hockte. Sie sagte erst mal gar nichts, sie saß einfach neben Hope und ließ diese Heinrich abtasten. Nach einer halben Minute fragte sie Hope, ob sie ihr die Jacke ausziehen dürfe. Heinrich habe schließlich auch keine an und es sei gut geheizt. Den Bären nicht aus den Augen lassend, streckte Hope ihre Arme in die Höhe. Was so viel bedeutete wie »Mach doch, zieh aus.«. Die junge Frau befreite Hope aus ihrem Schneeanzug und ging jetzt von der Hocke zurück in die Knie.

»Hope, möchtest du mit mir kommen? Ich kann dir noch ganz viel anderes zeigen.« Und als hätte es Nick nie gegeben, ließ Hope sich an die Hand nehmen und die beiden waren schon weg.

»Das ist Sandra«, erklärte Hendrik. »Es gibt kein kleines Herz, das sie nicht im Sturm erobert.«

Was ist es nur, das ich komisch finde, dachte Nick, gab sich aber selbst die Schuld daran, sich nicht einfach darüber freuen zu können, so eine schöne Kita gefunden zu haben.

Falls er sie sich überhaupt leisten konnte.

Die ganze Villa war ein einziges Kinderparadies und nachdem Hendrik Nick die zwei außergewöhnlich schönen und mit allem, was Kinderherzen begehrten, ausgestatteten Spielräume gezeigt und ein paar ihre Kinder abliefernden Mütter begrüßt und zwei weitere Erzieherinnen vorgestellt hatte, gingen die beiden in sein Büro. Nick bekam einen Kaffee, ein kleines Stück Kuchen und wurde in einen Sessel vor Hendriks Schreibtisch platziert.

»Wir sind eine private Einrichtung«, erklärte Hendrik ungefragt, während er Nick musterte.

Nick, der schwer beeindruckt war, machte sich nur noch wenig Hoffnung darauf, dass Hope aufgenommen werden könnte. Er kam mit seinem Geld gerade so hin und würde sich Die Eiche nicht leisten können. Um sich nicht lange zu quälen und es Hendrik einfacher zu machen, ihm abzusagen, kam er schnell auf den Punkt: »Sie haben es hier wun-

246

derschön, aber ich denke, es entspricht nicht meinem Geldbeutel.«

Hendrik lächelte.

»Wir finanzieren uns hauptsächlich durch Spenden.«

Nick, der schnell im Kopf überschlug, was ihm im Monat blieb, schüttelte den Kopf.

»Ich kann leider nicht mal etwas spenden.«

Interessanterweise änderte sich Hendriks Gesichtsausdruck nicht, er lächelte weiter und öffnete eine Datei in seinem Laptop.

»Nikolaus Przybilsky.«

Nick war erstaunt. Hendrik kannte seinen ganzen Namen.

»Alleinerziehender Vater, Mutter unbekannt?«

»Richtig«, sagte Nick. »Woher wissen Sie das?«

»Sag gerne du.«

»Woher weißt du das?«

Hendrik zeigte eine Reihe gepflegter weißer Zähne.

»Wir wissen fast alles.«

Wir wissen fast alles? Woher? Beunruhigt nahm Nick einen Schluck Kaffee. Rehbraun. Wie er ihn liebte. Das beunruhigte ihn noch mehr.

»Nikolaus, meinst du, dass Hope sich hier bei uns wohlfühlen würde?«

Da war er sich sicher. Mit so einer schönen Kita hatte er nicht gerechnet.

»Bestimmt.«

»Dann würde ich dir jetzt mal sagen, wie man für Die Eiche ein Stipendium beantragen kann.«

Nick war erstaunt.

»So etwas gibt es? Was muss ich dafür machen?«

Hendrik lächelte.

»Eigentlich gar nichts. Du musst es nur beantragen und unsere Spender übernehmen den Beitrag für die Halbtagsgruppe und das Mittagessen.«

Was für eine überraschende Wendung, vielleicht klappte es ja doch? Vielleicht konnte Hope wirklich in diese wunderbare Kita gehen?

»Was müsste ich denn dann noch zahlen?«

Hendrik sah ihn über das Laptop hinweg an.

»Was könntest du denn zahlen?«

Nick rechnete schnell und hatte die Summe sofort im Kopf. Gar nichts, eigentlich.

»Hundert Euro?«, schlug er zaghaft vor und sah Hendrik zu einem Lachen ansetzen. »Hundertzwanzig Euro«, legte er schnell nach und jetzt lachte Hendrik laut.

»Wenn du das Stipendium beantragst, subventioniert der Verein euch so, dass ihr einen Euro pro Tag für die Betreuung und fünfzig Cent für das Essen bezahlen müsstet. Wenn wir schwimmen gehen, übernimmt der Verein die Schwimmlehrerin und den Eintritt komplett. Ebenso wenn wir Ausflüge machen.«

Nick rechnete nach. Dreißigmal einen Euro und dreißig mal fünfzig Cent. Das wären nur fünfundvierzig Euro pro Monat.

»Fünfundvierzig Euro pro Monat?«, fragte er ungläubig.

»Nein«, lachte Hendrik wieder, »an den Wochenenden haben wir geschlossen.«

Er überlegte kurz.

»Wären dreißig Euro für dich machbar?«

Nick hielt sofort seine Hand hin und Hendrik schlug ein. Nick unterschrieb den Antrag für das Stipendium und bekam noch eine Broschüre mit, in der er sich über weitere Aktivitäten der Eichengruppe schlau machen konnte. »Gerade für die Wochenenden wichtig«, sagte Hendrik, »da ist man dann ja doch oft alleine.«

Das konnte Nick bestätigen.

Während sie dann noch einen zweiten Kaffee tranken, zeigte Hendrik ihm den Monitor seines Laptops.

»Schau mal.«

Nick sah hin und war ganz verblüfft. Hendrik hatte das Bild des Spielraums auf seinem Bildschirm. Er konnte Hope beobachten, wie sie sich vor einen Holzherd gesetzt hatte und die Töpfe sortierte. Zwei andere Kinder in ihrem Alter saßen neben ihr.

»Überwacht ihr die Kinder?«, fragte er, nun wieder misstrauisch.

Hendrik schien fast gekränkt.

»Nein. Natürlich nicht. Aber wenn eine der Erzieherinnen mal kurz den Raum verlässt, könnten wir trotzdem sofort eingreifen, falls etwas passieren sollte.«

Das verstand Nick natürlich, es kam ihm nicht mehr ganz so ungewöhnlich vor.

Als er sich eine halbe Stunde später verabschiedete, wollte Hope gar nicht mehr weg. Selbst Hendrik schien ihr jetzt offenbar nicht mehr so unsympathisch wie noch vor einer

Stunde. Er versicherte beiden, dass Hope fest in Die Eiche gehören würde, sobald die Anmeldeformalitäten geregelt wären.

Nick setzte Hope in ihren Buggy, vor dem schon Hans Albers wartete, und stellte sich auf dem Weg nach Hause die Frage, warum er jetzt nicht richtig gute Laune hatte. Ihm fiel ein Film ein, den er als Jugendlicher mit seiner Mutter gesehen hatte. *The Stepford Wives*, der Film hatte in ihm ein ähnliches Gefühl hervorgerufen. Alles schien perfekt, aber irgendetwas passte nicht in das Gesamtbild.

Er schüttelte sich, als würde er diese Gedanken dadurch loswerden.

Die Eiche, warum nicht? Warum sollte er nicht auch mal Glück haben?

27

Irgendwann war Nick es leid gewesen, den Nachbarn im Treppenhaus aus dem Weg zu gehen. Er hatte bei Romina geklingelt und sich in aller Form für die Adoptionsgeschichte und ihre Folgen entschuldigt. Interessanterweise war Romina eher belustigt als beleidigt oder sogar böse und lud ihn direkt zu einem gemütlichen Abend ein. Hope durfte er mitbringen, die andern würden das mit ihren Kids auch tun. Die Kinder würden in Leas Zimmer gebettet, es gäbe eine Babysitterin und man würde etwas glotzen und quatschen. Und mit Sicherheit auch ein paar Sektchen trinken.

Also stand er abends mit Hope vor der Brust und einer Tüte Kartoffelchips in der Hand in Rominas und Pauls Wohnzimmer.

Johanna hatte sich bereits auf dem Sofa lang ausgestreckt. Er wollte ihr freundlich zunicken, aber sie stand auf, umarmte ihn und gab ihm einen Kuss, als wären sie nicht »flüchtige Nachbarn« sondern beste Freund:innen.

Auch Natalya nahm ihn in den Arm. Die vierte Frau im Raum stellte sich als Anne vor. Er erinnerte sich an Anne, sie war diejenige, die Obst als Gift und Tomaten als Wasser bezeichnet hatte und über die »Winnetou-Mutter« am lautesten gelästert hatte. Sie entpuppte sich als ehemalige Kommilitonin von Romina, die ihr Medizinstudium trotz ihrer Schwangerschaft beendet hatte und jetzt als Assistenzärztin im gleichen Krankenhaus arbeitete, in dem ihr Mann Oberarzt war.

Nick war erstaunt, er hatte bislang nicht gewusst, dass Romina eine fast fertig ausgebildete Ärztin war.

Romina stellte die Babysitterin, eine ältere Dame, die aussah, als hätte sie eben noch die Rolle einer verhärmten Witwe in einer ZDF-RomCom gespielt, als Rosemarie vor. Sie nahm ihm Hope direkt ab und wünschte viel Freude. Sie sei dann wieder drüben, bei Lea, Leah, Juri und Agate. Sie betonte, dass man dort viel Spaß habe, so wie jemand, der beteuert, dass eine Steinigung gar nicht so schlimm sei. Sie war Nick so suspekt, dass er eigentlich mit ihr gehen wollte, um zu sehen, wo genau der Spaß im Kinderzimmer zu finden sei, aber Romina hielt ihn davon ab. »Lass Rosemarie mal machen.«

Nick sah sich um.

»Wo sind denn Paul und Ben?«

Romina antwortete nur lapidar, dass die beiden nicht so viel Bock auf Frauenabende hätten. Heute ist »Nur-wir-Mütter-Abend.«

Nick war verwundert, dass die Frauen ihn anscheinend als ihresgleichen betrachteten, wurde dann aber gleich von Anne, nachdem sie Johannas Beine zur Seite geschoben hatte, aufs Sofa gezogen. »Du kommst in die Mitte.«

Das Sofa war lang, Johanna, die eher klein war und auf gar keinen Fall bereit dazu, ihre Liegeposition aufzugeben, streckte ihre Beine über seinen Schoß aus. »Fußmassage«, forderte sie Anne auf. Anne schüttelte den Kopf. »Erst mach ich meine Nägel, Schätzchen«, sagte sie, holte ihr Nagelset heraus und sah Nick an.

»Gibst du ihr eine Fußmassage?«

Nick, der sich nicht sicher war, ob er Fußmassage konnte, aber auch nicht sah, was außer seinem grundsätzlichen Gefühl, doch nicht einfach Johannas Füße massieren zu können, dagegenspräche, nickte nur, ihre Füße lagen ja ohnehin schon auf seinem Schoß.

»Nicht zu doll, ich bin sehr kitzlig.«

Romina hatte eine Snackplatte, bestehend aus Oliven und diversen Schafs- und Ziegenkäsesorten vorbereitet, dazu öffnete sie vier Flaschen Rotwein. »Damit ich nicht andauernd aufstehen muss«, kicherte sie.

Sie hockte sich auf den Teppich vor dem Sofa, nahm die Fernbedienung und startete den Fernseher. *Germanys Next Topmodel.*

»Das ist gut so«, schnurrrte Johanna und presste ihren Fuß etwas nachdrücklicher in seinen Schoß.

Die folgenden zwei Stunden waren, abgesehen von der Zeit, die er mit Shanya verbrachte, wenn sie ihren Hebammendienst absolviert hatte, die angenehmsten und unterhaltsamsten der letzten Monate. Er hatte nicht geahnt, wie lustig es sein könnte, sich eine dumme TV-Show nicht allein anzuschauen. Sie lästerten, was das Zeug hielt.

Seine persönlichen Top five:

»Bei der Arschvergabe hat die auch zweimal hier gerufen!«

»Mädel, du läufst wie eine Marionette auf Valium!«

»Das ist doch eher eine Gast-Ritis als eine Gast-Jurorin!«

»Ausziehen! Ausziehen! Ausziehen!«

»Mein Gott, was nützen der denn Titten wie Tennisbälle, wenn das Hirn so groß ist wie eine Erbse.«

In diesen zwei Stunden musste Romina doch aufstehen, um noch zwei weitere Flaschen zu öffnen. Auf dem Rückweg brachte sie gleich ein Tablett mit Chips, Flips, Schokolade und einer 12er-Packung Super Dickmanns mit, bei denen selbst Anne wortwörtlich darauf schiss, was da drin sei. Nachdem ihre Nägel manikürt, pedikürt, lackiert und getrocknet waren, kam Johanna an die Reihe, dann Romina und zum Schluss er selbst. »Junge, deine Füße sehen aus, als wärst du sechzig und nicht dreißig«, meinte Anne, war sich aber nicht zu fein, die Hornhaut abzuhobeln, die Nägel zu schneiden und dann zu lackieren und einzucremen. Jetzt hatten seine Fußnägel verschiedene Farben, abwechselnd blau, gelb und rot.

Als er zur Toilette musste, rief Romina ihm hinterher: »Setzen!«

Nach GNTM hatte Natalya, die sowieso den ganzen Abend über eher ruhig auf einem Sessel verbracht hatte, sich verabschiedet und Nick musste sich eingestehen, dass er in den letzten zwei Stunden völlig vergessen hatte, keine Frau zu sein. Es war, als würde er die vier schon lange kennen.

Und deswegen war er auch nicht wirklich sauer auf Romina, als die gestand, dass sie schon wieder die Klappe nicht hatte halten können und den anderen erzählt hatte, dass Hope sein eigenes Kind sei.

Hope, die hatte er völlig vergessen.

Doch Romina beruhigte ihn. Sie habe eben noch geguckt und die Kinder und Rosemarie würden friedlich schlafen. Johanna bekräftigte das Gesagte mit einem leisen Bäuerchen, das leicht nach Schafs- oder Ziegenkäse und sehr nach Rotwein roch.

Mit der sechsten Flasche begann eine Art Befragung und Nick beantwortete weinselig jede Frage. Ja, es täte ihm leid mit der Adoptionsgeschichte. Es gäbe aber einen Grund dafür, der hätte mit der Mutter zu tun, die ihm das Kind gegeben hätte. Nachfragen erstickte er im Keim, indem er stattdessen von seinem Krebs und seiner Zeugungsunfähigkeit berichtete und sogar von Dr. Wilke und wie man ihm als Kind ständig an die Hoden gegriffen hatte. Romina als angehende und Anne als praktizierende Ärztin waren sehr interessiert und er befürchtete, dass gleich eine der beiden fragen würde, ob sie mal gucken könnten. Es war aber Johanna, die wie beim Poker »Zwanzig zum Sehen!« rief und alle, selbst er, brachen daraufhin in wildes Gelächter aus.

Natürlich wollten sie wissen, wer die Mutter sei, was für eine Frau das fertigbringe, einfach so ein Kind zu gebären und es eiskalt wegzugeben, ohne sich weiter zu kümmern.

War das so gewesen, fragte er sich nicht das erste Mal.

War Leo wirklich so eine Person?

Nick hatte ihre Motive nie weiter hinterfragt, er hatte Hope als ihr Geschenk für ihn gesehen, weil er sich so sehr ein eigenes Kind gewünscht hatte. Aber war es wirklich normal, dass man sich danach nicht mehr dafür interessierte?

Seit der Geburt hatte er von Leo nur mitbekommen, was er aus den Medien über sie erfuhr. Er begann sich Fragen zu stellen, die er sich vorher nicht gestellt hatte. Aber er verriet den anderen – den Mädels – nicht, wer die Mutter war.

Zumindest nicht, bis Romina auf *Founders* umschaltete. Das Erste, was er sah, war Leo, die gerade einem jungen Mann, der eine Art rauchfreier Zigarette erfunden hatte, erklärte, welche Marktchancen sein Produkt ihrer Meinung nach hätte und wie man es bewerben müsse. Sie so groß und lebensnah zu sehen, war toll. Ihm blieb förmlich die Luft weg und er konnte sich selbst nur zu gut verstehen, dass er ein paar Tage verrückt nach ihr gewesen war.

Auch bei den Mädels kam Leo riesig an. Anne gab zu, Followerin zu sein, und Romina outetet sich ebenfalls, beide wussten sehr viel über Leos schwere Jahre, wie sie es nannten, und die Zeit, die sie in Heimen verbracht hatte. Viel mehr als er selbst wusste.

Johanna gab zu, dass sie Leos Anlagetipps gefolgt war und damit den Wert ihres Portfolios deutlich gesteigert habe.

Weil alle schon zu sehr einen sitzen hatten, um aufmerksam *Founders* zu verfolgen, schlug Romina vor, jetzt Wahrheit oder Pflicht zu spielen, und alle waren dafür. Die erste Flasche, die sie drehte, war noch halb voll und es dauerte eine Zeit, bis sie, unter großem Gekicher, die Schweinerei aufgewischt hatten.

Die neu gedrehte, jetzt leere Flasche zeigte auf Johanna, die entschied sich für Pflicht und wurde dazu verdonnert, allen ihr neues Tattoo auf ihrer linken Pobacke zu zeigen. Sie reagierte skeptisch und warf einen Blick auf Nick.

»Er is'n Mann!«

»Isser nich«, kicherte Romina, »er's 'ne Mutter!«

Das beruhigte Johanna. Sie ließ die Jogginghose runter und alle durften einen kleinen Schmetterling begutachten.

Anne nahm Wahrheit und gab offen zu, dass sie manchmal Sex mit Frauen mochte. Dann zeigte sie auf den Bildschirm, auf Leo, und sagte, dass sie die mit Sicherheit nicht von der Bettkante stoßen würde.

Romina lachte laut und schrie, dass sie, sollte die Flasche auf Nick zeigen, gerne sein halbes Ei sehen würde. Johanna schloss sich direkt an. Anne drehte und … die Flasche zeigte auf Nick.

Der hatte überhaupt keine Lust, seine Hose auszuziehen, wählte Wahrheit und bereute diesen Entschluss ein paar Sekunden später zutiefst. Er hätte allen lieber sein halbes Ei gezeigt als die Frage zu beantworten:

»Sag uns, wer die Mutter ist!«

Hätte er nicht so viel getrunken, wäre der Abend nicht so gut gewesen, hätte er die Mädels nicht als seine Freundinnen betrachtet, dann hätte er irgendetwas erzählt. Aber er fühlte sich wohl, er hatte so lange nicht über sich gesprochen, einfach weil niemand an ihm Interesse gezeigt hatte, weil sich alles immer um sein Baby drehte; und vielleicht wollte manche Wahrheit auch einfach heraus. Und so zeigte er auf den

Bildschirm, auf dem zum wiederholten Male Leo zu sehen war. Zuerst verstanden sie nicht und dann war es Anne, die zuerst begriff.

»Das ist die Mutter? Leo the CEO?«

Sie grinste ihn lasziv an.

»Du gottverdammtes Ferkel! Ich bin soooo neidisch, ich will auch!«

Romina klatschte in die Hände.

»Jetzt weiß ich auch, an wen Hope mich immer erinnert.«

Johanna war skeptischer.

»Der erzählt doch Scheiße. Alle Männer erzählen Scheiße!«

Und so hatte Nick sich dazu hinreißen lassen, die Geschichte zwischen Leo und ihm von Anfang an zu erzählen, er ließ nichts aus und danach war man sich sicher: Entweder war es wahr oder er war der beste Geschichtenerfinder aller Zeiten.

Sie hatten dann aber doch noch jede Menge Fragen und ein paar davon beantwortete er ihnen auch, bis er fand, dass es reichte, und er sich auch mehr oder weniger nüchtern geredet hatte.

Und obwohl er zumindest noch ein bisschen betrunken war, dachte Nick daran, diesmal auf Nummer sicher zu gehen, und ließ die Damen beim Leben ihrer Kinder schwören, mit niemandem darüber zu reden. Zuerst fanden sie das unangenehm, wer wollte schon beim Leben seiner Kinder schwören, aber letztendlich schworen sie dann doch, zwar nur auf die Leben ihrer Männer, aber immerhin, denn sie fanden ja alle Leo gut und verstanden, dass das nichts war, was herumgetratscht werden dürfte.

Als er irgendwann Hope aus Leas Zimmer geholt und sich verabschiedet hatte, flüsterte Romina ihm ins Ohr: »Eins verstehe ich nicht?«

»Was?«

»Wieso du so pleite bist? Sie ist doch reich. Zahlt sie dir keinen Unterhalt?«

Die Wahrheit war, dass er bislang keine Sekunde darüber nachgedacht hatte, von Leo Unterhalt zu fordern. Sie hatte ihm einen Wunsch erfüllt, den Rest müsste er alleine erledigen. So hatte er bisher gedacht.

»Ich leier da mal was an«, sagte Romina und lächelte ihn an. »Und du musst unbedingt mehr mit uns auf die Spielplätze kommen! Da fehlt jemand wie du.«

28

In der Woche vor Ostern hat Hendrik ihn morgens angerufen.

Es sei so weit, Hope könne nach den Feiertagen ihren Platz antreten. Ob er bitte anstatt in Die Eiche mit Hope zum Schwimmen ins Stadtbad kommen könnte? Das wäre doch ein schönes Kennenlernen, oder?

Nick war eigentlich nicht danach, aber was sollte er machen. Dann würde für Hope der Ernst des Lebens eben im Spaßbad beginnen.

Als er ankam, waren schon ein paar Mütter mit ihren Kindern da. Sandra, die er schon kennengelernt hatte, stand mit ihnen vor dem Eingang und begrüßte ihn herzlich, so als ob er und Hope schon ewig dazugehören würden. Sie erklärte, sie hätte außer den beiden anderen Erzieherinnen, Theresa und Caroline, die genauso adrett aussahen wie Sandra selbst, noch zwei Mütter aktivieren können, mit in die Halle zu kommen. Sie hätten aber noch ein wenig Zeit, ein paar Kinder würden noch fehlen. Weil eine der Erzieherinnen, er glaubte Theresa, sofort begann, mit Hope zu kommunizieren, hatte Nick sich aus einem Automaten im Eingangsbereich einen Kaffee gezogen und etwas abseits, auf einem großen Sitzpodest, Platz genommen und sich die Position eines Beobachters verschafft. Um einen Aschenbecher herum stand eine Gruppe Männer. Arabisch, türkisch, auf jeden Fall südländisch. Sie waren in seinem Alter bzw. etwas jünger, einige von ihnen waren auffällig trainiert, sie waren laut, sie rauchten Zigaretten und Shisha und spielten anscheinend das Spiel: Wer ist der männlichste Mann von uns. Sie gestikulierten wild, rotzten ab und zu auf den Boden und es war nicht zu übersehen, dass sie den Müttern der Eichengruppe musternde Blicke zuwarfen. Auch die Mütter merkten das und sahen ostentativ weg.

Auf der gleichen Bank wie das letzte Mal, als er hier war, saß: Arch! Nick wollte schnell wegschauen, aber es war schon zu spät. Arch hatte ihn erblickt und setzte ein breites Grinsen auf. »Ah, der junge Retter!«

Nick hoffte inständig, dass Arch nicht weitermachen würde. Er wollte nicht vor Sandra und den anderen jungen Frauen als Lügner dastehen. Aber Arch hatte gar nicht beabsichtigt ihn bloßzustellen, nur ein wenig necken wollte er ihn offenbar.

Mit einem lässigen Tippen gegen seine Cap stand er auf und war schon so gut wie im Bad verschwunden. »Wir sehen uns im Becken«.

Hoffentlich nicht, dachte Nick und beschloss darauf zu achten, ein Zusammentreffen mit Arch zu vermeiden.

Kurz darauf ging er mit den anderen hinein und stand auf einmal vor einem Problem. Die Umkleide, in die er einfach hinterhergelaufen war, war eine Sammelumkleide für Damen. Sollte er sich hier auch umziehen? Sollte er nicht lieber in eine Herrenumkleide gehen? Aber Hope war doch ein Mädchen. Sie durfte hier sein. Wo aber sollte er sich umziehen? Er warf einen genaueren Blick auf das Schild. Da war ganz klar eine Dame darauf abgebildet. Da stand kein m/w/d oder Unisex, wie inzwischen auf vielen anderen Toiletten in Cafés oder Büros. Nick fühlte sich falsch hier, er fühlte sich beobachtet, nahm sich aber trotzdem einen Spind, hängte seine Jacke auf und zog sich unter vielen Blicken so schnell wie möglich T-Shirt und Pullover aus. Hope bekam eine Badewindel angezogen und als er seine Shorts wechselte, band er sich vorher ein Handtuch um die Hüften, die anderen Mütter sahen aber demonstrativ sowieso nicht hin. Ihm wurde klar, dass es ihnen genauso peinlich war wie ihm. Das war in seiner Zeit in Spanien noch ganz anders gewesen. Da hatte man sich einfach nebeneinander umgezogen und nicht weiter darum geschert, wer Mann oder Frau war. Lag es an dem anderen Land? Oder lebte er inzwischen in einer anderen Zeit? Auf jeden Fall war er froh, als er endlich fertig war. Er verließ die Umkleide in einer neuen knallroten Badehose und lief direkt wieder in Arch hinein, der den Gang zu den Schwimmbecken entlangschlenderte. Scheiße, der Typ war schlimmer als ein Stalker.

Arch sah ihn an, sah auf das Schild der Umkleide, dann auf seine rotleuchtende Badehose, dann schaute er wieder Nick an und grinste nur. »Wow, Digga! Jetzt weiß ich, wie man Augenkrebs bekommt…«

Nick beschloss, Arch lieber zu ignorieren.

Das Stadtbad war zu dieser Uhrzeit nicht überfüllt, aber doch gut besucht. Hauptsächlich ältere Damen, wenig Männer. Zu ihnen hatten sich mindestens ein Dutzend Eichenkinder in der Schwimmhalle eingefunden.

Das Erste, was Nick ins Auge fiel, waren die Männer, die vorhin noch draußen am Aschenbecher gestanden hatten und sich jetzt in der Halle umschauten, als suchten sie etwas. Ihre Blicke blieben an Sandra hängen, der man ansah, dass sie mit Sicherheit eine gute und ausdauernde Schwimmerin war. Sie versuchte sich so zu stellen, dass die Männer ihr nicht auf die Brüste schauen konnten. Die meisten Mütter, das sah er jetzt, hatten nur ihre Kinder umgezogen und waren gar nicht mit in den Schwimmbereich gekommen, sondern saßen an Tischen vor einer Scheibe.

Wenn er sah, wie Sandra sich vor den Blicken schützen musste, fühlte er mit ihr. Er kannte diese Art von Männergruppen, er wohnte lange genug in der Stadt, er empfand sie als völlig normal. Wenn allerdings so eine Gruppe in die Bar kam, wurde Kevin grundsätzlich nervös. Meist blieben sie aber unter sich, nahmen ein Getränk, kamen dabei mit niemandem ins Gespräch und gingen wieder. Er stellte sich vor, er wäre eine Frau im Badeanzug oder Bikini, und war, im Gegensatz zu eben in der Umkleide, froh, keine Frau zu sein.

Plötzlich tauchte Arch wieder auf. Auch er hatte registriert, was abging, und machte den jungen Männern auf Türkisch oder Arabisch eine Ansage. Obwohl er deutlich älter war, war Arch eine imposante Erscheinung. Er schien außer zu kiffen auch zu trainieren. Auf jeden Fall verzogen sich die Männer daraufhin in eine Ecke auf eine Heizbank.

»Idioten sind das«, sagte Arch, »Nafris.«

Nick sah ihn erstaunt an. Durfte man das sagen? War er nicht selber einer?

»Digga, ich bin Kurde«, sagte Arch, als habe er Nicks Gedanken erraten. »Wir sehen aus wie die, sind aber die mit Kultur!«

Er grinste.

»Ist für euch Kartoffeln schwer zu unterscheiden. Um den Unterschied kennenzulernen, muss man schon mehr sagen als«, er imitierte Nick, »Können Sie vielleicht woanders rauchen?«

Nick lachte, um nicht zu zeigen, dass ihm die Situation unangenehm war.

Arch hielt ihn am Arm fest.

»Riechst du was?«

Nick schnupperte. Chlor, aber auch ziemlich strenge Herrendüfte. Arch beobachtete ihn dabei und schien zufrieden.

»Je mehr sie nach Axe oder Oud riechen, desto sicherer sind sie E-Scooter-Fahrer, desto niedriger ist ihr IQ, ihr Testosteronspiegel dafür umso höher.«

»Wer sagt das?«

»Ich, Digga!«

Nick sah ihn an und machte sich los.

»Ich geh mal ins Wasser.«

Der Nichtschwimmerbereich war ziemlich voll und als er genauer hinsah, war er erstaunt, dort Ayse, Hatice, Fatima,

Güner, Züleyha und Bahar aus seinem Callcenter zu entdecken. Er hatte sie nicht auf den ersten Blick identifizieren können, weil die meisten in Burkinis gekleidet waren und er sie erst erkannte, als sie kichernd in seine Richtung zeigten. Um sie herum schwammen und paddelten eine Menge Kinder mit Schwimmflügeln und Brettchen. Er winkte fröhlich zurück. Lustig, dass man sich mal bei einem Schwimmkurs traf und nicht im Büro. Vergnügt nahm er Hopes Hand und ging so vorsichtig, wie man barfuß gehen muss, um nicht auszurutschen, zu den Frauen hinüber und setzte sich an den Beckenrand. Die schienen sich allerdings nicht über seine Anwesenheit zu freuen, Hatice und Bahar bildeten eine Ausnahme. Aber auch die schauten sich immer wieder um, als würden sie etwas Verbotenes tun.

Er sah, dass Sandra ihm winkte und hörte, dass sie ihm etwas zurief.

Er verstand nicht, was sie sagte.

Es war ihm auch egal.

Sie würde ja gleich hier sein.

Mit den Beinen das Wasser durchpflügend und auf dem Rand sitzend begann Nick, sich mit Hatice und Bahar zu unterhalten.

Die anderen Frauen waren entweder zu sehr mit ihren Kindern beschäftigt oder sie wollten ihn nicht begrüßen. Auf jeden Fall waren sie mit ihren Kindern ans andere Ende des Beckens geschwommen und taten so, als wäre er gar nicht da. Auf die Idee, dass es ihnen unangenehm sein könnte, kam Nick jedoch nicht.

Bislang hatte er Hope auf dem Arm gehabt, aber nun wollte sie runter. Sie wollte, wie er, auf dem Beckenrand sitzen und ihre kleinen Füßchen ins Wasser halten. Als Bahar ihre Hände ausstreckte und Hope anbot, sie ins Wasser zu heben, willigte Hope ein und ließ sich übergeben. Bahar hielt Hope, als würden die beiden sich schon lange kennen. Nick sah sich in Richtung der Duschen um. Er war vorhin nicht zur Toilette gegangen und fragte Bahar, ob sie eine Minute lang auf Hope aufpassen könne. Sie konnte.

Als er kurz darauf die Toilette verließ, kam Sandra gerade mit dem Bademeister zum Nichtschwimmerbecken.

Der Bademeister, ein großer dicker Mann, hatte bislang die meiste Zeit in sein Handy gestarrt, was Nick zu dem Gedanken veranlasste, dass er, sollte hier jemand ertrinken, das eher aus dem Internet erfahren würde. Er blieb am Beckenrand stehen, warf den Frauen einen schrägen Blick zu und begann mit Bahar zu sprechen, als hätte sie etwas Verbotenes getan.

Bahar verdrehte die Augen und drehte sich dann zu den anderen Frauen um, rief ihnen etwas zu, und wie eine Schafherde, die von Hunden angetrieben wird, verließen sie das Becken. Nick sah, dass ihre Burkinis bis zu den Knöcheln reichten. Man konnte bis auf Hände und Füße nur ihre Gesichter sehen. Auch ihnen schienen die Männer auf der Heizbank Unbehagen, ja fast sogar Angst zu machen. Sie gingen sehr schnell und ohne sie anzuschauen an ihnen vorbei. Auch die Männer schwiegen. Sie waren wohl eher daran interessiert, mitteleuropäisch aussehende Frauen anzusprechen.

Der Bademeister rief jetzt Sandra etwas zu.

Nick verstand nicht, was er sagte, aber anhand seiner Gesten deutete Nick, dass die Eichengruppen-Kinder jetzt ins Wasser sollten.

Während er den Abzug von Bahar und der anderen Kolleginnen beobachtete und sich wunderte, dass keine der Frauen ihm zurückwinkte, hatte Arch sich wieder neben ihn gestellt.

»Ab jetzt gehört das Becken dem Bund Deutscher Mädchen. Jetzt können die Kartoffelfrauen ihre Nazikinder baden und alle Ölaugenweiber müssen raus.«

»Warum sagen Sie so etwas?«

Arch sah ihn an, als wäre er dumm.

»Das ist jede Woche das Gleiche.«

Er lachte hässlich.

»Am liebsten wäre es ihnen, wenn die das Wasser hinterher noch einmal neu chloren würden.«

»Warum?«

»Das fragst du mich, Digga? Du gehörst doch zu dem Naziverein.«

»Das ist kein Naziverein. Das ist eine Kita.«

Arch lachte.

»Ja. Für blonde Kinder. Flink wie Windhunde, zäh wie Leder, hart wie Kruppstahl.«

Nick sah Arch verständnislos an, der hörte irgendwann auf zu lachen.

»Digga, sag mir nicht, dass du nicht weißt, mit wem du da gekommen bist?«

Nick war inzwischen etwas ganz anderes aufgefallen. »Warum schickt der Bademeister eigentlich die Frauen weg und nicht die Typen da hinten?«

»Das kann ich dir sagen: Weil er sich das nicht traut.«

Arch warf einen Blick Richtung Heizbank.

»Die Arschlöcher zwingen ihre Frauen in diese Ganzkörperkondome und kommen mit ihnen hierher, um blonden Frauen auf die Ärsche zu starren. Geil, oder?«

»Das sind ihre Männer?«, fragte Nick nach, aber Arch schüttelte den Kopf. »Eher Cousins und Onkels oder so, die zum Aufpassen mitgeschickt werden.«

Die Aktion des Bademeisters, die Reaktion der Frauen und dass die Kinder aus der Eiche die Kinder der Mütter aus dem Callcenter vertrieben, hatten Nick jedenfalls die Laune verdorben.

Nach einer halben Stunde verabschiedete er sich mit der Ausrede, Hope sei noch ein wenig erkältet und dürfe nicht so lange im Wasser bleiben.

Zu Hause las er die Broschüre durch, die Hendrik ihm mitgegeben hatte, und war entsetzt. Langsam begannen sein unangenehmes Gefühl und sein Verstand zu matchen. In dem Pamphlet tauchten Worte und Ausdrücke auf, von denen er dachte, dass man sie gar nicht sagen, geschweige denn schreiben sollte. Formulierungen wie »Förderung des Deutschtums« und »völkische Gedanken« standen dort. Er nahm sein Handy und googelte Die Eiche. Er fand heraus, dass es sich um einen eingetragenen Verein handelte, der hauptsächlich von einer AfD-nahen Stiftung getragen wurde. Dann googelte er die Stiftung und musste feststellen, dass AfD-nah eher untertrieben war. Das waren alte Nazis, die diese Stiftung betrieben. Er fand Videos mit Hendrik und Sandra, die vor anderen Menschen darüber referierten, dass der Zuzug der Ausländer Deutschland bedrohe.

Seufzend legte er das Handy weg.

Arch hatte Recht gehabt.

Nick war auf die Braunen reingefallen.

Scheiße, dachte er, es hätte so gut sein können. Nick war sauer, er war müde, er wollte das machen, was Hope schon tat: schlafen. Doch bevor er sich und sie zu Bett brachte, schrieb er Hendrik eine E-Mail, in der er seinen Antrag auf das Stipendium widerrief und klarmachte, dass Hope nicht am nächsten Ersten in Die Eiche kommen würde. Er unterschrieb zunächst mit »Sieg Heil, ihr Arschlöcher«, löschte das dann aber wieder.

Im Bett konnte er lange nicht einschlafen. Ihm ging die Situation aus dem Stadtbad nicht aus dem Kopf. Die Nafris, wie Arch sie genannt hatte, schickten ihre Frauen arbeiten, sie sollten das aber von zu Hause aus tun, damit sie sie kontrollieren konnten. Ins Schwimmbad begleiteten sie sie oder schickten Aufpasser, die mitgingen. Aber nicht, um mit den Kindern zu spielen, sondern um europäische Frauen anzugaffen, die in Bikinis oder Badeanzügen ins Schwimmbad gingen, die sie ihren »eigenen« Frauen verboten. Und anstatt, dass die Frauen untereinander sich zusammentaten, sorgte die eine Gruppe dafür, dass die andere Gruppe wegmusste. Was für ein Irrsinn.

29

In unregelmäßigen Abständen, weniger als einmal im Monat, lud Romina ihn zu Inhouse-Partys ein, die jedes Mal dazu führten, dass er am nächsten Tag verkatert war. Aber Nick war jetzt nicht mehr der Lone Wolf, der sein Junges einsam und alleine durch die Straßen schob, sondern er gehörte dazu. Er ging mit Romina, Johanna, Natalya und Anne, mit Lea, Leah, Juri und Agate auf den Schiffi und den Pirati, er lernte von ihnen, wie man Bürgersteige so blockieren konnte, dass niemand mehr durchkam, und war fast so weit, sein Auto zu verkaufen und sich ein E-Lastenrad anzuschaffen. So lange, bis er merkte, dass die anderen alle ein E-Lastenrad UND ein Auto besaßen. Er hatte Anschluss gefunden, aber er hatte immer noch nur Freundinnen, keine Freunde. Er hatte inzwischen gelernt, dass eine Gruppe Frauen sich grundsätzlich nicht viel anders verhielt als eine Gruppe Männer. Es wurde getrunken, es wurde gelästert, es wurden derbe Späße gemacht, es wurde offen und hemmungslos über Sex geredet. Unterschiede bestanden darin, dass Frauen weniger angeberisch waren und keine laut pupste oder rülpste, was bei Treffen von Männern quasi zum guten Ton gehörte und was ihn schon immer gestört hatte. Vielleicht war er mehr Frau als er bislang geahnt hatte?

Dadurch, dass Nick so viel Zeit mit Hope verbringen konnte, entwickelte sich eine ganz besondere Beziehung zwischen den beiden. Er redete mit ihr, sie plapperte nach, sie lernte und sprach dadurch schneller und besser als andere Kinder in ihrem Alter. Dass sie »Mama« zu ihm sagte, war ihr allerdings nur sehr schwer abzugewöhnen. Sie sprach natürlich keine ganzen Sätze und natürlich auch nicht so, dass jeder verstehen konnte, was sie meinte. Ein Hund war zum Beispiel ein »Abas«, wahrscheinlich wegen Hans Albers. Aber zumindest war er kein Wau Wau. Bitte hieß »Ham«. Das Bilderbuch *Unser Bauernhof* hieß »Bauf«, Wurst war »Sami« und Bananen hießen »Opps«. Aber genauso oft, wie er einfach unbändige Freude empfand, wenn sie etwas gemeinsam machten, wäre er anstelle von Netflix-Schauen auch gerne mal wieder abends ins Kino gegangen. Nicht allein, mit einem Freund. Er fand, er hatte zu viele Frauen um sich. Inzwischen pinkelte er grundsätzlich im Sitzen, seine Tochter sagte »Mama« und er wartete auf den Moment, in dem ihm Brüste wachsen würden.

Nick hätte auch gerne ein wenig Planungssicherheit für die Tage gehabt, die er im Callcenter arbeitete. Immer wieder musste er jemanden suchen, der bereit war, ein paar Stunden auf Hope aufzupassen. Und da gab es eigentlich nur die Nachbarn und er ahnte, dass es nur eine Frage der Zeit war, bis Johanna, Romina und Natalya genug davon haben würden. Er hatte angeboten, sich zu revanchieren, und sie hatten sich erfreut gezeigt, aber noch nie von dem Angebot Gebrauch gemacht. Sie waren einfach besser organisiert als er.

Was ihn allerdings gewaltig von seinen neuen Freundinnen unterschied, war, dass sie alle eine Familie hatten. Es gab Ehegatten, es gab Großeltern und andere Verwandte. Er selbst hatte niemanden. Doch das sollte sich ändern; als Nick an einem milden Frühlingsabend, nachdem er Hope ins Bett gebracht hatte, auf seinen Balkon ging, um in aller Ruhe ein Glas Wein zu trinken, roch es dort extrem nach Gras.

»Könnten Sie vielleicht woanders rauchen …«, begrüßte Arch ihn mit einem fetten Grinsen.

Nick fuhr der Schreck in alle Glieder. Wie und vor allem warum war der denn auf seinen Balkon gekommen?

»Das ist ein super Balkon«, sagte Arch.

Dieser Meinung war Nick auch. Und ebenso, dass es sich um seinen Balkon handelte, der eigentlich nicht öffentlich zugänglich war. Arch schien seine Gedanken zu lesen.

»Wenn man einigermaßen klettern kann, kann man über das Gerüst hochsteigen.«

Nick, dem das Gerüst seit über einem Jahr ein Dorn im Auge, ein Stachel in seinem ästhetischen Wohlbefinden war, war mit der Erklärung immer noch nicht ganz einverstanden.

»Aber … äh … warum?«, stammelte er.

»Hab ich doch gesagt, Digga. Is'n super Balkon. Tolle Pflanzen. Echt gemütlich. Bester Blick auf die Straße.«

Er hielt Nick seinen Joint hin.

»Ziehen?«

»Auf keinen Fall.«

»Musst du wissen.«

»Ja, weiß ich. Machen Sie das öfter?«

»Täglich.«

»Ich meine, klettern Sie öfter auf fremder Leute Balkone?«

»Digga, wir waren doch schon beim Du.«

Arch sah sich um.

»Süd, oder?«

Was meinte er?

»Hier könnte man anpflanzen.«

Arch zeigte auf eine Ecke.

»Da könnte man mindestens drei Pflanzen hinstellen, Digga.«

»Ich bin nicht Digga.«

»Was bist du denn dann?«

»Ich bin ein Eigentümer, der ein Recht darauf hat, dass niemand uneingeladen auf seinen Balkon klettert.«

Arch nickte zwar, unternahm aber nichts weiter, außer noch einmal tief zu inhalieren.

»Und?«, fragte Nick.

»Na, dann lad mich doch ein. Ich bin ja eh schon da.«

Mit so viel Dreistigkeit hatte er selbst bei der Hotline nicht oft zu tun.

»Drinnen schläft meine Tochter!«, sagte er ziemlich laut.

»Weiß ich doch, Digga. Aber nicht mehr lange, wenn du so brüllst.«

»Ich will, dass Sie jetzt von meinem Balkon verschwinden.«

Er war erstaunt, als Arch tatsächlich aufstand. Nick hatte nicht gewusst, dass er doch so viel Autorität ausstrahlen konnte. Dabei war es nicht so, dass er sich bedroht fühlte. Arch hatte, obwohl groß und sportlich, nichts Bedrohliches an sich. Er ging aber nicht zum Gerüst, um runterzuklettern, sondern geradewegs zur Küchentür.

»Dann komm, Digga. Lass mich mal rein. Ich bin eh gespannt, wie das bei dir drinnen aussieht.«

Und Nick war so perplex, dass er mit Arch einfach mitging und ihm die Wohnung zeigte. Arch war begeistert, konnte aber nicht verstehen, dass zwei der Zimmer so gut wie nie genutzt wurden. Im Wohnzimmer und in Hopes Zimmer hatte sich wirklich viel Staub angesammelt, weil sie sich entweder in der Küche oder in seinem Zimmer aufhielten, wenn sie in der Wohnung waren.

Nach Archs Wohnungsbesichtigung kam es Nick fast schon vor, als wäre er nicht uneingeladen über ein Gerüst geklettert, sondern tatsächlich Nicks Gast. Und weil niemand anders da war, bot er Arch ein Bier an.

»Siehst du, Digga«, sagte Arch, »jetzt erinnerst du dich ja doch an deine Kinderstube und wir kommen der Sache näher.«

30

Arch

The Arch wurde am letzten Tag des Jahres 1980 in einem kleinen Krankenhaus zwischen Stuttgart und Ludwigsburg als Erçan geboren. Sein Heimatort war ein kleines Städtchen, das auch heute noch aussieht, als hätte man ihn für eine Märklin Eisenbahnlandschaft konstruiert, nur in Groß. Straßen aus Kopfsteinpflaster, die verschlungen bergauf führen und von schrägen Fachwerkhäusern gesäumt werden. Autos, bis auf den täglichen Lieferverkehr, müssen unten am Fuß des Hügels auf einem Parkplatz abgestellt werden und deswegen wirkt der Weiler, als hätte man das Mittelalter betreten. Tagsüber verirren sich schon einige Touristen dorthin, um ein Kännchen Kaffee, ein Stück Torte oder eine deftige schwäbische Spezialität zu schnabulieren. Wenn abends recht pünktlich die Gastronomie die Bürgersteige hochklappen lässt, ist man oft die einzige Person auf der Straße. Und für die, die noch draußen sind, führt der Weg in die einzige richtige Kneipe des Ortes. Dorthin, wo die Einheimischen am Tresen stehen, ein bis zehn Schoppen Wein trinken und über die Touristen lästern.

Arch wuchs hier auf, aber wenn man es genau nahm, ist er nie über den Touristenstatus hinausgewachsen. Sein Vater kam zehn Jahre vor Archs Geburt aus der Türkei nach Deutschland, um in Stuttgart an einem Fließband der Automobilindustrie zu arbeiten. Weil Stuttgart teuer war, hatte er eine bezahlbare Wohnung in dem kleinen Ort gefunden. Er mochte die Abgeschiedenheit, er war gern allein, wenn er Spaziergänge durch die Berge unternahm; er selbst stammte aus einem ganz ähnlich kleinen Dorf in den Bergen, das er allerdings so weit zu verdrängen bereit war, dass er vergessen hatte, wie man dort Fremde beäugte.

Archs Vater schickte seinen Sohn auf die Grundschule im Ort, dann aufs Gymnasium in der Kreisstadt. Im Gegensatz zu Archs Mutter und seiner Schwester, die er gern in der Wohnung wusste, sah der Vater es lieber, wenn sein Sohn das Haus verließ. Er sollte etwas aus sich machen. Schule, eine Ausbildung, vielleicht sogar Medizin studieren. Er selbst war ein einfacher Arbeiter. Es gab nicht viel, das er zu erzählen hatte, und fast gar nichts, das er erzählen wollte. Er lernte genau so viel Deutsch wie er brauchte, um sich in der Halle, in der er arbeitete, verständlich zu machen und zu verstehen, was er zu tun hatte. Was aber im Großen und Ganzen immer dasselbe war. Ein Teil vom Band nehmen, etwas dranschrauben, es wieder aufs Band stellen. Um 7 Uhr beginnen, um 15:30 Uhr gehen. Freitags ging er mit den Kollegen in die Kantine, da gab es Fisch, da konnte er nichts falsch machen. An den anderen Tagen aß er meist allein das, was seine Frau ihm eingepackt hatte.

Arch war ein guter Schüler, er hatte wenig Mühe etwas zu begreifen und wenn er nicht genug lernte, half sein Vater auch mal nach. Er spielte mit den Kindern aus dem Ort, hatte aber nie das Gefühl, wirklich dazuzugehören. Er durfte nie andere Kinder zu sich einladen. Als er noch klein war, dachte er, das wäre wegen seiner Schwester. Güner war behindert. Sie saß, wenn sie nicht lag, in einem Rollstuhl, konnte weder allein essen noch allein zur Toilette. Wenn sie etwas sagen wollte, kamen nur Töne heraus, die sich anhörten, als würde eine Hexe Kinder auslachen, die sie gerade gefangen hatte und bald essen würde. Seine Mutter kümmerte sich um sie. Das war ihre Hauptaufgabe. Und das Essen zu kochen, die Wohnung sauber und den Mund zu halten, außer etwas anderes wurde ihr ausdrücklich erlaubt. Seine Mutter hat in der Zeit in Deutschland höchstens zwanzig Worte Deutsch gelernt. Wie auch, wenn man niemanden kennt und niemanden trifft. Im Ort gab es außer ihnen nur eine andere Ausländerfamilie. Aus Österreich. Arch sah anders aus als die übrigen Kinder. Er hatte dunkle Haare, aber grüne Augen. Besonders seine Augen waren es, die sein Vater zu hassen schien. Manchmal sah er seinen Sohn an, dann die Mutter und schüttelte sich, ohne etwas zu sagen. Jeden Nachmittag, wenn er mit den Schularbeiten fertig war, nahm Arch seine Schwester, trug sie die Treppe runter, obwohl sie schwerer war als er, holte dann ihren Rollstuhl und schob sie über die ungeteerten Dorfstraßen, sodass sie in ihrem Gefährt wackelte, als wäre sie aus Götterspeise. Er konnte es nicht wissen, aber er hatte das Gefühl, es würde ihr Freude machen.

Und es war ihm egal, ob ihn die Dorfbewohner deswegen anstarrten. Sie taten es ja sowieso schon. Als Arch achtzehn wurde und in die dreizehnte Klasse ging, versuchte seine Mutter, sich auf dem Dachboden aufzuhängen. Der Vater fand sie und rettete ihr das Leben. Einen Krankenwagen rief er nicht, stattdessen nahm er das Angebot der Bundesrepublik Deutschland an. Einen Batzen Geld, wenn du abhaust. Güner und Arch überließ er mehr oder weniger sich selbst. Statt sich verlassen zu fühlen, blühte Arch auf. Er packte Güner und alles, was er an Möbeln zu brauchen dachte, in einen alten Mercedes, den er für tausend Mark beim Gebrauchtwagenhändler im Industriegebiet des Nachbarortes kaufte, fuhr nach Stuttgart und mietete dort eine Wohnung für die beiden. Er konnte sich das leisten, denn er hatte die Papiere, die sein Vater hatte unterschreiben müssen, ein wenig bearbeitet. Nicht viel. Er hatte lediglich die Kontonummer geändert, sodass die vierzehntausend D-Mark auf ein Konto überwiesen wurden, das er selbst eingerichtet hatte. Auf sein Abitur, einen Ausbildungsplatz oder ein Medizinstudium schiss er. Er kümmerte sich um Güner und wenn er Zeit hatte, verbrachte er diese in der Stadtbibliothek oder als Gasthörer an der Universität. Erst beschäftigten ihn die Herren Marx und Engels, dann Nietzsche und Feuerbach und immer mehr alles, was mit Geschichte und Politikwissenschaften zu tun hatte. Ansonsten machte er keine großen Unterschiede zwischen Groschenromanen und Belletristik. Er las John Sinclair und John Steinbeck, Stephen King und Stefan Zweig. Eigentlich gab es nichts, was ihn nicht interessierte. Er bildete sich weiter, ohne Abschlüsse zu machen. An einem »bürger-lichen« Leben war er nicht interessiert. Er arbeitete mal hier mal dort, mal in einer Fleischfabrik, mal bei der Post, mal als Fahrer für eine Apotheke. Er gab das »Hau-ab-Geld« sei-nes Vaters nur zu einem kleinen Teil aus, den Rest legte er in Aktien an. Für den Notfall, der nie eintrat. Er wusste immer, dass Güner nicht alt werden würde, und nach ihrem Tod verließ er Stuttgart und zog in den Norden, nach Hamburg. Er machte dort weiter wie vorher. Jobs, Bücherei, Univer-sität. Zwei Mal die Woche zweitausend Meter schwimmen. Er lief, wenn er einen guten Tag hatte, auch mit über vierzig noch die fünf Kilometer weit unter zwanzig Minuten und je-den Dienstag ging er zum Boxen. Nie in den Ring. Nur zum Training. Er hatte nicht einmal Handschuhe. Seine große Lei-denschaft war und blieb aber Gras. So sehr er Nikotin und Alkohol verabscheute, Gras war ein Teil seines Lebens. Es be-ruhigte ihn, es inspirierte ihn, es war sein bester Freund. Das Einzige, was er noch weniger mochte als Alkohol und Niko-tin, war Fleisch. Seit seinem Job in der Fleischfabrik hatte er dieser Form der Ernährung abgeschworen. Er konnte die Art und Weise, wie Menschen Tiere hielten, wie sie Lebewe-sen zu Sachen degradierten, die man schinden und misshan-deln konnte, nicht ertragen. Also wurde er sehr früh Veganer. Arch kannte sehr viele Menschen und noch mehr kannten ihn, aber es waren Bekannte, keine Freunde. Wenn man ihn auf seinen Graskonsum ansprach, sagte er immer, er würde an ADHS leiden und das Gras wäre vom Arzt verschrieben. Ungefähr zu der Zeit, als Nick Leo kennenlernte, kaufte er sich einen Toyota Corolla und wurde Überfahrer. Eigentlich nicht wirklich, um Geld zu verdienen, er mochte die Gespräche mit Fremden. Jemandem gegenüber offen zu sein, den man im Zweifel nie wieder sehen würde, empfand er als leichter, als jemandem seine Ansichten oder sein Leben aufs Auge zu drücken, der nicht abhauen konnte.

Es gab eine klare Regel, an die er sich immer hielt: *Don't smoke and drive* danach. Entweder er rauchte oder er fuhr. Auf jeden Fall meistens.

31

Nach Archs erstem Besuch kam er regelmäßig, fast jeden Abend. Erst über das Gerüst, irgendwann durch die Tür. Obwohl Nick seine Kifferei ein wenig nervte, sagte er nichts. Arch wurde nicht high wie die anderen Stoner, die er kannte. Es war, als ob er Zigaretten rauchte. Er bekam keine Fressflashs oder unkontrollierte Lachanfälle.

Mit Arch hatte Nick das, was ihm lange gefehlt hatte: einen Freund, mit dem man einfach labern konnte. Oder schwimmen. Oder joggen. Arch nahm ihn sogar mit zum Boxtraining, aber beim zweiten Mal hatte Nick dankend abgelehnt. Und was außerdem eine Gabe schien: Arch hatte ein unglaubliches Händchen für Kinder. Als Hope ihn das erste Mal sah, dauerte es keine fünf Minuten und sie saß auf seinem Schoß. Sie ließ sich von ihm bespielen und Geschichten vorlesen. An einem Abend, als es spät geworden war und Arch auf dem Sofa übernachtet hatte, durfte er sogar mit ihr auf den Pirati gehen. Wenn Nick an den letzten Sommer dachte, ihre Ausflüge ins Schwimmbad oder zu ALDI oder IKEA, immer zu zweit, manchmal mit Shanya – die er ab und zu wirklich vermisste und dann immer beschloss, sie anzurufen und sich zu entschuldigen –, dann hatte sich ganz schön viel verändert. Hope konnte jetzt laufen, begann bereits zu sprechen. Ja, Hope konnte von Tag zu Tag mehr, sie nannte ihn Mama, aber irgendwann würde sie merken, dass er ein Papa und keine Mama war und sie würde nach der richtigen Mama fragen. Was würde er dann sagen? Vor der Wahrheit, dass ihre richtige Mama sie nach der Geburt weggegeben hatte, wollte er sie gerne beschützen. Dass das so nicht die Wahrheit war, das verdrängte er selbst immer mehr.

Die genauen Gründe könnte Nick später nicht mehr nennen, vielleicht war es einfach die Tatsache, dass Hope und er Arch wirklich gerne mochten, jedenfalls musste er gar nicht lange darüber nachdenken, Arch anzubieten, doch bei ihm als Untermieter einzuziehen, als dessen Wohnung wegen Eigenbedarf gekündigt wurde. Arch wollte sofort und siebenhundert Euro Miete waren in Nicks Situation Gold wert. Außerdem war er froh, einen Mann um sich herum zu haben. Romina, Johanna, Natalya – alle super, aber ein Männergespräch zu führen, das hatte Nick vermisst. Sie beschlossen, dass Nick das Wohnzimmer als Schlafzimmer bekam, und Arch zog in Nicks altes Schlafzimmer und schon nach ganz kurzer Zeit war es, als hätte Arch schon immer dort gewohnt. Er konnte kochen, er half, indem er auf Hope aufpasste, wenn Nick ins Callcenter musste, und nahm auf diese Weise Nick den Druck, sofort eine Kita finden zu müssen. Manchmal spielte er ihr Musik vor und sie lauschte. Manchmal ging er mit ihr und Hans Albers auf den Pirati oder den Schiffi. Es machte Nick allerdings sowohl hellhörig als auch neugierig, als Arch beiläufig zu ihm sagte, dass so ein Kleinkind ein noch besserer »Büchsenöffner« als ein Hund sei. Nick sah ihn erstaunt an und Arch grinste. »Man hört so einiges auf diesen Spielplätzen …«

Als es im Mai ein paar Tage lang richtig heiß war, gingen sie zu dritt ins Schwimmbad. Nicht ins Stadtbad, sondern ins Freibad. Weil sie zu Hause mehr redeten als TV zu schauen, hatten sie viele Berichte in den Medien versäumt, in denen man den Menschen Angst machte, dass der Klimakollaps vor der Tür stünde. Da es so warm war, hatte Nick Hope ausgezogen und eingecremt. Dabei hatte er immer seine Mutter im Ohr: Nimm ruhig reichlich! Und das hatte dazu geführt, dass Hope, die Eincremen liebte, selbst nach der Tube griff und nach ihrer Behandlung mit der Sonnencreme aussah wie ein Gespenst. Sie hatten extrem dick aufgetragen und natürlich nicht bedacht, dass die Creme nicht in die Haut einzog. Als Hope zu weinen begann, trat Arch auf den Plan und benutzte seine Handyhülle als eine Art Eiskratzer, um die weiße ölige Tunke wieder herunterzubekommen, bevor er den Rest dann mit seinem T-Shirt abwischte und Hope wieder aussah wie Hope.

Eine andere Geschichte hatte Nick sich, beziehungsweise sich und Hope unbedacht eingebrockt, und ohne Arch wäre er gar nicht darauf gekommen.

»Sag mal, warum weint sie immer, wenn sie eine Sirene hört oder Polizisten sieht?«, fragte Arch.

Nick war schon aufgefallen, dass Hopes Laune sich manchmal von einer Sekunde auf die andere veränderte, hatte das aber nie mit der Staatsgewalt in Verbindung gebracht. Aber als Arch ihn darauf aufmerksam machte, fielen ihm sehr viele Momente ein, in denen er die Polizei missbraucht hatte.

»Wenn du jetzt nicht Zähne putzt, rufe ich die Polizei.«

»Wer jetzt nicht kommt, der wird von der Polizei geholt.«

Vielleicht, dachte er, muss man hier eine Hyposensibilisierung vornehmen. Er beschloss, mal mit den Spielplatzmüttern darüber zu reden. Und bis dahin würde er nie wieder mit der Polizei drohen.

32

Romina hatte Paul gesagt, er solle ihr einen Termin bei Frau Dr. Kobalt, der auf Scheidungen spezialisierten Anwältin in seiner Kanzlei machen, ohne dass sie Paul erklärt hatte, warum. Paul hatte ihrem Wunsch entsprochen, Nick war hingegangen; Frau Dr. Kobalt war ihm auf Anhieb unsympathisch, was aber, wie er dachte, daran lag, dass sie der Radioreporterin Christiane sehr ähnelte. Sie war der Typ Frau, der koste es was es wolle, versuchte zu verleugnen, dass sie die Fünfzig überschritten hatte und nicht mehr auf die gleiche Art und Weise attraktiv war, wie in ihren Zwanzigern oder Dreißigern, sondern auf eine andere. Sie übersah, dass sie etwas besaß, was junge Frauen nicht hatten, und das durchaus sexy auch auf jüngere Männer wirken könnte, würde sie es nicht färben und übermalen. Das für ihn Unangenehmste aber waren ihre Finger, die hatten die gleiche Nikotinvergilbtheit wie die von Christiane, und obwohl er Hope dabeihatte, fragte sie, ob es ihn störe, wenn sie rauchen würde. Nick hatte vor Hopes Geburt selbst ab und zu geraucht, aber seine letzte Zigarette war die gewesen, die er nach Sallys Besuch auf seinem Balkon geraucht hatte. Wann er die vorletzte angezündet hatte, das wusste er schon gar nicht mehr.

Als er Frau Dr. Kobalt bat, bitte nicht zu rauchen, nickte sie verständnisvoll und verließ dann direkt das Büro, um etwas aus dem Kopierer zu holen, was sie dann wohl unterwegs verloren und stattdessen eine Kippe inhaliert hatte. Aber abgesehen von ihrer Abhängigkeit schien sie etwas von ihrem Fach zu verstehen. Sie bat ihn, ihr ein paar Unterlagen zu besorgen, unter anderem die vierzig Seiten, die er im Krankenhaus unterschrieben hatte, und gab ihm einen neuen Termin und einen Tipp: Ohne festen Job sehe es bei einem Sorgerechtsstreit für den Vater oft nicht gut aus. Er hatte nicht verstanden, warum sie von einem Sorgerechtsstreit sprach, hatte ihr aber die gewünschten Unterlagen gemailt.

Als er ein paar Tage später zu seinem nächsten Termin bei Frau Dr. Kobalt erschien, setzte diese gleich ein breites Grinsen auf.

»Ich habe mit der Gegenseite Kontakt aufgenommen«, verkündete sie.

Nick hatte Leo bislang nicht als Gegenseite betrachtet, aber im Juristendeutsch musste man wohl eine Begrifflichkeit wählen.

»Man hat sich dort auf mein Anschreiben vom ...«, sie warf einen Blick auf ihren Laptop, »... vom 25. dann doch kooperativ gezeigt und sich bereit erklärt, Nikolaus Przybilsky für Hope Przybilsky Unterhalt zu zahlen.«

Nick war verblüfft. Er hatte Frau Dr. Kobalt eigentlich nur gebeten, mal die Rechtslage zu checken. »Da Sie nie verheiratet waren, kann ich keinen Ehegattenunterhalt einfordern.«

Auch das hatte Nick ja gar nicht gewollt, er hatte bislang nicht einmal gewusst, dass es so etwas überhaupt gab.

»Jedoch gibt es da andere Möglichkeiten und das letzte Wort ist noch nicht gesprochen, also der Drops ist noch nicht gelutscht und es ist noch nicht aller Tage Abend.«

Sie sah ihn dabei an, als wäre sie eine Obsthändlerin, der er gerade eine Kiste vergammelte Apfelsinen abgekauft hatte.

»Werfen Sie mal einen Blick auf das hier.«

Mit diesen Worten übergab sie ihm ein Papier und ging wieder schnell zum Kopierer. Er überflog das Anschreiben und begriff, dass die Anwältin von Leo geschrieben hatte, dass ihre Mandantin, wie ja auch schon lange geklärt, dazu bereit war, Nick Przybilsky zu jedem Monatsersten eine Summe von neunhundertsechzig Euro zu überweisen, was doppelt so viel sei, wie die Düsseldorfer Tabelle fordere. Diese Zahlung sei nicht verpflichtend und nicht einklagbar, würde aber bis 2030 garantiert werden.

Als Frau Dr. Kobalt wiederkam, roch sie wie ein frisch ausgelutschter Aschenbecher und versicherte ihm, dass das nur die Spitze des Eisbergs sei, die Kirsche auf der Sahne sozusagen, und man sich jetzt an die Torte machen würde. Dazu müsste Nick ihr nur noch eben diese Vollmacht unterschreiben. Und Nick, der wieder einmal nicht wirklich darüber nachdachte, was er da unterschrieb, geschweige denn es durchlas, setzte rasch seinen Namen darunter. Hätte er mal lieber bleiben lassen sollen.

33

Die Spielplätze Pirati und Schiffi lösten in Nick gemischte Gefühle aus. Auch wenn er und Hope dank Romina, Johanna und Natalya nun irgendwie dazugehörten, konnte er sich des Eindrucks, er würde in eine Gemeinschaft einbrechen, zu der er doch nicht gehörte, nicht ganz erwehren. Vielleicht hatte er im Hinterkopf, wie Leo ihn seinerzeit angerufen hatte, und er wollte nicht daran denken, weil ihn diese Erinnerung unweigerlich zu Leo geführt hätte und er sich dann vorstellen müsste, wie es wäre, mit ihr und Hope zusammen auf dem Pirati oder dem Schiffi abzuhängen. Zu spielen, zu lachen, danach nach Hause zu gehen, gemeinsam zu Abend zu essen, erst das Baby ins Bett zu bringen und schließlich Leo. Manchmal schien es ihm, er würde sich auf Erinnerungen seiner Kindheit berufen. Bilder, die er aber eigentlich viel mehr aus Büchern und Filmen und Serien übernommen und sich selbst als eigene Erlebnisse eingepflanzt hatte.

Bis Arch kam und mit ihm und Hope zusammen ging, war ein Spielplatz für ihn kein Safe Space gewesen. Er hatte sich dort wie ein Fremdkörper gefühlt. An den Wochenenden sah man dort auch Männer, unter der Woche waren dort, was nicht so sein sollte, fast ausschließlich Mütter. Mütter, auf die er eifersüchtig war, weil er von vielen wusste, dass sie nicht arbeiten mussten, weil sie durch die Jobs der Väter, egal ob sie mit denen zusammenlebten oder nicht, versorgt waren. Nick hingegen, als alleinerziehender Vater mit einem Kontostand kurz vor dem Minus, fühlte sich nicht dazugehörig. Er hatte kein Kind geboren und er hatte nie eines gestillt. Nicht die Mutter zu sein, führte oft zu Irritationen. Wie zum Beispiel bei dem ersten Kinderarzt, der automatisch gesagt hatte, er solle doch der Mutter ausrichten, was zu beachten sei. Bei kurzen Gesprächen an Supermarktkassen, wo er immer wieder feststellen musste, dass er meist der Einzige war, der es nicht eilig hatte und zu einem Plausch bereit war, war es für die Menschen, wenn er ausnahmsweise mal mit jemandem ins Gespräch kam, ungewöhnlich, dass ein Mann für sein Baby einkaufte. Die Websites im Internet, auf denen er sich manchmal schlau machte, wie Hope sich entwickelte, ob sie im Schnitt lag (obwohl er immer behauptete, es würde ihn nicht interessieren), gaben sich alle Mühe, korrekt zu gendern, aber die Angesprochenen waren eindeutig Frauen. Er fühlte sich dadurch nicht benachteiligt, das Prinzip des alleinerziehenden Vaters hatte sich offenbar noch nicht so etabliert, wie er zuvor vermutet hatte, er fühlte sich aber eher ein bisschen wie der Außenseiter. Mütter gab es, außerhalb ihrer Wohnungen, nie alleine. Sie tauchten in Rudeln auf. Sie gingen mindestens zu dritt nebeneinander auf dem Gehweg, sodass alle anderen Platz machen mussten. Hatten sie noch

Kinderwagen oder Buggys dabei, nahmen selbst die Rentner und E-Scooter-Fahrer des Viertels Reißaus. Hilfe, die Mütter kommen. Gebt den Bürgersteig frei oder seid des Todes! Und immer mal wieder hörte er die Mutter des kleinen Hannes aus der Menge heraus: »Ja, ist das so gut, Hannes? Du musst aber aus der Sonne. Du musst aber aus dem Schatten. Möchtest du denn den roten oder den blauen Schnulli?«

Nick hatte sein ganzes Leben einen leichten Komplex gegenüber Mädchen und Frauen gehabt, er empfand sie einfach in den meisten Fällen – im Vergleich zu Männern und Jungs, sich selbst eingeschlossen – als cleverer, ehrlicher und netter. Er war mit Lehrerinnen besser klargekommen als mit Lehrern. Er hatte seine Fahrschulausbildung abbrechen müssen, weil sein Fahrlehrer behauptet hatte, er wäre zu dumm zum Fahren. Als er ein halbes Jahr später neu ansetzte, mit einer Fahrlehrerin, klappte es auf Anhieb. Wenn er in der Schule zu anderen Beziehungen aufgebaut hatte, dann zu Mädchen. Erzähl mal einem Jungen, egal wie du zu ihm stehst, von deinem halben Ei. Für'n Arsch. Das wäre ungefähr so, wie sich als homosexueller Fußballspieler zu outen. Es würde nur zu Häme und Gelächter führen. Rede mit einem Mädchen darüber und du hast eine Verbündete. Natürlich wird sie es in den meisten Fällen auch nicht für sich behalten, aber auf eine andere Art und Weise.

Nick würde niemals von sich behaupten, Mädchen und Frauen besser zu verstehen als andere. War er ein Muttersöhnchen gewesen? Rührten seine Gedanken und Empfindungen daher? Er erinnerte sich, dass er oft die Nähe seiner

Mutter gesucht, sie aber selten gefunden hatte. Meist hatte sie ihn zu seinem Vater in die Agentur abgeschoben, so als ob sie die beiden irgendwie zusammenbringen müsste. Aber letztendlich hatte auch das nur mäßig geklappt.

Was eventuell auch dazu geführt haben könnte, dass Nick der Pirati und der Schiffi etwas suspekt waren, waren die WhatsApp-Gruppen, in denen es seiner Meinung nach nur darum ging, andere auszugrenzen oder zu dissen, und die ihn an die Spielplatzgespräche erinnerten. Die darf in der einen Gruppe mitmachen, aber nicht in der anderen. Er kannte diese Gruppen zur Genüge von Hans Albers. Die Hundebesitzergruppen, wo man einander vor Giftködern (die sich dann meistens als harmlos herausstellten) warnte, aber auch vor anderen Hundebesitzern, die ihre Tiere misshandelten, verhätschelten oder aber auf jeden Fall nicht artgerecht hielten. Eine ziemlich unangenehme Geschichte auf den Spielplätzen war unter anderem die Diskussion um die Gemüsekiste gewesen. So unangenehm, dass er mehrmals kurz davor gewesen war, Nasenbluten zu bekommen. Es ging dabei nicht in erster Linie um die Kinder, aber immerhin darum, wie man sie ernähren sollte. Zuerst waren es einzelne Gespräche und Nick konnte nicht sagen, welche Mutter, von denen er die meisten sowieso noch nicht namentlich kannte, das Thema angeschleppt hatte. Es ging darum, sich der herkömmlichen Agrarwirtschaft zu entziehen und die Profiteure der Lieferketten auf die Art zu schädigen, dass man sein Obst und Gemüse bei einer Genossenschaft bestellte. Für fünfundvierzig Euro pro Woche wurde man ökologisch nachhaltig vollversorgt, man konnte allerdings nicht bestimmen, was man haben wollte. Man bekam, was reif und fertig war, und musste damit umgehen. Im Laufe des Sommers wurden die Diskussionen darüber immer intensiver und man war quasi gezwungen, Stellung zu beziehen. Seine Meinung dazu war: Das war eigentlich eine tolle Sache, aber: Es war ihm prinzipiell zu teuer. Und er konnte nicht wirklich kochen.

Mit der Zeit wurde das Thema dann hitziger als der Sommer selbst. Während die meisten Kinder unbeaufsichtigt das Piratenschiff erklommen, brachte sich besonders Katharina, Mutter von Zwillingen, in das Thema ein und die anderen Mütter für oder gegen sich auf. Für den Donnerstag vor den großen Ferien hatte sie eine Versammlung auf dem Pirati einberufen und ein Großteil der Erziehenden, ausschließlich Mütter, war bereit gewesen, ihrer Einladung Folge zu leisten. Weil die anderen Mütter aus dem Haus alle angekündigt hatten hinzugehen, wollte er auch dabei sein. Aber nicht alleine. Also hatte er Arch gefragt, ob der mitkommen würde.

»Digga, meinst du so einen Spaß lasse ich mir entgehen?«, hatte Arch gesagt und Hope angegrinst. »Oder, Hope?« Und Hope hatte gelacht, obwohl sie sicher eine andere Definition davon hatte, was Spaß war.

Die Stimmung erinnerte Nick an die Szene aus dem Film *Das Leben des Brian*, als die verkleideten Frauen sich bei einer Steinigung versammelt hatten. Er, Arch und seine Hausgemeinschaft hielten sich aber eher in zweiter Reihe.

»Es ist eine Art Vaterlandspflicht«, rief Katharina, hatte aber damit definitiv nicht die richtige Wortwahl getroffen.

»Das ist doch hier kein Krieg«, warf eine Mutter ein.

»Wir sind doch keine Diktatur«, kam von einer anderen.

»Wir müssen mehr Waffen in die Ukraine liefern«, rief eine weitere.

»Wir müssen den Krieg sofort beenden!«, brüllte eine Frau, die gerade erst dazugekommen war.

»Katharina meint doch etwas ganz anderes«, beschwichtigte Natalya.

»Klar, dass du das sagst«, äußerte sich eine Dame.

»Sie ist Russin!«

»Sie soll ihren Yogascheiß machen!«

Katharina stieg auf eine der Sitzbänke und wurde damit zu Katharina der Großen.

»Wir müssen an unsere Kinder denken! An ihre Ernährung und an die Welt, die wir ihnen einmal hinterlassen!«

»Dann sorg dafür, dass wir die Atomkraftwerke nicht abschalten«, rief eine dickliche Frau, mit einem Kreuz um den Hals. »Die Franzosen haben auch welche!«

Allgemeines Murren. Katharina hob einen Arm und gebot Schweigen.

»Alles, was die Gemüsekiste der Ökologistika bietet, ist wertvoll!«, rief sie.

»Und teuer!«, konterte jemand.

»Hannes, was sagst du? Ist dir kalt?«, rief eine Stimme von irgendwo.

»Ökologisch wertvoll bedeutet nicht zwangsläufig ökotrophologisch wertvoller«, warf eine junge Frau ein, aber man widersprach ihr sofort. »Was ist mit den Pestiziden?«, »Was ist mit Bayer?«, »Was ist mit Gen-Mais?«

»Es geht um Qualität!«, »A propos Qual – hat jemand neulich die Doku über die Schweinehaltung in Niedersachsen gesehen?«

Kurze Zeit später war klar: Viele hatten die Doku gesehen, manche wollten danach mehr kotzen als sie jemals essen konnten, andere wiederum sich ihr Schnitzel nicht verbieten lassen. Eine dritte Partei wies darauf hin, dass sie ihren Fleischkonsum schon drastisch eingeschränkt hätten und sehr wenig in Supermärkten kaufen würden, und ein nicht geringer Teil outete sich als Veganer- und Vegetarierinnen, die, da war man sich sicher, essen durften was sie wollten, aber einen Getreidebratling bitte nicht Wurst nennen sollten. Eine Frau war regelrecht außer sich und den Tränen nah, weil ihr niemand erklären konnte, was Mangold denn nun genau sei. Das war der Moment, als Arch sich erhob. Seine imposante Erscheinung ließ die Frauen sofort verstummen. Ähnlich Jesus bei der Bergpredigt stellte er sich zwar nicht auf einen Stein, aber auf ein Hüpfpferd, das auf dem Spielplatz, auf dem sonst nur ein einem Schiff nachempfundenes Klettergerüst vor einer Sandkiste stand, auf gewisse Weise deplatziert wirkte, und begann zu deklamieren: »Mangold, auch Krautstiel genannt, ist eine Gemüsepflanze. Sie ist eine Kulturform der Rübe, verwandt mit der Zuckerrübe, der Futterrübe und der Roten Rübe, und stammt von der an Küstensäumen wachsenden Wilden Rübe oder See-Mangold ab. Sie gehört zur Familie der Fuchsschwanzgewächse.«

Die erste der teilweise verstörten Frauen gähnte und Nick war verblüfft. Woher wusste Arch so viel über Mangold? Der war aber nun komplett in seinem Element. So als hätte er nie etwas anderes getan, als über Mangold zu dozieren: »Der Mangold ergibt mit seinen bis zu 30 cm langen Blättern ein rein vom Aussehen her dem Spinat ähnliches Gemüse. Es gibt zahlreiche Sorten mit unterschiedlicher Blattfarbe von bleich über gelb, hell- bis dunkelgrün und dunkelrot, die Blätter können runzelig oder glatt sein. Es werden die Blätter und die Stiele verzehrt, nicht jedoch die Wurzeln. Mangold kann auch als Ersatz für Stängelkohl bzw. Rübstiel genommen werden.«

Als eine der Frauen kurz davor war einzuschlafen, klatschte Arch in die Hände und sie schreckte sofort auf. Arch sah sie an, wie ein Lehrer eine Schülerin. »Bitte nicht einschlafen. Ich komme morgen wieder und frage ab.« Eine andere Frau brachte das zum Kichern und Arch setzte seinen Vortrag fort. »Stielmangold wird mit seinen langen Stielen – daher der Name Stielmangold – als spargelartiges Gemüse gegessen. Die Rippen können weiß oder auch rötlich sein. Letztere haben einen stärker aromatischen Geschmack. Die verächtliche Bezeichnung ›Spargel des armen Mannes‹ tritt zunehmend in den Hintergrund, da Mangold entsprechend zubereitet ein beliebtes Sommer- und Herbstgemüse ist. Im zeitigen Frühjahr versorgen die frisch treibenden Blätter mit erstem Grün-Gemüse.«

Nick sah sich um. Niemand hatte mehr Lust, Arch zuzuhören. Er hatte sie müde gelabert. Und nun setzte er zum Todesstoß seines Vortrags an: »Ich werde nun eine Liste rumgehen lassen und da kann sich jeder eintragen, der die Kiste bestellen will. Für alle anderen erkläre ich jetzt noch den Unterschied zwischen Mangold und Frauengold.«

Auf dem Rückweg feixte er sich eins. »Sechzehn Bestellungen. Ich sollte eine Provision verlangen.«

»Woher weißt du diesen ganzen nutzlosen Scheiß?«, wollte Nick wissen.

»Aus der Schule«, sagte Arch.

»Am Arsch. So was lernt man nicht.«

Arch blieb stehen und grinste Nick an. »Weißt du, Digga, wenn ich nicht pennen kann, gehe ich auf den Balkon und rauche mir einen und wenn ich dann noch immer nicht pennen kann, höre ich den Podcast *Einschlafen mit Wikipedia*. Ist es nicht wunderbar, was das Gehirn im Halbschlaf speichern kann?« Zufrieden pfeifend schlenderte er weiter. Nick warf einen Blick auf Hope und sie sah aus, als hätte sie an diesem Nachmittag mehr Spaß gehabt, als wenn sie in der Sandkiste gespielt hätte, obwohl Sand, wenn er ihr Gesicht und ihren Mund betrachtete, offensichtlich auch sehr gut schmeckte.

34

Im Sommer wurde Nick im Callcenter weniger gebraucht, sodass er nur zwei bis höchstens drei Mal pro Woche dorthin musste. Wenn er ins Office ging, passte meist Arch auf Hope auf.

»Schmitt, was kann ich für Sie tun?«

»Das Ding ist kaputt!«

»Entschuldigung, kann es sein, dass Ihre Verbindung schlecht ist?«

»Kann das sein, dass dein Arsch offen ist?«

»Worum geht es denn?«

»Hab ich doch gesagt: Das Ding ist kaputt!«

Man gewöhnte sich an alles.

Oft hatte er die gleichen Schichten wie Bahar und wenn sie rauchen ging, schloss er sich ihr an. Und so war Bahar die Einzige, die ihm zu seinem Geburtstag gratulierte. Aber auch nur, weil sie gemeinsam am Aschenbecher über das Datum geredet hatten und er feststellen musste, dass es der zweite Geburtstag in Folge war, den er einfach vergessen hatte. Bahar zog ihm ein Snickers aus dem Automaten und sie aßen es gemeinsam. Er hatte sich bei ihr für die Aktion im Schwimmbad entschuldigen wollen, aber für sie gab es dazu nichts zu sagen. Sie winkte einfach ab. Er erfuhr, dass Bahar Deutsche war, deren Familie vor mehr als dreißig Jahren aus Syrien gekommen war. Nick war verblüfft, er hätte sie auf höchstens Anfang zwanzig geschätzt, aber sie war fünfzehn Jahre älter, hatte insgesamt drei Kinder und war bereits seit zwölf Jahren verheiratet. Sie war in Deutschland zur Schule gegangen, dann nach Aleppo geschickt worden – um ihren Mann kennenzulernen und zu heiraten – und schwanger zurück nach Deutschland gekommen. Sie hatten Anträge gestellt, er durfte nachkommen und jetzt lebten sie gemeinsam in der Stadt, in einem großen Familienverband. Ihre Eltern, Tanten, Onkel, Cousins, Cousinen und ihr Mann und die Kinder. Nick fand es viel befremdlicher als sie, dass sie einfach jemandem versprochen worden war und sich dem nicht widersetzt hatte. Es ist nicht alles immer so, wie es zunächst aussieht, hatte sie gesagt. Dadurch, dass sie die Deutsche und ihr Mann später dazu gekommen war, hatte sie sich von Anfang an bestimmten Sachen widersetzt. Kopftücher trug sie nur zu festlichen Anlässen. Ihr Mann hatte das akzeptieren müssen, für andere Verwandte war das deutlich schwerer. Aber, sagte sie, es ist nicht alles Gold was glänzt und nicht alles Dreck, was auf dem Boden liegt. Sie mochte Deutschland, aber sie vermisste Syrien. Seit dem Bürgerkrieg war sie nicht mehr dort gewesen.

Nick stellte sich vor, wie es bei Bahar zu Hause wäre. Die ganze Familie, immer was los, nie war man allein. Hätte er das auch gerne gehabt? Seine Eltern legten keinen Wert mehr aufeinander. Cousins und Cousinen hatte er nicht. Sowohl Mutter als auch Vater waren Einzelkinder gewesen, diesen Familienverbund, wie Bahar ihn beschrieb, den hatte er nie kennengelernt. Er mochte sein Leben mit Hope und Arch. Er hatte mit seinem Mitbewohner jemanden, der ihm morgens mal einen Kaffee machte. Jemand, mit dem man abends noch in der Küche sitzen und über seinen Tag reden konnte. Jemand anders, der mal den Scheißmüll runterbrachte und jemand, der einen in den Arm nahm, wenn man einen miesen Tag im Callcenter oder gerade mal den Glauben an sich und die Welt verloren hatte. Aber Arch war eben nur ein Mitbewohner. Er sehnte sich nach einer Partnerschaft. So wie Johanna sie mit Ben hatte. Oder Romina mit Paul. Oder Natalya mit ihrem Mann, den er noch nie gesehen hatte. Oder so wie seine Eltern früher. Waren seine Eltern wirklich ein gutes Beispiel? Sie waren immer für ihn da gewesen, aber waren sie das auch füreinander? Wahrscheinlich eher nicht. War er ihnen ähnlich? Wäre es besser für Hope, wenn er mit ihr allein blieb? Was wäre, wenn Leo nicht wie Leo wäre, sondern Lust auf eine Familie gehabt hätte? Wenn sie auf ihre Karriere geschissen hätte? Wenn sie, die ihm erzählt hatte, dass sie in Kinderheimen groß geworden war, Bock gehabt hätte, es bei einem eigenen Kind besser zu machen? Hätte, hätte Arschhaarklette.

Arch brachte es auf den Punkt: »Du sucht jemanden zum Ficken?!«

Nick, der es eher anders ausgedrückt hätte, war sich aber dessen bewusst, dass Arch durchaus den Nagel auf den Kopf getroffen hatte.

»Was ist mit deiner Ex aus der Bar?«

Sally und er hatten, wie sie es nannte, eine Fickfreundschaft gehabt. Wir ficken, hatte sie gesagt, wir schlafen nicht miteinander. Der Unterschied bestand für sie darin, dass sie nicht in ihn verliebt war. Sally hatte ihn im Bett geführt wie ein Hauptfeldwebel seine Kompanie. Sie hatte viel öfter Lust auf Sex als auf eine Beziehung, so hatte Nick sich in dieser Angelegenheit für sie angeboten wie Süßigkeiten vor einer Supermarktkasse. Er hatte sich, immer wenn ihr danach gewesen war, Mühe gegeben, ihr zur Verfügung zu stehen. Sie mochte seine Ausdauer, die eigentlich nur darauf basierte, dass er eben auch nicht in sie verliebt war. Sie war schön, aber er musste, wenn er mit ihr schlief, nicht an tote Welpen oder Gammelfleisch denken, um länger zu können. Er dachte eigentlich, wie so oft, an nichts, genoss es aber doch, wenn sie sich vor ihm, auf ihm oder unter ihm wand und stöhnte. Das gab ihm das Gefühl, doch zu etwas nütze zu sein.

Also ging er zu ihr in die Bar, um mal zu schauen, ob etwas laufen würde; doch sie nahm ihm diese Hoffnung gleich, weil sie jemanden gefunden hatte, mit dem sie etwas Ernstes anfangen wollte, wie sie erklärte.

Bäm. Scheiße. Kein Sex mit Sally.

»Du musst klar kriegen, was du eigentlich willst«, sagte Arch. »Willst du nur Sex oder suchst du 'ne Frau für dich und 'ne neue Mutter für Hope?«

Nick war sich in diesem Punkt nicht wirklich sicher.

»Vielleicht beides?«

»Vielleicht fangen wir mit der leichteren Geschichte an?«, meinte Arch.

»Und was wäre dein Tipp?«

Arch zögerte nicht lange mit seiner Antwort.

»Die beiden Spielplätze. Da hängen genug Frauen rum, da wäre es doch ein Wunder, nicht eine zu finden, die das Gleiche sucht wie du!«

Gesagt, getan. Also war er mit Arch, Hope und Hans Albers auf den Schiffi gegangen. Sie hatten sich auf eine Bank gesetzt und Ausschau gehalten. Archs Wahl war dann auf Isabelle gefallen.

»Die da«, sagte er.

Nick hatte schon mit Isabelle geplaudert, wusste allerdings nicht viel über sie, außer dass sie ihm gefiel. Also ging er einfach zu ihr und setzte sich neben sie.

»Schönes Wetter heute, was?«

»Ja«, sagte Isabelle.

Nick begann sie erst schüchtern und defensiv, dann immer aufdringlicher von der Seite anzusehen.

»Was guckst du mich so an?«, fragte Isabelle.

»Ich gucke doch ganz normal.«

Sie lachte.

»Du guckst so, wie mein Vater früher meine Mutter angeschaut hat, wenn er von Montage heimgekommen ist.«

Nick fühlte sich wie der Mörder in einem Vorabendkrimi, die waren auch immer so leicht zu entlarven. Er versuchte, sich dumm zu stellen, und tat so, als ob er auf dem Spielplatzboden etwas suchen würde, bis Isabelle ihn anstupste.

»Du bist sehr nett und ich kann dich gut leiden. Aber ich bin mit Erikas Vater sehr glücklich und nicht der Typ Mensch, der trotzdem datet.«

Die nächste, die Arch für Nick auserkoren hatte, war Litter-Elli, die gerade auf der anderen Seite des Schiffi einen ihrer Monologe hielt. Ein paar Wortfetzen, die klangen wie »Das ging *literally* gar nicht...« wehten zu den beiden herüber und er hob seinen Blick. Noch nie war ihm aufgefallen, welch ausgesprochen große Brüste Litter-Elli ihr Eigen nannte. Und wie freundlich sie ihre Bluse knöpfte, damit man, wenn man wollte, zumindest genug erblicken konnte, um die Fantasie anzuregen.

»Die da«, sagte Arch, »die sendet doch deutliche Signale!«

»Ehrlich, findest du?«

»Trau mir«, sagte Arch.

Also ging er rüber und setzte sich auf die gleiche Bank, auf der Litter-Elli Platz genommen hatte und ihren extremen Parfumduft verbreitete. Nick musste ein wenig die Luft anhalten, während er sie anlächelte.

»Warm heute, was?«

Sie drehte sich zur Seite, eine Duftschwade erwischte ihn, als hätte Mike Tyson ihm eine gedonnert. Erst jetzt sah er, dass sie telefonierte.

»Sorry, ich rede *literally* gerade.«

»Soll ich ..., äh, gehen?«

»Nee, schon gut.«

Sie wandte sich wieder dem Gespräch zu und er betrachtete sie verstohlen von der Seite. Der schwere Duft ihres Parfums nahm ihm zwar die Luft zum Atmen, aber je länger er sie anschaute, desto attraktiver fand er sie. Sie hatte ein bisschen was von Leo, nur mit roten längeren Haaren. Sie hatte mehr Oberweite und keine GNTM-Figur, sondern eine natürliche, weibliche. Sie hatte mindestens vier Knöpfe ihrer Bluse geöffnet und er konnte sehen, dass sie einen schwarzen BH mit viel Spitze trug. Ihre Lippen waren voll und rot angemalt. Sie war sehr hübsch. Und sie schien sich nicht von seiner Anwesenheit bei ihrem Gespräch stören zu lassen. Ab und zu warf sie einen Blick auf ihren Sohn. Samy. Oder Samuel? Ein nettes Kind, mit dem auch Hope gerne spielte. Was wäre, wenn er vorsichtig seine linke Hand auf ihre freie rechte legen würde. Würde sie sie wegziehen? Oder liegen lassen? Würden sie zusammen nach Hause gehen, wilden Sex haben, danach zu Abend essen, die Kinder ins Bett bringen und wieder Sex haben? Langsam schob er seine Hand näher. Arch, der ihn von der anderen Seite des Schiffi beobachtete, machte das Daumen-hoch-Zeichen.

»Literally, völlig ohne Peilung!«, verkündete Litter-Elli.

Nick rückte noch ein Stück näher.

»Ich sage dir, *literally*, da war keine Peilung.«

Wenn sie intensiver sprach, bewegte sich ihr Oberkörper, bewegten sich ihre Brüste, aber durch die Bewegung verstärkte sich auch der Geruch. Was war das eigentlich für ein Duft? Ein Herrenparfum? Als er eine zu große Dosis einatmete, wurde ihm schlecht und er musste würgen. Sie drehte sich zu ihm.

»Ist dir übel?«

Er schüttelte den Kopf.

»Nur eine Fliege verschluckt.«

»Ein Schluck Wasser? Soll ich dir auf den Rücken klopfen?«

»Danke«, röchelte er, während er gierig ihre Oberschenkel betrachtete.

»Okay«, sagte sie lächelnd und nahm ihr Gespräch wieder auf. »Wo waren wir?«

Der kleine Finger seiner linken Hand war nur ein paar Zentimeter von dem kleinen Finger ihrer rechten Hand entfernt. Hatte sie eigentlich einen Mann? Falls ja, dann hatte er ihn noch nie gesehen. Man wusste ja sowieso wenig über die Familienverhältnisse der meisten Besucherinnen. Wer war in einer glücklichen Beziehung? Wer lebte in Scheidung? Wer war Patchwork? Wer war Single? Man musste es herausfinden. So oder so. Nur noch ein Zentimeter. Nick hielt die Luft an. Wenn es zum Sex kommen würde, müsste er sie vorher unter die Dusche schleppen.

Siegessicher sah er zu Arch hinüber, der auf seiner Seite des Spielplatzes das internationale Zeichen für Geschlechtsverkehr machte.

»Literally, wie kann man so blöd sein?«, lachte sie. »Das merkt doch ein Blinder, dass ich nicht auf Pimmel stehe.«

Wie auf ein Stichwort drehte sie sich zu ihm und er nickte ihr zustimmend zu. Natürlich sah man das. Absolut.

»Ich gehe mal da rüber«, erklärte Nick und sie schien damit sehr einverstanden.

Das war der Moment, in dem er beschloss, Arch als Sexualberater zu entlassen und in der nächsten Zeit lieber mehr auf den Pirati zu gehen als auf den Schiffi. Und dort traf er Dana, die samt ihrer Tochter Lola jeden Nachmittag kam. Sie erkannte seine Signale oder er ihre. Sie redeten lange über Kindererziehung und intensiv über die Vorteile, Single zu sein. Sie verabredeten sich, sie organisierte einen Babysitter und kam abends zu ihm, sie küssten sich und schon da ahnte er, dass sie nicht die Richtige war. Er wollte aber auch nicht unhöflich sein, trank deswegen etwas schneller, dann noch schneller und sie tat das Gleiche. Als sie sich auf einmal schlagartig von ihm löste und auf den Wohnzimmertisch kotzte, wusste er, dass es so nicht funktionieren würde. Er brachte ihr Zewa und als sie gehen wollte, hielt er sie auf, weil er sie so nicht aus dem Haus lassen konnte. Sie suchte Sex und einen Vater. Er suchte Sex und eine Mutter. Zwei Puzzlestücke, die eigentlich ineinanderpassen würden, aber aus unterschiedlichen Puzzles kamen. Sie saßen dann noch eine ganze Weile beisammen und wenn sie sich danach auf einem der Spielplätze sahen, konnten sie sich immerhin in die Augen schauen und zuzwinkern, ohne dass einer der beiden ein dummes Gefühl hatte.

Und damit war dieses Kapitel abgeschlossen.

35

Vielleicht war die Suche nach einer Mutter ein Grund, warum Nick mehr mit Johanna abhing? Leah mit h, die früher kein Haar gehabt hatte, war inzwischen ein reizendes kleines Mädchen, das einen Narren an Hope gefressen hatte. Wenn die beiden zusammen waren, kümmerte sie sich wie eine zweieinhalbjährige Mutter um ein eineinhalbjähriges Kind. Sie wollte füttern, wickeln und kuscheln und man musste immer ein wenig aufpassen, dass sie Hope nicht mit ihrer Liebe erdrückte. Nebenbei führte Johanna, eine gelernte Köchin, die während ihrer Schwangerschaft ihren Beruf auf Eis gelegt und ihn nicht wieder aufgenommen hatte, ihn ins Thema Kochen ein.

Und das war auch nötig, denn er hatte sich – animiert von Archs Rede – den Bestellfreudigen angeschlossen und bekam jetzt jede Woche eine Gemüsekiste von Ökologistika.

Wie man einen Apfel sachgemäß schälte und aß, wusste Nick, bis Johanna ihm erklärte, dass man sie auch waschen könne und mit Schale essen. Ähnlich sei es mit einigen Kartoffelarten, mit Kohlrabi, an dem er einmal fast erstickt wäre, ginge es aber nicht. Spinat, Mangold, Kürbisse, Pastinaken

oder Steckrüben waren Gemüsesorten, die er nur namentlich kannte, aber von denen er keine Ahnung hatte, wie man
sie verarbeiten musste. Seine Mutter hatte ihn, immer wenn
er ihr in der Küche zuschauen wollte, zu seinem Vater in
die Agentur gebracht. Vielleicht hatte sie nicht gewusst, dass
es nicht erst die Jahre zwischen fünfundzwanzig und vierzig waren, in denen man besonders produktiv wäre, sondern
dass es sich um die Jahre zwischen sieben und vierzig handelte? Johanna zeigte ihm, wie man schälte und schnitt, erklärte Garzeiten und ließ ihn selbst auf Ideen kommen, wie
man aus einem einfachen Gemüse eine gute Mahlzeit kochen
konnte, die sowohl babygerecht war als auch ihm schmeckte.

Während Leah Hope an- und auszog, als wäre sie eine
Puppe, redete er mit Johanna über Ben, über dessen Ver-
zweiflung darüber, dass seiner Tochter so lange keine Haare
gewachsen waren und der eine Krankheit dahinter vermu-
tete. Sie sprachen über seine Eltern, über ihre zweite Schwangerschaft, die sie als viel einfacher als ihre erste empfunden
hatte, über die neun Kilo, die sie zugenommen hatte und die
sie seiner Meinung nach nur anziehender machten, wofür
sie Nick einen Kuss auf die Stirn gab und sich wünschte, ihr
Mann würde das ähnlich sehen.

Johanna machte ihn zu ihrem Vertrauten, nachdem Ben
ihr gesagt hatte, dass er sich gerne mit anderen Frauen treffen
würde. Es gehe nicht um Sex, hatte er erklärt, aber sie glaubte
ihm nicht. Sie betrachtete sich selbst als Grund. Weil sie sich
ihm verweigerte, hatte sie ihn praktisch dazu gezwungen.
Nick fühlte sich sofort als »Team Johanna«. »Ich kann das

nicht«, hatte sie ihm von Mutter zu Mutter gesagt, »ich fühle mich nicht wie eine Frau bei ihm. Ich habe das Gefühl, er würde eine ausgeleierte Stillmaschine bumsen. Rein, raus, danke. Ein Kuss am Anfang, einer am Ende. Er den Sack leer, ich wie eine Küchenmaschine, die du nach dem Gebrauch nicht mal sauber machst. Es ist nicht so, dass ich keinen Bock auf Sex habe, den habe ich, nur eben nicht so.«

Nick war auf der einen Seite erfreut darüber, dass sie ihm so viel Vertrauen entgegenbrachte, ihm das zu erzählen. Auf der anderen Seite war es doch eher etwas, was man einer Freundin sagen würde? Aber warum nicht? Wenn Johanna eine Freundin brauchte, dann würde er sich eben auch wie eine verhalten.

Johanna war der festen Überzeugung, dass Männer und Frauen miteinander befreundet sein konnten, wie Frauen und Frauen und Männer mit Männern. Nur bei ihrem Mann sei das wohl nicht möglich.

Wie sich zeigen sollte, war es auch zwischen ihnen nicht möglich.

Sie standen in ihrer Küche und schälten Möhren und auf einmal fühlte er ihre Hand in seinem Nacken, sanft seinen Hals massierend. Er ließ es zu lange geschehen, drehte sich dann zur Seite und sie küssten sich. Bevor sie im Schlafzimmer verschwanden, vergewisserten sie sich, dass das Baby schlief und Leah und Hope keinen Scheiß machen konnten, aber beide waren auf Leahs Spielteppich eingeschlafen. Es war sehr zärtlicher, sehr sanfter Sex, den die beiden hatten. Sie fielen nicht gierig übereinander her, sie küssten sich lange und als sie ihre Jogginghose und ihren Slip ausgezogen und sich umgedreht hatte, drang er vorsichtig in sie ein, sie stöhnte vor Lust und sie ließen sich, immer mit einem Ohr Richtung Kinderzimmer lauschend, viel Zeit. Es war ganz anderer Sex als mit Leo oder mit Sally, bei dem jeweils die beiden anderen die kreativeren Parts gewesen waren und er sich hatte führen lassen. Er wollte Johanna nicht nur sehen, er wollte sie auch fühlen. Als sie fertig waren, änderte sich die Situation schlagartig. Er registrierte sofort, dass sie für sich zu weit gegangen war, dass sie sich von dem Moment hatte hinreißen lassen und das, was geschehen war, eigentlich nicht gewollt hatte. Sie versprachen sich, dass es eine Ein-Mal-und-nie-wieder-Geschichte wäre, über die man mit niemandem sprechen würde. Beim zweiten Mal versprachen sie sich das Gleiche und beim dritten Mal redeten sie nicht mehr darüber, sondern ließen es geschehen.

Es war Johanna, die ihm letztendlich half, einen Kitaplatz für Hope zu finden. Sie und Ben hatten schon vor Leahs Geburt einen Platz für sie im Yitzhak-Rabin-Kindergarten, einer jüdischen Einrichtung, in die Kinder ab dem ersten Lebensjahr in eine Kita und anschließend in den Kindergarten gehen konnten, reserviert. Johanna hatte das aber eigentlich nicht gewollt. Sie wollte, dass Leah in eine deutsche Einrichtung ging, und hatte einen anderen Platz gefunden.

»Was ist denn der Unterschied zwischen einer jüdischen und einer deutschen Kita?«, fragte Nick. Johanna erklärte ihm, dass sich diese Frage so nicht stellen lasse. Der Yitzhak-Rabin sei eigentlich ein ganz normaler Kindergarten mit

Kita, es werde Deutsch gesprochen und die meisten Kinder seien jüdisch, aber genauso deutsch.

»Dann wäre es doch nicht schlimm, wenn Leah hingehen würde?«

»Ich kann es dir nicht wirklich erklären«, sagte Johanna, »ich will das einfach nicht.«

Nick hätte gerne mehr über ihre Gründe erfahren, aber er merkte, dass er nicht zu fragen brauchte. Sie würde nichts mehr dazu sagen.

Auch wenn Leah ihren Platz nicht beanspruchte, bezahlte Bens Familie weiter die Gebühren und Johanna fragte Nick, ob er ihn eventuell für Hope nutzen wollte.

»Geht das denn?«, erkundigte sich Nick und Ben verdrehte die Augen. »Natürlich geht das. Was sollte daran nicht gehen?«

»Weil Hope ja keine Jüdin ist.«

»Das ist egal.«

Nick hatte überlegt und an Die Eiche gedacht. Dort hatte man sich um Hope kümmern wollen, aber eigentlich ja nur, um an ihn heranzukommen.

Johanna bemerkte sein Zögern.

»Niemand wird versuchen, dich oder Hope zum Konvertieren zu überreden.«

Nick war misstrauisch. Woher wusste sie, die ihre eigene Tochter dort nicht hinbringen wollte, das so genau? Er kannte sich im jüdischen Glauben ungefähr genauso gut aus wie im christlichen oder mit dem Islam. Ihm waren die großen monotheistischen Religionen wahrscheinlich ähnlich suspekt wie Johanna. Es gab zu viele Widersprüche und er hatte nie einen Grund gesehen, an einen Gott zu glauben. Natürlich sagte er manchmal Sätze wie »Lieber Gott, mach, dass das klappt« oder so, aber er hatte sich nie weiter damit befasst, warum er das sagte oder dachte. Weil man es so machte? Weil seine Eltern diese Worte auch benutzt hatten?

»Das ist keine orthodoxe Kita. Sie feiern allerdings ein paar andere Feiertage. Zum Beispiel Rosch ha-Schana, Jom Kippur, Chanukka oder Pessach. Sie feiern nicht Ostern wie Christen und es gibt kein Weihnachten. Aber man richtet sich nach den gesetzlichen Ferien des Bundeslandes.«

Johanna schaute ihm in die Augen.

»Also willst du?«

Nick brauchte dringend einen Kitaplatz, bei allen Einrichtungen, in denen er sich beworben hatte, stand er auf Wartelisten, die bis in die nächsten drei Jahre reichten. Also dachte er nicht lange darüber nach und reichte Ben die Hand. Dann fiel ihm ein, dass es ja auch etwas kosten würde, und sofort rutschte ihm das Herz in die Hose und er sah die Gelegenheit am Horizont verschwinden, wie Lucky Luke, nachdem er die Daltons wieder einmal in den Knast gebracht hatte.

»Was muss ich denn zahlen?«

»Das bekommen wir schon hin«, sagte Johanna, »du musst nicht voll bezahlen, weil Ben und seine Eltern den Platz nicht verlieren wollen. Fifty-fifty?«

»Warum wollen sie den Platz nicht hergeben?«

»Weil sie denken, dass ich es mir noch mal überlegen könnte.«

»Und falls ja – dann müsste Hope gehen?«

»Nein!«

Schon am nächsten Tag betrat Nick mit Hope den Yitzhak-Rabin-Kindergarten und stellte fest, dass man ihn anscheinend schon angekündigt hatte. Die Chefinnen der Einrichtung hießen Esther, die für den Kindergarten und die Gesamtleitung zuständig war, und Eva, die sich um die Kitakinder kümmerte. Als Nick sich verstohlen umsah, stupste Eva, eine freundlich lächelnde etwas füllige junge Frau, ihn an.

»Wir sind keine Sekte.«

Sofort fühlte er sich wieder ertappt.

Insgesamt kamen elf Kinder regelmäßig in Evas Gruppe, Hope war die zwölfte. Der Yitzhak-Rabin-Kindergarten lag im Erdgeschoss eines ehemaligen Friseursalons, zwei Häuser neben der Synagoge, in einem Altbau. Die Spielfläche befand sich auf einem wunderschönen Innenhof, den man von außen nicht hinter dem Haus vermutet hätte.

Nick sah sich ausgiebig um, befand alles für gut und Eva bot ihm an, dass Hope direkt bleiben könne. Er solle sich einfach gemeinsam mit ihr umsehen. So würden sie es dann auch die nächsten Tage dieser Woche machen. Er würde Hope bringen, ein wenig bleiben und wenn er das Gefühl hatte, dass sie angekommen sei, sollte er erst für ein, dann vielleicht für zwei Stunden weggehen, bis sie nächste Woche dann völlig in die Gruppe integriert wäre. Nick erschrak ein wenig. Bislang hatte er, bis auf die paar Stunden im Callcenter, sein Leben komplett neben Hope verbracht. Und nun sollte er sie allein lassen? War das ihr erster Schritt in die Selbstständigkeit? Er sah sie plötzlich mit einem Schulranzen vor sich, er sah sie als Teenager in eine andere Schule gehen, er sah sie mit einem Bachelorhut vor einer Uni, er sah sie an der Hand eines jungen Mannes davonspazieren. Wie ein nasser Hund die Wassertropfen schüttelte er diese Gedanken ab.

Jetzt ging sie erst mal probeweise in eine Kita.

Während er Eva lauschte, wann er Hope bringen und abholen sollte und wie er sich als Elternteil einbringen könnte, wobei er nebenbei allerlei administrativen Kram verarbeitete, hatte sich ein kleiner Junge zu ihnen gesellt und betrachtete Hope, die Nick immer noch auf seinem Arm hielt.

»Ringo«, sagt Eva, »das ist Hope.«

»Op«, sagte Ringo und begann an ihrem Kleid zu ziehen.

Diesen Ringo muss ich im Auge behalten, dachte Nick.

»Mama«, sagte Hope und Eva lachte ihn an.

»Sie sagt Mama zu dir?«

Nick war das etwas unangenehm.

»Wir arbeiten daran.«

Hope gewöhnte sich viel schneller an den Yitzhak-Rabin-Kindergarten als ihm lieb war. Und er gewöhnte sich daran, dass er jedes Mal, wenn er sie brachte, an einem Polizeiwagen vorbeigehen musste, der vor der Kita geparkt stand.

36

Es war toll eine Kita zu haben, es war schlecht, dass Nick dafür bezahlen musste, wenn auch nur die Hälfte. Wie sollte er die Summe aufbringen? Alleine der Job im Callcenter und die Miete von Arch würden nicht reichen. Ohne den Unterhalt von Leo wäre er aufgeschmissen. Insofern begann Nick, Frau Dr. Kobalt etwas Druck zu machen, was denn nun mit dem Geld sei, das ihm anscheinend noch zustehen würde. Und Frau Dr. Kobalt begann der Gegenseite, ganz besonders Frau Dr. Klaus, so richtig auf die Nerven zu gehen. Die strich zunächst den vereinbarten Unterhalt mit der Begründung, dass Nikolaus Przybilsky, indem er gegen ihre Mandantin juristisch vorging, sich nicht an den Vertrag gehalten hätte. Die Runde ging also an die Gegenseite. Fast tausend Euro weniger und Beef mit Leo. Scheiße.

Mit Arch redete er nicht darüber. Sein Gefühl sagte ihm, dass Arch es nicht gutheißen würde, wenn er erführe, dass Nick einfach etwas unterschrieben hatte ohne es durchzulesen.

Arch war ein ausgezeichneter Koch.

Hätte Nick Arch schon während der Pandemie im Haus gehabt, wäre er fett geworden, denn es war nicht so, dass man von veganem Essen abnahm. Man konnte sich bei ihm wünschen, was man gerne haben wollte, ansonsten kochte er selbstständig so, dass jede Woche neue Lieblingsgerichte entstanden. Auch Hope profitierte davon. Während andere Kinder Fischstäbchen und Tiefkühlpommes liebten, aß sie Tomatenfilets auf Artischockenschaum. Wer hätte gedacht, dass eine nicht einmal Zweijährige eine derartige Feinschmeckerin sein könnte? Hope konnte das »ch« nicht aussprechen, sie sagte statt Arch »Onkel Arsch«, aber Onkel Arsch hatte damit kein Problem.

Im »Yitzi« hatte Nick Bescheid gesagt, dass Hope ab jetzt vegan ernährt werden würde, und löste damit aus, dass es eine Abstimmung gab und man sich dafür entschied, einen Versuch zu unternehmen, alle Kinder an vegane Ernährung zu gewöhnen. Einzig Yoko, die Mutter von Ringo, war damit so wenig einverstanden, dass sie ihrem Sohn heimlich kleine Würstchen in seine Kindergartentasche packte und das führte dazu, dass Ringo Hope mit einer Minisalami bedrohte und es im »Yitzi« zu einer Intervention kam. Denn Nick war etwas über das Ziel hinausgeschossen, als er Yoko damit konfrontierte, dass so eine Minisalami wohl kaum kosher sei. Yoko ließ sich provozieren und entgegnete lautstark, dass gerade ihm das ja wohl ziemlich egal sein könne. Als er sich dann darüber mokierte, wie dümmlich es sei, den Sohn Ringo zu nennen, wenn man Yoko hieße, erwiderte Yoko, ob Hope denn ein besserer Name sei, wenn es bei dem

Vater keine Hoffnung gäbe, dass ihm noch ein Gehirn wachsen würde. Esther und Eva hatten daraufhin für Ordnung sorgen müssen, aber seitdem betrachtete Nick den kleinen Ringo immer mit einem Quantum Misstrauen.

Arch erklärte Nick das Prinzip des Überfahrens. Zu manchen Zeiten verdiente man richtig gut, zu anderen hingegen lohnte es sich gar nicht. Obwohl er das genau wusste und diese Zeiten auch zuordnen konnte, war er zu den Hauptverdienstzeiten meistens bekifft und fuhr nicht, sondern saß stattdessen mit Nick auf dem Balkon und sie vertrieben sich die Zeit mit Schach und Backgammon. »Schach ist das Spiel der Könige«, sagte Arch, »aber eigentlich ist es das Spiel der Damen. Backgammon ist wie Schach, nur dass die Komponente Glück dazukommt, also viel lebensnäher und deswegen besser.« Für Nick war es egal, er verlor in beiden Spielen.

Nur mit der Miete von Arch, dem Kindergeld und dem, was er im Callcenter verdiente, kam er nicht wirklich aus. Frau Rechtsanwältin Dr. Kobalt hatte ihm zwar eine größere Summe versprochen, von der sie sicher war, dass die Mutter sie zahlen würde, aber das war eher die Taube auf dem Dach als ein Spatz in der Hand. Hätte er sich weitergehend damit beschäftigt, wie sie überhaupt an das Geld zu kommen gedachte, er hätte sich und allen anderen viel Ärger ersparen können. Selbst wenn er die Post von ihr regelmäßig gelesen hätte, hätte er erkennen können, dass da Geschütze aufgefahren wurden, mit denen er nichts zu tun haben wollte. Aber Nick war zufrieden, wie es war. Er hatte Hope, Hope hatte eine Kita, und sogar bald einen Kindergartenplatz. Er hatte neuerdings Arch, es herrschten Ordnung und Zufriedenheit in seinem Leben. Warum sollte man sich da unnötig mit Post von seiner Anwältin beschäftigen?

»Warum reparierst du die Uhr nicht? Oder kaufst eine neue?«, hatte Arch neulich wissen wollen. Ja, warum eigentlich nicht? Vielleicht weil er sich irgendwie an den Zettel gewöhnt hatte?

Er hatte sich von Arch überreden lassen, dass der auf der einen Seite des Balkons einen Blumenkasten bekam, in dem er Hanfpflanzen anbauen durfte. Es sei ja sowieso bald legal, hatte Arch argumentiert, und Nick hatte ihm Recht gegeben. Wenn er sich einen Joint drehte, nannten sie das Gras vor Hope den »grünen Tabak«, nur für den Fall, dass sie jemandem davon erzählen sollte. Unwahrscheinlich, aber besser so. Nick wäre ungern im »Yitzi« darauf angesprochen worden.

Das mit dem Gras zog dann doch etwas größere Kreise, weil die Nachbarn von gegenüber die Pflanzen bemerkt und ihn angezeigt hatten. Weil sie aber noch sehr klein waren, reichte es, dass Arch den beiden Polizistinnen, die deswegen vorbeigekommen waren, versprach, sie wegzuschmeißen. Was er nicht tat. Was aber auch egal war, denn die Anzeige war aufgenommen worden und richtete sich gegen Arch und Nick. Die Angelegenheit würde zwar nicht weiterverfolgt werden, aber für den von Frau Dr. Klaus beauftragten Detektiv war es etwas, das er auf seine Liste setzen konnte, um es bei Bedarf gegen Nick zu verwenden. Auf dieser Liste standen schon ein paar Kleinigkeiten, wie unter anderem der dubiose Mitbewohner, der schon einmal verhaftet worden war, als er Tiere aus einem Schlachthof befreit hatte, eine AfD-nahe Kita, das Agieren unter dem Namen Schmitt in einem etwas zwielichtigen Callcenter und ein Verhältnis mit einer verheirateten Nachbarin, deren Ehe Nick wohl zerstört hatte. Viele Kleinigkeiten, aber nichts wirklich Großes, Brauchbares.

Das änderte sich erst durch Marianne.

An einem der Tage, an denen Arch nichts geraucht hatte, nahm er eine Fahrt zur JVA an und dabei lernte er Marianne kennen. Im Gegensatz zu den meisten anderen lernte er aber Marianne persönlich kennen. Alle anderen kannten sie nur aus Zeitungen, Zeitschriften und TV-Magazinen.

37

Marianne

Als Marianne im Januar 1979 zu lebenslänglich mit anschließender Sicherheitsverwahrung verurteilt wurde, fand zum ersten Mal die Rallye Paris-Dakar statt. Ihr Vater, der von allen wegen seiner Ähnlichkeit mit dem Schauspieler Steve McQueen nur Steve genannt wurde, hatte eine Zeit lang zum Team des Rallyegründers Thierry Sabine gehört.

Steve hatte Mariannes aus dem Senegal stammende Mutter Ibrahima 1960 – ebenfalls bei einer Motorradrallye – kennengelernt und direkt geschwängert. Heiraten wollte er nicht. Er wollte Motorrad fahren und Motoren zerlegen, zusammenbauen und verbessern. Außerdem liebte er Frauen, besonders afrikanische, vielleicht war das der Hauptgrund, warum er die Rallyes auf diesem Kontinent den nordamerikanischen und europäischen vorzog.

Steve und Ibrahima sahen sich nicht oft. Immer im Januar und Februar, wenn Steve auf zwei Rädern, gefolgt von einem Stab an Mechanikern und Helfern durch Afrika bretterte, erwartete Ibrahima ihn und reiste ein paar Wochen mit dem Tross mit. Als Ibrahima starb, war Marianne fünf Jahre alt.

Und anstelle von Ibrahima erwartete Steve ihre Großmutter und übergab ihm das Kind, das er, ohne zu murren, seinem Chefmechaniker übergab, damit er das Rennen zu Ende fahren konnte.

Wenn er nicht gerade fuhr, sondern schraubte und tüftelte, lebte Steve bei seinen Eltern in einem kleinen Dorf in Schleswig-Holstein. Dort wuchs Marianne auf, von allen Dorfbewohnern »die kleine Schwatte« oder auch »der Negerkuss« genannt. Den größten Teil ihrer Kindheit fühlte sie sich als nicht zugehörig, zwar akzeptiert, aber – wie eine Zitrone an einem Orangenbaum – immer irgendwie anders. Sie verbrachte den größten Teil ihrer Kindheit in der Garage ihres Vaters. Wo andere kleine Mädchen nach Penaten- oder Niveacreme rochen, duftete Marianne nach Motorenöl und Kettenfett. Und, ob Schule oder nicht, jeden Winter nahm Steve sie mit und sie verbrachte ein paar Wochen bei ihrer anderen Familie im Senegal, während er Pokalen, Triumphen und Ruhm hinterherjagte. Als sie dreizehn war, begannen sich die Jungs für sie zu interessieren. Exotisch, unnahbar, sehr gut aussehend, das waren ihre Reize. Genauso beliebt, wie sie bei den Jungs war, war sie deswegen den Mädchen verhasst. Ihre Großeltern waren alt, sie waren spät Eltern geworden und deswegen noch später Großeltern. Sie ließen Marianne nie spüren, dass sie von den anderen Dorfbewohnern teilweise sogar gemieden wurden. Doch natürlich merkte das Mädchen das. Als Steve 1976 verunglückte, lief Marianne davon. Sie war sechzehn, sie hatte ihren Hauptschulabschluss, sie hatte auf dem Dorf nichts mehr verloren, seit ihrer Grundschulzeit konnte sie Motorrad und Auto fahren. Sie wollte, wie ihr Vater, an Motoren schrauben. Also nahm sie Opas Mercedes, einen himmelblauen 200 D, und düste los. Einige Zeit trieb sie sich in Hamburg herum, jobbte in einer Werkstatt, reiste dann weiter und landete in Frankfurt.

Sie mochte die Anonymität der Großstadt, sie fand ein Zimmer in einer Wohngemeinschaft, sie lernte viel über körperliche Liebe, sie fand eine Werkstatt, die sie, ohne dass sie eine Lehre machen musste, als Mechanikerin anstellte. Dort bastelte sie sich ihr erstes und einziges eigenes Motorrad zusammen, sie lackierte es schwarz und es bekam den Namen Black Racer. Weil sie, sobald sie Zeit hatte, mit dem Bike unterwegs war, begannen die anderen sie irgendwann selbst *The Black Racer* zu nennen.

Marianne hatte keine Ahnung, mit wem sie in ihrer WG zusammenwohnte. Als man sie bat, bei einer »Angelegenheit« zu helfen, sagte sie zu. Ihr Job war es, auf dem Motorrad zu warten, bis einer der jungen Männer zu ihr kommen und sie ihn zu einem Treffpunkt fahren würde. Mit ihr warteten noch zwei andere Fahrer, die aber Autos hatten. Was Marianne nicht wusste, war, dass es sich bei den jungen Männern um eine Gruppierung handelte, die der RAF zuarbeitete und für Geldbeschaffung zuständig war. Die »Angelegenheit« war der Überfall auf eine Privatbank, bei der drei Angestellte getötet wurden, alle Jungs aus ihrer Gruppe und auch die anderen beiden Fahrer. The Bloody Monday. Das eigentliche Ziel war es gewesen, einen der Banker als Geisel zu nehmen.

Stattdessen wurde eine große Menge Bargeld, fast zwei Millionen D-Mark, erbeutet.

Als Polizisten auf ihre Freunde schossen, startete Marianne den Black Racer und gab Gas. Sie bretterte durch die Stadt, sie hängte die Polizisten, die sie verfolgten, ab, sie fuhr auf die Autobahn und weil sie nicht wusste, wo sie hinfahren sollte, fuhr sie erst Richtung Paris und dann weiter in Richtung Dakar. Als sie in Tarifa von Europa nach Afrika, nach Tanger, übersetzen wollte, wurde sie von der spanischen Guardia Civil gestoppt, verhaftet und nach Deutschland ausgeliefert. Als einzige Überlebende des Überfalls klagte man sie an und sie bekam den ganzen Hass des Teils der Deutschen ab, die sich nicht mit den Zielen der RAF anfreunden konnten und wollten. Drei tote Banker, sechs tote Terroristen und fast zwei Millionen verschwundene D-Mark. Das alles lastete man Marianne an, die von einer großen deutschen Zeitung den Spitznamen »die Schwarzfahrerin« bekam.

Zeitlich gesehen hatte sie Pech, denn in der Bundesrepublik Deutschland hatte das Volljährigkeitsalter bis vor Kurzem bei einundzwanzig Jahren gelegen. Durch das 1975 in Kraft getretene »Gesetz zur Neuregelung des Volljährigkeitsalters« wurde die Grenze auf die Vollendung des achtzehnten Lebensjahres herabgesetzt. Ob aber auch eine Volljährige noch bis zum Alter von einundzwanzig Jahren unter das Jugendstrafrecht fallen könnte, hing davon ab, wie der Richter die Chancen der Delinquentin beurteilte, wieder ins normale Leben zurückzufinden.

Man bot Marianne an, sie wegen Beihilfe zum Mord anzuklagen, sie müsste nur die RAF-Hintermänner enttarnen und verraten, wo das Geld sei. Ihre Anwältin riet ihr, unbedingt auf diesen Deal einzugehen. Aber obwohl Marianne von ihren sogenannten Freunden belogen und hintergangen worden war, wusste sie nichts, was sie sagen wollte oder konnte. Auch nicht zu dem Geld. Eigentlich sagte sie während des ganzen Prozesses kein einziges Wort. Was hätte sie auch sagen können? Sie wusste nicht mehr als alle anderen. Alle waren tot. Das Geld war weg, keine Ahnung wo. Der Richter entschied sich gegen die Gutachten und verurteilte sie nach Erwachsenenstrafrecht zu lebenslänglich. Einige Zeit später dann auch noch zu anschließender Sicherheitsverwahrung. Sollte ihr doch noch einfallen, wo das Geld war, sei es möglich, die Sicherheitsverwahrung aufzuheben.

Marianne lebte sich im Gefängnis ein. Sie wurde, wie sie es nannte, zwangslesbisch. Sie arbeitete in der Gefängniswerkstatt, sie begann zu studieren, so gut das ging. 2009 wurde sie Dipl. Ing. für Maschinenbau.

Seit 2004 ließ sie jedes Jahr prüfen, ob weiterhin die Gefahr bestünde, dass sie außerhalb des Vollzugs rechtswidrige Taten begehen würde. Falls das Gutachten für sie positiv ausfiel, würde die weitere Vollstreckung zur Bewährung ausgesetzt und eine Führungsaufsicht für maximal fünf Jahre erfolgen. Gäbe es während dieser Zeit keinen Widerruf der Entscheidung, wäre sie frei.

Doch die Gerichte lehnten die Aussetzung jedes Jahr wieder ab. Begründung: das verschwundene Geld!

Seit 2006 erfolgte die Überprüfung der Sicherheitsverwahrung alle neun Monate.

Im Oktober 2022 erhielt Marianne die Diagnose: beginnende Demenz.

Im Mai 2023 entschied ein Gericht, trotz erheblicher Einwände des Bundesanwalts und des BKA, die Sicherheitsverwahrung aufzuheben. Marianne wurde, allerdings mit einer elektronischen Fußfessel, die in ihrem Fall nur aus einem GPS-Tracker bestand, nach vierundvierzig Jahren aus der JVA entlassen.

Ihr Fall beherrschte die Medien mehrere Wochen lang, bis im Herbst dann etwas Schreckliches geschah, das nicht nur im »Yitzi« einiges veränderte. Die Terroristen der Hamas hatten ein Musikfestival überfallen, ein Blutbad angerichtet und Geiseln genommen. Der Staat Israel wehrte sich, die Welt begann auf Gaza zu schauen und auf einmal hatte jeder eine Meinung zu einem Konflikt, der keineswegs erst mit diesem Überfall begonnen hatte.

Schlimm für die Menschen dort, gut für Marianne, denn der Nahostkonflikt kickte sie aus den Schlagzeilen.

Marianne rechnete immer noch in D-Mark, hasste Emojis und sie war *nicht* dement. Sie hatte nur, im wahrsten Sinne des Wortes, die Amtsärztin richtig zu nehmen gewusst.

38

Als Arch mit Marianne in seiner Wohnung auftauchte, hatte Nick gerade Kontoauszüge studiert und ihm war elend zumute. Der Unterhalt war gestrichen worden. Warum, das konnte ihm der Bankberater, den er direkt angerufen hatte, nicht sagen, riet ihm aber, sich mit seiner Anwältin in Verbindung zu setzen. »Aber viel übler ist doch jetzt die drohende Zwangsversteigerung der Wohnung«, sagte der Bankberater dann vorsichtig und Nick fiel aus allen Wolken. Das Gespräch wurde dann sehr, sehr unerfreulich und als der Berater dann irgendwann aufgelegt hatte, war Nick kurz davor zu weinen. Das war der Moment, als Arch ihm Marianne vorstellte, er aber gar nicht zuhörte, was sein Mitbewohner zu sagen hatte, da er versuchte, seine Anwältin anzurufen.

»Das ist Marianne.«

Nick nickte nur.

»Die habe ich gerade abgeholt.«

Nick machte eine Handbewegung, die eigentlich meinte, dass Arch ruhig sein sollte. Der verstand sie allerdings als Aufforderung, weiter zu reden, und tat das auch in dem Moment, als sich Frau Dr. Kobalt meldete.

»Die hat die letzten vierundvierzig Jahre unschuldig im Knast gesessen«, erklärte Arch.

»Hallo!«, sagte Nick, allerdings zu Frau Dr. Kobalt, aber Marianne, die sich angesprochen fühlte, hob ihre Hand zum Gruß. Nick ging in dem Moment davon aus, dass es sich bei ihr um eine Handwerkerin handelte, die etwas im Haus reparieren sollte, und Arch sich schon kümmern würde. Die Überlegung lag nahe, denn Marianne trug einen Overall, dessen Oberteil runtergeklappt war, und ein beidseitig bedrucktes T-Shirt. Auf der Vorderseite stand »Erst vorne, dann …« und auf der Rückseite »… hinten lecken. Danke!«

»Sie hat gerade gar nichts«, sagte Arch und Nick lächelte dazu mit verkniffenen Lippen.

»Kann sie ein paar Tage bleiben, bis sie was hat?«

In dem Moment hustete Frau Dr. Kobalt ganz schrecklich und wollte wissen, ob Nick ihr noch eine Minute geben könne.

»Na klar, wenn es nicht ewig dauert.«

Arch, der die Antwort auf seine Frage bezog, zeigte sich erfreut.

»Du bist ein Riesentyp!«

Nick freute sich über das spontane Kompliment, bislang war sein Vormittag ja nicht so gut gelaufen. Und als dann Frau Dr. Kobalt endlich wieder am Apparat war und ihm sagte, sie hätte ihm gerade einen Brief in die Post gepackt, erwiderte er nur: »Ich freue mich darauf.« Und hatte überhört, dass Marianne kurz vorher gesagt hatte, dass sie dann mit ihrem Schlafsack auf dem Sofa schlafen würde. Was ihn allerdings wunderte, war, dass sie beiden noch einen warnenden Blick zuwarf. »Aber hier läuft nichts mit anpacken, Jungs.« Dann dachte er sich aber nichts weiter dabei. Seit der Pandemie nahm man an Handwerkern, was man bekam.

Als Nick nachmittags mit Hope aus dem »Yitzi« kam, staunten beide darüber, dass Marianne in ihrem Schlafsack auf dem Sofa lag.

»Was machen Sie denn hier?«, fragte er und Marianne antwortete sehr offen, dass sie bis eben ein Nickerchen gemacht hätte, aus dem man sie jetzt herausgerissen hatte. Als Nick die Tür schließen wollte, um Arch zur Rede zu stellen, der aber nicht da war, wurde sie allerdings laut: »NEEIIIN! Nix Tür zu. Da krieg ich 'nen Affen.«

Das war Mariannes erster Tag.

Am Morgen nach ihrer ersten Nacht war Hope verschwunden. Und sein Handy. Und Arch. In dieser Reihenfolge nahm Nick die Tatbestände zur Kenntnis. Alle waren weg, nur Hans Albers hatten sie ihm gelassen. Nick lief durch die Wohnung und ein paar Sekunden, bevor er die Polizei angerufen hätte, kamen alle drei durch die Tür.

»Wo seid ihr gewesen?«

Als ob sie sich wochenlang nicht gesehen hätten, lief er auf Hope zu und schloss sie in die Arme. »Wo warst du, mein Liebling?«

Hope war aber einfach noch viel zu klein, um zu ahnen, welche Sorgen er sich gemacht hatte, sie war bester Laune.

»Motad für Janne holt.«

Hope sprach inzwischen ziemlich gut. Ihr erstes Wort war tatsächlich »Mama« gewesen und er hatte einige Zeit gebraucht, bis er begriffen hatte, dass er damit gemeint war. Inzwischen hatte er sich daran gewöhnt und versuchte, nachdem sie Papa gar nicht annehmen wollte, sie dazu zu bekommen, »Nick« zu sagen. Auf alle Fälle war es immer wieder für einen Lacher gut, wenn Hope ihn »Mama« rief.

»Wir haben ein Motorrad für Marianne geholt«, übersetzte Arch. Nick fuhr in an: »Meinst du, ich bin taub? Aber warum seid ihr einfach weg?«

»Weil du noch geschlafen hast«, sagte Marianne. »Und brüll nicht so rum, du erschreckst das Kind.«

»Warum habt ihr keinen Zettel geschrieben?«

»Haben wir«, sagte Arch und zeigte auf den Zettel auf dem auch schon stand, dass die Uhr kaputt war.

»Und wo ist mein Handy?«

»Hier.«

Marianne reichte ihm sein Handy.

»Warum hast du das?«

Arch hob die Arme.

»Hope und ich machen mal Kaffee, o. k.?«

Er nahm Hope auf den Arm und ging mit ihr in die Küche.

»Weil ich nur ein Prepaid habe ohne Guthaben, vielleicht?«, rechtfertigte sich Marianne.

»Und da hast du einfach meins genommen?«

»Ja.«

»Warum?«

»Wegen der Garage?«

»Was für eine Garage?«

»Für das Moped!«

»Welches Moped?«

»Das für Paris-Dakar!«

»Paris-Dakar?«

Nick war in der Schule in Chemie richtig schlecht gewesen, aber trotzdem hatte er das Gefühl, damals mehr vom Periodensystem begriffen zu haben, als jetzt von dem, was Marianne sagte.

Etwas später, bei einem gemeinsamen Kaffee, stellte sich dann heraus, dass Marianne ein gebrauchtes Motorrad gekauft und es mit Arch und Hope abgeholt hatte. Außerdem hatte sie die freie Garage auf dem Hof gemietet, um darin das Motorrad auf die Rallye Paris-Dakar vorzubereiten, die sie damit fahren wollte.

»Jetzt brauche ich nur das Werkzeug!«

Das war der erste Satz von ihr, der Nick logisch erschien, hielt er sie doch immer noch für eine Handwerkerin.

»Das war sehr praktisch mit der Garage«, sagte Marianne. Nick schenkte ihr Kaffee nach.

»Warum? Wohnst du denn hier in der Gegend?«

Er fand die Frage völlig normal, Marianne hingegen reagierte irgendwie komisch.

»Jaaaa…«, sagte sie zögernd, so als ob sie einem Idioten antwortete.

»Wo denn?«, fragte er interessiert.

»Na, hier«, sagte sie und zeigte auf das Sofa. »Du hast doch gesagt, ich kann bleiben.«

Nick sagte dazu erst mal nichts, sondern warf nur Arch einen halb fragenden, halb bösen Blick zu. Als Marianne sich dann auf den Weg machte, das Werkzeug zu holen, was auch immer sie damit meinte, wollte Hope mit ihr gehen.

»Willst du nicht in den Yitzi?«

»Hope niss Jizi!«

»Warum nicht?«

»Mit Janne!«

Und bevor er intervenieren konnte, hatte Marianne sich schon eingemischt. »Komm, scheiß die Wand an, Junge. Ich kann schon auf die aufpassen! Außerdem werden wir ja sicher wieder von den Bullen begleitet«.

»Was für Bullen? Hä?«

»Na, wegen dem Geld.«

»Des Geldes.«

»Wessen Geldes?«

»Was?«

»Ich will wissen, warum die Bullen euch begleiten sollten?«

Und so erfuhr er dann die Geschichte, dass die Staatsanwaltschaft davon ausging, dass Marianne wüsste, wo sich die Beute aus dem Überfall von damals befand, und sie deswegen überwachen ließ, auch weil sie glaubten, dass Marianne dement sei und vielleicht bald vergessen würde, wo sich das Versteck befände. Nick überkam schon wieder das Gefühl von Chemie siebte Klasse und er hatte gerade angesetzt, Fragen zu stellen, aber weil sie losmusste, riet Marianne ihm, die ganze Geschichte zu googeln.

Was bin ich für ein Vater, fragte er sich, als er vom Balkon aus beobachtete, wie Hope an Mariannes Hand die Straße entlangging. Ein paar Meter dahinter, im Schritttempo, ein Polizeiauto.

Und dann nahm er sich Arch vor, der aber keinerlei Schuldgefühle zu haben schien. »Du warst doch da! Wir haben dich doch gefragt! Du hast doch zugestimmt!«

Nick erinnerte sich dunkel an die Situation vom Vortag. Er am Telefon, Arch mit Marianne im Flur. Er war definitiv abgelenkt gewesen.

»Woher kennst du sie denn? Und seit wie lange?«

»Seit gestern. War 'ne Fahrt. JVA in die City. Bringt 'nen Vierziger.«

»Und dann hast du gesagt: Ach, du kannst auch bei uns pennen?«

»Das hat sich so ergeben.«

»Ach, das hatte sich so ergeben.«

»Ja.«

»Warum?«

»Bauchgefühl!«

»Bauchgefühl?«

»Ja, es hat sich richtig angefühlt.«

»Es hat sich richtig angefühlt, dass du eine Lebenslängliche, eine Mörderin, einfach einlädst, bei uns zu wohnen?«

»Digga, bist du dämlich?«, fuhr Arch ihn an.

»Warum bin ich dämlich?«

»Sie ist die Schwarzfahrerin!«

»Das auch noch?«

Arch starrte ihn entgeistert an.

»Weißt du was? Du liest jetzt erst mal ihre Geschichte.«

Das hatte Nick gemacht und es hatte ihn ein wenig beruhigt.

»Hört sich mies an«, meinte er.

»Die haben eine Schuldige gebraucht und sie hat die Arschkarte gezogen.«

So sah Nick es auch.

»Vierundvierzig Jahre, Digga!«

Trotzdem wäre alles anders gelaufen, hätte Nick nicht von Frau Dr. Kobalt erfahren, dass alles etwas länger dauern würde, er eventuell finanziell ein wenig überbrücken oder sich an seinen Bankberater wenden sollte.

Hätte er, wie sonst auch, den Umschlag nicht geöffnet und hätte Marianne nicht angeboten, dass sie für das Sofa Miete bezahlen könnte, und wäre Arch nicht auf die Idee gekommen, dass da prinzipiell noch ein Zimmer sei, das prinzipiell nicht genutzt würde und das man prinzipiell, zumindest für das Jahr, in dem Marianne sich und das Motorrad auf Paris-Dakar vorbereite, an sie vermieten könne. Hope könne es dann prinzipiell ja danach wiederhaben, weil sie es ja prinzipiell im nächsten Jahr auch noch nicht wirklich brauchen würde.

»Noch ein prinzipiell und ich hau dir eine rein«, hatte Nick zu Arch gesagt.

Abends machten sie dann Marianne den Vorschlag, die so wirkte, als hätte sie sowieso schon damit gerechnet.

»Neunhundert pro Monat«, bot sie an.

»Siebenhundertfünfzig«, antwortete Nick. Neunhundert war definitiv zu viel für ein Zimmer.

Arch schaute ihn an, als hätte er sich heißen Kaffee in die hohle Hand gegossen, trotzdem konnte man sehen, dass er auch ein bisschen stolz auf Nick war. »Digga, Karl Marx würde sich jetzt einen feixen!«

Und so war Marianne eingezogen.

»Willst du mir die Miete immer zum Monatsersten geben?«, hatte Nick angeboten, aber Marianne hatte den Kopf geschüttelt.

»Ich gebe dir alles auf einmal.«

Das fand Nick super.

»Sobald ich mein Geld habe«, sagte Marianne.

»Welches Geld?«

»Gut sechzigtausend Euro.«

»Woher hast du sechzigtausend Euro?«

»Junge, ich habe vierzig von den vierundvierzig Jahren im Knast gearbeitet. Zu einem Hämorrhoidenlohn! Aber das läppert sich dann in den Jahrzehnten. Und ausgeben kannst du nicht so viel wie draußen.«

Das leuchtete Nick ein, half ihm aber gerade auch nicht.

39

Mit Marianne war jetzt eine Frau im Haus. Sie war über sechzig, sah aus wie Ende vierzig und benahm sich größtenteils wie nicht einmal Mitte zwanzig. Ihr Aussehen führte Marianne teils auf die konservierenden Kräfte im Knast, aber zum größeren Teil auf ihr senegalesisches Blut zurück. »Meine Oma sah mit hundertneun noch aus wie dreißig«, behauptete sie. Was natürlich nicht stimmte, sie kannte ihre Oma überhaupt nicht wirklich und tatsächlich war diese im Alter von sechsundachtzig gestorben.

Im Großen und Ganzen war Marianne unkompliziert, hatte aber ein paar Angewohnheiten, an die man sich gewöhnen musste. Sie hasste geschlossene Türen. Auch auf dem Klo. Man musste, wenn man den Flur betrat, immer darauf achten, dass man Marianne nicht gerade auf dem »Thron«, wie sie es nannte, erwischte. Marianne redete offen und direkt und selbst wenn sie versuchte, etwas durch die Blume zu sagen, klang es immer noch derb.

»Seit dem Knast kann ich kein hartes Ei legen«, erläuterte Marianne zum Beispiel.

»Waaas?«, fragten Nick und Arch wie aus einem Mund.

»Ich kann nicht gut scheißen«, sagte Marianne, etwas zu schnell, als dass Nick Hope die Ohren noch rechtzeitig zuhalten konnte.

Sie trug gerne T-Shirts mit Aufschrift. »*Too old to die young*« oder »Zunge vorne, Finger hinten« oder »BRD verrecke«. Ihre Lieblingshose war eine abgeschnittene Turnhose, die ihre langen Beine besonders gut zur Geltung brachte und die sie, auch wenn es kalt war, trug und jedem gern zeigte, dass sie keine Gänsehaut bekam.

Sie bezeichnete sich selbst als feministisch und zwangslesbisch. »Im Knast nimmste wasses gibt!«

Um Hope vor manchen Wörtern zu schützen, bei denen Nick davon ausging, dass sie sie früh genug lernen würde, hatte er eine Fahrradhupe gekauft. Immer wenn er das Gefühl hatte, dass Marianne gleich ein nicht kindgerechtes Wort sagen würde, drückte er schnell auf die Hupe. Meist war es allerdings bereits zu spät.

Marianne konnte überhaupt nicht kochen. Arch meinte, sie wüsste nicht einmal den Unterschied zwischen Topf und Pfanne. Nick war sich hingegen sicher, sie wusste nicht einmal den Unterschied zwischen Topf und Herd. Aber sie kannte sich mit Werkzeug aus und sie konnte alles heil machen, was kaputtging, z. B. einen tropfenden Wasserhahn. Früher hätte man die Hausverwaltung angerufen und die einen Klempner und ein paar Wochen später wäre der Hahn in Ordnung gewesen. Jetzt lief es anders. »Aus dem Weg, ihr

Muschis«, rief Marianne, klebte sich unter die Spüle und ein paar Minuten später tropfte gar nichts mehr.

Vorsorglich hatte sie zwei Radiatoren für die Garage gekauft und wenn sie »was schrauben« ging, nahm sie Hope mit. Hope konnte inzwischen mit Messer und Gabel essen, sie las Bilderbücher und wusste, was ein 9er-Sechskant, ein Kreuzschlitz und die Flachbacken einer gezahnten Aussparung bei einer Kombizange waren. Sie malte wie andere Kinder auch, aber anstatt zu puzzeln bastelte sie mit Marianne am »New Black Racer«.

Etwas gewöhnungsbedürftig waren die Besuche ihres Bewährungshelfers Manni, der jedes Mal ihr Zimmer durchsuchte und den sie liebevoll »Arschfresse« nannte. Ein wenig Misstrauen brachte allerdings auch Nick ihr selbst noch länger entgegen und so beobachtete er die Situation skeptisch, als Marianne mit einem kleinen Werkzeugköfferchen die Wohnung betrat und schnell damit in ihrem Zimmer verschwinden wollte.

»Was is da drin?«, fragte Nick wie bei einem Verhör.

»Eine halbe Million in kleinen Scheinen«, sagte Marianne.

Nick war ganz kurz erfreut. Dann könnte sie ja doch ihre Miete zahlen. Dann übernahm sein Verstand. Eine halbe Million? Sie verarschte ihn doch.

»Woher?«, fragte Nick.

»Ich hab ’ne Bank überfallen!«

Nick sah sich erschrocken um.

»Keine Angst, ich habe alle Zeugen erschossen.«

»Das ist nicht witzig«, beschwerte sich Nick.

Dass des Öfteren ein Polizeiwagen vor der Tür stand, fiel ihnen hingegen irgendwann gar nicht mehr auf. Nick kannte das ja eh schon von Hopes Kindergarten. Da standen inzwischen allerdings immer zwei.

Im Spätherbst kamen ein paar schwüle Tage. Obwohl die Bäume schon die meisten Blätter verloren hatten, stieg das Thermometer an einem Tag sogar auf über fünfundzwanzig Grad. Kein Wind regte sich, der Himmel wurde immer dunkler, jede Minute war mit einem Gewitter zu rechnen. Ein Wetter, dass sich einem die Haare an den Armen aufstellten, als hätte man einen Stromschlag bekommen.

Der »Yitzi« war wegen Scharlach für vierzehn Tage geschlossen und Arch hatte vergessen, dass er auf Hope aufpassen wollte. Nick hatte ihn zurückholen müssen und nun fuhr Hope mit ihm Fahrgäste von A nach B. Hoffentlich hatte er sie in ihrem Sitz angeschnallt. Bei der Arbeit schienen alle Anrufer kurz vor dem Wahnsinn zu stehen und Marianne hatte, ohne zu fragen, seine Schränke aufgeräumt, aber leider übersehen, dass Hans Albers in die Küche gekotzt hatte, und war prompt reingetreten. Mehrmals. Um die Spuren, die sie dadurch hinterlassen hatte, zu verfolgen, brauchte man keinen Detektiv.

Das Gewitter, das bereits den ganzen Tag gedroht hatte und die Stadt am frühen Abend heimsuchen wollte, zog schon auf. Es stand am Himmel wie ein halb aufgebautes Schachspiel, bei dem Schwarz bereits deutlich mehr Figuren aufgestellt hatte. Weil alle noch mal rauswollten, war der Pirati gut besucht. Das Spielschiff war voller krakeelender, johlender und weinender Kinder und Rüdiger bespaßte sie. Rüdiger war außer Nick der einzige Vater, der regelmäßig auf den Pirati ging. Rüdiger, ein später Vater, Ende vierzig, freute sich jedes Mal, wenn er Nick erspähte, und rief ihm schon von Weitem immer den gleichen Gruß zu: »Nick, altes Haus, haben sie dich endlich entlassen oder hast du Freigang?« Die meisten der Anwesenden kannte er vom Sehen, etliche auch namentlich. Da war Modingo, eine Schwarze, mit ihrer Tochter Erika. Als Hope Erika das erste Mal getroffen hatte, hatte sie ihr ins Gesicht gegriffen, so als wollte sie schauen, ob die Hautfarbe an ihren Fingern kleben bleiben würde. Nick hatte sich wahnsinnig geschämt. So etwas machte man doch nicht! Und er war sofort überfordert. Sollte er sie jetzt öffentlich ermahnen? Er hatte keine Ahnung, wie man mit so einer Situation umgehen sollte, zumal er das Gefühl hatte, dass fast alle anwesenden Mütter jetzt abwarteten, was passieren würde. Er hoffte irgendwie, Erika würde auch Hopes Gesicht betatschen, das tat sie aber nicht. Erika saß nur da und lachte. Er hatte Modingos Blick gesucht, um sich zu entschuldigen. Sie hatte ihn angelächelt und war zu ihm herübergekommen. Sie hatte sich neben ihn auf die Bank gesetzt, aber nichts weiter gesagt. Beide hatten gemeinsam beobachtet, wie ihre Kinder zusammenspielten. Irgendwann hatte Modingo ihm eine Tüte Kekse hingehalten und gelächelt.

»Jetzt weiß sie es.«

Er hatte einen Keks genommen und sich entschuldigt.

»Wofür?«, hatte Modingo gesagt und auf Hope gezeigt.

»Sie ist klein. Und es wird nicht das Schlimmste sein, was Erika in dieser Hinsicht passieren wird.«

Seitdem grüßten die beiden sich und wenn es die freien Sitzplätze auf dem Spielplatz zuließen, setzten sie sich nebeneinander und plauderten.

Romina war da, mit ihrer Freundin, die er mal versucht hatte anzugraben, die dieses Parfum benutzte, von dem Nick immer schlecht wurde und die er »Litter-Elli« nannte, weil ungefähr jedes zweite Wort, das sie sagte, immer noch *literally* war. Johanna und Natalya plauderten mit Gemüsekisten-Katharina und dann war da noch Dana, die im Sommer auf seinen Tisch gekotzt hatte. Die Bank in der Mitte war, wie so oft, von den »Grannys for Future« besetzt. Drei Großmütter, die seit den Fridays-for-Future-Demonstrationen die Grannys for Future waren, was man sah, denn sie trugen fast immer T-Shirts mit diesem Aufdruck.

Seit die »Geschichte« mit Johanna vor ein paar Wochen eingeschlafen war, hatte Nick immer das Gefühl, von den anderen Frauen beobachtet zu werden und ließ sich dementsprechend oft abseits von ihnen nieder.

Ben war wieder zurück in Johannas Leben, als wäre er nie weg gewesen. Was er ja körperlich auch nicht gewesen war. Er hatte erneut das Thema, dass sie konvertieren könnte, aufgebracht und Johanna hatte begonnen darüber nachzudenken. Nicht weil es ihr Wunsch war, sondern weil er es wollte. So wie er auch gewollt hatte, dass sie ihren Beruf aufgab, um für Leah da zu sein.

Sie kochten nicht mehr zusammen, ihre Gespräche ende-

ten jetzt immer rasch und bei den sowieso seltener werdenden Inhouse-Partys von Romina hatten sie sich auf einmal
weniger zu sagen als früher. Beide hofften, dass der oder die
andere sich an das Abkommen halten würde, mit niemandem über das Abenteuer zu sprechen.

Nick sah Rüdiger zu und hatte gar nicht gehört, dass Marianne gekommen war.

»Was guckst du so?«, wollte sie wissen.

»Wie gucke ich denn?«

»Wie einer, der gleich ausrastet.«

Marianne, die heute ein T-Shirt mit der Aufschrift »Suck
me, fuck me, whip me« trug, auf dem das »whip me« mit Edding durchgestrichen war, zeigte sich für ihre Verhältnisse
sehr einfühlsam.

»Vielleicht musst die Nachbarin mal wieder durchknal-
len!«

Nick zuckte zusammen. Nicht nur, dass sie ungeniert auf
Johanna zeigte, Marianne hatte außerdem sehr laut gesprochen und er hatte gar keine Lust, dass alle hören würden,
was sie da sagte. Ihm war klar, dass sie Marianne sowieso
skeptisch betrachteten. Ihre Klamotten und dann ständig die
Polizeibegleitung.

»Machen wir nicht mehr«, sagte er.

»Dann kann ich ja«, erwiderte Marianne.

Nick sah sie entsetzt an.

»Spaß«, sagte Marianne, »ist nicht mein Typ.«

Wäre Nick nicht so angespannt gewesen, hätte er Hope
einfach wieder mit in die Wohnung genommen, sie hätten

es sich vor dem Ventilator gemütlich gemacht, auf das Gewitter gewartet und ihre Tonies gehört. Und er hätte sie nicht auf das Gehrad gezwungen. Aber so machte es ihn traurig, dass Hope an dem teuren Rad aus Bioholz, das er ihr einfach so geschenkt hatte, gar keine rechte Freude hatte und keineswegs gewillt schien zu zeigen, dass sie mit ihren nicht mal zwei Jahren besser fahren konnte als die älteren Kinder; stattdessen achtete sie auch überhaupt nicht darauf, wo sie hinfuhr.

Erst fast in ein anderes Kind, dann in eine der Grannys und dann geradewegs auf die Straße zu. Nick rief, er schrie, doch sie hörte ihn nicht, er sprintete ihr hinterher und konnte sie gerade noch an den Haaren – eine der nicht so guten Version der geflochtenen Zöpfe – packen und zurückreißen. Hope fiel hin, Nick brüllte sie an, die Piratibesucher:innen betrachteten ihn voller Abscheu. Hope hatte zu weinen begonnen und er stand da und es war, als ob er seinen Körper verlassen hätte und von oben betrachten würde, was er da gerade angerichtet hatte. Dass er brüllend und mit erhobener Hand vor seiner Tochter stand, die eigentlich Trost viel besser hätte brauchen können, denn dass sie etwas falsch gemacht hatte, davon zeugte alleine schon ihr blutendes Knie. Und in dem Moment schoss es ihm durch den Kopf: Werde nicht wie deine Mutter! Und dass, obwohl er sich nicht daran erinnern konnte, von seinen Eltern jemals geschlagen oder angebrüllt worden zu sein. Es hatte später Zeiten in seinem Leben gegeben, da wäre er von seinem Vater sogar gerne mal angebrüllt, vielleicht sogar geschlagen worden, nur nicht immer dieses ewige Mitleid. Hatte seine Mutter ihm mal eine runtergehauen? Sie hatte nie viel Geduld mit ihm gehabt, aber an eine Ohrfeige oder Schlimmeres konnte er sich nicht erinnern. Aber daran, dass er oft ein unangenehmes Gefühl hatte, wenn er sie vor sich stehen sah, daran erinnerte er sich plötzlich wieder. Der erhobene Zeigefinger, passend zur erhobenen Stimme.

Dass Marianne sich auf dem Pirati dann noch einmischte, hatte die Sache nicht besser gemacht. Sie war zu den Spielplatzmüttern hinübergegangen, hatte sich vor Johanna aufgebaut und ihr laut zu verstehen gegeben, dass sich diese Situation nicht so ergeben hätte, wenn Johanna Nick vielleicht mal zuvor noch einen geblasen hätte. Marianne hatte es gut gemeint, aber die Reaktionen der Mütter waren Ekel und Abscheu. Nur Rüdiger lachte. Aber auch nur einmal, bis ihn Gemüsekisten-Katharinas böser Blick traf und zum Schweigen brachte.

An dem Nachmittag schaffte Nick es immerhin, die Sache mit Hope wieder einigermaßen in Ordnung zu bringen. Sie waren zusammen nach Haus gegangen. Er hatte noch mehr geweint als Hope und dabei versucht, es sie nicht sehen zu lassen. Am Abend, als das Gewitter abgeklungen und es schon kühler und sie eigentlich zu müde war, hatten sie das Gehrad auf die »Gutenachtrunde«, die sie jeden Abend mit Hans Albers gingen, mitgenommen und Hope fuhr damit, als wäre sie darauf geboren worden.

Doch der Gedanke an seine Eltern ließ Nick nicht los. Er konnte sich an so wenig erinnern und es drängte ihn plötzlich, wie eine vom Niederschlag überlaufende Regentonne, mehr in Erfahrung zu bringen. Sich mit seinen Eltern auszutauschen. Hey, warum habt ihr geheiratet? Warum habt ihr euch getrennt? Wegen mir? War ich ein Scheißkleinkind? Habt ihr mich nicht gewollt? Was ist mit euch passiert?

Aber um all das zu fragen, müsste er mit ihnen reden. Und sie würden fragen, warum er das denn ausgerechnet jetzt, mitten in der Nacht, wissen wollte? Und er hätte sagen müssen: »Na, wegen Hope!«

»Wegen Hope?«

»Ja, eure Enkeltochter, die ich euch bislang verschwiegen habe.«

Er erinnerte sich an einen Satz, den er mal gehört oder gelesen hatte: »Der beste Zeitpunkt, um mit etwas zu beginnen, ist jetzt!« Und weil er wusste, dass man nicht immer zu lange nachdenken durfte, nahm er sich die halb volle Flasche Wein mit auf den Balkon und wählte einfach die Nummer seines Vaters. Es klingelte lange und die Töne hörten sich schon so an, als würde das Handy seines Vaters in einem anderen Teil der Welt läuten oder vielleicht auch nur in einem Rucksack vibrieren. Dann knackte es und sein Vater war dran.

»Halloooo?«, klang es schlaftrunken.

»Papa!«, sagte Nick.

»Nick!«, sagte sein Vater.

Und noch bevor Nick ihm alles erzählen, lange bevor es so weit war, dass er seine Fragen stellen konnte, blockte sein Vater das Gespräch ab. Es sei in Nepal mitten in der Nacht, eigentlich dachte er, sein Handy sei gar nicht in seiner Tasche. Er würde demnächst zurückrufen, falls es nicht wieder um Leben oder Tod gehen würde. Nick, durch die Reaktion seines Vaters arg gebremst in seiner Euphorie, hätte sagen können, dass es sehr wohl um ein Leben ginge, nämlich das seiner Enkeltochter. Und wäre er nicht so gekränkt gewesen, hätte er auch fragen können, warum der Vater das Wort »wieder« im Zusammenhang mit dem Tod gebraucht hatte. Aber er stimmte dann nur leise zu und das Gespräch war beendet.

Er trank ein Glas Wein, vielleicht um sich Mut für sein zweites Telefonat zu machen. Seine Mutter ging sofort ran. Auf Mallorca war es ja auch nicht mitten in der Nacht. Sie fragte aber gar nichts, sie keuchte nur und rief nach Mike. Sie reagierte nicht wirklich, als Nick ihren Namen sagte, also legte er wieder auf. So war es dann eben. Sein Vater befand sich in einem Tempel in Nepal, seine Mutter ließ es sich anscheinend gerade von Mike besorgen.

Gut, dann würden sie eben nicht erfahren, dass es Hope gab.

Er fühlte sich so wahnsinnig abgewiesen, dass er gar nicht auf die Idee kam, dass er falsch mit dem liegen könnte, was er seinen Eltern unterstellte, gerade zu tun.

Aufgewühlt hatte Nick sich angetrunken in sein Auto gesetzt und war zu der Lagerhalle gefahren, in der der Container stand, in dem seine Eltern ihre Ehe eingelagert hatten. Kurzentschlossen hatte er sich einen Kofferraum voll Kindheit in den Wagen gepackt. Unter anderem eine Kommode, die früher im Schlafzimmer seiner Eltern gestanden hatte.

Sie hatten sie Antiquität genannt, Eichenholz und oben-
drauf eine Marmorplatte. Darin stieß er auf eine Kiste mit
Bildern, die seine Mutter in seinem Elternhaus neben der
Kellertreppe aufgehängt hatte.

Zu Hause öffnete er eine weitere Flasche Wein und setzte
sich mit den Bildern und gerahmten Fotos in die Küche. Er
hatte sie lange nicht mehr gesehen. Zwei davon waren Familienfotos, sicherlich von einem Fotografen geschossen. Nick
war da noch gar nicht auf der Welt, zu sehen waren Tanten und Onkel und Großeltern, auf einem mütterlicher-, auf
dem anderen väterlicherseits. Es gab Hochzeitsbilder seiner
Eltern, ebenfalls zwei. Eines ohne ihn, wahrscheinlich vor
dem Standesamt aufgenommen, das zweite, ein paar Stunden
später, mit ihm, im Krankenhaus geknipst. Er kannte die Geschichte, dass seine Eltern sich gerade noch die Ringe hatten
anstecken können, als die Fruchtblase seiner Mutter geplatzt
war und sie mit dem Taxi ins Krankenhaus gefahren waren.

Irgendwann kam Arch und setzte sich zu ihm. Nick wollte
erst nicht, war dann aber doch froh, dass jemand bei ihm war.
Arch betrachtete die Bilder.

»Die sehen eher nachdenklich als glücklich aus.«

Das fand Nick auch. Er breitete die restlichen Bilder auf
dem Tisch aus. Da war eines von seinem Vater vor der Versicherungsagentur und eines von seiner Mutter mit ihm auf
dem Arm. Die restlichen Fotos waren eine Art Dokumenta-
tion seines Lebens. Er und seine Mutter bei der Einschulung,
sein Vater und er auf dem Fußballplatz, seine Mutter und
er in der Küche beim Kochen, sein Vater und er vor einem

Weihnachtsbaum, daneben Hans Albers, noch ein Welpe. Auf dem letzten, es war ein Bild das er kannte, das bei seiner Abiturfeier aufgenommen worden war, waren alle drei zu sehen. Kurze Zeit später war er zur Bundeswehr gegangen, die Eltern hatten sich getrennt und Hans Albers und er waren nach Spanien gefahren. Nick betrachtete sich selbst auf den Fotos. Wie viel von dem kleinen Jungen, der er mal gewesen war, steckte heute noch in ihm? Was hatte er verloren? Außer seinen Eiern? Hatte er auch etwas gewonnen? Und was davon würde er an sein Kind weitergeben? Arch hatte aus Mariannes Kiste Hammer und Nägel geholt, sie hatten die Nägel in die Wand geschlagen und die Bilder aufgehängt.

Spät in der Nacht, nachdem Arch und er die zweite Flasche Wein geleert und ein paar Tüten geraucht hatten, waren die beiden runtergegangen, in die Garage, um bei Marianne nach ihren Fortschritten mit dem New Black Racer zu schauen. Marianne, die sich gerade laut fragte, ob die »Affenficker« beim TÜV das wohl so abnehmen würden, hatte aus dem Grundmodell einer BMW ein Unikat hergestellt. Nick war froh, dass Hope schlief und er nicht hupen musste.

40

Nick hatte sich beim Thema Weihnachtsbaumständerkonstruktion auf Bewährtes verlassen und wie im letzten Jahr musste ein Topf herhalten. Arch hatte vorgeschlagen, den Baum am Rathaus zu klauen, damit man was Amtliches im Küchenwohnzimmer hätte, aber was sollte man mit einer zwölf Meter hohen Fichte in einer drei Meter hohen Küche?

Es gab eine eiserne Regel, die Nick von Natalya übernommen hatte: Wir essen nicht, wenn wir gehen! Er hatte die Regel zuerst nicht verstanden, aber dann begriffen, dass es darum ging, dass Kinder sich leicht verschluckten, wenn sie beim Gehen aßen. In seiner Kindheit hatte man das noch nicht gewusst. Hope kannte die Regel, hielt sich aber nicht immer daran. Und so lief sie mit einem Stück Käse durchs Wohnzimmer, er rief ihr zu, den Käse wegzulegen, sie geriet ins Stolpern, hielt sich an der Tanne fest und alles fiel herunter. Hope erschrak und weinte. Er war sich sicher, dass sie jetzt gelernt hatte, dass, wenn sie im Gehen etwas aß, Weihnachtsbäume in mit Sand gefüllten Töpfen auf sie fallen würden. Was unwahrscheinlich war, aber wenn es der guten Sache nützte, dass sie nicht ersticken würde – warum nicht.

Gleichzeitig hatte er ein Déjà-vu: Auch letztes Jahr war der Weihnachtsbaum bereits zu Fall gekommen, seine Topfkonstruktion musste spätestens nächstes Jahr überdacht werden.

Was hatte sich im letzten Jahr getan? Hope konnte laufen und sprechen. Sie hatte einen Kitaplatz. Arch und Marianne waren eingezogen. Sie zahlten zwar nur teilweise und auch sehr unregelmäßig Miete, aber durch sie hatte Nick weniger das Gefühl, alleine zu sein. Das Wetter war über die Feiertage scheußlich und sie hingen zu viert in der Wohnung herum, sahen *Drei Nüsse für Aschenbrödel* und *Der kleine Lord* und *Ist das Leben nicht schön?* und spielten mit Hope alles, was sie wollte. Am ersten Weihnachtstag besuchten sie zu viert Romina und Paul und Lea zum Kaffee. Außer ihnen waren dort Unmengen an Kuchen und Verwandten. Abends erinnerte Nick sich daran, wie Hope letztes Jahr nach den Weihnachtssüßigkeiten gekotzt hatte. Letztes Jahr. Shanya war inzwischen weg, Herr Gudmundson war tot.

Er nahm sich vor, sich bei Shanya endlich zu entschuldigen und Herrn Gudmundson auf dem Friedhof zu besuchen. Beides tat er nicht.

Was er aber tat war, ein Bild drucken zu lassen, auf dem Shanya die gerade geborene Hope auf dem Arm hielt. Dieses Bild ließ er rahmen und hängte es über Hopes Bett. Wenn sie davor stehen blieben, erzählte er ihr von Shanya. Er überlegte, ebenfalls ein Bild von Leo aufzuhängen, unterließ es dann aber. Denn das würde irgendwann Fragen nach sich ziehen, die er noch nicht beantworten wollte.

Leo feierte Weihnachten alleine. Shanya hatte nicht frei bekommen. Leo wusste, dass ihr etwas fehlte, sie ahnte auch, was das war, aber sie war nicht so weit, das vor sich selbst zuzugeben.

Alles, was bei Leo in den letzten Jahren mit einer unglaublichen Leichtigkeit gelaufen war, änderte sich irgendwie. Und sie wusste, dass es an ihr lag, aber es schien ihrem Einfluss zu entgleiten. Nachdem sie die Hank-Peterson-Affäre, die in Nordamerikas Presse deutlich mehr Raum eingenommen hatte als in Deutschland, einigermaßen überstanden hatte, wollte sie zum *business as usual* zurückkehren. Das war aber schwieriger als gedacht, weil Frau Dr. Klaus immer wieder bei ihr aufschlug, um irgendwelche Schreiben von Nicks Anwältin mit ihr zu besprechen. Wozu war sie ihre Anwältin, wenn sie das nicht allein konnte? Und was war eigentlich mit Nick los? Hatten sie nicht eine klare Absprache getroffen? Warum hielt er sich auf einmal nicht mehr daran? Sie hatte bei der Geschichte mit Hope viel mehr auf ihr Gefühl gehört als auf ihren Kopf, konnte es sein, dass das Scheißbauchgefühl sie verarscht hatte? Konnte es sein, dass sie da an einen geraten war, der sich ein Kind von ihr hatte machen lassen, um sie dann, wie Frau Klaus sagte, auszupressen wie eine Zitrone? War die ganze Geschichte mit seiner Zeugungsunfähigkeit nur erfunden? Sicherlich nicht. Sie hatte seine Testikel gesehen und angefasst. Wie krank müsste ein Mensch sein, um sich eineinhalb Eier zu amputieren, um sie zu erpressen? Nein, das waren dumme Gedanken. Oder doch nicht? Letztendlich hatte sie drei Tage und zwei Nächte mit Nick verbracht, dann hatten sie sich während ihrer Schwangerschaft ab und zu WhatsApp-Nachrichten geschickt und er hatte einen vierzigseitigen Übergabevertrag, in dem – verfickt noch mal – alles geregelt war, unterschrieben. War da eine andere Frau im Spiel? Eine, die gerochen hatte, dass es bei ihr etwas zu holen gab?

Im normalen Flow setzte Leo pro Woche drei bis vier Instaposts ab und hatte ihre wöchentliche Call-in-Session auf ihrem YouTube-Kanal. In den letzten Monaten hatte sie deutlich weniger gemacht, ihr war oft nicht danach, obwohl das noch vor einiger Zeit der Inhalt ihres Lebens gewesen war. Neulich hätte sie einer frustrierten Endzwanzigerin, die mit ihren Dildos ein Problem hatte, fast gesagt, dass sie sich vielleicht mal richtig durchbumsen lassen sollte. Sie hatte es Gott sei Dank nur gedacht, aber danach den Gedanken nicht mehr aus dem Kopf bekommen. Sollte sie sich selbst vielleicht mal richtig durchbumsen lassen? Ehrlich gesagt war ihr aber gar nicht danach. Der einzige Mensch, dessen Berührungen sie gerne hatte, war Shanya. Von ihr in die Arme genommen zu werden und nicht sprechen zu müssen, hatte Leo über so manchen beknackten Tag hinweg geholfen.

Ausgerastet war sie dann in der Weihnachtsausgabe bei *Founders*. Und es war keine Aufzeichnung, sondern eine Live-Show. Boris Ratzinger, dessen Aufgabe es war, nicht ihrer Meinung zu sein, hatte es deutlich übertrieben. Nicht einer Meinung zu sein, war eine geplante Sache. Die Zuschauer sollten daran Spaß haben, dass die beiden sich bei jeder präsentierten Geschäftsidee hart angingen. Doch bei einem ihrer Dispute war er ihrer Meinung nach zu weit gegangen, indem er auf die Hank-Peterson-Affäre angespielt hatte und sie hatte ihn schließlich angefahren: »Halt die Fresse!«

Ein Aufschrei ging durch die Reihen der Aufnahmeleitung, der Regie, der Produktion und der Redaktion und Leo hatte im Anschluss an die Sendung mit Boris ein Video für Social Media aufzeichnen müssen, das dem Publikum zeigen sollte: Es war nicht ernst gemeint. Aber sie wusste, dass Boris wusste, dass es doch ernst gemeint war.

Sie hatte danach ein Gespräch mit ihren beiden Produzenten, die vorsichtig anfragten, ob sie sich nicht vielleicht eine Sabbatical-Staffel nehmen wollte? Einfach mal eine Saison aussetzen. Leo fühlte sich ungerecht behandelt und hatte fast schon wieder eine Unflätigkeit auf der Zunge, sagte dann aber, sie werde darüber nachdenken. Im Rahmen der Kommunikation mit Nicks Anwältin hatte Frau Dr. Klaus eine Aufstellung ihrer Finanzen machen müssen. Leo wusste, dass sie mit ihren Werbeaufträgen in den letzten Jahren fast zwei Millionen Euro verdient hatte; sollte sie ihre gewaltigen Anteile an Happyland und Good Vibrations verkaufen, hätte sie viel, viel mehr Geld als sie jemals ausgeben konnte. Natürlich nachdem sie mit Shanya geteilt hätte. Sie hatte ihr versprochen, immer für sie zu sorgen, und sie war überhaupt nicht der Typ Mensch, der Versprechen brach.

Das war Nick, der Idiot. Frohe Weihnachten wünschte sie ihm in Gedanken und dem Miststück von Anwältin, die er engagiert hatte.

Was wollte er von ihr?

Er hatte doch schon alles bekommen.

41

Mitte Januar hatte es tatsächlich so kräftig geschneit, dass die ganze Stadt weiß war, und Nick konnte die Kufen des Schlittens, den er Hope letztes Jahr geschenkt hatte, wieder blank wienern und drei Nachmittage nacheinander fuhren sie damit. Er vorne, Hope hinten, Hope vorne, er hinten, er auf dem Bauch, Hope auf seinem Rücken. An einem Tag kam Arch mit. Er rodelte auf einer ALDI-Tüte und nannte es den Sport-Bob-Türkei-1.

Danach waren sie in ein Café eingekehrt und hatten Kaffee getrunken und Kuchen gegessen. Auf Archs Einladung. Der Mitbewohner, der langsam immer mehr zum Freund wurde, sprach als erstes die angespannte finanzielle Situation an. Nick, der immer noch darauf wartete, dass Marianne ihm die ausstehenden drei Monatsmieten endlich zahlen würde, wollte das Gespräch abbügeln, aber das ließ Arch nicht zu.

»Ich glaube, dass du noch sehr lange auf das Geld von Marianne warten musst.«

Das hörte Nick nicht gerne, er verstand auch nicht wieso.

»Sie bekommt doch Geld als Entschädigung für ihre Zeit im Knast?«

Arch sah ihn ernst an.

»Das sagt sie. Und ich glaube, dass sie das sogar selbst glaubt. Aber woher soll das Geld kommen?«

»Na, von der Bundesrepublik Deutschland!«

Arch stopfte sich ein Stück Birne-Schmand-Torte in den Mund, bevor er weitersprach.

»Warum sollten die ihr Geld überweisen?«

»Na, erstens hat sie dort gearbeitet und zweitens zu Unrecht vierundvierzig Jahre im Knast gesessen.«

»Hat sie das wirklich?«

Nick erschrak.

»Meinst du, sie hat das Geld aus dem Überfall doch?«

»Nein, das meine ich nicht. Ich glaube, dass sie völlig unschuldig gesessen hat.«

»Na also«, sagte Nick zufrieden und wischte Hope den Mund ab.

»Aber sie ist nicht als unschuldig entlassen worden«, sagte Arch, »sie haben sie entlassen, weil sie eine Demenz vorgetäuscht und die Amtsärztin diese Diagnose bestätigt hat.«

»Ja, und?« Nick verstand noch nicht, worauf Arch hinauswollte.

»Nix ja und. Die haben sie nicht wegen eines Justizirrtums entlassen, sondern damit sie nicht im Knast irre wird und dort verreckt.«

Nick kapierte extrem langsam.

»Aber sie ist doch gar nicht dement.«

Arch schüttelte den Kopf und warf einen Blick auf Hope.

»Vielleicht fragst du Hope mal, ob sie verstanden hat, worum es geht?«

Hope, die zwar Kuchen in sich hineinschaufelte wie ein Bagger, dem eine Sicherung durchgebrannt war, antwortete dennoch sofort:

»Janne nich irre!«

Arch war zufrieden.

»Siehst du, sie versteht es.«

Nick wurde langsam ungeduldig.

»Dann erklärt es mir!«

»Gut«, sagte Arch, »es ist eigentlich einfach: Nix zu Unrecht verurteilt, nix Entschädigung einklagen, nix Miete zahlen können!«

Das war der Moment, als Nick dann fast an seiner Mandelschnitte erstickt wäre und eine Kellnerin vor Schreck ein Tablett fallen ließ, weil sie dachte, er würde in ihrem Café sterben. Als kurz darauf klar war, dass er es überleben würde, setzten sie ihr Gespräch fort, indem Arch Nick einen Umschlag überreichte.

»Ich hatte noch ein Tagesgeldkonto, das habe ich aufgelöst. Hier sind dreitausend Euro. Die strecke ich Marianne vor.«

Nick wollte das Geld erst nicht annehmen und Arch nicht mit sich darüber reden lassen.

»Wenn du es nicht nimmst, gebe ich es Hope zum Basteln.«

Aber noch während er so tat, als wolle er Hope den Umschlag zustecken, hatte Nick schon zugegriffen.

»Danke!«, sagte er.

»Wofür?«, wollte Arch wissen. »Ich habe Marianne schließlich auch rangeschafft.«

Das war eine Betrachtungsweise, die Nick eigentlich fernlag, aber er steckte das Geld vorsichtshalber ein und hatte in diesem Moment wirklich nicht vor, es auszugeben.

Wenn Arch Uber fuhr, Marianne schraubte und Nick nicht ins Callcenter musste, brachte er manchmal Hope nicht in die Kita, sondern sie verbrachten den ganzen Tag zusammen. Aus Angst, man könnte ihm das Konto sperren, hatte Nick inzwischen immer eine größere Menge Bargeld, die ihm vor zwei Jahren noch als eine geringe Summe erschienen wäre, in einer Schublade liegen und zahlte überall bar. Um günstig einzukaufen hatten Hope und er feste Runden entwickelt, die sie dann abliefen. Noch vor nicht allzu langer Zeit hatte er sich über die Menschen lustig gemacht, die die Broschüren von Supermärkten lasen und ihren Einkauf nach den Sonderangeboten ausrichteten. Er wusste doch genau, wie der Hase lief. Natürlich gab es diese Angebote, aber eben nur sehr begrenzt. Sie waren lediglich dafür gedacht, die Menschen in die Märkte zu locken und man spekulierte darauf, dass sie, wenn das Angebot um 09.30 Uhr bereits ausverkauft war, etwas anderes in ihre Einkaufswagen warfen. Und deshalb begannen sie die Einkaufrunde bereits um zehn Minuten vor sieben, um um Punkt sieben die ersten zu sein, die bei ALDI das Angebot des Tages bekamen. Mit der Zeit lernten sie, welche Coupons sich lohnten, eingelöst zu werden. In anderen Märkten bekam man manchmal auch zwei Flaschen Waschmittel oder eine Monatspackung Windeln mit Ökoengel für den Preis von einer, man musste sich nur für den Newsletter registrieren, den man dann sofort wieder abbestellen konnte, vorausgesetzt man verstand die kruden digitalen Wege, die man dafür beschreiten musste. Einer davon war der, mit einer App einzukaufen, für deren Verwendung man noch einmal Prozente bekam.

Nach ALDI ging er meist zu Rewe, *same procedure*, danach zu dm und als Letztes zu Penny. Er wäre auch zu Edeka gegangen, aber es gab keinen in seinem Viertel. Nach den Einkäufen gingen sie frühstücken. Bei gutem Wetter setzten sie sich am Ententümpel, einem künstlich angelegten See in einem kleinen Park, auf eine Bank und picknickten. Bei schlechtem Wetter gingen sie nach Hause und aßen dort. Beide mochten diese Touren.

Dann entdeckten sie den Zoo für sich. An den Wochenenden war es unerträglich voll, aber unter der Woche, gerade am Vormittag, war es okay. Die beiden gingen dienstags und donnerstags. Nicht weil es ihnen dann am besten passte, sondern weil Zoo-Hans dann Dienst hatte. Zoo-Hans hatte sich in Hope verguckt und ließ die beiden grundsätzlich umsonst hinein. Der Trick war einfach. Nick musste so tun, als würde er mit ihrem Buggy nicht durch den Einlass passen, Zoo-Hans öffnete dann ein Gitter und vergaß dabei zu kontrollieren, ob sie eine Karte hatten. Ihre Runde, die sie machten, war immer gleich. Kamele, Nashörner, Löwen, Affen, Elefanten, Vögel, Ziegen. Er wiederholte für Hope die Namen der Tiere immer wieder.

An einem Regentag fuhren sie zu IKEA. Nicht um Möbel zu kaufen, sondern einfach nur um herumzulaufen und dann Köttbullar und Kuchen zu essen. Hans Albers wartete im Auto. Zu Hause zu warten war ihm inzwischen etwas lieber, denn sein Lieblingsplatz auf dem Beifahrersitz war jetzt Hopes Platz.

Obwohl sie versuchten zu sparen, war die Hälfte des Geldes von Arch bis zum März aufgebraucht.

Nick war nach wie vor pleite und schob alle finanziellen Angelegenheiten, wie Gespräche mit der Bank über eine mögliche Zwangsversteigerung seiner Wohnung einfach immer wieder auf, bis er sie vergaß. Er wartete darauf, dass Frau Dr. Kobalt ihn anrief, aber die ließ sich irgendwie auch sehr viel Zeit.

42

Hopes zweiter Geburtstag rückte näher und Nick plante, ihr eine richtige Feier auszurichten. Sie war jetzt kein Wesen mehr, das nur »Pflege« brauchte. Sie war eine kleine Partnerin und immer wieder fragte er sich, wie sie ihn wohl beurteilen würde, wenn sie älter wurde. Er war bereit, sein Bestes zu geben, wusste aber, dass man nur versuchen konnte, alles richtig zu machen. Dass man vielleicht die Fehler seiner Eltern nicht wiederholen würde, dafür aber andere, eigene machen würde.

Wie ein Sterbender, der die verbleibende Zeit so intensiv zu nutzen versucht wie irgend möglich, stürzte er sich für die Feier in Unkosten. »Butza!«, rief Hope schon in den Tagen vorher immer wieder, ohne wirklich genau zu wissen, was da auf sie zukommen sollte. Nick hatte gelesen, dass es keinen Sinn ergeben würde, Zweijährigen große Geburtstagsgeschenke zu machen, sondern lieber einige kleinere. Also hatte er Tonies und Bilderbücher – die, die man nicht mehr anlutschen sollte – gekauft und einen Stoffbären, der aussah wie Heinrich aus der Eiche, aber nur halb so groß war.

Marianne hatte aus Klopapier Girlanden gebastelt und aufgehängt. Als er gefragt hatte, warum sie nicht welche bei dm gekauft hatte, wurde sie schnippisch.

»Im Knast hatten wir kein Geld und auch keinen dm. Da haben wir dann einfach weniger geschissen, um mal 'ne Girlande zu haben.«

Schon als sie zu sprechen angesetzt hatte, schweifte Nicks Blick durch die Küche, auf der Suche nach der Hupe. Aber es war zu spät.

Er und Arch hatten Luftballons aufgeblasen, als ob es kein Morgen geben würden, ohne zu wissen, ob Kinder sich eigentlich wirklich darüber freuten, oder ob man das einfach machte, damit es bunt war. Wer sich nicht freute, war Hans Albers. Jedes Mal, wenn einer der Ballons platzte, schrak der Senior hoch und verzog sich erst einmal für eine Weile unters Bett. Nick hatte Kuchen gebacken und Kuchen gekauft. Hope erwartete zwar nur die Kinder, mit denen sie sonst auch spielte, also Leah, Lea, Juri, Agate und noch ein Kind, das mit einer Pirati-Freundin von Romina kommen würde und einen Namen hatte, den er immer wieder vergaß, aber er hatte für jedes Kind drei Schokoküsse berechnet und sie alle zu einer Pyramide aufgetürmt. Für die Erwachsenen hatte er Prosecco, Wein, Bier, Gin und Tonic gekauft und sich gewundert, dass sein Dispo das alles mitmachte. Als Natalya ihn am Tag zuvor gefragt hatte, ob sie vorher etwas essen sollte, hatte er spontan Nein gesagt und beim libanesischen Restaurant die Orientplatte für zehn Personen bestellt. Man wusste ja nie, wer noch kommen würde, sagte er sich, denn er hatte, ohne daran zu glauben, dass jemand von ihnen kommen würde, auch die Frauen aus dem Callcenter samt ihren Kinder eingeladen.

Nick hatte sich dann noch im Internet schlau gemacht, welche Partyspiele die Zwei- bis Dreijährigen momentan bevorzugten, hatte aber nichts Brauchbares finden können, bis auf den Hinweis: Überfordern Sie ihr Kind nicht! Eigentlich hätte da stehen müssen: Überfordern Sie sich selbst nicht.

Am Tag der Feier selbst war er viel aufgeregter als Hope, die weniger Spaß an den eingepackten Spielsachen hatte als an dem Papier, das man wunderbar zerknüllen und kauen konnte. »Butza!«, rief auch Nick immer wieder, um Hope zu signalisieren, dass es ein besonderer Tag sei. Doch je öfter er »Butza!« rief, desto mehr schien es Hope, aber auch Arch und Marianne zu verstören, sodass er es irgendwann unterließ.

Die Kinder kamen pünktlich und er kapierte schnell, dass man von ihm erwartete, dass er die Brut bespaßte. Im Großen und Ganzen fügte er sich ganz gut in die Gemeinschaft ein, nur dass er außer Spielsachen zu suchen, den Hund unter dem Bett hervorzuziehen, weil Lea sich dort verstecken wollte, Tränen zu trocknen und Schokokussschaum aus diversen Haaren zu bürsten immer wieder in die Küche gehen musste, um Flaschen aus dem Kühlschrank zu holen, neue hineinzulegen, die Tür zu öffnen und wieder zu schließen. Marianne, die eigentlich versprochen hatte, als eine Art Kellnerin zu fungieren, tat sich eher dadurch hervor, dass sie schneller trank als die meisten anderen. Schon am späten Nachmittag wies ihr »Schieß doch, Bulle«-T-Shirt, das sie, wie sie sagte, nur zu feierlichen Anlässen trug, diverse Flecken von Weiß-, Rot-, und Roséwein auf und es war gut, dass die Kinder gerade in Hopes Zimmer spielten, als sie sich auf die Balkonbrüstung setzte und den Polizisten, die unten im Auto saßen, ein promillehaltiges »Fickt euch doch!« entgegenkrähte.

Bahar war tatsächlich gekommen, als einzige aus dem Callcenter. Sie hatte ihre Tochter Sahra und ihren Mann Baschar mitgebracht. Baschar war eher missgelaunt und verbrachte die halbe Zeit, die Bahar und Sahra blieben, auf dem Balkon und schien dabei die Geburtstagsgesellschaft verachtend zu mustern, obwohl ihm keiner etwas getan hatte. Bahar selbst wurde freundlich begrüßt, schien sich aber auch nicht richtig wohlzufühlen und verließ die Party nach einer halben Stunde wieder. Arch hatte absichtlich weggeschaut, als Baschar sich von seiner Hanfpflanze, einer winterfesten, ein paar gute Blüten abgerissen und eingesteckt hatte.

Gegen Abend, als die Kinder müder und anstrengender wurden, kamen noch Ben und Paul dazu. Nick beobachtete, dass Ben und Johanna immer lächelten, wenn alle zusammen waren, sobald sie sich aber unbeobachtet fühlten, bröckelte die Fassade der Harmonie ganz schnell.

Ben und Paul holten rasch nach, was die Frauen sich promilletechnisch an Vorsprung herausgearbeitet hatten und Paul schaute skeptisch auf Arch, der sich von Nick das Ralph-Lauren-Hemd geborgt, die Arme an der Naht abgetrennt hatte und es jetzt als eine Art Tank Top trug, sodass man sehr gut sehen konnte, wie oft er schwimmen ging.

»Is was?«, fragte Arch und Paul verneinte sehr, sehr schnell.

Als dann auch noch Kevin und Sally kamen, von denen Nick völlig vergessen hatte, dass er sie eingeladen hatte, lag der Fokus von Ben und Paul wieder ganz auf Sally und sie schlürften die von Kevin gemixten Aperol Spritz, ohne die Augen von ihr zu lassen.

Sobald gegen 20 Uhr die orientalische Vorspeisenplatte geliefert wurde, machte sich keiner mehr die Mühe zu warten, bis Nick das Besteck abgewaschen hatte, sondern man aß einfach mit den Fingern. Dabei fiel so viel auf den Boden, dass selbst der erfahrene Hans Albers Probleme damit hatte, alles aufzuschlecken. Eine halbe Stunde später weinten dann alle übermüdeten Kinder und die Eltern beschlossen aufzubrechen. Eine weitere halbe Stunde später setzten sie den Beschluss dann auch in die Tat um.

Als Nick die Tür hinter ihnen geschlossen hatte, fiel ihm ein, dass er sich den Namen des fremden Kindes schon wieder nicht gemerkt hatte, und er fühlte sich komisch deswegen.

Arch fragte, ob er beim Aufräumen helfen sollte, Nick lehnte aber ab, weil er nur noch eines wollte: Alleine sein!

Seine Wohnung sah aus, als wäre im Schlafzimmer Napoleon mit einer Kinderarmee durchmarschiert. Hope lag im Wohnzimmer auf dem Boden und war eingeschlafen, Hans Albers als Kissen unter ihrem kleinen Köpfchen, auf dem noch, leicht schief, die Prinzessinnenkrone (TEDi, 1,50 Euro) hing. Behutsam nahm er sie hoch, legte sie ins Bett und räumte das Zimmer auf, bis es aussah wie immer. Dann holte er den Staubsauger, entschied, dass sie davon wach werden würde, trug den Teppich raus, saugte ihn draußen ab und wischte einmal feucht durch, ohne dass sie wach wurde. Nachdem er damit fertig war, wollte er in der Küche weitermachen, konnte aber nicht mehr. Er hatte sich gerade für ein letztes Glas Wein an den Küchentisch gesetzt, als er eine WhatsApp bekam.

»Komm in den Keller.«

Leo war nicht wegen Hopes Geburtstag in der Stadt, auch nicht für *Founders*. Sie hatte einen Termin bei ihrer Gynäkologin und die hatte ihre Praxis nun mal eben in Hamburg. Leo war ihr letzter Termin für den Tag und als sie die Praxis verließ, begann es bereits dunkel zu werden. Leo schlenderte zu ihrem Hotel und kam auf dem Weg an der Elbe vorbei, an dem Platz, an dem sie vor mehr als zweieinhalb Jahren gestanden hatte, um sich mit Nick zu verabreden. Für Partyschiffe war es noch zu früh, die letzten Barkassen mit Sightseeingtouristen legten gerade an. Als sie versuchte, auszurechnen, wann genau sie hier gewesen war, kam sie zwar nicht auf den Tag, aber darauf, dass heute vor zwei Jahren ihre Tochter geboren worden war. Waren ihre Verdrängungsmechanismen so stark, dass sie den Geburtstag bereits verdrängt hatten? Oder hatte sie unbewusst ihren Arzttermin so gelegt, dass sie in Hopes Nähe sein würde? Hopes Nähe bedeutete aber auch Nicks Nähe und auf den hatte sie, so wie die letzten Monate verlaufen waren, einfach keinen Bock.

Verloren stand sie einige Zeit an einer Mauer und starrte auf das in Richtung Nordsee fließende Wasser, als eine junge Frau mit Fahrrad und Hund sie ansprach, ob sie nicht Leo the CEO wäre? Leo und die junge Frau kamen ins Gespräch, sie rauchten gemeinsam einen Joint und als die junge Frau Leo fragte, warum sie in Hamburg sei, wurde Leo ganz flau. Eine halbe Stunde später fasste sie einen Entschluss. Sie würde sich jetzt ein Uber rufen und ihrer Tochter zum Geburtstag gratulieren. Sie würde Nick bitten, doch rasch einen Blick auf Hope werfen zu dürfen und danach wieder verschwinden. Und wenn er es ihr nicht gestattete, dann war es eben so.

Als sie vor Nicks Haus stand, brannte Licht in seiner Wohnung und die Haustür stand offen, sodass sie ohne zu klingeln eintreten konnte. Im Flur konnte man sich nur schwer bewegen, weil er von Lastenrädern nahezu vollständig blockiert wurde. Hinter den Rädern stand eine Tür halb offen und als sie Stimmen hörte, blieb sie stehen. Sie lauschte. Sie erkannte Nicks Stimme. Und die andere war die einer Frau.

»Wir sind aber nicht wieder zusammen«, keuchte sie.

»Nein«, keuchte Nick zurück.

Leo schlich sich näher heran, sodass sie durch einen Spalt sehen konnte, wie Nick und Johanna, die mit dem Rücken an die Wand gelehnt stand und deren Namen sie natürlich nicht kannte, recht wilden Sex hatten.

»Hat dir schon mal jemand einen Finger hinten reingeschoben?«, schnaufte Johanna. »Keinen Finger, einen ganzen Dildo«, japste Nick, »Uncle Dick!«

»Leo the CEO?«, wollte Johanna wissen und röchelte wie eine kaputte Diesellok. »Ja«, rang Nick nach Atem. »Vögeln war das Einzige, was sie wirklich konnte.«

Während Nick noch einmal heftig stöhnte, verließ Leo das Haus wieder so leise, wie sie es betreten hatte. Fick dich, du Pisser!

43

Die Feier hatte ein so großes Loch in Nicks Finanzen gerissen, dass er Frau Dr. Kobalts Bitte nach einem weiteren Gespräch nachkam. Hauptausschlaggebend war der Satz, dass er von der Mutter des Kindes finanziell »verarscht« würde und man das in Ordnung bringen müsse.

Und so saß er wieder in ihrem Büro.

Die insgesamt sehr hager und hart wirkende Rechtsanwältin Dr. Kobalt trug den Spitznamen Dr. Kobold, den Kollegen ihr verpasst hatten.

Frau Dr. Kobalt

Ihre Art, für ihre Mandanten einzuspringen, sie zu verteidigen, alles auf eine Karte zu setzen, egal wie schuldig diese auch scheinen mochten, hatten ihr den Ruf als knallharte Anwältin beschert.

Wenn sie im Gerichtsgebäude einen Flur entlangging, sah sie aus wie ein Geier in einer Robe. Und sie wusste das und litt darunter. Noch viel mehr litten allerdings die Klientinnen der Gegenparteien darunter. Vor allem wenn sie hübsch waren, packte Frau Dr. Kobold Hufeisen in ihre Rechtshandschuhe. Sie kannte sich im deutschen Strafrecht besser aus als mancher Kommentator, und hätte sie eine Lobby gehabt, wäre sie sicherlich für eine Professur in Frage gekommen. Aber kein Lehrstuhl wollte sie haben. Und so begann sie, trotz aller Erfolge zu trinken. Erst stieß sie mit sich auf ihre erfolgreichen Prozesse an, dann auch vor ihren dadurch weniger erfolgreich endenden Prozessen und als sie ohne Alkohol nicht mehr aufstehen wollte, nahm sie auch noch Kokain zu Hilfe. Eine ihrer Mandantinnen, eine, die sich selbst nicht nur als seriös, sondern als sehr seriös und ehrenwert bezeichnen würde, vertraute ihr ihre Zukunft an, sie versagte, die Mandantin landete im Knast und sie selbst vor einem Ausschuss. Eine Entziehungskur und ein Jahr Berufsverbot waren das Ergebnis. Als sie beides hinter sich gebracht hatte, wusste sie, dass sie als Strafverteidigerin kein Bein mehr auf den Boden bringen würde. Sie hatte nie viel Geld ausgegeben, daher nahm sie sich eine weitere, diesmal freiwillige, Auszeit und begann, sich auf Familienrecht zu spezialisieren. Scheidungsrecht. Und weil sie mal einen richtig guten Ruf gehabt hatte, entschloss man sich in der Kanzlei, in der auch Nicks Nachbar Paul als Steuerberater arbeitete, dazu, sie einzustellen. Auch wenn sie jetzt, anstatt zu saufen, rauchte wie ein Schlot.

Sie wollte beweisen, dass sie immer noch eine Topanwältin war und kniete sich in Nicks Fall so richtig rein. Schon bei ihrem ersten Treffen hatte sie bemerkt, dass ihr neuer Klient nicht der Typ war, der sich viel durchlas. Er hatte ihr einen Übergabevertrag für ein Kind in die Hand gedrückt, ohne zu wissen, dass da bereits ein Kindesunterhalt angeboten wurde, der doppelt so hoch war wie der gesetzlich vorgeschriebene. Sie hatte also im ersten Schritt nichts anderes tun müssen, als der Gegenseite zu erklären, dass ihr Mandant diese Summe ab jetzt zu erhalten wünsche, und seine Kontonummer anzugeben. Im zweiten Schritt hatte sie dann die bislang nicht ausgezahlte Summe gefordert, die ab der Geburt bereits hätte ausgezahlt werden können. Beides erfolgte ohne Einspruch der Gegenseite. Hätten Leo oder ihre Anwältin Frau Dr. Klaus sich dagegen gewehrt, hätte Dr. Kobalt es vielleicht auf sich beruhen lassen. Wer aber freiwillig eine Summe von fast zehntausend Euro hinblättert, bei dem müsste doch noch mehr zu holen sein. Also hatte sie recherchiert und Unterlagen eingesehen. Warum hatte es sich um eine vertrauliche Geburt gehandelt? War es etwa doch eine Leihmutterschaft gewesen? Sie setzte einen Detektiv darauf an, der ihr früher schon zugearbeitet hatte, der jedoch nichts, was in diese Richtung weisen würde, herausgefunden hatte. Warum gab eine Frau wie Leonie Stanislawski ihr Kind einfach so weg? Als Dr. Kobalt dann herausfand, um wen es sich bei Frau Stanislawski handelte, dass sie Leo the CEO war, Influencerin, Moderatorin, Geschäftsführerin und Inhaberin von Happyland und Good Vibrations, änderte sich die Lage. Sie taxierte einen Streitwert von mindestens vier Millionen Euro. Und sie ging davon aus, dass die Mutter nicht wollte, dass ihr Publikum erfuhr, dass sie Mutter war und ihr Kind einfach weggegeben hatte, als wäre es eine Euromünze in einem Spielauto-maten. Dr. Kobalt begann also im Namen ihres Mandanten Unterlagen anzufordern, aus denen hervorgehen sollte, wie hoch Leos Privatvermögen war. Sie verlangte Einsicht in Fir-menunterlagen, die außer den beteiligten Vertragspartnern, Leo und Frau Dr. Klaus niemand kannte.

Sie hatte ausgerechnet, dass Herrn Przybilsky für die Er-ziehung des Babys Hope eine angemessenere Summe zu-stehen würde. Sie forderte zweitausendfünfhundert Euro monatlichen Unterhalt bis zur Volljährigkeit und dazu eine einmalige Zahlung von hunderttausend Euro für eine spätere Ausbildung des Kindes. Insgesamt also sechshundertvierzig-tausend Euro. Sie ging davon aus, dass es sich hierbei um eine Summe handelte, die die Mutter bereit war zu zahlen, damit die Presse keinen Wind von der Geschichte bekäme. Doch es lief anders. Der Mutter schien es anscheinend nicht so wich-tig, wie ihr Bild in der Öffentlichkeit sich verändern würde. Ihre Anwältin schrieb zurück, dass die Mutter sich entschlos-sen hätte, das Sorgerecht und das Aufenthaltsbestimmungs-recht einzuklagen. Und das war für Frau Dr. Kobalt natürlich eine äußerst unangenehme Situation, denn sie hatte bislang gehandelt, ohne ihren Mandanten zu informieren, der ihr ja eine Vollmacht unterschrieben hatte und sich sowieso nichts durchlas. Dabei war sie sich sicher, dass er absolut nicht ge-wollt hätte, was sie in Gang gesetzt hatte. Doch nun schien es kein Zurück mehr zu geben.

Letztendlich war es dann viel leichter, als sie gedacht hatte. Nikolaus Przybilsky hatte ihr teilnahmslos zugehört und dann einfach das nächste Dokument unterschrieben, das sie ihm vorlegte.

Shanya und Leo stritten zum ersten Mal in ihrem Leben so richtig. So laut, dass der Concierge schon einmal angerufen hatte.

»Sei nicht so ungerecht«, sagte Shanya. »Warum soll er nicht 'ne andere vögeln?«

»Das ist mir scheißegal!«

»Ist es nicht, sonst würdest du dich nicht so aufregen.«

»Er soll vögeln, wen er will, aber er soll nicht sagen, dass ich eine Schlampe bin.«

»Das hat er ja auch nicht zu dir gesagt. Er hat ja nicht mal gewusst, dass du spannst!«

»Ich habe nicht gespannt, ich wollte einfach mal … vorbeisehen.«

»Unangemeldet!«

»Ja! Kurzentschlossen. Meine…«, und die nächsten Worte kamen nicht leicht über ihre Lippen, »meine … Tochter hatte Geburtstag.«

Shanya sah Leo an und kommentierte deren letzten Satz nicht.

»Weißt du«, sagte Shanya, »er ist mit Sicherheit keiner, der vorher über alles nachdenkt, was er tut, aber er ist kein Arschloch!«

»Und was soll der Kack mit der Anwältin?«

Das wusste Shanya auch nicht, sie konnte ebenfalls nur mutmaßen.

»Ich weiß es nicht! Er hat kaum Geld. Vielleicht eine Art Existenzangst?«

»Und er braucht jetzt fast sechshundertfünfzigtausend Dollar, um existieren zu können?«

»Euro.«

»Gut. Euro. Noch schlimmer.«

»Überleg mal, er hat das erste Dreivierteljahr keinen Unterhalt von dir gefordert, er hat wirklich hart – und ich war dabei – versucht, alles allein zu stemmen. Erst als es nicht mehr ging, hat er den vereinbarten Unterhalt, den du freiwillig angeboten hast, angenommen. Er liebt das Kind wirklich und will alles richtig machen. Wir können uns darauf einigen, dass er manchmal planlos ist und länger braucht, bis er auf – sagen wir: angemessene Lösungsansätze kommt. Aber eines ist er bestimmt nicht: hinter deinem Geld her.«

»Die Bank hat ihm schon lange den Hahn zugedreht.«

Leo zeigte auf ein Schriftstück.

»Er hat ein Inkassoverfahren am Hals. Da droht eine Zwangsversteigerung.«

Shanya schluckte. »Er ist trotzdem sicher nicht auf dein Geld aus.«

»Warum bist du denn jetzt auf seiner Seite?«, brüllte Leo. »Dich hat er doch auch beleidigt und vergrault?«

Und da wurde Shanya, die Leo nie erzählt hatte, dass es in dem Streit mit Nick hauptsächlich um Leo gegangen war, richtig sauer. Sie sprang auf, baute sich vor Leo auf und legte los:

»Was soll denn der Scheiß? Du weißt genau, was ich mir in den letzten Jahren habe anhören müssen. ›Du bist doch keine richtige Frau!‹, ›Mit dem Kreuz und den Händen hast du doch sicher einen Pimmel‹! Oder: ›Scheißtranse!‹ Oder: ›Pädophile Nutte!‹ Oder … scheiß drauf, du erinnerst dich, oder? Und er ist eben auch nicht unfehlbar. Da ist ihm etwas rausgerutscht, was ja durchaus seine Berechtigung hat, wenn man befreundet ist. Und wenn man sich als Hebamme und Babysitterin um seine Tochter kümmert.«

»Aber …«, setzte Leo an, doch Shanya fiel ihr einfach ins Wort: »Erinnere dich an unser Gespräch vor mehr als zwei Jahren. Ich konnte dich verstehen. Ich konnte absolut nachvollziehen, dass du keine zweite Abtreibung wolltest. Absolut. Aber diese Idee, das Kind einfach wegzugeben und zu denken, damit hätte es sich erledigt, das war doch von Anfang an hirnverbrannt. Was hätte dagegen gesprochen, offen zu sagen, dass du deine Karriere nicht aufgeben willst, dass du keinen Bock auf eine Familie hast, dass du dein eigenes Leben willst, in deinen eigenen vier Wänden, aber trotzdem eine Beziehung zu dem Kind aufbaust? Hattest du Angst, dass deine Zuschauer dich dann anders sehen? Dass die Presse anders über dich schreibt? Du hast bei der Peterson-Geschichte ja gemerkt, dass die eh schreiben, was sie wollen.«

Leo wollte widersprechen, aber Shanya war so richtig in Fahrt.

»Was hätte es dich gekostet, dich ab und an zu erkundigen, wie es ihr geht? Und nicht einfach so, aus einer Laune heraus, an ihrem Geburtstag nachts unangemeldet vor der Tür zu stehen? Überleg doch mal, was es dir bedeutet hätte, wenn Danny noch leben würde und du ihn hättest sehen können? Anstatt mich als Spionin zu missbrauchen hättest du alle paar Wochen, wenn du eh in der Stadt warst, einfach mal vorbeischauen können. Ihr etwas mitbringen, ihr etwas zum Geburtstag schicken. Du hättest erklären können: Wir machen es anders als die anderen. Dein Papa ist deine Mama. Aber du hast dich einfach verpisst. Augen zu und weg ist das Kind. Du bist doch nicht so dumm, als dass du nicht hättest wissen müssen, dass das nicht geht. Vor allem wenn man, wie du, wie wir, in Heimen ohne Eltern aufgewachsen ist. Du musst nicht mit dem Vater zusammen sein. Du musst nicht mit ihm leben. Aber trotzdem ist und bleibt das Mädchen deine Tochter. Und jetzt scheißt du dich ein, weil es an deine Kohle geht? Warum nennst du dein Kind Hope, wenn du sie hoffnungslos im Stich lässt?«

Jeder Satz war bei Leo ein voller Treffer gewesen, abgefeuert von einem Schwergewichtsboxer. Sie wusste, das Shanya mit jedem Wort die Wahrheit sagte, aber wissen und zugeben sind zwei unterschiedliche Aktionen. Also verteidigte sie sich.

»So siehst du mich also?«, schrie sie Shanya an.

»Nein!«, schrie Shanya zurück. »So bist du!«

»Gut, wenn ich so bin, dann verpiss dich!«

Und das hatte Shanya getan.

Es war nicht so, dass Leo danach nicht über ihre Worte nachgedacht hätte. Doch sie lösten das Falsche in ihr aus.

Shanya hatte Recht. Hope sollte nicht enden wie sie. Und wenn Nick zu dumm und zu geldgierig war, dann musste sie das selbst in die Hand nehmen. Und wenn seine Anwältin einen Detektiv anheuerte, dann konnte ihre das auch. Leo änderte ihr Ziel. Sie würde Hope nicht im Stich lassen. Das Kind würde nicht im Heim landen. Die alte Klaus sollte jetzt aufs Ganze gehen.

44

Einer von Archs Lieblingssätzen war: »Hätte, hätte Arsch-
krokette!«. Hätte Nick dieses nicht gemacht und Leo jenes
nicht, wäre das nicht passiert, wäre es anders gekommen.
Zwei Monate sind seit Hopes Geburtstagsfeier vergangen,
Berge von Schriftverkehr sind von A nach B gewandert
und nun ist geschehen was geschehen ist. Nick steht wie
zur Salzsäule erstarrt in seinem Flur und starrt Leo an,
während Marianne mit einer Dose voll Kacke durch das
Treppenhaus rennt, um zu dem wild hupenden, hoffentlich
nicht bekifften Arch ins Auto zu steigen. Anette Reimers
vom Jugendamt hat den Kasten mit den Hanfpflanzen,
wegen denen sie eigentlich einen Verein gründen wollten,
um sie zu legalisieren, auf dem Balkon wieder hingestellt
und kniet jetzt neben Hope vor dem müffelnden Hans
Albers.

»Was machst du denn hier?«, fragt Nick.

»Ich sorge für Ordnung«, erwidert Leo.

»Ich glaube, das Tier ist tot«, ruft Anette Reimers.

»Ist er nicht, er ist nur alt.«

»Der bewegt sich aber gar nicht mehr.«

Jetzt meldet sich auch Hope:

»Mama, wassis mit Hansalbers?«

»Der schläft.«

Nick läuft auf Leo zu. Er will sie ansehen. Er will sie in den Arm nehmen und ihr sagen, wie gut sie aussieht. Wie sehr er sie vermisst hat. Was alles passiert ist. Wie gut es ihm geht. Wie schön es ist, dass sie gekommen ist. Er will unbedingt etwas sagen und was ihm dann rausrutscht ist: »Das ist Hope.«

Leos Blick drückt alles aus. Ach, wer denn sonst, du Schwachkopf?

Laut sagt sie aber: »Geh gucken, was mit dem Hund ist.«

In der Küche angekommen stellt Nick fest, dass Hans Albers ganz anders daliegt als sonst, fast mehr auf dem Rücken als auf der Seite.

»Darf ich mal, Hope?«

Hope lässt ihn durch und er legt beide Hände auf Hans Albers Brust. Er fühlt und drückt und fühlt – nichts. Kein Herzschlag. Er drückt noch einmal und schüttelt Hans Albers. Nichts. Er überlegt, wie man bei einem Hund eine Herzdruckmassage macht und ob man das Tier beatmen kann.

Hilflos schaut er sich um.

Da steht Hope, die Leo anstarrt.

Da steht Leo, die Hope anstarrt.

Da steht Anette Reimers, die Hans Albers anstarrt.

Da kniet er, der alle anderen anstarrt und merkt, wie seine Augen sich mit Tränen füllen.

Eine Stunde später ist Nicks Welt eine andere. Aus dem Schlafzimmer ertönt immer noch *Aramsamsam aramsamsam*, aber sonst ist nichts mehr wie vorher.

Er ist allein in der Wohnung. Der tote Hans Albers liegt in eine Decke gewickelt im Treppenhaus. Anette Reimers und Leo haben ihm eine Menge Dokumente vorgelegt, unter anderem einen richterlichen Beschluss, in dem steht, dass Leonie Stanislawski vorläufig das Sorge- und Aufenthaltsbestimmungsrecht für Hope Przybilsky zugesprochen wird.

Anette Reimers war freundlich zu ihm, hat aber ganz bestimmt erklärt, dass ein Haushalt, in dem Drogen angebaut werden und in dem eine Langzeitstrafgefangene wohnt, die nur wegen ihrer fortschreitenden Demenz aus dem Gefängnis entlassen wurde, keine Umgebung für eine Zweijährige seien. Und deswegen hat sie angeordnet, den richterlichen Beschluss sofort umzusetzen. Entweder Leo nimmt Hope zu sich, oder sie kommt vorübergehend in ein Heim, bis geklärt ist, welcher Elternteil weniger dysfunktional ist.

Hope, die gar nicht wirklich wusste, wie ihr geschah, ging mit Leo in ihr gemeinsames Zimmer, sie packten ein paar Sachen und gingen. Noch auf der Türschwelle sah er Leo flehend an. Doch sie schleuderte ihm nur kalt entgegen: »Rede mit dem Miststück von Anwältin, die du mir auf den Hals gehetzt hast! Wer sich nicht an Abmachungen hält, hat auch nichts zu erwarten!«

Was hat das alles zu bedeuten? Was ist da gerade passiert? Was hat er falsch gemacht?

Von weit weg meint Nick sein Telefon klingeln zu hören, dann hört er Arch und Marianne auf dem Flur.

»Warum liegt denn da die Decke?«, fragt Marianne. Sie hört sich an, als würde sie weit weg in einer Höhle unter dem Meer stehen.

»Und kann mal einer ans Telefon? Am besten der Besitzer?«

Der sonst so coole Arch klingt laut und aufgeregt, so wie eine hochgedrehte Tierstimme aus den animierten Filmen, die er manchmal mit Hope schaut.

»Sie haben unsere Kacke gekauft. Jetzt gibt es Cash!«, jubelt er.

Nick hat keine Ahnung, was Arch meint, aber ein paar Minuten später weiß er, dass Schicksalsschläge nie zu zweit kommen, sondern immer zu dritt.

Marianne hat ihm sein Telefon gegeben, er ist wie in Trance drangegangen und hat auf einmal eine ihm bekannte, aber lange nicht gehörte Stimme im Ohr. Sein Vater.

»Nick, bist du das? Ja? Wir müssen über deine Mutter reden.«

Aramsamsam aramsamsam.

»Nicht jetzt!«

»Doch. Jetzt! Weißt du, deine Mutter ist …«

Aramsamsam aramsamsam.

45

Maria

Für Maria Przybilsky waren sicherlich nicht die Jahre zwischen fünfundzwanzig und vierzig die produktivsten und besten. Aufgewachsen als behütetes Kind von Kindern katholischer schlesischer Kriegsflüchtlinge waren die Besuche in der Kirche, zu denen ihre Eltern sie zwangen, trotzdem eine gute Sache, hatte sie so doch auch am Sonntag die Möglichkeit, ihrem trostlosen Elternhaus für ein paar Stunden zu entkommen.

Ansonsten waren die Wochenenden fürchterlich.

Ihr hart arbeitender Vater forderte einen Sonntagsbraten, ihre hart trinkende Mutter schaffte es meistens gerade eben so, bis zur Fertigstellung des Essens so nüchtern zu bleiben, dass sie nicht in ihrem Schlafzimmer verschwinden und sich ablegen musste. Das Sonntagsessen verlief deswegen meist schweigend. Ob ihre Eltern sich hassten oder sich einfach nicht mochten, hätte sie nicht sagen können. Ebenso wenig, warum die beiden geheiratet hatten. Nie sah sie die Eltern Zärtlichkeiten austauschen. Alles, was getan wurde, machte auf sie den Eindruck, als würden sie es tun, weil man es eben so machte. Egal, ob es ein Spaziergang war, eine Aufführung in ihrer Schule zu besuchen oder das Mädchen in die Kirche zu schicken. Sie zwangen sie zu nichts, außer diesen Gottesdienstbesuchen. Ihnen schien es egal, ob sie Abitur, Mittlere Reife oder einen Hauptschulabschluss machen würde. Niemand redete mit Maria darüber, was sie selbst gerne einmal werden wollte. Und sie schwor sich, dass sie ihr Leben ganz anders gestalten würde. Auf dem Gymnasium hatte sie eine Lehrerin, die im Laufe der Jahre viel mehr Erziehungsarbeit leistete als die Eltern und damit eine echte Bezugsperson wurde, Frau Karrasch. Ohne sie hätte Maria vielleicht alles hingeworfen. Durch sie manifestierte sich in ihr der Entschluss, ebenfalls Lehrerin zu werden. Schon früh begann sie ein Leben zu leben, in das sie ihre Eltern nicht miteinbezog. In ihrer Teenagerzeit, Mitte der Achtzigerjahre, benutzte man noch den Begriff frühreif. Sie war dreizehn, als sie ihre Tage bekam, mit vierzehn hatte sie richtige Brüste und brauchte BHs mit Körbchengröße D. Zu Hause trug sie Kleider, sobald sie das Haus verließ, machte sie einen Umweg in den Schuppen und zog sich um. War sie bislang eher immer unterdurchschnittlich bis mittelmäßig gewesen, hatte sie nun etwas, in dem sie besser war als die anderen Mädchen: Sie konnte Jungs rumkriegen. Und sie tat es. Doch wo man als Junge in den Achtzigern als coole Sau galt, bekam man als Mädchen schnell die Titel »Matratze« oder »Nutte« verpasst, auch wenn man nichts anderes tat als die Jungs. Obwohl Maria nur angefangen hatte, mit Jungs zu schlafen, weil sie die Macht mochte, die ihr Aussehen ihr gab, fand sie immer mehr wirklichen Gefallen an Sex. An ihrem sechzehnten Geburtstag feierte sie ein kleines Jubiläum und schlief mit dem zehnten Jungen in ihrem Leben. Es waren nette dabei. Solche, die sich in sie verliebten. Solche, die sie auf Händen trugen. Solche, die alles für sie stehen und liegen ließen. Aber auch einige, die es nicht ertragen konnten, dass sie ausgerechnet ihnen ihre Gunst verwehrte. Und die begannen über sie zu reden, sie schlecht zu machen, ihr Motive zu unterstellen, die nichts damit zu tun hatten, dass sie einfach gerne Sex mochte. Plötzlich war sie die Nymphomanin, die Nutte. Sie war die, die Jungs zum Fremdgehen brachte. Auch vorher hatte sie nicht viele Freundinnen gehabt, aber nun war sie allein. Mit ihr befreundet zu sein galt als rufschädigend. Aber tat sie etwas Böses? Nein, sie wollte nur das tun, was ihr Spaß machte, und sie tat doch niemandem weh. Die Einzige, mit der sie reden konnte, war Frau Karrasch, aber die konnte ihr auch nicht helfen. Maria schaffte es, ihre Eltern zu überreden, die Schule wechseln zu dürfen. Und damit nicht das Gleiche noch einmal passieren würde, ging sie dort zum Unterricht, suchte sich ihre Partner aber woanders. Bei den Älteren. In Discotheken oder auf Partys an der Uni. Einer von ihnen war Jens. Und auf einmal war sie schwanger und Jens war sich sicher, dass er das Kind gezeugt hätte. Ohne ihr Wissen ging er zu ihrem Vater.

Maria, die eigentlich gar nicht wirklich gefragt wurde, ging davon aus, dass Jens sich aus Liebe für sie und das Kind entschied und obwohl sie ihn nur gerne hatte und nicht liebte, nahm sie seinen Antrag an.

Sie wusste, dass sie hätte abtreiben können, aber das Katholische in ihr, das was man an den Sonntagen in sie eingetrichtert hatte, und das lähmende Gefühl, eine Schuld abzutragen, die sie durch ihr promiskuitives Verhalten auf sich geladen hatte, brachten sie davon ab.

Jens versprach ihr, dass sie trotz des Kindes als Lehrerin würde arbeiten können. Noch vor der Hochzeit fand sie den wahren Grund für seinen Antrag heraus: seine Absprache mit ihrem Vater wegen der Übernahme der Versicherungsagentur. Maria entschied sich aber dafür, alles so laufen zu lassen, wie es lief. Sie ignorierte ihre Verletztheit und ihren Schmerz, um ihn nicht auf das ungeborene Kind zu übertragen. Sie heirateten und er nahm, um seinen Namen der Schande abzulegen, ihren an. Am Tag der Hochzeit wurde Nikolaus geboren, sie brauchte vier Jahre länger als geplant, um ihren Abschluss zu machen, und begann dann als Lehrerin, später Studienrätin zu arbeiten.

Sie betrachtete es als ihre Aufgabe, wie Frau Karrasch zu werden und gleichzeitig ihrem Sohn die Kindheit zu geben, die sie nicht gehabt hatte. Sie trank nie, sie versuchte, immer für ihn da zu sein, dennoch konnte sie nichts dagegen machen, dass sie Nick gleichzeitig wie eine Fußfessel empfand, die sie an ein Haus, eine Ehe, einen Beruf und eine Familie kettete. Und wenn sie ihre Jahre zwischen fünfundzwanzig und vierzig sexuell untätig verstreichen ließ, dann lag das nicht daran, dass sie keine Lust mehr verspürte, sondern einzig und allein an ihrem Gefühl, dass das nicht ginge, weil sie ja eine gute Mutter sein wollte. Oft wollte sie mit Jens reden, aber der wollte es nicht hören. Ein einziges Mal ging sie fremd. Ein Einkaufscenter, eine Boutique, eine Umkleidekabine. Anonym, schnell, schmutzig, geil. Und in der Woche darauf bekam Nick seine Krebsdiagnose. Sie gab sich die Schuld. Und so wich sie ab da den begehrlichen Blicken der Männer aus, die sie auf der anderen Seite ja gerne hervorrief. In der Woche, in der Nick mit der Schule fertig wurde und zur Bundeswehr ging, kam Mike als Referendar an ihre Schule. Sie sahen sich an, sie erkannten sich und bereits den Abend und die Nacht dieses Tages verbrachte sie mit ihm, und in den nächsten Wochen begann sie alles an Sex nachzuholen, was ihr die letzten zwanzig Jahre entgangen war. Sie sprach mit Jens, der machte ihr diesmal keine Szene. Im Gegenteil, es war, als ob sie eine Last von ihm nehmen würde. Und so beschlossen sie, sich fair zu trennen und alles, was sie die letzten Jahre in die Ehe eingebracht hatten, gerecht aufzuteilen. Sie kündigte ihren Job und zog mit Mike nach Mallorca.

Maria Przybilsky hatte die Jahre zwischen vierzig und fünfzig perfekt genutzt. Hätte sie auf Mallorca einen guten Zahnarzt gehabt, wäre sie mit Sicherheit öfter bei ihm gewesen und er hätte ihr sagen können, dass es nicht reichte, eine Entzündung in der Größenordnung wie bei ihr ausschließlich mit Schmerzmitteln zu behandeln. Er hätte ihr Antibiotika verschrieben und danach den Zahn entfernt. Und er hätte ihr gesagt, dass man mit einer derartigen Infektion keinen Sport machen durfte. Und schon gar nicht in der Mittagssonne in den Hügeln joggen gehen, bloß weil man sich gerade als zu dick empfand. Aber so hatte sich die Entzündung ausgebreitet, hatte den Herzmuskel angegriffen, Maria bekam beim Laufen rasende Brustschmerzen, verlor dann das Bewusstsein, lag bis zum frühen Abend ohnmächtig in der Sonne und dann lange im Krankenhaus. Sie hätte sich gewünscht, sie hätte es Nick am Telefon sagen können, aber als er angerufen hatte, konnte sie nur in den Hörer keuchen. Man hatte ihr Stents und einen Herzschrittmacher implantiert, aber nichts hatte wirklich geholfen und sie starb kurz vor ihrem fünfzigsten Geburtstag.

46

In der Nacht hat Nick einen Traum.

Hope ist noch klein, sie kann noch nicht laufen. Er ist mit ihr und ihrem Buggy in der Stadt unterwegs, merkt plötzlich, dass er dringend zur Toilette muss, und läuft in das nächstbeste Geschäft, eine Damenboutique.

Der Laden ist ziemlich gut gefüllt. Plötzlich ist Johanna da, hochschwanger und splitterfasernackt, sie tanzt wie ein Derwisch durch den Shop. Sie bleibt vor ihm stehen und auf einmal ist sie Leo, die mit Uncle Dick winkt.

Hakim und Bahar probieren Badehosen an, Hakim begrüßt ihn fröhlich mit »Hi, Schmitt!«, Bahar schaut demonstrativ zur Seite.

Romina und Anne stehen vor einer Schaufensterpuppe, die aussieht wie Sally, und zeichnen mit einem Edding ein, wo sie die Puppe operieren wollen. Katharina, die Gemüsekistenfrau, versucht aus Mangold einen Rock zu stricken. Litter-Elli ist auch da und bietet allen von einer Flüssigkeit an, die sie in einem Eimer auf dem Kopf balanciert, bis sie sich selbst mit dem kompletten Inhalt übergießt und dabei »Schwänze, Schwänze, Schwänze« singt.

Als er mit Hope mitten im Laden steht, verstummt auf einmal jedes Gespräch. Alle, besonders sein Vater, der als Verkäuferin verkleidet hinter der Kasse wartet, starren ihn an.

»Was wollen Sie denn hier?«

Er wäre gerne wieder hinausgelaufen, weiß aber, dass der nächste Schritt, die nächste Bewegung bereits dazu führen würde, dass er sich in die Hose machen würde. Groß.

»Der muss ein Ei legen«, ruft auch schon Marianne, die mit einem Karton durch den Laden läuft und zu skandieren beginnt: »Ei legen, Ei legen, Ei legen!«

Und alle fallen ein: »Ei legen, Ei legen, Ei legen!«

»Dann geh doch scheißen oder fick meine Frau«, ruft eine Schaufensterpuppe, die wie Ben aussieht, und wirft mit einem Stück Vorhaut nach ihm.

»Und gib mir mein Hemd wieder«, brüllt Paul.

»Das Kind bleibt nicht hier«, moniert Nicks Vater, »sonst wird es nachher noch geklaut und ich bin schuld!«

»Aber nicht kotzen«, ruft Dana, die wie aus dem Nichts auftaucht.

Also nimmt er Hope aus dem Buggy, stopft sie in den BabyBjörn und ficht dabei einen ihm aussichtslos erscheinenden Kampf gegen seinen Schließmuskel aus, den er überraschend gewinnt, sodass er unter den Blicken aller Anwesenden auf die Toilette rast, die sich in einer der Umkleiden befindet.

Gerade als er sie betreten hat, verlässt Hendrik von der Eiche die Kabine daneben. »Heil Hitler, mein Lieber.«

Er stößt Hendrik zur Seite, schließt den Vorhang, lässt die Hose fallen, hockt sich auf die Schüssel und Hope, vor seiner Brust hängend, sieht ihm face to face in die Augen, während er die Spülung zieht, damit drüben niemand das hören würde, von dem alle wissen, dass es geschieht.

Hope schaut ihn an. »Na, sehe ich aus wie die Mama?«

Dann beißt sie in seine Nase und sagt mit der Stimme von Arch: »Denn deine Mama ist tot!«

»Dein Vater ist da«, sagt Arch, als Nick wach wird.

»Meine Mutter ist tot«, sagt Nick.

»Ja«, sagt Arch, »deswegen ist dein Vater wohl da.«

»Mein Vater ist da?«, fragt Nick.

»Ja«, wiederholt Arch.

»Wegen meiner Mutter?«

»Ich denke schon.«

Nick hat die letzten sechsunddreißig Stunden im Bett verbracht. Immer wieder ist er wie vom Blitz getroffen hochgeschreckt, weil er dachte, Hope müsste in die Kita, er sollte ihr etwas zu essen machen, sie abholen, sie zu Bett bringen, mit ihr kuscheln, irgendwas. Aber Hope ist nicht da. Jedes Mal wieder, wenn er aufrecht im Bett saß und aufspringen wollte, telegrafierte ihm sein Gehirn diese Worte: Hope ist weg – STOPP – Jugendamt und Mutter haben sie geholt – STOPP – Alles ist im Arsch – STOPP.

Und jedes Mal hat er sich wieder hingelegt, konnte nicht einschlafen, wollte nicht einschlafen und tat es dann doch jedes Mal wieder. Jetzt ist anscheinend sein Vater da.

Also steht Nick auf, geht duschen, putzt sich die Zähne und denkt, wenn wir so lange nicht gesprochen haben, dann kann er auch noch ein paar Minuten länger warten. Das Telegrafenamt in seinem Kopf gerät wieder in Fahrt, Buchstaben werden in seine Hirnhaut gehämmert. Hope ist weg – STOPP – Mama ist tot – STOPP – Papa ist in der Küche – STOPP.

Eine Viertelstunde später steht er seinem Vater gegenüber und sie mustern sich wie zwei befreundete Boxer, die zum ersten Sparring seit langer Zeit miteinander in den Ring steigen. Jeder der beiden hält sich an einer Kaffeetasse fest, die Arch serviert hat.

»Ich gehe mal einen rauchen«, sagt Arch und öffnet die Balkontür.

»Was ist das denn für eine Sorte, die Sie da anbauen?«, will Jens wissen.

Arch zeigt auf seine Pflanzen.

»Die linke ist eine alte Sorte. Schweizer Medizinalhanf. Das rechts ist Sinsemilla. Und in der Mitte ein Versuch, die beiden zu kreuzen.«

»Und klappt das?«

Arch lacht. »Nein, gar nicht.«

Nick sieht sich in der Küche um. Er erblickt Hopes Stuhl, ihre Zeichnungen, ihre kleine Jacke, den Hasen Ludwig, ihre Märchenbrettchen, und es fühlt sich an, als würde man ihm einen scharfen, spitzen Dolch in den Bauch stoßen und ihn dann aufschlitzen. Er muss sich am Buffet festhalten. Sein Vater will ihm eine Hand reichen, hält aber dann in der

Bewegung inne und macht es doch nicht. Vor Jens steht ein großer Koffer. Nick zeigt darauf.

»Hast du noch nicht ausgepackt? Warst du noch nicht in deinem Hotel?«

Jens trinkt einen Schluck Kaffee und Arch antwortet statt ihm:

»Der ist von mir.«

Nick ist erstaunt.

»Verreist du?«

Arch schüttelt langsam den Kopf.

»Nein.«

»Und wozu ist dann der Koffer?«

Nick wundert sich über sich selbst. Es gäbe Anderes, Wichtigeres, über das man reden könnte, ja sogar müsste. Aber er fragt nach dem Koffer. Dann fühlt er den Dolch im Bauch schon wieder. Sind da Hopes Sachen drin? Sollen die abgeholt werden? Wo ist sie eigentlich jetzt? Bei Leo? Was macht sie gerade? Leo hat doch keine Ahnung von Kindern. Wie soll Hope denn essen, ohne ihre Brettchen? Er schluckt. Er hat oft darüber nachgedacht, wann, wie und wo er Hope von ihrer Mutter erzählen wird. Dass es jetzt so gelaufen ist, wie es gelaufen ist, das hat er nicht gewollt. Er wirft einen Blick auf seinen Vater und weiß wieder, warum der da ist. Seine Mutter ist tot. Und die hat das bestimmt auch nicht gewollt.

»Ich habe den Koffer mit einer Decke ausgelegt und jetzt ist er ein Sarg.«

Ein Sarg? Für seine Mutter? Arch und sein Vater haben seine Mutter in einen Koffer gestopft?

»Und jetzt?«, fragt er völlig verwirrt.

Jens schaut ihn an.

»Lass uns aus der Stadt raus. Richtung Schwarzenbek gibt es einen Friedwald. Wir suchen uns einfach einen Platz weit ab von den anderen und nehmen die Bestattung vor.«

Nick hat seiner Mutter in den letzten Jahren nicht immer das Beste gewünscht, aber sie illegal in einem Friedwald zu verscharren, das gehörte nicht dazu. Wieso hat Arch geholfen? Wie haben sie die Leiche überhaupt nach Deutschland bekommen? Haben sie ihr Arme und Beine brechen müssen?

»Was habt ihr mit ihr gemacht?«, fragt er mit weit aufgerissenen Augen.

»Mit ihr?«, will Arch wissen. »Wieso mit ihr?«

»Er sah zufrieden aus«, sagt sein Vater, »ich glaube, er hatte ein gutes Leben.«

Und langsam dämmert es Nick. Da liegt nicht seine Mutter, in dem Koffer befindet sich Hans Albers. Er hat an ein und demselben Tag seine Tochter, seine Mutter und seinen Hund, seinen alten Freund Hans Albers, verloren.

»Ich helfe euch«, sagt Arch, der einsieht, dass er seine Tüte auch noch später rauchen kann. Er stupst Nick an. »Nimm dir die Zeit, die es braucht, aber sei spätestens um drei wieder da.«

»Warum?«

»Der Termin mit deiner Anwältin.«

»Anwältin?«

»Ja, Anwältin.« Arch seufzt. Und schon hat er den Koffer hochgehoben und geschultert und die drei verlassen die

Küche. Nick läuft noch einmal zurück. Der Autoschlüssel. Scheiße, wo ist der?

Das alte Auto frisst Straße, die City ist zu dieser Zeit des Tages recht staufrei und sie erreichen die Autobahn Richtung Berlin zügig. Im Radio läuft Womack & Womack, »Teardrops«. Die Scheibenwischer tanzen im Gleichschritt über die Windschutzscheibe, obwohl es nicht regnet. Ein Takt wie ein Störgeräusch.

Nick fährt, sein Vater sitzt auf dem Beifahrersitz, Hans Albers liegt hinten im Kofferraum. Vorsichtig greift Jens an den Hebel neben dem Lenkrad und macht die Scheibenwischer aus und die Musik einen Tick leiser. Einem Impuls folgend will Nick die Wischer wieder anmachen, entscheidet sich dann aber aus Vernunftsgründen dagegen und macht stattdessen die Musik etwas lauter, um sie ein paar Sekunden später wieder auf die Lautstärke zu bringen, die sein Vater eingestellt hatte.

Es gibt so viel, das Nick seinen Vater fragen möchte. Wie ist sie gestorben? Wie ist es dir ergangen? Warum habt ihr euch eigentlich getrennt? War es wegen mir? Ach übrigens, deine Enkeltochter heißt Hope und ich weiß nicht, wo sie jetzt ist, und ich habe versucht, alles richtig zu machen und irgendwie habe ich wohl alles falsch gemacht. Aber ich weiß nicht was und ich weiß nicht, warum und wenn ich allein wäre, würde ich jetzt weinen. Aber das werde ich vor dir nicht tun.

Auch Jens hätte eine Menge Fragen, allerdings auch einige Antworten. Aber er weiß ebenfalls nicht, wie er anfangen soll. Man kann nicht einfach eine Brücke abbrechen und dann so tun, als wäre sie da. Man muss sich langsam in den Fluss begeben, dessen Ufer sie einst verbunden hat, man muss nass werden und sich entgegenschwimmen. Aber noch ist die Strömung zu stark. Sie würden abtreiben.

Nick fährt von der Autobahn ab und biegt auf eine Landstraße ein. Links Felder, rechts Wald, selten ein Haus. Er muss nicht mehr schalten. Er legt den fünften Gang ein und hält den Motor unter zweitausendfünfhundert Umdrehungen. Seine rechte Hand lässt er auf dem Schaltknüppel liegen. Er starrt nach vorne. Irgendwann merkt er eine warme trockene Berührung auf seinem Handrücken. Jens hat seine Hand auf die seines Sohnes gelegt. Nick will erst den Arm wegziehen, unterlässt es dann aber, bis er die Hand braucht, um den zweiten Gang einzulegen, als er auf den Sandweg zum Friedwald abbiegt.

Auf dem Parkplatz steigen sie aus, nehmen Schippe und Spaten, die Arch irgendwie in den Wagen gepackt hat, ohne dass Nick es mitbekommen hat. Jens nimmt den Koffer mit Hans Albers und nachdem sie ein Stück den Hauptweg entlang gegangen sind, schlagen sie sich in den Wald. Sie gehen schweigend und schwitzend, immer wieder müssen sie stehen bleiben und die Hände frei machen, damit sie kleine Mücken verjagen können. Als sie durch eine Ansammlung Brennnesseln waten, die Nick für Farnkraut gehalten hat, wünscht er sich, er hätte eine lange Hose angezogen. Irgendwann merkt er, dass sein Vater stehen geblieben ist. Er atmet schwer. Schweiß läuft ihm über das Gesicht. Er sieht anders aus als früher.

Älter, aber nicht wirklich alt. Sein Gesicht wirkt markanter. Es ist ein ihm bekanntes, aber nicht vertrautes Gesicht. Sein Vater hievt sich den Koffer auf die linke Schulter und sie gehen weiter. Nick könnte fragen, ob er ihm helfen soll, aber er tut es nicht. Er bleibt noch einen Augenblick stehen und atmet tief ein. Es riecht nach Wald und Sommer. Die Sonne zieht die Feuchtigkeit durch den Boden und er inhaliert diese einzigartige Luft, die er mit Kindheit verbindet, die aber früher eine andere Bedeutung hatte. Sommer. Ferien. Freiheit. Aber auch allein sein. Eine Leichtigkeit in der Atmosphäre, die sich dennoch schwer auf seine Brust legt, als würde man ihm eine Decke aus Eisen überwerfen. Jeden Sommer dieselben Fragen: Wohin mit der Zeit? Wohin mit dir? Die Ambivalenz der langen Tage. Was machen wir mit ihnen. Wie lässt man es aussehen, als ginge es einem gut. Die Angst, dass jemand herausfinden könnte, wie anders er war, dass er eigentlich die kurzen Tage des Herbstes herbeisehnte.

Ein singender Vogel, der ihm das Gefühl gibt, er würde ihn verhöhnen.

Nick folgt seinem Vater.

Tief im dichteren Wald, dort wo die Bäume nicht mehr die gelben Markierungen und die Namensschilder der Verstorbenen tragen, die dort beerdigt wurden, unter einer alten Eiche beginnen sie zu graben. Immer wieder schauen sie sich verstohlen um, ob nicht zufällig der Förster seine Runde macht, der es sicher nicht gern sehen würde, wenn er wüsste, dass die beiden einen Hund auf einem Menschenfriedwald begraben. Als das Loch tief genug ist, schieben sie den Koffer hinein, schippen die Erde wieder drauf und verteilen Laub auf der frisch gegrabenen Stelle, sodass sie bald wieder aussieht wie vorher. Dann bleiben sie in der Hocke sitzen, schauen auf die Grabstelle und wissen nicht, was sie sagen sollen, um das Schweigen zu brechen.

»Ich erinnere mich an den Tag, als ich ihn dir mitgebracht habe«, beginnt Jens nach einer ganzen Weile.

»Ich auch«, antwortet Nick. Er sieht sich als pubertierenden Jungen, der gerade eineinhalb Eier verloren und den Krebs besiegt hat, der noch gar nicht weiß, was das eigentlich bedeutet.

»Ich wusste nicht, was ich sagen sollte«, fährt Jens stockend fort.

Ich weiß, denkt Nick.

»Ich wollte dir zeigen, wie lieb ich dich habe und wie ich mich gefreut habe, dass du lebst.«

Nick seufzt. Ja, das hatte er sich irgendwie gedacht.

»Ich wusste nie, wie ich mich verhalten sollte«, sagt Jens, »weder bei dir noch bei deiner Mutter. Ich wollte nicht sein wie mein Vater, ich wusste aber nicht, wie man eigentlich Vater ist.«

Das ist ein Gedanke, den Nick so noch nie gehabt hat. Natürlich geht man als Kind davon aus, dass die Eltern schon irgendwie wissen, was zu tun ist.

Jetzt ist er selbst Vater und weiß auch gar nicht, was zu tun ist. Jetzt sitzt er hier mitten im Wald vor einer alten Eiche, unter der er gerade seinen treuesten Freund begraben hat.

Seine Tochter, von der sein neben ihm hockender Vater bis vor drei Tagen nicht einmal geahnt hat, dass es sie gibt, ist weg.

Seine Mutter ist tot und statt um sie zu trauern, steigen ihm die Tränen wegen des Hundes in die Augen. Wirklich? Oder ist das nur der Auslöser und der Grund liegt viel tiefer? Unter dem Grund des Sees seiner unterdrückten Gefühle, der nicht gestellten Fragen und der verschwiegenen Antworten?

Nick dreht sich zu seinem Vater um, der sich mit seiner Hand eine ganze Menge Dreck ins Gesicht gewischt hat und aussieht wie ein Landstreicher, der sich im Wald versteckt. Nick schaut ihn lange an, dann reicht er ihm die Hand, die beiden stehen auf und dann nehmen sie sich am Fuße des Grabes von Hans Albers zum ersten Mal in die Arme, seit Nick kein Baby mehr ist.

Sich auf dem Rückweg zum Auto und auf der Rückfahrt nach Hamburg zu unterhalten, sich gegenseitig Fragen zu stellen und Antworten zu geben, ist nicht mehr so schmerzvoll, wie es auf der Hinfahrt gewesen wäre.

Und als sie in Nicks Straße ankommen und parken, wissen sie zwar noch lange nicht alles von- und übereinander, aber doch eine Menge mehr.

47

In früheren Jahren hat Frau Dr. Kobalt Schach gespielt und besitzt deswegen noch ein aus Marmor und Granit gearbeitetes Spiel. Sie hat es lange nicht mehr benutzt, aber jetzt steht es vor ihr, auf ihrem Schreibtisch, und sie betrachtet es und beginnt ihre Situation mit der einer Schachpartie zu vergleichen. Ihr Mandant, der weiße König, die Gegenpartei, die schwarze Dame. Sie selbst ist die Großmeisterin, mit der Möglichkeit die Figuren so zu ziehen, dass sie aus der bestehenden Situation das Beste herausholen könnte.

Gut, sie hat mit Hope die weiße Königin eingebüßt. Aber könnte sie dieses Opfer eventuell ausnutzen, um das Spiel zu drehen? Während sie die Figuren anschaut, greift sie in ihre Clutch und holt eine klitzekleine Plastiktüte heraus, in der sich weißes Pulver befindet. Die Tüte hat sie am letzten Abend gekauft und sie ist noch fast voll. Sie räumt die Figuren vom Schachbrett, öffnet den Verschluss, schüttet eine kleine Menge des Pulvers neben einen liegengebliebenen Turm, nimmt die Kreditkarte aus ihrer Geldbörse, hackt die gröberen Teile des Pulvers zu Staub, formt dann, ebenfalls mit Hilfe ihrer Karte, eine Linie von A1 bis A3, rollt einen

Schein zusammen, steckt ihn sich in die Nase und inhaliert ungefähr ein Viertelgramm Kokain. Als sie sich den Schein aus der Nase zieht, erschrickt sie. Ein Geräusch auf dem Flur. Hat sie die Tür abgeschlossen? Wie unvorsichtig, das nicht zu kontrollieren. Aber auch irgendwie egal. Ihre Schleimhäute nehmen das Pulver auf wie ein Schwamm das Wasser. Ihre Lippen werden taub. In ihrer Brust beginnt es zu kribbeln, dann im Bauch, dann im Unterleib, und urplötzlich fühlt sich ihr Körper an, als wäre sie ein Wasserkocher, durch den der Strom fließt.

Jetzt fühlt sie sich in der Lage, den Spielstand zu analysieren. Was ist eigentlich passiert? Die Gegenseite hat gezogen. Die Mutter hat ihrem Klienten das Kind weggenommen. Gedeckt wird sie dabei vom Jugendamt. Sie hat sich in eine gute Position gebracht. Aber was kann und wird sie daraus machen? Geht man davon aus, dass es ihr hauptsächliches Ziel ist, nicht die geforderte Summe zu zahlen, dann hat sie einen strategischen Fehler gemacht. Denn nun hat sie das Kind und damit kann man arbeiten. Die Frage ist, will sie das Kind wirklich behalten? Nein, doch eher nicht. Welcher Zug ist also sinnvoll? Jetzt alle Hebel in Bewegung zu setzen, dem Jugendamt klarmachen, dass ihr Klient der bessere Elternteil ist? Oder die Situation geschickt zu nutzen? Die Mutter ist prominent. Wie wäre es für sie, wenn ganz Deutschland wüsste, dass sie einfach so ihr Kind weggegeben hat? Mit dem Ansinnen, es nicht zu sehen, sich nicht zu kümmern, so zu tun, als gäbe es das kleine Mädchen nicht? Das würde keinen guten Eindruck hinterlassen. Bereits im letzten Jahr hat die Mutter die Erfahrung machen müssen, wie es ist, wenn man durch schlechte Presse auf einmal ganz anders bewertet wird, als man es eigentlich verdient hätte. Das will sie bestimmt nicht noch einmal. Die Geschichte ist aber noch nicht lange her. Das Eisen ist noch heiß, man könnte es weiter schmieden. Wenn man also der Presse stecken würde, was sie für ein Mensch ist, dann würde das ausreichend Druck erzeugen. Sie zerstört Ehen, sie ignoriert ihre eigene Tochter, sie weigert sich, das Kind zu unterstützen, und tut alles, um einem liebenden Vater die Tochter wegzunehmen. Das ist ein hartes Pfund.

Frau Dr. Kobalt muss lächeln. Das Blatt ist nicht schlecht. Man muss es nur geschickt ausspielen. Sie greift noch einmal zu ihrem Plastikbeutelchen und legt sich noch eine Line. Sie sieht jetzt alles sehr klar vor sich.

Dann nimmt sie sich die Akte vor, die ihr Detektiv ihr über Leonie Stanislawski angelegt hat. Eltern: ein Vergewaltiger, eine drogensüchtige Nutte und dann gibt es da noch diesen Sozialarbeiter, der vorher Bulle war und dessen Rolle sie nicht ganz versteht. Aufgewachsen in Kinderheimen, eine Vergangenheit als Escort und dann noch dieser Typ, der dann als Hebamme gearbeitet hat. Wie schräg ist das denn? Das wäre doch gelacht, wenn man dieses Spiel nicht gewinnen würde, wenn man sich die verlorene Königin nicht wieder zurücktauschen könnte. Und damit verbunden wäre natürlich auch ihr Ansehen in der neuen Kanzlei und ein sehr gutes, an den Streitwert gekoppeltes Honorar. Wenn sie bedenkt, was man alles in der Hand hat, dann sind diese sechshundertvierzigtausend Euro natürlich lächerlich. Man muss diese Summe mindestens verdoppeln. Und die Mutter wird alles tun, damit all diese Informationen nicht an die Öffentlichkeit gelangen. Ihr Mandant wird seine Wohnung behalten können. Es wird weder eine Zwangsversteigerung noch eine Gerichtsverhandlung geben. Leonie wird bluten. Sie wird zahlen und das Kind wieder herausgeben. Man darf jetzt nur nicht klein beigeben. Und Frau Dr. Kobalt betrachtet es als ihre Aufgabe, genau das ihrem Mandanten zu erklären, wenn er gleich kommt. Er soll sie einfach machen lassen. Sie wird das Kind schon schaukeln. Schnell nimmt sie noch ein kleines Näschen und verschwindet dann auf die Toilette. Von Koks wird sie immer geil.

Jawoll, sie ist wieder im Biz. *Yes!!*

48

Als Leo fünfeinhalb Jahre alt war, wurde sie eingeschult. Die meisten Kinder bekamen zu diesem Anlass Geschenke wie Uhren oder Sparbücher, sie trugen Schultüten, die mindestens so groß waren wie sie selbst. Bunt und prall gefüllt mit Süßigkeiten und Schulheften und Lesebüchern für die erste Klasse. Die Kinder aus dem Heim ließen sich schon anhand ihrer Schultüten identifizieren. Die meisten von ihnen wiesen deutliche Gebrauchsspuren auf und man konnte sehen, dass sich in ihnen mehr Luft als Geschenke befand. Trotz des Geldmangels hatte ihre Erzieherin ihr eine kleine Schachtel, die sie mit einer roten Schleife umwickelt hatte, überreicht. Am Nachmittag, nachdem der erste Schultag absolviert war, hatte Leo sich im Garten unter die Kastanie gesetzt, an deren Ast die Schaukel angebracht war, und den kleinen Karton geöffnet, der ungefähr so groß war wie ihre Handfläche. Darin befand sich das Amulett, das sie heute noch trägt. Amulett oder Medaillon, im Heim hatten sie unterschiedliche Begriffe dafür. Einig waren sie sich darin, dass sie ihr nicht gleich die komplette Geschichte von Danny Stanislawski erzählen würden. Das geschah dann nach der Salamitaktik, immer ein Scheibchen mehr. Am Tag ihrer Einschulung war Leo sich, als sie das Amulett geöffnet und das Bild von Danny darin angeschaut hatte, sicher, dass es sich um ihren Vater handeln musste. Bis heute zweifelt sie daran, ob es richtig war, sie so lange nicht darüber aufzuklären, dass er nicht mehr lebte. Sie setzte eine ganze Zeit all ihre Hoffnung darauf, dass er eines Tages kommen und sie abholen würde. Das Medaillon wurde ihr Goldenes Kalb. Sie fragte es um Rat, wenn sie nicht wusste, was sie anziehen sollte, wie man sich in bestimmten Situationen verhalten sollte, und immer wieder, um sich trösten zu lassen.

Die Kette mit dem Amulett hat es Hope angetan.

Bereits am ersten Tag hatte sie ihre Blicke nicht davon lassen können.

»Schöne Busis«, sagte Hope zu ihr.

Upps. Wer bekommt nicht gerne Komplimente, aber dass eine zweijährige Tochter, die man bislang noch nie gesehen hat, einem sagt, dass man tolle Brüste hat – war das normal? Oder lag das eher an dem Umfeld, in dem das Mädchen bis jetzt aufgewachsen ist?

»Danke«, sagte Leo und merkte dann, dass es nicht ihre Brüste waren, denen Hopes Aufmerksamkeit galt. Es war das Medaillon.

Immer wieder wollte sie es sehen. Und Leo war sich unsicher. Was sollte sie Hope erzählen? Auch immer nur ein bisschen? Oder gleich die ganze Geschichte? Soll man einer

nicht einmal Zweieinhalbjährigen vom Mörder der Großmutter erzählen?

Die letzten Tage waren nicht unanstrengend. Sie hatte einfach keine Erfahrung darin, wie man mit kleinen Mädchen
umging. Und auch im Internet hatte sich da nicht viel finden
lassen, außer Spielen, die man gemeinsam machen konnte.
Deswegen liegen überall im Appartement verteilt Kinder-
spiele, die sie gemeinsam ausgepackt aber dann nicht benutzt
hatten.

Nun ist es später Nachmittag, Leo und Hope sitzen sich
gegenüber und schauen aus dem vierten Stock den Seglern
zu, wie sie bei blauem Himmel über die Alster gleiten.

»Leo, ich will zu Mama«, sagt Hope mit Nachdruck.

Leo schaut das kleine Mädchen an. Das hat sie in den letzten Tagen immer wieder getan und immer wieder hat sie es
kaum glauben können. Es ist, als ob sie selbst noch einmal ein
Kind wäre und in einen Spiegel schauen würde. Sie sieht ihr
dermaßen ähnlich, dass sie es kaum glauben kann. Leo hat
nicht viele Fotos aus ihrer Kindheit, aber dank derer, die sie
besitzt, weiß sie nun, dass ihre Tochter ihr wie aus dem Gesicht geschnitten gleicht. Ihre Tochter. Was für ein absurder
Gedanke. Aber es handelt sich zweifelsfrei um ihre Tochter.

»Ich bin Mama.«

»Nein«, erklärt Hope bestimmt und sieht aus, als würde
sie gleich weinen.

Leo schwenkt ihr Medaillon. Hope greift danach.

»Nochmal ham!«

Leo öffnet es für Hope. Sie betrachtet das verwaschene Bild darin aufmerksam. Und obwohl sie mindestens fünfmal am Tag über das Bild darin gesprochen haben, stellt Hope immer wieder dieselben Fragen, als sei sie ein sehr kleiner Stasi-Offizier in einem geblümten Kleidchen.

»Wer's das?«

»Danny!«

»Wer's Danny?«

Leo beantwortet geduldig die Fragen, wie auch die letzten Male.

»Eine Art Opa vielleicht?«

Doch dieses Mal ändert sich der Gesprächsverlauf.

»Ist der auch verreist?«

Wieso verreist? Das versteht Leo nicht. Sie improvisiert einen neuen Gesprächsverlauf.

»Ja, der ist in den Himmel verreist.«

»Wo der Mond ist?«

»Ja, ungefähr. Etwas weiter vielleicht.«

»Mit einer Rakete?«

»Einer Rakete?«

»Rakete.«

»Warum mit einer Rakete?«

»Wie du.«

»Wie ich?«

»Nick sagt, du bist mit einer Rakete zum Mond geflogen, um zu gucken, ob da der Pfeffer wächst.«

Da muss Leo zumindest lächeln.

»Und?«, will Hope wissen.

»Und was«?

»Ist da Pfeffer?«

»Ja.« Leo hakt nach: »Hat er sonst noch was gesagt?«

Hope überlegt. »Nee.«

Leo stupst sie an.

»Du kannst wirklich Mama sagen, wenn du willst.«

»Nee.«

»Nee?«

»Nee.«

»Warum?«

»Nick is Mama.«

»Sagst du Mama zu ihm?«

»Ja. Nick und Mama.«

»Nicht Papa?«

Hope schaut Leo an, als hätte sie es mit einer Gehirnamputierten zu tun.

»Nee.«

»Willst du noch einen Keks?«

»Ich will zu Nick.«

Sie ist jetzt den vierten Tag bei Leo und die Frequenz, in der sie fordert, zu Nick gebracht zu werden, steigert sich stündlich.

Was macht man mit einem kleinen Kind, das nicht bleiben will? Was macht man überhaupt mit einem kleinen Kind? Leo ist schon klar, dass sie, sollte Hope bei ihr bleiben, ihren Leuten, ihrer Community, eine Erklärung schuldet. Und ihr ist völlig klar, dass sie bei dieser Erklärung nicht besonders gut aussehen wird. Aber ist es überhaupt eine kluge Idee, das

Sorgerecht für ein Kind quasi gegen dessen Willen zu erstreiten? Auf der anderen Seite: Wissen Kinder in diesem Alter, was gut für sie ist? Doch wohl eher nicht. Aber ist es für sie selber gut? Sie hat vor Hopes Geburt Entscheidungen gefällt und für diese Entscheidungen gab es Gründe und diese Gründe bestehen weiterhin. Trotzdem kann Leo nichts dagegen machen, Hope immer wieder zu betrachten. Du bist also dieses kleine Ding, das ich neun Monate in mir rumgeschleppt habe.

»Könn wir Pirati?«

»Was ist das?«

Wieder dieser Blick.

»Spielplatz.«

»Nein!«

Hope scheint mit der Antwort nicht zufrieden zu sein.

»Schiffi?«

»Was ist Schiffi?«

»Spielplatz.«

Pirati und Schiffi? So heißen heute Spielplätze? Komische Welt.

»Nein.«

Hope zeigt jetzt deutlich ihr Missfallen und Leo kann sie verstehen. Das Mädchen will spielen. Sie will raus.

Leo hat es die letzten Tage vermieden, das Hotel mit Hope zu verlassen. In den Kindergarten oder die Kita (was war da eigentlich der Unterschied?), will sie sie nicht mehr bringen. Sie würde bald einen anderen haben. Nicht mehr in Hamburg. Leo will keine Fragen beantworten müssen. Aber ihr ist klar, dass sie diesen Zustand nicht mehr lange so beibehalten kann. Sie kann das Kind doch nicht in ihrem Appartement gefangen halten, auch wenn es sich bei dem Appartement um eine Luxussuite handelt. Leo hätte Hope schon lange mit nach Frankfurt genommen, in ihre eigene Wohnung, aber für die nächsten zwei Tage stehen zwei Aufzeichnungen und in der Woche darauf eine Liveshow von *Founders* an. Und mit Kind auf den Flughäfen, im Flugzeug, in Ubertaxis, an so vielen Plätzen, wo man sie kennen würde, das kommt ihr nicht richtig vor.

Hope mit Nahrung zu versorgen ist überhaupt kein Problem. Das Kind ist ein regelrechter Fresssack, ein Wunder, was in ein so kleines Ding alles reingeht. Leo hat in den letzten Tagen nicht einmal »Will ich nicht.« oder »Mag ich nicht.« gehört. Was sie auch beim Zimmerservice oder über Lieferando bestellt hat, Hope wollte immer probieren und zelebrierte jede Mahlzeit. Sie ließ sich erklären, was was war. Einzig Tierprodukte sind ausgeschlossen. Leo kennt eine Menge Menschen, die sich vegan ernähren, aber Kleinkinder waren bislang nicht darunter.

Und dieses hier ist auch in der Lage, seinen Standpunkt zu erklären.

»Hans Albers ist ein Tier und wir essen nicht Hans Albers und gar keine Tiere und auch nicht, was sie geben, wenn wir sie quälen!«

Scheiße, denkt Leo, sie weiß ja noch gar nicht, dass Hans Albers nicht mehr lebt.

»Ich will zu Nick«, sagt Hope wieder.

Was soll sie ihr antworten? Nick scheint mir nicht in der Lage zu sein, sich um dich zu kümmern? Das war das, was Leo von ihrer Anwältin gehört hatte. Alles, was sie in den letzten Tagen erlebt hat, lässt sie aber daran zweifeln. Wie kann jemand, der nach ihren Informationen kurz vor der vollständigen Verwahrlosung, vor dem finanziellen Ruin steht, ein Kind so gut erzogen haben? Es zu einem so tollen kleinen Menschen gemacht haben? Das können ja nun nicht nur ihre eigenen Gene sein. Sie hat Nicks Wohnung gesehen. Eine schöne Wohnung. Sie hat aber auch wahrgenommen, dass da eine Frau mit einer Kackwurst in einer Tupperdose herumlief, dass da ein toter Hund lag, von dem man nicht wusste, wie lange er da schon gelegen hatte. Sie hat die kleine Grasplantage auf dem Balkon gesehen und der vor der Tür hupende Türke schien ja auch irgendwie in die Situation involviert. Mitbewohner, sagte Frau Reimers. Warum hat man so komische Mitbewohner, wenn man ein kleines Kind betreut?

Selbst wenn Leo Hope irgendwann nach Frankfurt verfrachtet, wenn man ihr das Kind zuspricht, wenn sie der Öffentlichkeit erklärt, dass sie Mutter geworden ist – wie soll sie dann arbeiten? Das Mädchen braucht einen neuen Kindergarten. Oder vielleicht eine Privatnanny? Wäre das gut? Wäre das nicht irgendwie wie ein Kinderheim, in dem Mama ab und zu vorbeischaut und nach dem Rechten sieht? Aber eigentlich keine Zeit hat. Mama! Sie will nicht Mama sein. Sie will Leo sein. Es ist schon gut, dass die Kleine sie bei ihrem Namen nennt.

Leos Laptop brummt. Ein Call von Boris Ratzinger. Scheiße, den muss sie annehmen.

»Wenn du noch eine halbe Stunde ruhig bist, gehen wir im Hotelpool schwimmen«, verspricht Leo Hope und nimmt den Call an.

Und während Boris ihr mit irgendeinem Scheiß auf den Senkel geht, kommt ihr eine Idee. Sie weiß, wer ihr helfen könnte. Dafür muss sie nur über ihren Schatten springen, der in den letzten Tagen aber deutlich kürzer geworden ist.

»Ich will zu Leah mit h«, sagt Hope.

»Gibt es auch eine Lea ohne Haar?«, fragt Leo, die sich ein glatzköpfiges Kind vorstellt, so eine Art Babypuppe.

»Ja«, sagt Hope, »die hatte vorher kein Haar.«

»Wie? Jetzt ja? Wo hat sie denn das Haar her? Eine Perücke?«

»Was ist Perücke?«

Leo greift sich in ihr Haar.

»Künstliches Haar. Wenn einem kein Haar wächst«

Hope schüttelt den Kopf.

»Nicht das Haar. H.«

Leo versteht nicht.

»Der Buchstabe?«

Das versteht Hope nicht wirklich und schüttelt deswegen erst mal den Kopf und nickt dann, um nichts falsch zu machen.

»War sie beim Glücksrad?«, fragt Leo und lacht über ihren eigenen Witz. Das versteht Hope ebenfalls nicht.

»Was ist Glücksrad?«

»Das ist so eine Spielshow. Da geht es um Buchstaben.«

»Was ist Spielshow?«

»Na, aus dem Fernsehen.«

»Wir gucken nicht Fernsehen.«

Ein Satz, den Leo eher von einer Mittfünfzigerin erwartet hätte.

»Was macht ihr denn dann so?«

»Yitzi oder Pirati oder Schiffi oder Leah mit h ohne Haar oder andere Lea oder Juri oder Agate oder mit Hans Albers raus.«

»Wo wohnt denn Leah mit h?«, fragt Leo, um von Hans Albers abzulenken.

»Unter Nick.«

Auf keinen Fall. Da wird sie nicht mit Hope hingehen. Wahrscheinlich ist die Mutter die Alte, die Nick an Hopes Geburtstag im Keller geknallt hat. Nee, keinen Bock drauf. Aber selbst wenn sie wollte, sie würde in spätestens einer halben Stunde abgeholt und zum Studio gefahren werden.

Hope hat es sich auch schon wieder anders überlegt.

»Ich will zu Nick.«

»Das geht jetzt nicht.«

»Warum nicht?«

»Du bist jetzt bei mir.«

»Ich will zu Nick.«

»Nein!«

»Doch!«

Hope beginnt zu weinen. Leo will sie trösten, hat aber keine Ahnung, wie man das macht. Nimmt man sie einfach auf den Arm? Darf man das? Muss man vorher fragen?

»Willst du auf den Arm?«

»Ich will zu Nick.«

Ja, dumme Frage. Das hatte sie ja schon vorher klar und deutlich gesagt.

»Soll ich nochmal die Gemüse-Tapas bestellen?«

Hope antwortet nicht.

»Das vegane Club Sandwich? Den Flammkuchen mit falschem Schinken und unechtem Käse?«

Sie schluchzt leise und bricht Leos Herz.

Dann klingelt ein Telefon. Nicht Leos Handy, das Hoteltelefon.

»Frau Stanislawski?«

»Ja.«

»Ihr Besuch ist jetzt da. Soll ich ihn hochbringen lassen?«

»Ja, bitte sehr.«

Sie legt auf und beugt sich zu Hope.

»Ich habe eine Überraschung für dich. Rate, wer dich besuchen kommt?«

Hope schaut hoch. Ihre Augen sind feucht, die Wangen rot.

»Rate«, sagt Leo.

»Nick?«, fragt Hope erwartungsvoll und Leo ärgert sich über ihre eigene Frage.

»Rate noch mal«, sagt Leo.

Aber Hope ist überfordert. Sie dreht sich von Leo weg und drückt ihr Gesicht in den Hotelsessel. Es klopft an der Tür.

»Warte«, sagt Leo, »jetzt wirst du gleich überrascht sein.«

Dann ist sie aber selbst überrascht, denn als sie die Tür öffnet, stehen dort zwei Menschen, die sie schon einmal gesehen hat, die sie aber weder erwartet hat noch in ihrem Appartement haben will. Ein großer ganz in Schwarz gekleideter Mann und eine Frau in einer abgeschnittenen Turnhose und einem T-Shirt auf dem »I fuck on first dates« steht.

Die Mitbewohner von Nick.

Sofort bekommt Leo es mit der Angst zu tun. Nick hat die beiden geschickt, um das Kind zurückzuholen. Beide wirken so, als wären sie zu allem fähig.

Leo nimmt ihren ganzen Mut zusammen. Sie breitet die Arme aus, als ob sie gleich einen Ball fangen möchte, den noch niemand geworfen hat. Sie sieht aus wie eine Türsteherin, die einen inadäquaten Gast abweist.

»Noch einen Schritt und ich rufe die Polizei«, verkündet sie mit einem kaum unterdrückten Zittern in ihrer Stimme.

»Brauchste nich', Schatz«, sagt die Frau, »die hab ich seit Wochen am Arsch. Die stehen eh unten vor dem Haus.«

Leo erinnert sich an das Dossier ihrer Anwältin. Die Frau, Marianne, ja genau, Marianne hat über vierzig Jahre im Knast gesessen und ist eine Terroristin. Sie schaut sie genauer an. Sie sieht ziemlich jung aus. Ist sie als Baby eingesperrt worden? Kann man als Baby schon eine Terroristin sein? Leo schüttelt sich. Was ist mit ihr los? Was für beknackte Fragen kommen ihr in den Sinn? Sie reißt sich zusammen.

»Was wollen Sie?«

»Einfach mal gucken«, sagt Arch.

»Genau. Einfach mal gucken«, wiederholt Marianne.

»Onkel Arsch! Tante Janne!«, ruft Hope begeistert. »Ich will zu Nick!«

Und schon ist sie aufgesprungen und stürzt auf Arch zu. Sie springt ab und er fängt sie auf. Sie lässt sich von ihm auf den Arm nehmen und dreht sich zu Marianne und lässt sich einen Kuss geben. Es wäre gelogen, wenn Leo sagen würde, dass sie nicht eifersüchtig ist. Während sie sich die liebevolle Szene anschaut, gibt sie den Weg frei und Arch und Marianne ein Zeichen, in den Flur zu treten.

»Sie werden das Kind nicht mitnehmen!«, stellt Leo direkt klar. Arch bleibt vor ihr stehen und schaut ihr in die Augen. Werden sie Hope gewaltsam entführen? Er hebt seinen Arm und noch bevor Leo in Deckung gegangen ist, sieht sie, dass er sie nicht schlagen will. Er hält ihr seine Hand hin, als wäre sie ein Hund, bei dem er erst sicherstellen will, dass er nicht beißt.

»Leo, ich bin Arch. Ich bin ein Freund von Hope und von Nick. Ich will niemanden mitnehmen.«

Marianne schaut ihn an, als wäre sie mit dem Plan nicht einverstanden, lässt ihn aber weiterreden.

»Wir wollten nur mal schauen, ob wir irgendwie helfen können?«

Leo mustert ihn skeptisch. Wenn man einen Mörder in seine Wohnung lässt, würde der an der Tür auch etwas Freundliches sagen. Oder so tun, als würde er Versicherungen oder das Wort Gottes verkaufen. Was sich ja auch irgendwie ähnelt.

»Dürfen wir reinkommen?«

Er spürt ihr Unbehagen.

»Keine Angst, wir haben weder eine Waffe noch den Wachturm dabei.«

Leo muss fast lachen, sie verliert ein Stück weit ihre Angst, doch ernste Bedenken bleiben. Trotzdem gibt sie den Weg frei und lässt Arch und Marianne in ihr Appartement. Marianne schaut sich um und erblickt die ganzen Spiele, die Leo an der Rezeption für Hope bestellt hat.

»Das doch nix für Kinder«, motzt sie. »Habt ihr keinen Werkzeugkasten? Komm, wir gehen mal gucken, was wir finden«, sagt sie und nimmt Hopes Hand.

»Darf ich mich setzen?«, fragt Arch.

»Bitte sehr«, antwortet Leo, die aus dem Augenwinkel beobachtet, wie Marianne und Hope im Badezimmer verschwinden.

»Willst du dich auch setzen, Leo?«

Leo will sich eigentlich nicht setzen. Sie muss gleich los und sie hat eigentlich jemand anders erwartet. Aber dann tut sie doch, was Arch vorschlägt. Sich setzen. Das hört sich vernünftig an. Sie nimmt kurz Platz und springt direkt wieder auf.

»Wenn er euch geschickt hat, um das Kind zu holen, dann läuft das nicht so.«

»Das hat er nicht!«

Mit seiner Antwort nimmt Arch Leo schon mal etwas den Sturm aus den Segeln, aber es ist noch genügend Wind da.

»Warum kommt er nicht selbst?«

»Das darf er gar nicht!«

Das weiß Leo eigentlich auch. Frau Reimers hat ein Kontaktverbot bis zu einem gemeinsamen Termin ausgesprochen.

»Und warum schickt er euch?«

»Er weiß gar nichts von unserem Besuch«, sagt Arch.

»Und was wollt ihr dann hier?«, fragt Leo.

Arch schaut sich im Zimmer um und erblickt eine Flasche Mineralwasser auf dem Schreibtisch.

»Darf ich ein Glas Wasser haben?«

Leo steht auf und holt die Flasche und zwei Gläser. Aus dem Badezimmer ertönt Mariannes Stimme. »Also, das ist ja mal richtiger Murks, den die hier gemacht haben.« Und dann noch etwas lauter. »Habt ihr mal 'ne 38 Millimeter?«

Leo erschrickt. Fragt sie nach einer Waffe? Arch grinst.

»Sie meint eine Rohrzange.«

Ängstlich schaut Leo in Richtung Badezimmer.

»Keine Angst. Wenn du keine Zange hast, macht sie gar nichts.«

Arch gießt erst Leo, dann sich ein Glas Wasser ein.

»Wir sind hier, um zu fragen, ob du Hilfe brauchst?«

Jetzt ist Leo perplex. Wie meint er das? Will er sie verarschen? Eigentlich wirkt er, als hätte er keine Hintergedanken. Dennoch sichert sie sich vorsichtshalber ab: »Dein Ernst?«

»Mein absoluter Ernst. Können wir irgendwas für Hope oder für dich tun?«

Damit hat Leo gar nicht gerechnet.

»Seid ihr nicht sauer?«

Arch schaut ihr in die Augen.

»Warum sollten wir sauer sein? Hast du etwas falsch gemacht?«

Irgendwie schon, denkt Leo, aber sie wüsste nicht, wie sie es hätte besser machen können. Arch öffnet seinen Rucksack und holt einen relativ ramponierten roten Hasen heraus.

»Wir haben Ludwig mitgebracht. Hat sie nicht nach ihm gefragt?«

Leo schaut den Hasen an.

»Hatte er einen Unfall?«

Arch schüttelt den Kopf.

»Wir haben ihn aus Versehen bei fünfundneunzig Grad gewaschen und danach geschleudert.«

Leo, die selbst nicht besonders erfahren im Umgang mit Waschmaschinen ist, kann das gut nachvollziehen. Dann erklärt sie, im Versuch, Archs Frage zu beantworten:

»Sie hat nach Leas mit und ohne Haaren gefragt und nach Spielplätzen und immer wieder nach Nick.«

Aus dem Badezimmer hören sie jetzt ein lautes Kinderlachen und Leo spürt förmlich, wie von Arch eine gewisse Spannung, die sie vorher nicht bemerkt hatte, abfällt. Er lächelt Leo an.

»Sie liebt es mit Marianne zu basteln.«

»Könnt ihr mal bei der Rezeption anrufen«, brüllt Marianne, »die sollen mal einen Klempner mit 'ner 1,5-Zoll hochschicken, sonst is das Bad gleich ein Pool.«

Leo erschrickt. Was hat sie gemacht? Arch bleibt cool.

»Echt? Oder ein mieser Witz?«, ruft er.

»Mieser Witz«, ruft Marianne und wieder hört man Hope lachen.

Arch trinkt einen Schluck Wasser und kurz sieht es so aus, als wollte er Leos Hand nehmen, tut es dann aber nicht.

»Nick weiß, dass er viel falsch gemacht hat. Aber ich kann nur sagen, dass er nichts davon getan hat, weil er irgendjemandem schaden wollte …«

Leo will ihn unterbrechen, aber Arch lässt das nicht zu.

»… aber deswegen bin ich nicht hier. Das müsst ihr klären. Und deswegen gebe ich dir das Ding hier wieder.«

Arch zieht einen USB-Stick aus seiner Hosentasche. Leo sieht sofort das Happyland-Logo darauf. Sie erschrickt. Sie erkennt den Stick. Den hat ihr ihre Anwältin gegeben. Darauf sind sämtliche Informationen, die sie über Nick hat sammeln lassen. Sie hat ihn schon gesucht. Jetzt weiß sie, dass sie ihn in Nicks Wohnung verbummelt haben muss.

»Ich habe reingeschaut. Nick anscheinend nicht. Ich kann dir nur sagen, dass er nicht so ist, wie man denken könnte, wenn man sich diese Dateien ansieht.«

Leo fühlt sich nicht gut. Niemand hätte sehen sollen, was der Privatdetektiv da zusammengetragen hat. Sie weiß nicht, was sie sagen soll. Ihre Schuld ist es ja nun auch nicht, dass alles so gekommen ist.

Arch macht jetzt aber kein langes Geschiss, er legt den Stick einfach auf den Hotelwohnzimmertisch.

»Ich bin noch aus einem anderen Grund gekommen.«

Leo sieht ihn erwartungsvoll an.

»Seine Mutter ist gestorben.«

Leo weiß von Shanya, dass Nick nicht viel Kontakt zu seinen Eltern hatte, dass er ihnen – zumindest das erste Jahr lang – nicht einmal erzählt hat, dass sie Großeltern geworden sind.

»Sein Vater ist da und übermorgen wird sie beerdigt. Hier in Hamburg.«

Als Waisenkind hat Leo es immer komisch gefunden, dass, wenn jemand Eltern hat, er sie nicht sehen will. Und obwohl sie weiß, wie Nick zu ihnen steht und obwohl sie seine Mutter nicht gekannt hat, fühlt sie sofort die Trauer, die man dann empfindet, wenn man realisieren muss, dass der Tod kein leeres Gerede ist, sondern tatsächlich existiert.

Sie mustert Arch mit einem Und-was-soll-ich-jetzt-tun-Blick.

»Wie gesagt«, fährt Arch fort, »es gibt viel, was ihr untereinander regeln müsst, aber vielleicht denkst du mal darüber nach, ob ihr es irgendwie einrichten könnt, dass Hope jetzt bei ihm sein kann? Und ihren Opa kennenlernt?«

Leo will sofort etwas entgegnen, aber Arch winkt ab.

»Du musst gar nichts machen. Niemand will dich zwingen oder unter Druck setzen. Denk doch einfach drüber nach.«

»Das kann sie nicht so gut, wenn es nicht um Finanzen oder Businessmodelle oder Vibratoren geht«, sagt eine dunkel klingende Frauenstimme.

Leo sieht auf und blickt in Shanyas Gesicht.

»Was guckst du so?«, fragt Shanya. »Bist du überrascht? Du hast mich schließlich selbst angerufen.«

Hinter Shanya tritt noch jemand ins Appartement. Ein junger Mann in Anzug und Basecap.

»Hi Leo, ich bin Joe, der neue Produktionsfahrer. Sind Sie fertig? Können wir los?«

Neugierig kommen jetzt auch Marianne und Hope aus dem Badezimmer und schauen sich um. Als Shanya Hope erblickt, wird ihr Blick glasig und weich, so als hätte sie einen Douglas Adam'schen Pangalaktischen Donnergurgler getrunken.

»Hope«, sagt sie einfach nur.

Hope starrt Shanya an. Wahrscheinlich kann das kleine Mädchen sich nicht daran erinnern, dass die beiden sich schon einmal getroffen haben. Aber sie kennt das Bild von Shanya und sich, das Nick aufgehängt hat.

»Leo, können wir?«, fragt Joe noch einmal.

»Komm, hau ab«, sagt Shanya, »ich bekomme das hier schon geregelt.«

Sie wirft einen Blick auf Marianne und liest, was auf ihrem T-Shirt steht.

»Ist das blinder Alarm oder ernst gemeint?«, fragt sie Marianne.

»Bitterer Ernst«, antwortet Marianne. »Hast du Bedarf?«

»Danke«, sagt Leo zu Shanya und nimmt ihren Koffer.

»Wir sehen uns später«, antwortet Shanya.

49

Leo kennt das Studio, in dem *Founders* aufgezeichnet wird, in- und auswendig. Ein typisches TV-Studio, nur dass die Show nicht im linearen Fernsehen, sondern im Internet gezeigt wird. Leo sieht sich um. Irgendwann ist sie schon mal auf jedem einzelnen Quadratzentimeter gestanden. Sie weiß, wie es in der noch so kleinsten Ecke aussieht und riecht und kennt jede Schabe und Spinne beim Namen. Sie weiß, wo man sich am besten durch die Vorhänge schlängelt, wenn man schneller zum Klo muss als erwartet, sie kennt die Schleichwege zur Cafeteria und zum Catering und die kleinen Geheimnisse der Mitarbeiter, die sich ab und zu mal in den Ecken verstecken. Wer hat mit wem und wer würde gerne mal mit der und wer trinkt seinen Kaffee schwarz und wer mit Hafermilch und Süßstoff – einfach alles. Leo the CEO und Boris Ratzinger sind Gründungsmitglieder von *Founders*, was bedeutet: Sie sind von Anfang an dabei gewesen. Leo wohnt nicht immer im gleichen Hotel, wenn sie in der Stadt ist. Ihre Bastion ist das Studio. Auf dem Podest hat sie ihren festen Platz, ganz links. Ganz rechts sitzt Boris. Die beiden waren nie Freunde, nur Kollegen. Aber seit sie ihn beschimpft hat, auch wenn man versucht hat, es gerade zu biegen, sind die beiden nicht mehr nur in der Show Kontrahenten, sondern in echt.

Als Leo das Studio betritt, ist es, als hätte jemand, ohne sie zu fragen, die Wände ihrer Wohnung gestrichen und umgeräumt. Sie fühlt sich, als würden die anderen sie beobachten. Als wären die Kameras schon vor der Aufzeichnung an und würden ausschließlich sie filmen. Kein Aufnahmeleiter, der ihr zuzwinkert, keine Producerin, die darauf wartet, mit ihr eine Zigarette zu rauchen. Nadine, ihre persönliche Maskenbildnerin, reißt keinen Witz darüber, was sie mit Leo machen würde, wenn sie sie ins Bett bekommen könnte, und Vera, ihre Kostümbildnerin, sieht aus, als hätte sie sich gerade übergeben.

»Ist irgendwas?«, fragt Leo sie.

»Nee, alles gut«, sagt Vera.

Die typische Antwort, wenn eigentlich nichts gut ist.

Leo fragt sich, ob es an ihr liegt. Fühlt sie sich anders als sonst und alles andere ist wie immer? Wenn sie normalerweise zu einer Aufzeichnung geht, ist sie vorher ausschließlich damit beschäftigt. Sie geht ihre Themen durch, sie achtet darauf, die für sie richtigen Kandidaten auszuwählen. Solche, denen sie wirklich helfen kann und an deren Unternehmungen und Ideen sie wirklich glaubt. Die letzten Tage hat sie sich allerdings ausschließlich mit Hope beschäftigt. Sie hat ihrer Producerin am Telefon gesagt, dass die für sie eine Vorauswahl treffen könne und Leo ihr voll vertraue. Nicht weil sie ihr wirklich voll vertrauen würde, sondern weil sie schlicht keine Zeit hatte, zwischen Spiele- und Essenbestellen und Hope von ihren Gedanken an Nick abzubringen, ihr in einem Hotelappartement eine Art Alltag zu schaffen, in dem die beiden sich kennenlernen könnten.

Jetzt, als Leo hier in der Maske sitzt, ist sie sich ziemlich sicher, dass sie diese Aufgabe nicht besonders gut gelöst hat. Als sie ihren Führerschein gemacht hat, ging sie recht selbstbewusst zur theoretischen Prüfung. Sie war sich sicher, so oft in Autos mitgefahren zu sein, dass die paar Fragen doch kinderleicht zu beantworten wären.

Was sie nicht waren.

Beim zweiten Mal hatte sie dann gelernt und bestanden.

Ähnlich war sie an die Geschichte mit Hope herangegangen. Sie hatte gedacht, bloß weil sie selber mal ein Kind war, würde sie schon wissen, was zu tun sei. Aber wenn sie ehrlich ist, dann muss sie zugeben, dass es so nicht funktioniert. Wäre Shanya nicht bereit gewesen, ihre Streitigkeiten zunächst auf Eis zu legen und zu kommen, um ihr zu helfen, dann hätte sie nicht einmal jemanden, der auf Hope aufpasst, während sie *Founders* aufzeichnet. Shanya, die jetzt mit Nicks Mitbewohnern und Hope in ihrem Appartement sitzt und alles für sie regelt. Ihre Welt wieder ins Lot bringt. Ist das überhaupt ihre Welt? Eigentlich ist es Nicks Welt, in die sie eingedrungen ist. Leo schüttelt sich. Es war richtig, was sie getan hat. Ja, war es das? Ja, das war es! Oder doch nicht?

»… die mit den veganen Gummibärchen?«, fragt Katja, ihre Producerin, sie gerade, aber Leo hat nicht zugehört. Sie hat nicht einmal mitbekommen, dass Katja überhaupt den Raum betreten hat.

»Sag noch mal, bitte«, fordert Leo Katja auf.

»Ich habe gefragt, ob du zuerst die Frau mit der Ozeanplastiktasche haben möchtest oder das Pärchen mit den veganen Gummibärchen.«

Leo starrt Katja an.

»Die sind doch beide scheiße.«

Katja ist sofort beleidigt, versucht aber so zu tun, als wäre sie es nicht.

»Ich dachte …, gut …, klar …, ich weiß schon: Gut sind die nicht.«

Leo merkt, dass sie sich im Ton vergriffen hat.

»Entschuldige, Katja. Ich war in Gedanken noch woanders. Ich wollte sagen, dass du die besten Themen aus vielen nicht so besonders guten ausgesucht hast.«

Katja nickt und entschuldigt sich kurz.

Nadine, die Maskenbildnerin, beugt sich über Leo und flüstert ihr ins Ohr:

»Diesmal sind alle Themen von Katja.«

»Scheiße«, sagt Leo.

»Hast du ihre E-Mail nicht gelesen?«, fragt Nadine.

Nein, hat sie nicht.

»Doch«, lügt Leo, »aber ich habe vergessen, was drinsteht.«

»Da stand drin, dass sie sich bei dem ganzen Team, ganz besonders bei dir, für das Vertrauen bedankt, die Show heute alleine zu bespielen, und uns nach der Aufzeichnung noch zu ein paar Getränke einladen will.«

»Scheiße«, sagt Leo.

»Auch weil sie heute Geburtstag hat.«

»Scheiße«, sagt Leo.

»Dreißig. Wird man auch nicht jeden Tag.«

»Scheiße«, wiederholt Leo.

»Und weil sie gestern geheiratet hat.«

»Scheiße.«

»Verarscht«, sagt Nadine. »Aber nur das mit dem Heiraten. Alles andere stimmt.«

Leo braucht nie wirklich lange in der Maske. Während Nadine sie abpudert und minimal Make-up aufträgt, denkt Leo nach. Sie, die hier zu Hause ist, fühlt sich plötzlich unwohl. Sie wäre lieber in ihrem Hotel. Sie fragt sich, ob es dabei um ihren Kontrollzwang geht, ob sie Shanya nicht vertraut? Ob sie Angst hat, dass Shanya immer noch Team Nick sein könnte und Hope mit Arch und Marianne gehen lässt? Würde Shanya so etwas machen? Eigentlich nicht. Dann denkt sie an Hope. Würde die sich jetzt besser fühlen, wenn andere Menschen aus ihrem normalen Umfeld bei ihr wären? Nicht nur die fremde Mutter, die sie ihrem Vater weggenommen hat, den sie Mama nennt? Und Leo fragt sich auch, warum sie zuerst darüber nachdenkt, dass man ihr etwas wegnehmen könnte, bevor sie sich Sorgen um das kleine Mädchen macht. Aber sie muss jetzt den Kopf frei bekommen.

Sie muss ihre Briefings lesen und vor allem muss sie mit Katja reden.

Sie bittet Nadine, sie schnell fertig zu machen.

Leo will gerade aufstehen und zu Katja gehen, um sich zu entschuldigen, als Boris Ratzinger zu ihr in die Maske kommt, ungefragt neben ihr Platz nimmt und sein Die-Kamera-ist-an-Lächeln aufsetzt.

»Leo, ist alles gut bei dir?«

Leo traut ihm genau so weit, wie sie bei absoluter Dunkelheit mit verbundenen Augen gucken kann.

»Boris. Was sollte nicht gut sein?«

»Ich dachte nur …«, sagt Boris.

»Ja? Was dachtest du, Boris?«

»Ich dachte, weil Katja gerade weinend aus deiner Maske gekommen ist, dass vielleicht nicht alles in Ordnung ist?«

»Ich wollte gerade zu ihr«, sagt Leo.

»Ja, das ist bestimmt gut«, antwortet Boris betont einfühlsam.

Eigentlich gibt es nichts mehr zu sagen. Boris und sie reden nie lange vor einer Show. Sie sparen sich ihr Pulver für die Aufzeichnungen auf. Aber Boris macht keine Anstalten zu gehen.

»Was gibt es denn noch, Boris?«

Boris druckst ein wenig herum, was sonst nicht seine Art ist. Er ist in mehreren Aufsichtsräten und Vorständen, nicht zuletzt wegen seines sicheren Auftretens. Was ein Boris Ratzinger sagt, ist durchdacht und hat Gewicht. Doch jetzt sitzt er da und zwirbelt eine silberne Locke, als hätte er ein Geständnis abzulegen.

»Weißt du, die beiden mit den veganen Gummibärchen …?«

»Ja?«

»Ich weiß, dass du dich noch nicht so viel mit ihnen beschäftig hast.«

»Das mache ich jetzt gleich, mach dir keine Sorgen.«

»Da bin ich mir sicher. Ich wollte nur … ach, ist auch nicht wichtig.«

Leo fragt sich, was mit Boris los ist. So ist er sonst nicht. Sie gibt sich einen Ruck.

»Komm, hau es raus, Boris. Worum geht es?«

Boris schaut ihr tief in die Augen.

»Kannst du nett mit ihnen sein?«

»Ich bin immer nett.«

»Ich meine: nachsichtig?«

»Warum?«

Boris schaut erst auf den Boden und dann langsam hoch.

»Die beiden haben alle nötigen Qualifikationen und sind von der Redaktion ausgewählt und …«

»Komm zur Sache, Boris.«

»Die beiden sind meine Nichte und mein Neffe und was sie da entwickelt haben, ist wirklich gut.«

Ach, daher weht der Wind.

»Und der Onkel hat ein wenig geholfen, dass sie mitpitchen können?«

Boris schaut entsetzt.

»Nein! Gar nicht. Wirklich. Ich wollte nur, dass du das weißt.«

Leo ist klar, dass so etwas passieren kann, aber eigentlich nicht passieren sollte. Doch Boris sieht so schuldbewusst aus, und sie hat so viel anderes im Kopf, dass sie sich nicht weiter damit beschäftigen möchte und ihm einfach auf die Schulter klopft.

»Ist schon gut, Boris. Danke, dass du es mir gesagt hast. Ich werde fair sein.«

Boris sieht aus, als sei ihm eine zentnerschwere Last von den Schultern genommen worden.

Sie steht auf und geht ins Studio, um Katja zu suchen, die hat sich aber anscheinend unsichtbar gemacht. Sie hat ihr die Briefings auf ihren Stuhl gelegt und einen Zettel darauf geklebt: »Für Leo«. Leo wirft einen Blick drauf. Ziemlich dünn. Da wird sie nicht lange lesen müssen.

Frau Dr. Kobalt hat sich in ihrem Büro eingeräuchert, als wäre sie ein Aal, der sich selbst verzehrfertig macht. Als Nick ihr Büro betritt, ist ihm danach, sofort alle Fenster aufzureißen. Er hat überhaupt keine Lust, sich mit ihr zu unterhalten, aber er weiß, dass kein Weg daran vorbeiführt. Er hat auf seinen Vater gehört, die Trauer um seine Mutter und Hans Albers, die Sorge um Hope kurz verdrängt und Briefe geöffnet, die er schon lange hätte lesen müssen. Er weiß jetzt, was Leos Anwältin Frau Dr. Klaus gegen ihn ins Feld geführt hat. Das sind alles Argumente, die zwar auf Fakten basieren, aber doch völlig verdreht sind. Er hat, weil Frau Dr. Kobalt es ihm mehr oder weniger befohlen hat, auch die Briefe seines Bankberaters und des Inkassounternehmens gelesen und weiß, dass ihm das Wasser nicht mehr bis zum Hals, sondern eher bis zum Haar steht. Es steht alles auf dem Spiel. Die

Zwangsversteigerung ist terminiert, ein Besichtigungstermin ist schon angesetzt. Doch all das wirkt wie ein Hügel hinter einem Gebirge. Hope ist weg. Leo hat ihm Hope weggenommen. Darum soll sich die Kobalt jetzt zuerst kümmern.

Ihr Anblick sorgt nicht für bedingungsloses Vertrauen. Auf ihrem Gesicht liegt ein grauer Schatten, sie scheint einen Schnupfen zu haben und wirkt irgendwie hektisch. Die Hand, die sie ihm reicht, ist verschwitzt. Trotz alledem scheint sie fokussiert. Sie legt ihm einen Schlachtplan dar, der seine Finanzen ein für alle Mal in Ordnung bringen wird, und verspricht ihm, dass Hope spätestens nach dem Termin beim Familiengericht mit Mutter und Jugendamt wieder bei ihm wohnen wird. Er solle aber eventuell darüber nachdenken, Marianne und Arch als Mitbewohner loszuwerden. Das sähe nicht gut aus, mit einem Kiffer und einer Kriminellen in der Wohnung. Hätte Nick nicht so viele Sorgen, so viel, was ihm in Kopf und Herz herumgeistert, er hätte genauer hingehört.

So stimmt er einfach wieder einmal allem zu, was sie plant.

Als er ihr Büro verlassen hat wie ein geprügelter Hund, dem man nach der Abreibung einen Knochen versprochen hat, greift Frau Dr. Kobalt zum Telefon. Sie wird der Gegenseite diesmal nicht schreiben. Sie weiß, dass das, was sie gerade macht, dem Tatbestand einer Erpressung ziemlich nahe kommt. Da ist es besser, nicht schriftlich vorzugehen. Sie wählt die Nummer von Frau Dr. Klaus, stellt ihr Telefon auf freisprechen, wischt sich die feuchten Hände ab und legt sich noch einmal ein Viertelgramm Koks auf. Auf Schnee rutscht der Schlitten besser.

Als Leo endlich angemalt und angekleidet im Studio sitzt und ihr Briefing liest, bekommt sie einen Anruf von ihrer Anwältin. Sie kennt Frau Dr. Klaus seit fast zehn Jahren. Sie ist immer souverän, lässt sich selten aus der Reserve locken und ist auch bei Sturm ein sicherer Skipper durch das Meer der Gesetze und Verordnungen. Aber heute ist sie regelrecht außer sich. Und alles, was sie an Forderungen und Drohungen seitens Frau Dr. Kobalt weitergibt, beunruhigt Leo kolossal.

Sie hat sich bei der Affäre mit Hank Peterson schon schlecht gefühlt und hatte zum ersten Mal erlebt, wie es ist, wenn die Presse nicht auf ihrer Seite steht. Sie hatte sich wahnsinnig ungerecht behandelt gefühlt, aber keine Chance gehabt, die Situation wirklich klarzustellen. Wenn jetzt Berichte erschienen, die sie so aussehen lassen würden, wie Frau Dr. Kobalt sie darstellen will – was könnte sie machen?

So ist das doch alles nicht gewesen. Sie weiß, dass Shanya mit vielem recht gehabt hat, als sie ihr den Kopf gewaschen hat. Auch wenn sie das nicht hat zugeben wollen und können. Aber was ist eigentlich ihr Vergehen? Sie hat einem Mann, der ihr sehr sympathisch gewesen ist, ein Kind geschenkt. Ja, geschenkt, das ist der richtige Ausdruck. Sie hat ihrem Bauchgefühl vertraut und wirklich geglaubt, dass er dazu in der Lage wäre, diesem Kind ein würdiges und schönes und liebevolles Zuhause zu geben. Ist es ihre Schuld, dass sie letztendlich gezwungen war einzugreifen, weil er offensichtlich versagt hat? Das ist die eine Seite. Auf der anderen Seite ist sie sich überhaupt nicht mehr sicher, ob sich das überhaupt so verhält. Sie hat in den drei Tagen, die sie mit

Hope verbracht hat, ein wirklich tolles kleines Mädchen kennengelernt. Hope hat weder verstört noch neurotisch noch verwahrlost gewirkt. Ganz im Gegenteil. Allerdings hat Leo das Gefühl, dass je länger Hope bei ihr ist, sich ihr Gemütszustand zunehmend verschlechtert.

Hat sie einen Fehler gemacht?

Warum hat Nick, der gottverdammte Idiot, einfach nicht auf die Schreiben der Anwältinnen reagiert? War er wegen seiner finanziellen Situation wirklich so verzweifelt, dass er das Kind als Spielball benutzte? So hat Leo ihn nicht kennengelernt und so hat sie ihn nicht eingeschätzt. Wenn er sie um Geld gebeten hätte, dann wäre das doch auch kein Problem gewesen? Sie hätte es ihm gegeben. Sie hat doch genug. Leo hatte nicht Mutter sein wollen, sie hatte sich nicht reif für eine Familie gefühlt, aber wenn ihr Part, nach Zeugung und Austragen, darin besteht, für finanzielle Sicherheit zu sorgen – wo liegt das Problem? Wie viele Männer verpissen sich einfach, lassen ihre Frauen mit den Kindern allein und verweigern Unterhaltszahlungen? Ja, vielleicht war es wirklich so, dass sie eher die klassische Rolle des Vaters angenommen hat. Aber sie will keiner dieser verantwortungslosen Ärsche sein, die sich einfach vor allem drücken. Vielleicht muss man Nick das einfach noch mal erklären? Vielleicht muss sie das auch einfach selbst machen und nicht wieder über die Anwältinnen spielen?

Sie schafft es nicht, ihre Briefings wirklich zu lesen, und verlässt sich auf ihr Talent zum Improvisieren. Sie schließt die Augen und versucht, sich noch ein paar Minuten zu entspannen und sich auf die Show zu fokussieren, als Nadine auf einmal neben ihr steht.

»Leo, pass auf«, sagt Nadine, »Boris hat schon den ganzen Tag gegen dich Stimmung gemacht. Dem ist heute nicht zu trauen.«

Leo streichelt ihr den Arm und bedankt sich.

Aber vor Boris Ratzinger hat sie keine Angst.

Ein paar Stunden später weiß sie, dass sie besser Angst gehabt hätte.

Sie weiß, warum ihr Briefing so knapp ausgefallen ist und warum Katja auf einmal weg war.

Sie mussten, zum ersten Mal seit es *Founders* gibt, eine Aufzeichnung abbrechen.

Leo hat sich wirklich Mühe gegeben, die beiden – Arch hätte gesagt: seichten Gemüter – mit ihrer veganen Gummibärchenidee gut aussehen zu lassen. Die Idee war nicht neu, alle Süßwarenhersteller hatten bereits vegane Produkte in ihre Sortimente aufgenommen. Die beiden wussten anscheinend aber nicht einmal, was sie anstelle von Gelatine in ihre Bärchen tun würden. Sie stammelten herum und Leo musste sie immer wieder unterstützen wie eine Souffleuse, die versucht, einem betrunkenen Schauspieler seinen Text einzuflüstern. Die beiden waren eine Katastrophe und Leo hatte sie nicht gegrillt. Das übernahm dann Boris Ratzinger. Er ließ kein gutes Haar an ihnen. Er machte sie regelrecht fertig und als die beiden kurz vorm Weinen waren, wandte er sich an Leo und stellte ihr die Frage, warum sie dieses Projekt überhaupt in die Show mitgebracht hatte. Boris und Leo sind, wie schon erwähnt, nie einer Meinung, das gehört zur Show. Aber was Boris da tat, verstand Leo nicht. Er wusste doch, dass Katja das Thema eingebracht hatte und das nur, weil es sich um Boris' Nichte und Neffen handelte.

Leo versuchte zunächst, den Angriff abzuwehren, ohne jemanden zu belasten, aber als Boris nicht aufhörte, platzte ihr der Kragen.

»Boris, was verzapfst du hier für eine Scheiße? Du weißt genau, dass ich die gar nicht wollte und sie nur genommen habe, weil es deine Nichte und dein Neffe sind.«

Ein Raunen ging durch das Publikum. Boris gab sich entsetzt und fragte die beiden »Gummibärchen«, ob das wahr sei. Die schworen daraufhin, dass sie Boris heute zum ersten Mal von Angesicht zu Angesicht sahen. Es bestünde keinerlei Verwandtschaftsbeziehung. Und auf einmal war Leo diejenige, die unangenehm und persönlich geworden war, zudem noch schlecht vorbereitet, und die versucht hatte, ihren Kollegen durch Falschaussagen zu diskreditieren.

Boris, der verdammte Wichser, hatte sie ausgetrickst. Er hatte ihr eine falsche Geschichte erzählt und sie unglaublich geschickt nicht nur in eine Klinge laufen lassen, sondern in eine ganze Reihe Bajonette.

Die Aufzeichnung wurde abgebrochen und es gab lange Diskussionen, bevor sie ohne Publikum noch einmal neu gemacht wurde. Mit einer mehr als fahrigen Leo, die am Ende des Abends für den nächsten Tag zum zweiten Mal in kurzer Zeit zu einem Produzentengespräch gebeten wurde. Eigentlich hätte es sofort stattfinden sollen, aber Leo war zu fertig. Sie wollte nach Hause. Sie hatte dort schließlich eine kleine Tochter, die auf sie wartete. Das konnte und wollte sie jedoch keinem sagen und redete sich deswegen mit Erschöpfung und Migräne heraus.

Joe, der sie zum Hotel fährt, versucht ein Gespräch zu beginnen, sieht dann aber, dass es Leo anscheinend nicht gut geht und hält den Mund. Stattdessen macht er die Kamera seines Handys an und filmt sie auf dem Rücksitz. Wie sie aus dem Fenster starrt, wie ihr Tränen über die Wangen laufen und wie sie zu fluchen beginnt. Er wird deswegen zwar am nächsten Tag entlassen werden, aber das wird ihm nicht wichtig sein. Sobald sie das Auto verlassen hat, hat er das millionenfach geklickte Video »Leo the CEO wird irre« ins Netz gestellt. Am nächsten Morgen wird er sich darüber freuen, dass er zum ersten Mal in seinem Leben etwas getan hat, was ihm so richtig Aufmerksamkeit beschert.

Als Leo ihr Appartement betritt, ahnt sie noch nichts davon.

Vorsichtig macht sie das Licht an, um niemanden aufzuwecken, und sieht, dass Hope mehr oder weniger auf Arch eingeschlafen ist, der sich auf dem Sofa ausgestreckt hat. Auf dem Tisch liegt ein Zettel von Shanya. *Bin mit Marianne an der Bar. Ruf an, wenn du da bist.*

Das macht Leo aber nicht. Sie überlegt, ob sie Hope mit hinübernimmt, in ihr Schlafzimmer, wo die beiden auch die letzten Nächte verbracht haben, aber sie will die Kleine nicht von Arch trennen. Also geht sie allein in ihr Bett und kann lange nicht einschlafen. Und wenn der Akku ihres Handys nicht leer und sie nicht zu erschöpft gewesen wäre, dann hätte sie in der Nacht schon mitbekommen, welche Lawine da auf sie zurollt.

50

Das Grab seiner Mutter liegt ziemlich abgeschieden in einer Ecke des riesengroßen Friedhofs. Da ist ein alter Baum, dessen Blätterdach doch genügend Sonne durchlässt, sodass einzelne Lichtstrahlen den Boden treffen, wie Spotlights eine Bühne. Vögel zwitschern und ein Eichhörnchen sucht in einem Strauch etwas Essbares. Das hätte meiner Mutter gefallen, denkt Nick, obwohl er eigentlich nur möchte, dass es ihr gefallen hätte, denn in Wahrheit weiß er es nicht. Was hat sie wirklich gemocht? Was hat sie wirklich gemacht, in den letzten Jahren? Er hat keine Ahnung. Sie hat mit Mike auf Mallorca gelebt und er weiß nicht einmal, wo genau. Sie hat eine Enkeltochter bekommen und niemals von ihr erfahren. Wann war noch mal ihr Geburtstag? Es gibt noch keinen Grabstein, auf dem er es nachlesen könnte. Er denkt nach. Sie hatte im Juni Geburtstag. Aber an welchem Tag? Wurde ihr Geburtstag jemals wirklich gefeiert? Er kann sich nicht erinnern und nun ist es zu spät. Geburtstag ist einmal im Jahr, die Beerdigung der eigenen Mutter findet nur ein einziges Mal statt. Was würde er tun, wenn sie noch leben würde? Er hat in den letzten Tagen so viel erlebt, dass er noch nicht dazu gekommen ist, wirklich zu begreifen, dass sie jetzt da unter der Erde liegt und alles Ungesagte ungesagt bleiben wird und es keine Chance mehr gibt, das zu ändern. Liegt sie da wirklich? Oder haben sie nur ihren Körper begraben und sie schwebt unter einem der Bäume und schaut sich an, wer da an ihrem Grab steht? Könnte sie, wenn das so wäre, nur das Äußere sehen oder wüsste sie, was er denkt und fühlt? Was fühlt er denn eigentlich jetzt? Er hört in sich und kann nichts entdecken. In Filmen weinen alle bei Beerdigungen, er kann nicht weinen. Er hat eine Sonnenbrille aufgesetzt, damit man nicht sieht, dass er nicht weint. Zu seinen Füßen liegt ein Schäufelchen neben einem Erdhügel, daneben ein Eimer, in dem kleine Blumensträuße stehen. Immer drei Blumen mit ein bisschen Grünzeug. Eine pinkfarbene Rose, eine gelbe Rose und eine Lilie. Hat sie die gemocht? Er nimmt einen der kleinen Sträuße und wirft sie auf den Sarg. Und auf einmal blitzt ein Bild auf, als hätte man den Projektor in einem Kino angemacht, der erste Frames eines Films auf die Leinwand projiziert. Seine Mutter in der Küche, in einer Hand einen Strauß Blumen. »Tschüss, Mama.« – »Schade, dass du keine Vase mitgebracht hast.«

Dann ergreift Nick die Schaufel und wirft Erde auf die Blumen.

Jens Przybilsky blinzelt.

Die Sonne scheint ihm ins Gesicht, er kann nicht wirklich gut sehen und hätte gerne die Sonnenbrille seines Sohnes.

Er steht am Grab seiner Ex-Frau und möchte ihr so viel sagen. Er würde sich gerne entschuldigen, aber bei wem soll er das nun tun? Bei den viel zu vielen Blumen, die er als Grab-schmuck bestellt hat und die sie nicht mehr sehen kann?

Sie ist immer ehrlich zu ihm gewesen.

Sie hatte ihm gesagt, dass sie ihn sehr, sehr mögen würde. So sehr, dass sie bereit war, ihr Leben mit ihm zu verbrin-gen. Nicht nur des Kindes wegen. Auch wegen ihm. Und sie hatte ihm gesagt, dass sie vor ihm mit mehreren Männern geschlafen habe, sich aber sicher sei, dass Nick sein Sohn sei.

Er hat das nicht gerne gehört, ihr aber geglaubt.

Er merkte recht schnell, dass er seine Frau sexuell nicht befriedigen konnte, und versuchte, so zu tun, als wäre dem nicht so.

Sie hatte sich nicht beschwert, sie hatte eine lange Zeit nichts dazu gesagt. Sie sprachen über ihre Schule, über die Versiche-rungen, über die Fortschritte des Kindes, über das Essen und das Wetter. Aber nicht über sich. Hätte sie ihn heimlich be-trogen, er hätte nichts dazu gesagt. Aber das tat sie nicht. Sie war in der schwersten Zeit ihres Lebens, als Nick den Krebs hatte, zu ihm gekommen und hatte ihm vorgeschlagen, ihre Ehe offener zu gestalten. Sie käme nicht klar, sie hätte das Ge-fühl wahnsinnig zu werden, ihr würde der Sex fehlen.

Er hatte geschwiegen.

Wenn er nicht wollte, könnte sie mit anderen Männern schlafen, alles andere würde sich nicht ändern, schlug sie vor und er fühlte sich gedemütigt.

Wie viel Mut dazu gehört hatte, damit zu ihm zu kommen, hatte er damals nicht verstanden. Er stellte sie vor die Wahl:

Entweder eine monogame Ehe mit ihm oder eine Scheidung. Danach könne sie dann rumvögeln so viel sie wolle.

Sie war geblieben, aber er hatte sie danach nie mehr angerührt.

Ihre Beziehung wurde nicht einmal zu einer platonischen, weil sie nicht mehr viel miteinander sprachen. Selbst über das Wetter oder das Essen nicht, wenn Nick nicht dabei war. In seiner Gegenwart taten sie so, als wäre alles gut. Sie schliefen im selben Schlafzimmer, im selben Bett, aber zwischen ihnen ruhte ein unüberwindbarer Gletscher.

Jens sieht sich um. Sind das die Gedanken, die man am Grab seiner Frau haben sollte? Seiner Ex-Frau.

Da steht Mike.

Er hatte ihn nicht gerne zur Beerdigung eingeladen, aber gewusst, dass es falsch gewesen wäre, ihn nicht dazu zu bitten. Maria hatte die letzten Jahre mit Mike verbracht. Hatte er ihr geben können, was Jens nicht schaffte? Oder hatte sie mit Mike diese offene Beziehung geführt, die sie auch ihm vorgeschlagen hatte?

Jens wirft einen Blick auf Nick. Der steht kerzengerade und mit gesenktem Kopf am Fußende des Blumenbergs vor dem Grab. Er könnte ihm viel über seine Eltern, Maria und sich, erzählen. Aber er tut es nicht. Er kann es nicht. Weil fast alle Väter und Söhne solche Gespräche nicht führen können.

In zweiter Reihe stehen Nicks Mitbewohner, Arch und Marianne. Er hat keine Traueranzeige aufgegeben, er hat nichts an ihre Schule geschickt, es gibt keine Eltern oder andere Verwandte, die man hätte einladen müssen. Sie hatten weder eine Trauerrednerin noch einen Pfarrer am Grab haben wollen. Es ist die kleinste Trauergemeinde, die an diesem Tag auf dem riesengroßen Friedhof zusammengekommen ist.

Von Weitem ruft ein Kind »Mama, Mama«, als wäre es von Sinnen.

Wer hat denn da sein verdammtes Blag nicht unter Kontrolle.

Nick schaut sich um. Da kommen drei Gestalten den Weg entlang, zwei Frauen und ein Kleinkind. Eine der beiden Damen ist so groß wie ein Mann, die andere trägt eine Kappe, eine Sonnenbrille und einen schwarzen Anzug. Ist das ein Jogginganzug? Geht man neuerdings so auf Friedhöfe?

Das Kind, es ist ein kleines Mädchen, lässt sich nicht bändigen. In rasender Geschwindigkeit läuft es auf das offene Grab zu. Ihre Rufe werden lauter. »Mama, Mama!« Und dann: »Nick, Nick, Nick!«

Sie stolpert, rappelt sich wieder hoch und läuft weiter. Nick sprintet ihr entgegen. Kurz vorher bleibt er stehen und reißt sie in seine Arme, als sie ihn erreicht. Dann erfolgt eine lange Umarmung, während der die Zeit stillzustehen scheint.

»Das ist übrigens deine Enkeltochter«, sagt Arch zu Jens, »Hope.«

Dann winkt er den beiden Frauen zu, sie möchten bitte näherkommen.

51

Wenn das Prinzip der Abschreckung nicht funktioniert hat, muss man sich entscheiden, ob man seine Pläne überdenkt oder einen Krieg beginnt. Frau Dr. Kobalt hat sich für Zweiteres entschieden und damit einiges losgetreten.

Die letzten Tage hat Leo the CEO die Schlagzeilen aller Print-, Online-, und TV-Magazine dominiert.

»*Founders*-Moderatorin verkauft ihren Körper als Leihmutter.«

»Millionärin verschenkt ihr Kind.«

»Hart! Härter! Herzlos!«

»Geld oder Liebe? Leo the CEO entscheidet sich gegen ihr Kind!«

»Leo the CEO, hier weint sie bittere Tränen um ihre verschenkte Tochter.«

»Leo the CEO – vom Heimkind zur Rabenmutter.«

»Leo the CEO – Zusammenbruch hinter den Kulissen von *Founders*.«

»Exklusivinterview mit Boris Ratzinger – die Wahrheit über Leo the CEO!«

Sie reißen dabei die Bilder völlig aus dem Zusammenhang.

So steht Leo irgendwo und lacht, darunter die Schlagzeile: »Verhöhnt sie gerade ihre Tochter?«

Sie haben ein Freeze aus ihrem *Uncle Dick*-Video herauskopiert, das zeigt, wie sie sich den Vibrator einführt, darunter der Text:

»Nach Lust der Frust – Kind zu verschenken!«

Und dann das Video, das Joe von ihr im Auto gemacht hat. Hoffentlich hat das dumme Arschloch damit genug verdient, um sich die nächste Zeit über Wasser halten zu können, muss Leo spontan denken. Denn es ist klar, dass er sich als Fahrer oder Produktionsassistent oder was auch immer für ewig verbrannt hat.

Leo hat ihr Publikum immer gemocht, die Presse aber hat sie verunsichert.

Sie hat sie in ihren Intimbereich schauen lassen, zur Besichtigung ihrer Seele will sie sie aber nicht einladen. Doch was einmal in Gang gesetzt ist, findet seinen Weg wie Wasser durch einen löchrigen Damm, wie eine Lawine das Tal. Und dann kracht es.

Leo fühlte sich frustriert und sauer und hilflos. Und sie hat versucht, Nick die Schuld an allem zu geben. Für den ist es aber nicht viel besser gelaufen. Nachdem sowohl Shanya als auch Dr. Klaus ihr geraten haben, weder auf die Attacken von Frau Dr. Kobalt einzugehen noch sich irgendwie zu äußern, ist Nick das Ziel der Presse geworden.

Der gierige Vater.

Die kriminelle WG.

Sie haben alles über ihn ausgegraben, was auch Frau Dr. Klaus zusammengetragen hatte.

Etwas Gutes hatte die Boulevardjournaille aber tatsächlich erreicht. Durch ihre Berichterstattung geriet auch Mariannes Fall noch einmal in die Schlagzeilen. Und dadurch ergab sich, dass die Staatsanwaltschaft zunächst dementierte, dass man sie immer noch überwachen würde und die Observierung dann tatsächlich einstellte. Allerdings etwas zu spät, denn nun waren die True-Crime-Podcaster auf den Fall gestoßen und deckten auf, was eigentlich immer klar gewesen war: Marianne hatte keine Ahnung, was sie damals eigentlich getan hatte, schon gar keinen Plan, was mit dem Geld geschehen war, und wenn man es genau betrachtete, mindestens vierzig Jahre zu lange im Gefängnis verbracht. Das würde die Bundesrepublik noch teuer zu stehen kommen, war Frau Dr. Klaus' Meinung.

Leo hätte sich am liebsten in einem Panic Room im Keller eingeschlossen und gewartet, dass alles um sie herum verschwinden würde. Das würde aber weder geschehen noch war es möglich. Da war schließlich Hope, um die sie sich kümmern musste.

Und dann wurde ausgerechnet das Video von Joe zum Gamechanger. Alle Onlineplattformen und Nachrichtenmagazine hatten es ganz oder teilweise gezeigt und deren User hatten viele richtig hässliche Kommentare hinterlassen. Und auf einmal tauchte ein ganz anderer auf, von einer Frau namens Bahar Schmitt:

Was soll der Scheiß, Leute?

Seht ihr nicht, dass sie weint?

Ihr geht es nicht gut! Sie braucht unsere Hilfe!!

Dieser Kommentar rief ihre Community auf den Plan. Ihre Follower, für die Leo jahrelang dagewesen war und die sich jetzt auf herzergreifende Weise revanchierten. Es entstanden Blogs und Vlogs, in denen ihre Leute versuchten, anderen zu erklären, was wohl wirklich passiert sei. Das entsprach zwar auch nicht immer den Tatsachen, enthielt aber deutlich mehr Wahrheit als die Körnchen der Gegenseite. Als ihre Follower mit »WE LOVE LEO«-T-Shirts vor dem *Founders*-Studio aufliefen, nicht zu Hunderten, sondern mehr als tausend, musste Leo vor Rührung fast weinen. Und als die Vertreter der Presse, genau die, die den Mist kübelweise über ihr ausgegossen hatten, verstanden, dass man Auflagen und Userzahlen steigern konnte, indem man pro Leo schrieb, wendete sich das Blatt. Natürlich war damit nicht alles geregelt. Der Familiengerichtstermin stand noch aus, aber da würde sie drüber nachdenken, wenn es so weit war.

Sie musste Shanya nicht viel erklären, dazu kannten sie sich schon zu lange. Es hatte in ihrer Freundschaft zwar niemals zuvor eine Auszeit gegeben, die länger als bis zum Zubettgehen gedauert hatte, aber die momentane Situation war ja auch keine gewöhnliche. Shanya hatte den wichtigsten Satz überhaupt zu ihr gesagt: »Egal ob du es bewusst oder unbewusst getan hast: Du hast deine Tochter Hope genannt. Darin steckt doch wohl die Hoffnung, dass sie es als Kind nicht so schwer haben soll wie du?«

Da hatte Leo vorher nicht darüber nachgedacht, doch je mehr sie es tat, desto sicherer war sie sich, dass Shanya Recht hatte.

»Das ist gerade ein schlimmes Gewitter, das über dich und Hope und Nick wegzieht. Es blitzt und donnert und ihr seid dabei schon nass bis auf die Knochen geworden, aber ich weiß, dass keiner von euch das gewollt hat. Und ich weiß, dass nur ihr beiden das beenden könnt. Also lass die Anwältinnen Anwältinnen sein und rede mit ihm. Bring den Scheiß in Ordnung.«

Sie zeigte auf die auf ihrem Schoß eingeschlafene Hope.

»Alleine für sie musst du das machen.«

Die letzten Tage hatten Leo zu viel abverlangt, als dass sie zu Diskussionen oder Widerworten in der Lage gewesen wäre.

»Und wie stellst du dir das vor?«

»Wir gehen morgen zur Beerdigung seiner Mutter und danach redet ihr.«

52

Nach der Beerdigung gehen sie in die Bar. Nick, Jens, Shanya, Marianne, Arch und zwischen Leo und Nick geht Hope. Nick sieht erst jetzt, dass Marianne ihr schwarzes *»Too old to die young«*-T-Shirt angezogen hat. Er will etwas sagen, macht es dann aber doch nicht. Irgendwie passt es doch genauso gut zu ihrer schwarzen abgeschnittenen Turnhose wie auch zu dem Anlass.

Kevin hat ein paar Brötchen geschmiert und umarmt Nick, als er mit seiner Truppe die Bar betritt.

»Ich soll dir von Sally ihr herzliches Beileid aussprechen.«

Sally! »Wie geht es ihr?«

Kevin schüttelt den Kopf.

»Gekündigt und weg.«

Nick hofft, dass Sally keinen Scheiß macht, aber sie hat doch immer irgendwie gewusst, was sie will, und es dann auch gemacht. Sie ist jetzt die Schauspielerin und Regisseurin des Lebens, das sie versucht mitzuschreiben.

»Wollt ihr Kaffee, Bier oder Schnaps?«, fragt Kevin.

»Alles«, sagt Jens.

»Alle alles?«, fragt Kevin und erntet ein Nicken.

Dann tritt Arch vor und Nick erschrickt. Er wird doch hoffentlich keine Rede vorbereitet haben? Er selbst hat lange darüber nachgedacht, sich dann aber dagegen entschieden. Wenn jemand diese Aufgabe hätte übernehmen können, dann sein Vater. Aber der hat bislang auch keine Anstalten gemacht. Arch hat aber etwas ganz anderes im Sinn. Er stellt sich vor die Anwesenden wie der Moderator eines Kneipen-quizabends.

»Wir unterbrechen jetzt die Beerdigung für eine Interven-tion. Nick, Digga, komm zu mir. Leo, du gehst auf die andere Seite. Neben Shanya.«

Obwohl die beiden nicht wissen, was da jetzt auf sie zu-kommen wird, tun sie, was Arch sagt. Er hat manchmal eine Art, der man nicht widersprechen kann. Arch nimmt Mari-annes Arm. »Darf ich vorstellen: die Justizbeauftragte Mari-anne, unsere und eure Schlichtungsstelle. Niemand kennt sich besser mit falschen Anschuldigungen aus als Marianne!«

Die Sitzung erfährt ihre erste Unterbrechung, weil die frisch ernannte Schlichtungsstelle laut kichern muss.

»Ab jetzt läuft das so«, erklärt Arch, »ich stelle Fragen und ihr beantwortet sie. Aber nicht mir, sondern Leo Nick und Nick Leo. Und wenn ich bei Nick so mache …«, er kneift ihn in den Arm und Nick jault kurz auf, »… oder Shanya das Gleiche bei Leo – dann ist Ruhe! Hier wird nicht geschrien. Das hier ist eine gesittete Intervention. Verstanden?«

Alle signalisieren ihr Einverständnis durch Kopfnicken.

»Dann geht es los. Erste Frage an Nick. Was sollte der Scheiß mit der Anwältin?«

»Genau, was sollte … aaaaaah«, ruft Leo, die von Shanya zur Raison gekniffen wird.

»Also«, wiederholt Arch, »was sollte das mit der Anwältin?«

Nick antwortet nicht sofort. Er weiß, dass er in dieser Hinsicht einen großen Fehler gemacht hat, aber was daraus geworden ist, das hat er weder bedacht noch gewollt.

»Kann ich?«, fragt er Arch.

»Bitte sehr.«

Nick schaut Leo in die Augen und sie hält seinem Blick stand.

»Zunächst einmal möchte ich mich aufrichtig und in aller Form entschuldigen.«

»Das … aaaaahhhh!«, ruft Leo und hält dann den Mund.

»Ich hätte mir besser alles durchgelesen, was die Frau da in meinem Namen angeleiert hat, aber ich war eben auch in einer Scheißposition.«

Leo will antworten, hat aber Angst, dass Shanya sie wieder kneift. Sie guckt zu Arch. »Kann ich?«

Arch gibt ihr ein Zeichen zu reden.

»Dass du in dieser Scheißposition warst, war nicht meine Schuld. Hättest einfach mal durchlesen sollen, was du beim Empfang des Babys bekommen und unterschrieben hast.«

Sie guckt zu Arch.

»Darf ich du dummer Arsch sagen?«

Arch schaut zu Marianne.

»Was meint die Schlichtungsstelle?«

»Absolut. Das scheint mir angebracht.«

»Du dummer ARSCH!«, sagt Leo.

»Nick?«, fordert Arch seinen Freund auf. Doch Nick antwortet nicht. Sein Blick irrt durch den Raum und bleibt an Hope hängen. Um sie geht es doch eigentlich. Und sie weiß von nichts. Wie gerne wäre er auch noch einmal in der Position, für nichts verantwortlich zu sein.

»Nick?«, ermahnt in Arch.

Man könnte einfach so durch die Welt laufen und machen, was man will. Man müsste nur wissen, was man eigentlich will.

Weiß Hope denn schon, was sie eigentlich will?

Arch hat jetzt genug und antwortet für Nick.

»Weil einige von uns hier einfach irgendwie vor sich hinträumen, möchte ich folgendes verkünden: Herr Przybilsky hat Frau Dr. Kobalt gestern das Mandat entzogen. Sie wird ihn nicht weiter vertreten. Alle Forderungen von ihr sind nicht seine und hiermit zurückgenommen.«

Shanya lächelt Leo an. Siehst du, es ging ihm nie um das Geld.

Arch gibt Nick einen leichten Pferdekuss mit seinem Knie.

»Richtig?«, fragt Arch.

»Richtig«, sagt Nick.

»Leo?«

Leo antwortet prompt: »Die Alte ist ein Mistvieh sondergleichen.«

Shanya schaut Marianne an. »Soll ich kneifen?« Aber Marianne winkt ab.

»Und zur Sache?«, fragt Arch.

Leo besinnt sich wieder. Sie braucht einen Augenblick und dann noch einen, bis sie Nick in die Augen schauen kann.

»Danke«, sagt sie.

»Entschuldigung«, sagt Nick.

Er bietet Leo die Ghettofaust an und sie haut dagegen. Das tut ganz gut, mal nicht gegeneinander sein zu müssen. Sie räuspert sich.

»Dann werde ich Frau Dr. Klaus gleich sagen, dass sie den Dauerauftrag für den Unterhalt wieder einrichtet.«

Shanya und Marianne klatschen.

Leo ist mit diesem Teil der Intervention zufrieden, aber erledigt ist damit für sie noch lange nicht alles. Wenn man schon dabei ist, die Dinge auf den Tisch zu legen, dann muss auch ausgepackt werden, was sonst irgendwann gären und explodieren könnte.

»Und all der Mist, der über mich geschrieben wurde, wie nimmst du den zurück?«

Nick fühlt sich ungerecht behandelt und wird auch gleich lauter: »Und all der Mist, der über MICH geschrieben worden ist, wie nimmst DU den zurück?«

»Ich habe nicht angefangen!«

»Ich auch nicht.«

»Aaaaah!«

»Aaaaah!«

Arch stupst Marianne kurz an. »Justizbeauftragte?«

Marianne überlegt kurz.

»Der Mist ist nicht zurückzunehmen. Fällt aus wegen is nich. Aber …«

Sie zeigt auf Leo.

»… letztendlich hast du gesehen, wie sehr deine Leute zu dir stehen und du …«

Sie zeigt auf Nick.

»… warst immerhin daran beteiligt, dass sie meinen Fall neu besprochen haben und ich jetzt wenigstens die Bullen vom Arsch hab.«

Sie schaut jetzt erst zu Leo, dann zu Nick.

»Quitt?«

Leo und Nick werfen sich einen Blick zu und signalisieren dann ihr Einverständnis.

»Nick?«

Nick stützt sich auf den Tisch, auf den Kevin die Brötchen gestellt hat.

»Warum hast du mir direkt das Scheißjugendamt auf den Hals gehetzt?«

Leo überlegt kurz.

»Weil du auf nichts reagiert hast und weil es, wenn man nicht involviert ist, von außen wirklich scheiße ausgesehen hat. Anette Reimers ist eine nette Frau, aber was soll sie sagen und machen, wenn sie in eine Wohnung kommt, in der tote Tiere herumliegen, Drogen angebaut werden und eine halb nackte Frau mit einer Tupperdose voll Kacke über den Flur läuft? Sieht das deiner Meinung nach nach geordneten Verhältnissen aus?«

»Hör mal«, rechtfertigt sich Arch, »das mit dem Hanf ist inzwischen legal.«

»Ich wusste nicht, dass Hans Albers tot war«, sagt Nick.

»Die Kacke ist ein Geschäftsmodell«, erklärt Marianne, »die kommt zur Stuhlbank. Dafür bekomme ich jetzt jeden zweiten Tag einen Dreißiger.«

»Einen Dreißiger?«, fragt Jens interessiert.

»Dreißig Tacken«, antwortet Marianne.

»Du bekommst dreißig Euro für deine Kackwürste?«

Leo schaut skeptisch, aber Marianne bestätigt: »Stuhlbank heißt das Prinzip, das funktioniert … aaaaah, was soll das«, funkelt sie Arch an.

»Is nich das Thema heute.«

Marianne gibt sich damit zufrieden, aber Leo nicht.

»Das erklärst du mir noch mal, okay?«

»Mache ich«, sagt Marianne.

»Leo«, fordert Arch sie auf, »fertig?«

Leo schüttelt den Kopf. Sie schaut Shanya an. Die nickt ihr aufmunternd zu. Leo fällt es schwer zu sagen, was jetzt kommt, aber sie rafft sich auf:

»Shanya hat mir den Kopf gewaschen. Ich glaube, die Idee …«, dabei sieht sie Nick an, »… die wir hatten, war zwar gut, aber nicht praktikabel. Und das lag nicht nur an dir.«

Sie macht eine Pause.

»Aber schon hauptsächlich, denn …«

Sie bekommt einen Schubser von Shanya und erschrickt. Dann besinnt sie sich auf das, was sie eigentlich sagen wollte.

»… das ist auch zum Teil, also schon … auch … genauso meine Schuld. Ich habe das alles unterschätzt und mir viel einfacher vorgestellt.«

Sie wirft einen Blick auf Hope, die aber gar nichts mitbekommt, weil sie mit Jens Hoppe, Hoppe, Reiter spielt.

»Das, was ich nicht wollte, ist, ihr irgendwie zu schaden. Ich finde ...«

Und jetzt schenkt sie Nick ein Lächeln.

»... das mit Hope hast du wunderbar hingekriegt ...«

Leo fühlt sich erleichtert, weil sie es geschafft hat, die letzten Sätze rauszubringen. So erleichtert, dass sie ihn angrinst

»... du Arsch!«

Sie stützt sich auf den Tisch, schaut sich um, registriert, wie positiv die anderen das aufnehmen, was sie gesagt hat, und trinkt ihren mittlerweile kalten Kaffee auf ex.

Shanya schaut sie an. Und? Leo erwidert ihren Blick. Und was?

Shanyas Lippen bilden lautlos das Wort G E R I C H T.

Leo erinnert sich und wird wieder ernst.

»Also, Shanyas Vorschlag ...«

Sie wendet sich Nick zu.

»... wir gehen zu diesem Familiengerichtstermin und machen Frau Reimers vorher einen Vorschlag: Wir haben gemeinsames Sorgerecht und gemeinsames Aufenthaltsbestimmungsrecht!«

Ein Raunen geht durch die Interventionsgemeinschaft, die vor einer Stunde noch eine Beerdigungsgesellschaft gewesen ist.

Das ist viel, viel mehr, als Nick nach den letzten Tagen zu hoffen gewagt hat. Offen bleibt für ihn aber noch die wichtigste Frage: »Wo wohnt Hope?«

Leo hat damit gerechnet und im Gegensatz zum ersten Teil ihrer Aussage fällt ihr der zweite viel leichter.

»In Hamburg. Bei dir. Aber ich darf sie sehen und besuchen und sie mich auch.« Sie macht eine kleine Pause. »Wenn sie will.«

Nachdem sie das gesagt hat, fallen Nick tausend zentnerschwere Steine von der Seele. Er geht auf Leo zu und will sie umarmen, sie ziert sich allerdings.

»Wir sind kein Paar oder so. Okay? Ich übernehme meinen Teil und du deinen.«

Obwohl er sich etwas abgewiesen fühlt, stimmt er sofort zu.

»Mama?«, ertönt es auf einmal von Jens Schoß. »Mama!«, sagt Hope und Leo und Nick sind sich unsicher, wen sie gemeint hat. Hope, die ein wenig durchgeschüttelt von mehreren »Hoppe, Hoppe, Reiter«-Runden auf ihre Eltern zuwatschelt, bleibt vor Nick stehen.

»Genau«, erklärt Leo. »Hör auf das Kind. Du bist die Mama. Ich sorge für den Rest.«

»Und was wäre ich?«, fragt Arch.

Nick grinst.

»Du bist natürlich Onkel Arsch.«

»Und ich Tante Marianne.«

»Ich möchte nicht Tante Shanya sein, nur Shanya bitte.«

Hope, anscheinend recht zufrieden damit, dass sie es geschafft hat, die Funktion aller Beteiligten geklärt zu haben, geht wieder zurück und setzt sich auf Jens Schoß. Und der sieht in diesem Moment aus wie ein richtiger Opa.

53

Nachdem Jens zu Tränen gerührt war, als er entdeckte, dass Nick Erdbeermarmelade als von Maria gekocht ausgibt, steht er in Hopes und Nicks Schlafzimmer und schaut sich die Bilder an, die er seinem Sohn mitgebracht und für seine Enkeltochter an die Wand getackert hat, neben die, die sein Sohn bereits aufgehängt hatte. Er kann sich an jeden einzelnen Moment ziemlich genau erinnern. Nicht nur an den jeweiligen Tag, auch an das, was er empfunden hat, während die Aufnahme gemacht wurde. Das funktioniert recht gut, weil seine Emotionen sich meistens auf einem Level des zwar Dabeiseins, aber irgendwie Danebenstehens bewegt haben. Seine Gefühlsinvestitionen haben sein Leben lang denen eines Kasinobesuchers entsprochen, der am Roulettetisch einen Euro auf eine Farbe setzt. Je weniger man investiert, desto weniger kann man verlieren, enttäuscht oder gekränkt werden. Er hat in den letzten drei Tagen mehr über seinen Sohn erfahren, als in den dreißig Jahren vorher, sie haben gemeinsam zwei Bestattungen vorgenommen. Bei der für seinen Hund hat Nick geweint, bei der seiner Mutter hat er genauso an ihrem Grab gestanden wie Jens selbst. So, als wäre er eigentlich gar nicht da. So, als wäre es eine fremde Person, die da für immer verabschiedet wird. Ist das das Ergebnis, wenn man wenig investiert, dass man den Verlust mehr oder weniger einfach hinnimmt? Was hätte Maria gedacht und empfunden, wenn sie Jens und Nick an ihrem Grab hätte sehen können? Hätte sie gedacht, dass sie alles anders machen würde, wenn sie noch einmal könnte? Jens ist sich da unsicher, glaubt aber eher: nein. Sie hatten ja ihre Gründe, so zu werden wie sie geworden waren. Sie hatten das Richtige gewollt, was nicht bedeutet, alles richtig zu machen. Sie hatten sich aus ganz verschiedenen Gründen füreinander und für Nick entschieden, aber sie waren von Anfang nicht offen und ehrlich dabei gewesen. Er hatte sich in Maria verliebt, aber hatte er ihr jemals zugehört? Hatte er sie gefragt, was sie denn eigentlich wollte? Und als sie zu ihm gekommen war, hatte er es nicht hören wollen. Hatte er sie nur wegen ihrer Schwangerschaft geheiratet oder war doch die Übernahme der Versicherungsagentur ausschlaggebend gewesen? Hatte er gedacht, mit dem Versuch, drei Leben finanziell abzusichern, alles getan zu haben, was man tun konnte? Klar, er war mit Nick auf den Fußballplatz gegangen, sie hatten Stunden und Tage in der Agentur verbracht. Aber was hatte er seinem Sohn wirklich gegeben, wenn er mit ihm kicken wollte? Ein paar Minuten, vielleicht eine halbe Stunde seiner Zeit und seine körperliche Anwesenheit. Seine Seele war niemals dabei gewesen. Und das erkennt Jens jetzt auf den Bildern. Er ist auf den Fotos abgebildet, aber er ist nicht wirklich da.

Er ist die Hülle, zu der er sich selbst gemacht hat, das Titelbild eines Films, der nie gedreht wurde. Ein Opfer der Umstände, das versucht hat, alles besser, zumindest anders zu machen als sein eigener Vater. Er wollte ein Vater sein, der sich nicht in einem Gartenhaus aufhängen muss, weil er dabei versagt hat, für seine Familie zu sorgen. Dabei hat er diejenigen an den Rand gedrängt, die eigentlich den Mittelpunkt hätten einnehmen müssen.

Ganz anders als Nick.

Wenn er sich seinen Sohn anschaut, dann sieht Jens einen Menschen, der sich nicht an die Ratschläge seines Vaters gehalten hat. Er hat die bedingungslose Liebe zu seiner Tochter in den Vordergrund gestellt und wenn Jens das kleine Mädchen betrachtet, dann hat Nick in dieser Hinsicht alles richtig gemacht. Allerdings hat Jens das Gefühl, dass Nick dafür andere Dinge ziemlich hat schleifen lassen. Er hat sich mit seinem Sohn über dessen finanzielle Situation unterhalten wollen, der blockte aber völlig ab. Doch finanzielle Angelegenheiten liegen Jens sehr am Herzen. Hat er doch versucht, seinem Sohn die bestmöglichen Startbedingungen zu verschaffen, als die Karten neu gemischt wurden. Was muss Nick gedacht haben, als Maria und er sich scheiden ließen, kurz nachdem er das elterliche Haus verlassen hatte? Er muss doch davon ausgegangen sein, dass die Eltern nur wegen ihm zusammengeblieben sind. Und, fragt sich Jens, was ist daran falsch? Zu einem großen Teil war es doch so.

Nick hat zu ihm gesagt, dass er keine Freunde hätte. Er hat erzählt, dass er die letzten zweieinhalb Jahre größtenteils mit Freundinnen verbrachte, die im Haus wohnten, die er von den Spielplätzen oder der Kita her kannte. Er hat Freundinnen gesagt, aber er wollte keine von ihnen zur Beerdigung seiner Mutter dazu bitten. Sie hätten sie doch gar nicht gekannt, hat Nick gesagt. Jens hat Johanna und Romina im Treppenhaus kennengelernt und sie als angenehm, aber reserviert empfunden. Er gewann den Eindruck, dass die Beziehungen eher auf gemeinsamer Kindererziehung basierten als auf wirklicher Freundschaft. Die fühlt er dagegen bei den Menschen, die sein Sohn als seine Mitbewohner bezeichnet. Arch ist ein Typ, den man sofort mögen muss. Wer um alles in der Welt hätte es sonst fertiggebracht, nach einer Beerdigung so ein Treffen zu veranstalten, bei dem sich zwei offensichtlich zerstrittene Menschen derart offen gegenüberstehen und sich austauschen können? Für so etwas braucht es jemanden wie Arch. Aber auch Marianne, die immer in diesen körperbetonten Klamotten herumläuft, die sogar ein bisschen älter ist als er und trotz ihrer Geschichte mit einer jugendlichen Naivität und Offenheit an das Leben herangeht, hat Jens sofort ins Herz geschlossen. Wer solche Mitbewohner hat, braucht keine zusätzlichen Freunde.

Wenn er sieht, wie Hope an Nick hängt, steigen ihm die Tränen in die Augen. Er weiß, dass, egal was auch passieren mag, seine eigene Beziehung zu seinem Sohn niemals so sein kann. Liebe und Vertrauen, Offenheit und Freundschaft scheinen diese Beziehung zwischen Tochter und Vater geprägt zu haben. Etwas, das sicherlich der Tatsache geschuldet ist, dass Nick nicht tagein tagaus in einer Versicherungsagentur gesessen hat, um das Leben seiner Familie auf eine finanziell solide Basis zu stellen. Warum Nick sich in die Mutter verguckt hat, das hat Jens sofort verstanden. Was für eine attraktive Frau. Attraktiv nicht nur wegen ihres Aussehens, sondern als Gesamtpaket. Ein selbstbewusster Mensch, eine Frau, die weiß, was sie will, alles dafür tut, es zu bekommen, aber ohne dafür über Leichen zu gehen. Eine Person, die die Größe besessen hat, auch in einer wirklich extrem unangenehmen Situation die Position des anderen zu erkennen. Warum ist Nick nicht mit ihr zusammen? Das Ausmaß ihres Bekanntheitsgrades ist Jens in den Tagen, als sie im Kreuzfeuer der Presse stand, von Stunde zu Stunde bewusster geworden. Aber sie ist anscheinend nicht daran zerbrochen. Sie hat ihm in der Bar erzählt, dass sie Hope im Grunde genommen auch nur ein paar Tage länger kennen würde als Jens. Und sie hat gesagt, dass sie sich freuen würde, dass Hope einen Opa hat, denn sie selbst sei im Heim aufgewachsen und hätte niemanden gehabt. Und dann ist da noch die Hebamme, die ihn außerordentlich vehement, dabei aber freundlich über die Unterschiede von Transvestiten, transsexuellen und intersexuellen Menschen aufgeklärt hat und die ihn seitdem immer fragt, ob sie mal seinen Rasierer leihen dürfte und die mit Sicherheit nicht verleugnen kann, dass sie in Marianne verknallt ist. Und wenn Jens die Zeichen richtig deutet, dann beruht das durchaus auf Gegenseitigkeit.

Jens nimmt eines der Bilder von der Wand, sein Hochzeitsbild, und betrachtet es genauer. Er sieht alle Chancen und Möglichkeiten, die sie gehabt und das, was sie daraus gemacht haben. In diesem Moment beschließt er, dass er seine Reisen beenden wird. Er hat genug gesehen. Er möchte gerne ankommen. Er wird sich eine Wohnung in Hamburg suchen. Wenn er schon ein Vater war, der sich eher um Finanzielles als um Emotionen gekümmert hat, dann will er das wenigstens als Großvater besser machen.

54

Alles hat sich verändert. Obwohl Leo sich jetzt wieder freier fühlen könnte, weil da niemand ist, der ihre ungeteilte Aufmerksamkeit einfordert, ist dem nicht so. Eher das Gegenteil ist der Fall. Sie vermisst das kleine Mädchen. Niemand, der ihr Fragen stellt. Niemand, der sich so derart sorgfältig mit der Auswahl des Essens beschäftigt. In Ermangelung ihrer kleinen Partnerin bestellt Leo einfach alles, was die beiden gemeinsam gegessen haben. Shanya, die von Leos Menüzusammenstellung verblüfft ist, erkundigt sich: »Bist du jetzt vegan?« Leo sagt »Ja.« und Shanya fragt nicht weiter nach, weil Leo von selbst erklärt: »Wir essen keine Tiere, wegen Hans Albers.«

Leo weiß, dass sie die letzten Tage ohne Shanya nicht überstanden hätte. Sie ist die beste Freundin, die man haben kann.

»Der Hamburger Wohnungsmarkt ist ähnlich bescheiden wie der Frankfurter«, erklärt Shanya gerade, die mit einer Zeitung in der Hand auf dem Sofa in Leos Hotelappartement sitzt und gerne ein Steak oder zumindest einen Hamburger gehabt hätte.

»Was heißt bescheiden?«, fragt Leo und lutscht an einer mit Schafskäse und Mandelmus gefüllten Olive, Hopes Lieblingsoliven.

»Ich habe hier eine Fünf-Zimmer-Dachgeschoss-Maisonette-Wohnung, sofort bezugsfertig, Preis inakzeptabel.«

»Wie inakzeptabel?«, fragt Leo.

»Akzeptabel inakzeptabel«, antwortet Shanya zögernd.

Leo denkt nach.

»Makler?«

»Vom Eigentümer.«

»Straße?«

»Steht da nicht. Aber gleiche Postleitzahl wie Nick.«

»Gut«, sagt Leo, »schick mir die Nummer.«

Shanya ist verblüfft.

»Du brauchst keine fünf Zimmer. Wofür? Du hast eine Fünf-Zimmer-Wohnung in Frankfurt.«

»Verkaufe ich.«

»Was?«

Leo tut, als ob das keine große Sache wäre.

»Verkaufe ich.«

»Du willst nach Hamburg?«

»Ja«, sagt Leo, als ob sie das immer gewollt hätte.

»Du willst die Frankfurter Wohnung verkaufen?«

»Ja, habe ich doch gesagt.«

»Du, die nie wieder nach Hamburg ziehen wollte?«

»Ja.«

»Die Wohnung, in die du jahrelang all deine Zeit und Energie gesteckt hast?«

460

»Ja.«

»Du würdest Frankfurt verlassen?«

»Ja.«

Shanya kann sich ein Grinsen nicht verkneifen. Obwohl Leo es nicht sehen kann, ahnt sie es.

»Hör auf zu grinsen!«

Shanya grinst noch fetter. Mit vollem Mund tritt Leo hinter sie und umarmt sie von hinten.

»Danke für alles.«

Shanya nimmt Leos Arme und zieht sie fester an sich.

»Für nichts musst du mir jemals danken!«

»Brauchst du irgendwas?«, fragt Leo ihre Freundin.

»Ich brauche nichts.«

Leo löst sich wieder von Shanya, geht zum Fenster und schaut über die Alster auf den Jungfernstieg.

»Die Klaus kommt gleich. Bleibst du?«

Leo hat nicht damit gerechnet, dass Shanya Nein sagt, denn sie weiß, dass die sich für die ganze Woche freigenommen hat. Trotzdem sagt Shanya, dass sie etwas vorhätte.

»Was denn?«, will Leo wissen.

»Nix, nur so was … irgendwie«, bringt Shanya zögernd hervor.

»Aha? Nur so was irgendwie?«

»Ja, genau.«

Leo schaut auf die Straße.

»Das hat nichts damit zu tun, dass Marianne ihr Motorrad gerade direkt auf dem roten Teppich vor dem Portier abgestellt hat?«

»Ach«, sagt Shanya betont verblüfft, »witzig. Was für ein Zufall.«

»Ja, oder?«, neckt Leo sie. »Und dass sie auch noch einen zweiten Helm dabeihat – was ein Zufall.«

Shanya wird tatsächlich ein wenig rot.

»Es könnte ja … regnen …«

»Absolut«, lächelt Leo zuckersüß, »und so ein zweiter Helm schützt ja besser vor Regen als nur einer. Stell dir vor, wenn einer nass wird, dann hast du darunter noch einen zweiten, der trocken ist.«

Shanya muss kichern wie ein Teenager.

»Aber«, macht Leo weiter, »wo sie schon da ist, vielleicht könnt ihr ja zusammen nur so was irgendwie machen?«

»Ja, vielleicht«, sagt Shanya, »nur so was irgendwie macht man ja nicht gern allein.«

»Absolut«, sagt Leo und geht an ihr klingelndes Telefon.

»Die Klaus«, flüstert sie Shanya zu. Und dann laut: »Ich bin im Appartement, kommen Sie doch hoch.«

»Und ich bin mal weg«, sagt Shanya.

»Kuss«, brüllt Leo und hält Shanya ihre Lippen hin.

»Nein, nicht sie«, sagt Leo ins Telefon zu Frau Dr. Klaus, »ich rede mit meiner verknallten Hebamme.«

55

In all den Jahren, in denen Frau Dr. Klaus für Leo the CEO gearbeitet hat, konnte sie sich immer darauf verlassen, dass Leo wusste, was sie tat, dass hinter allem nicht nur eine Idee, sondern meistens ein richtig guter Plan steckte. In der letzten Woche war sie das erste Mal verunsichert angesichts der Gemütslage ihrer Mandantin, sie hatte Leo Stanislawski noch nie schwimmen sehen. Doch die ganze Geschichte mit ihrer Tochter, dem Rechtsstreit, dem Jugendamt, die Attacke von Boris Ratzinger, alles, was über sie verbreitet wurde, hatte Leo ihre Souveränität verlieren lassen. Doch sie scheint sich wieder gefangen zu haben, denn der Plan, den Leo ihr eben unterbreitet hat, ist auf jeden Fall durchdacht. Ob er funktioniert, das steht auf einem anderen Blatt. Während sie in Gedanken noch einmal alles durchgeht, beobachtet sie Frau Dr. Kobalt, die an ihrem Schreibtisch sitzt und die Figuren auf einem Schachbrett verschiebt.

»Sie wissen, dass wir nicht über den Fall reden dürfen?«, fragt Frau Dr. Kobalt resolut.

Frau Dr. Klaus weiß das natürlich. Sie findet Nicks Anwältin ziemlich selbstbewusst dafür, dass sie mit Anlauf in einen Haufen Scheiße getreten ist, der ihr dann selbst um die Ohren geflogen ist.

»Es gibt keinen Fall mehr, Frau Dr. Kobalt. Sie erinnern sich? Unsere Mandanten haben sich außergerichtlich geeinigt?«

Frau Dr. Kobalt sieht aus, als hätte man den Dolch, den man ihr in den Bauch gestoßen hat, noch einmal umgedreht. Leos Anwältin genießt die Situation sichtbar.

»Und Frau Reimers vom Jugendamt hat sich mit dem Familienrichter außerordentlich besprochen. Gestern. Sie waren dabei. Erinnern Sie sich?«

Frau Dr. Kobalt nickt nachdrücklich, als hätte sie es tatsächlich vergessen und es wäre ihr in diesem Moment wieder eingefallen …

Dann steht sie auf und schüttelt sich.

»Wenn Sie mich verklagen wollen: Bitte sehr, tun Sie das. Ich werde jetzt meine Sachen nehmen, die da vorne stehen, und dann werde ich diesen Brief hier mit meiner Kündigung im Sekretariat abgeben, mit niemandem mehr sprechen und dann … wissen Sie was? Dann werde ich mich anständig volllaufen lassen. Sie haben gewonnen. Soll ich es Ihnen schriftlich geben? Sie haben GEWONNEN!«

Mit »Sachen« meint sie eine Minihandtasche und einen Kaktus, so groß wie ein Mittelfinger.

»Nun setzen Sie sich erst mal wieder hin«, fordert Frau Dr. Klaus sie auf.

»Warum?«, zetert Frau Dr. Kobalt. »Weil Sie mich im Sitzen noch besser demütigen können?«

Frau Dr. Klaus ist nicht da, um ihren Sieg zu genießen. Sie kann aber auch dieses jammernde Selbstmitleid kaum ertragen.

»Ich finde, dass Sie es sogar verdient hätten, ein wenig gedemütigt zu werden. Sie sind weit übers Ziel hinausgeschossen. Sie haben ethische und moralische Grundsätze ignoriert und uns dadurch wirklich an Grenzen geführt.«

Frau Dr. Kobalt hätte gerne einen Schluck Whisky oder Wodka. Kein Koks. Das braucht sie nur, wenn sie sich konzentrieren will. Sie will aber abschalten. Sie will weg sein. Sie will das ganze Geseier, dessen Auslöser sie selbst war, nicht mehr hören. Ja, es ist ihr schon klar. Sie hat Scheiße gebaut. Sie wird die Konsequenzen ziehen, hat sie ja schon gesagt.

Die soll jetzt abhauen, die Alte. Doch die bleibt.

»Erinnern Sie sich an die Schwarzfahrerin? *The Black Racer?*«

Natürlich erinnert Frau Dr. Kobalt sich. Die war ja Teil des Falls. Was soll das?

»Wir könnten Sie brauchen.«

»Die Schwarzfahrerin?«

»Nein. Sie!«

»Mich?«

»Ja, Sie!«

»Warum? Wozu?«

Frau Dr. Klaus richtet sich auf ihrem Stuhl auf.

»Die Frau hat vierundvierzig Jahre im Knast gesessen. So gut wie unschuldig.«

»Das ist noch nicht ganz erwiesen«, wirft Frau Dr. Kobalt ein.

»Das wird es aber bald sein.«

Frau Dr. Kobalt nickt. Davon ist auszugehen. Man hat damals eine Schuldige gebraucht, die nicht tot war. Und hat in Marianne jemanden gefunden, der weder eine Lobby hatte noch wusste, wie man sich wehren konnte.

»Jedenfalls braucht sie jemanden, der die BRD verklagt. Die weigern sich sogar, ihr das Geld auszuzahlen, das sie im Gefängnis verdient hat.«

Frau Dr. Kobalt wird hellhörig.

»Jemanden ohne Skrupel. Eine Arschgeige wie Sie. Eine gute Anwältin, die bereit ist, die gleichen Grenzen zu ignorieren, die man bei Marianne überschritten hat.«

Frau Dr. Kobalt rechnet. Vierundvierzig Jahre unschuldig im Knast. Nicht schlecht. Wenn man das wasserdicht hinbekommt, dann wird die Staatskasse herrlich bluten müssen. Sie ist sich aber nicht sicher, ob Frau Dr. Klaus sie vielleicht nur verarschen will? Doch die sieht aus, als würde sie es ernst meinen.

»Sie meinen ...?«, fragt Frau Dr. Kobalt vorsichtig.

»Ja, das meine ich!«, sagt Frau Dr. Klaus.

»Und die andere Sache ...?«

»Welche andere Sache?«, grinst Leos Anwältin. »Wenn Sie hier kündigen und 'ne Welle machen wollen – Ihre Sache. Wenn nicht, dann würde ich Sie bitten, bald einen Termin mit Marianne zu vereinbaren.«

56

Zum heutigen *Founders*-Gucken bei Romina ist Natalya nicht da. Ihr Mann hat endlich ein Visum bekommen und sie holt ihn am Flughafen ab. Nick sitzt auf Rominas Couch, Anne macht ihm die Nägel, Romina krault seinen Nacken und Johanna lächelt ihm verschwörerisch zu. Sie haben heute keine Babysitterin. »Wisst ihr«, hat Johanna gesagt, »Ben hat bislang so wenig Zeit mit seiner Tochter verbracht, dass er das nachholen will. Und da kann er ja gleich auf alle aufpassen.«

Dabei hat sie gelächelt.

Die Show läuft seit einer Stunde live und Leo hat gerade die letzten Wochen aus ihrer Sicht beschrieben und ist dabei, sich aus der Show zu verabschieden.

Während Nick eine Handvoll Erdnüsse lässig aus der Faust in seinen geöffneten Mund fallen lässt, steht Leo im Studio und sieht alles verschwommen, weil sie Tränen in den Augen hat, die sie versucht wegzublinzeln, damit niemand sie sieht.

Weit hinten verwässert das Logo von *Founders* zu »Fones«. Das rhythmische Klatschen der Zuschauer gleicht einem Gewitter und die Rufe ihres Namens könnten alles bedeuten. Sie hat diese Sendung miterfunden und nun wird sie zum letzten Mal ein Projekt vorstellen. Sie hadert nicht mit ihrer Entscheidung, *Founders* zu verlassen, aber bloß weil der Verstand weiß, dass etwas richtig ist, muss das Herz das noch lange nicht mitmachen. Sie hat die Show aufgebaut, sie hat ihr ein Gesicht gegeben und sie hat, *last but not least*, auch nicht schlecht verdient. Und mit ihr alle anderen Beteiligten, allen voran Boris Ratzinger, aber auch ihre beiden Produzenten und die gesamte Produktionsfirma. Im Grunde genommen ärgert sie sich schon seit einiger Zeit darüber, dass sie die Show von einer Firma produzieren lässt, an der sie keine eigenen Anteile hat. Sie hat in den letzten Jahren eigentlich vor jeder neuen Staffel überlegt, das zu ändern, hat es aber nie getan. Hauptsächlich, weil sie ihr Team gerne um sich hatte. Doch vor der letzten Show hat ihre Producerin Katja sie verraten. Ein hartes Wort, aber trifft es nicht zu? Katja wusste, was Boris plante, und hat ihr Informationen vorenthalten. Die Produktion hat ihr einen Fahrer zugeteilt, der private Fotos von ihr gemacht und veröffentlicht hat. Ihre Maskenbildnerin Nadine hat als Einzige versucht, ihr im letzten Moment noch Informationen zukommen zu lassen, aber da war es schon zu spät. Leo hat in den letzten Tagen gelernt, wie schnell man in der Gunst des Publikums sinken und wieder auferstehen kann. Es ist nicht so, dass sie das nicht schon vorher gewusst hätte, aber es ist dann doch etwas anderes, wenn man es selbst erlebt. Jeder Passagier der Titanic hat gewusst, dass Eisberge gefährlich sind, aber wie gefährlich, das haben sie dann erst nach der Kollision begriffen. Zu spät. Und Leo will nicht, dass es zu spät ist.

Wenn sie gegangen wäre, als es am schönsten war, wann wäre das gewesen? Und wer macht das wirklich?

Wer geht denn zum Beispiel mitten im Sex? Sorry, ist gerade am schönsten, deswegen lasse ich dich mal liegen und hau ab? Das macht doch keiner.

Ab der nächsten Staffel wird die Show den Namen *Founders by Boris Ratzinger* tragen. Leo hat einen Aufhebungsvertrag unterschrieben. Sie wird nicht mehr dabei sein. Sie hat sich gerade von ihrem Publikum verabschiedet. Sie hat eine hochemotionale Rede gehalten. Sie hat vor ihrem Publikum die letzten Tage Revue passieren lassen, sie hat sich bei allen bedankt, die sie nicht vorverurteilt und zu ihr gestanden haben. Sie hat ihnen geschworen, dass sie jeden Einzelnen für seine Treue gedanklich umarmt hat und dann hat sie ein Bild von Hope in die Kamera gehalten. Natürlich hat sie das Gesicht der Kleinen so verpixeln lassen, dass es nicht zu erkennen ist. Sie hat dem Publikum erzählt, dass ihr Kind eine liebende Mutter hat, die bislang immer gedacht hätte, sie wäre der Vater. Also: ER wäre der Vater. Aber wenn man es genau betrachte, dann seien in ihrem Fall die Rollen vertauscht. Leo sei eher zu Versorgerin geeignet und der Erzeuger des Kindes sei die, wie man in Fachkreisen sagen würde, *person of care*. Im klassischen Sinne Mutter genannt. Das hätten sie beide begreifen müssen und würden nun versuchen, in ihre neu definierten Rollen hineinzuwachsen. Das kleine Mädchen sei einer der Gründe, warum sie heute zum letzten Mal auf der Bühne von *Founders* stünde. Als sie dann erklärt hat, dass sie ihrer Tochter den Namen Hope gab, weil sie die

Hoffnung benennen wollte, dass sie in einer guten Welt aufwachse, bei Menschen, die sie lieben und sie nicht im Stich lassen würden, kamen ihr selbst die Tränen. Und sie hat das Publikum zu Tode gerührt.

Der Applaus will nicht enden und so steht Leo jetzt da und sonnt sich in den letzten Strahlen.

Boris tritt vor und gibt den Zuschauern Handzeichen, dass es jetzt auch mal gut wäre mit dem Beifall, was das Publikum aber noch mehr anspornt. Boris tut so, als würde es ihm gefallen, wie das Publikum Leo abfeiert, hasst es aber insgeheim. Er ist jetzt *The Man* hier, haben die das noch nicht verstanden?

Endlich hören sie auf und es wird ruhig genug, dass man ihn versteht. Zeit, Leo the CEO loszuwerden, denkt Boris und lächelt, als ob er gerade bei einer Seniorenlotterie »Bingo« verkünden konnte.

»Ladies and Gentlemen, wir kommen zu unserem letzten Projekt für heute und zum letzten von Leo the CEO. Leo, ist es richtig, wenn ich sage, dass du aus Scheiße Gold machen kannst?«

Leo freut sich darüber, dass er die Anmoderation genauso spricht, wie sie auf seiner Karte steht. Sie hat sich diese Worte selbst ausgedacht, sie hat gehofft, dass er sie genauso selbstgefällig präsentiert, wie er es jetzt getan hat.

Leo geht auf Boris zu, sie tänzelt sogar ein wenig.

»Nein, lieber Boris«, sagt sie, »denn wenn ich das könnte, würdest DU glänzen wie ein geölter Diamant.«

Das Publikum braucht eine Sekunde, bis es den Satz gedanklich verdaut hat, und beginnt dann laut zu lachen. Boris will etwas erwidern, aber sein Mikrofon ist aus. Leo zwinkert dem Toningenieur zu. Danke.

»Ich kann das nicht«, sagt Leo, »aber das Team, das ich euch jetzt vorstellen möchte, die haben eine tolle Idee, wie man das tun kann. Einen fetten Applaus für Marianne und Arch!«

Auf seinem Platz auf dem Sofa, zwischen Johanna, Anne und Romina, klatscht Nick am lautesten von allen. Er wirft bewundernde Blicke auf Arch, der in dem Anzug, den er gestern mit Nick und Hope gekauft hat, aussieht, als ob er niemals etwas anderes betrieben hätte als ernsthaftes Business. Er sieht aus wie eine Mischung aus Jake Gyllenhaal und Brad Pitt, wie er lässig eine getönte Brille auf seine Nase schiebt und in die Kamera grinst. Neben ihm Marianne, das komplette Gegenteil. Nick und Arch hatten sie zum Shoppen mitnehmen wollen, aber Marianne lehnte ab. Sie hätte schon das passende Outfit und als sie die Blicke der beiden spürte, versicherte sie, dass das mit Leo abgesprochen sei. Was gelogen war.

Marianne trägt heute einen Hauch von Hose, die Wettkampfhose der deutschen Leichtathletinnen. Eine Mischung aus Sporthose und Slip, an der selbst Marianne keinen Rand gefunden hat, den sie noch hätte abschneiden können, um sie zu kürzen. In dieser Hose kommen ihre extrem langen Beine ganz besonders zur Geltung und niemand, der sie betrachtet, würde auf die Idee kommen, dass Mariannes nächster runder Geburtstag mit einer Sieben beginnt. Farblich passend zur Hose hat sie ein Tank Top ausgewählt, auf das »Titanic Swim Team« gedruckt ist. Mariannes Bild ist in den letzten

Tagen so oft durch die Presse gegeistert, dass Leo nicht viel zu ihr sagen muss, um die Zuschauer zu begeistern. Es ist auch Marianne, die gleich das Wort ergreift: »Für Patienten mit Colitis Ulcerosa oder Morbus Crohn gibt es keine kausale Therapie, etwa ein Drittel der Patienten leidet unter schweren Verläufen mit häufigen Schüben.«

Dann übernimmt Arch: »Ein neuer Therapieansatz, dem die Spezialisten im Rahmen einer vom Bundesministerium für Bildung und Forschung geförderten Studie nachgehen, ist die Verabreichung von Kapseln mit aufbereitetem Kot. Um diese herzustellen, benötigt man regelmäßige und vor allem gesunde Stuhlspender.«

Das Publikum weiß nicht, ob es lachen darf, hängt aber gebannt an seinen Lippen. Marianne erklärt weiter: »Das Mikrobiom in unserem Darm, bestehend aus unzähligen Bakterien, unterstützt nicht nur unsere Verdauung. Es trägt auch maßgeblich zur Immunabwehr bei.«

Und wieder Arch: »Das Mikrobiom ist ein regelrechtes Superorgan. Es ist aber auch ein empfindliches Ökosystem, das heißt: Die Vielfalt und Häufigkeit der Bakterien machen es aus. Ist dieses Ökosystem gestört, sind also nicht ausreichend vielfältige Bakterien vorhanden, funktioniert es nicht richtig.«

Marianne klopft ihm auf die Schultern und erklärt: »Auch bei Menschen mit chronisch entzündlichen Darmerkrankungen ist die Zusammensetzung des Mikrobioms verändert. Die Frage ist daher: Können gute Darmbakterien von Gesunden die Erkrankung günstig beeinflussen?«

»Erste Studien legen dies bereits nahe«, übernimmt wieder Arch. »Dabei ist es aber, wie bereits erwähnt, entscheidend, dass der gespendete Stuhl tatsächlich von gesunden Spendern kommt.«

Marianne lacht das Publikum im Studio an und dreht sich dann in die richtige Kamera.

»Und das seid ihr!«

Dann erklären sie das Prinzip ihrer Idee einer Stuhlbank. Jeder kann sich untersuchen und wenn er oder sie in Frage kommt, als Spender registrieren lassen und – ja – mit seiner Scheiße Geld verdienen. Sie präsentieren Zahlen und versorgen die Zuschauer mit weiteren Informationen. Noch bevor sie fertig sind, halten alle, aber wirklich alle Zuschauer ihre Daumen hoch. Selbst Boris ist begeistert. Was für eine gute Geschäftsidee, in seinem Kopf rattert schon die Geldzählmaschine. Bis Leo übernimmt.

»Ich danke euch für euer Vertrauen in Marianne und Arch!«

Das Publikum johlt.

»Aber«, fährt Leo fort, »ich habe noch ein paar letzte Worte. Dieses Projekt wird nicht von *Founders* gefördert werden.«

Der Applaus endet urplötzlich. Warum sollen Marianne und Arch nicht die hunderttausend Euro Startkapital bekommen?

»Wie es mit diesem Projekt weitergeht, könnt ihr ab nächster Woche im Internet verfolgen. In meiner neuen Show *Leo the CEO* – nur im Netz.«

Boris ist vergrätzt. Das war so absolut nicht abgesprochen. Allerdings muss er bei all seinem Frust über das ihm jetzt entgehende Geld auch Leo Respekt zollen. Die letzte Runde geht an sie. Und dann kneift er seine kleinen Arschbacken zusammen und geht zu ihr. Er gibt ihr die Hand wie ein guter Verlierer und lässt sie erklären, wie die neue Show funktioniert, dass man sie über eine App auf jedem Endgerät schauen kann und über diese App direkt investieren kann. Und obwohl Boris eifersüchtig ist, dass sie wieder einmal schneller und besser ist als er, gratuliert er Leo und verabschiedet sie würdig.

Als Nick aufsteht, um zu schauen, ob Ben sich gut um die Kinder gekümmert hat, und sich eine Cola aus Rominas Kühlschrank zu holen, hat er feuchtere Augen als Leo vorhin.

57

»So, hat jetzt jeder ein Eis?«, fragt Jens und sieht sich zufrieden um.

Es ist immer noch warm, aber es flattern bereist die ersten vertrockneten Blätter um Nicks Beine, während er an seiner Waffel mit zwei Kugeln, Schokolade und Banane, leckt.

»Schönen Gruß von deinem Bankberater«, sagt Leo, »er zieht jetzt nach Greifswald.«

Nick ist erstaunt.

»Wer zieht denn freiwillig aus Hamburg nach Greifswald?«

»Niemand«, sagt Leo. »Er wurde versetzt.«

Nick sieht sie fragend an.

»Ich kenne den Chef seines Chefs ganz gut und nach unserem Gespräch war klar, dass man in Greifswald einen tüchtigen Mann brauchen würde.«

Nick gibt Leo einen leichten Schubser.

»Danke, dass du das für mich gemacht hast.«

Leo grinst.

»Wenn man mich freundlich bittet, kann man sehr viel von mir bekommen. Denk dran, Mama ...«

Nick muss auch grinsen.

»Dann ist …«

Leo unterbricht ihn.

»Ja. Keine Zwangsversteigerung. Du bekommst in den nächsten Tagen einen Finanzierungsplan zugeschickt, den du dir dann bitte auch durchliest.«

»Versprochen!«, sagt Nick und schaut zu, wie Marianne von Shanyas Eis probiert.

»Fährt Shanya wirklich mit Marianne diese Rallye?«

»Anscheinend«, sagt Leo. »Auf jeden Fall hat sie mir gesagt, dass sie sich für den Dezember und Januar freigenommen hat.«

»Hat Marianne denn die Zeit? Muss sie nicht bei ihrer Verhandlung dabei sein? Was ist mit ihrer und Archs Scheißfirma?«

Leo winkt ab und erklärt: »Arch ist ja da. Und Mariannes Entschädigungsklage muss hoffentlich nicht verhandelt werden.«

»Wovon hängt das ab?«

»Von Frau Dr. Kobold.«

Nick grinst.

»Nick?«, sagt Hope, die zwischen den beiden steht, aber sie hören sie nicht.

»Cool«, sagt Nick und Leo findet das auch.

Leo hat ihre Wohnung in Frankfurt verkauft und ein Gebot für die Fünf-Zimmer-Wohnung in Hamburg abgegeben.

»Wie läuft die *Leo the CEO*-App?«

Leo schaut sehr zufrieden.

»Drei Millionen User bis jetzt.«

»Ist das gut?«

»Das ist phänomenal.«

»Leo?«, sagt Hope wieder, aber Leo hört sie nicht.

»Wir bräuchten jemanden für die Kundenhotline. Jemanden, der sich mit so etwas auskennt. Kann gerne Teilzeit sein. Wäre das richtige für eine Mutter, wenn das Kind im Kindergarten oder in der Schule ist.«

»Ich wüsste vielleicht jemanden«, erwidert Nick.

»Cool«, antwortet Leo, »dann frag sie doch mal.«

»Ist aber ein Typ.«

»Schwierig«, sagt Leo, »Männer sind so kompliziert.«

Nick fühlt, dass etwas Kühles, Schmieriges an seinen Fingern hinunterläuft. Er wirft einen Blick nach unten. Da steht Hope. In ihrer linken Hand hält sie Leos Hand, in ihrer rechten die von ihm. Und ein Eis. Pistazienschaum und Walnuss Krokant tropfen auf sein Handgelenk. Er will ihr gerade sagen, dass sie doch bitte aufpassen soll, versteht dann aber, dass sie ihr Eis nicht essen kann, weil sie keine Hand frei hat.

»Hope, willst du erst dein Eis essen und dann wieder in die Mitte kommen?«

Hope antwortet aber nicht. Sie sieht, wie ein Auto am Straßenrand parkt und Arch aussteigt. Seit ein paar Wochen trägt er jetzt immer Anzug. Hope vergisst alles, was sie sagen wollte, und läuft in Archs Arme.

»Übrigens«, sagt Leo, »mein Hotel war ausgebucht.«

»Ach«, erwidert Nick.

So als würde Hope noch da stehen, wo sie eben stand, nimmt Leo ganz selbstverständlich statt der Hand ihrer Tochter die von Nick ...

»Vielleicht kann ich heute bei euch im Gästezimmer schlafen?«

»Wir haben doch aber gar kein Gästezimmer...«

»Das schaffen wir schon irgendwie«, sagt Leo.

Und drückt seine Hand ein ganz klein wenig.

Danksagung

Ich möchte mich bei meinem »Silke Spezial mit alles und scharf Team« bedanken, die mich immer und bei allem unterstützen.

Besonderer Dank geht an Nora Haller, die dieses Baby mit mir geboren hat, und an Patricia Czezior, meine Lektorin, die das Neugeborene liebevoll versorgt und betreut hat. An Sasa Schumacher, die erste Person, die das Buch gelesen und mir mit wichtigen Anmerkungen aus ihrem eigenen Erfahrungsschatz geholfen hat, und an Paul Ortwein, einen der wenigen Väter, die ich kennengelernt habe, die mit der Vaterrolle 2.0 wirklich ernst machen und der mich davor gewarnt hat, »das alles nur zu glorifizieren«.

Außerdem danke ich allen, denen ich im letzten Jahr auf diversen Spielplätzen »auf die Nüsse« gegangen bin. Es lebe die Gemüsekiste!